打好基础
财务与会计

税务师职业资格考试辅导用书·基础进阶

斯尔教育 组编

北京理工大学出版社
BEIJING INSTITUTE OF TECHNOLOGY PRESS

·北京·

版权专有　侵权必究

图书在版编目（CIP）数据

打好基础. 财务与会计 / 斯尔教育组编. -- 北京：北京理工大学出版社, 2024.5

税务师职业资格考试辅导用书. 基础进阶

ISBN 978-7-5763-4019-8

Ⅰ. ①打… Ⅱ. ①斯… Ⅲ. ①财务会计—资格考试—自学参考资料 Ⅳ. ①F810.42

中国国家版本馆CIP数据核字(2024)第101168号

责任编辑：王梦春　　　　　　文案编辑：杜　枝
责任校对：周瑞红　　　　　　责任印制：边心超

出版发行 /	北京理工大学出版社有限责任公司
社　　址 /	北京市丰台区四合庄路6号
邮　　编 /	100070
电　　话 /	（010）68944451（大众售后服务热线）
	（010）68912824（大众售后服务热线）
网　　址 /	http://www.bitpress.com.cn
版 印 次 /	2024年5月第1版第1次印刷
印　　刷 /	三河市中晟雅豪印务有限公司
开　　本 /	787mm×1092mm　1/16
印　　张 /	32.75
字　　数 /	811千字
定　　价 /	72.40元

图书出现印装质量问题，请拨打售后服务热线，负责调换

推荐语

你想去拥有自己从未有过的东西，必须去做从未做过的事情。财务与会计科目的内容比较多，考试题量比较大，因此大家在学习的时候，需要克服的困难也会很多。为了让大家有一个更明确的学习方向，更美好的学习体验，我们在分析近10年真题的基础之上，认真编写了这本《打好基础·财务与会计》。在这本书中，我们尽量用清晰的逻辑、生动的语言和有趣的案例，向大家介绍每一个知识点的内容以及考核方式。希望大家能够在这本书的陪伴之下，顺利通过2024年财务与会计科目的考试！

顾言

针对财务与会计这一科目考核面广、基础性强的特点，我们在编写本书时力求做到考点全面、题目贴近考情、讲解清晰简洁，希望通过简单、直接、高效的方式帮助同学们理解知识原理、掌握解题技巧。学习并非一蹴而就，需要秉持"日拱一卒"的精神逐个攻克知识难点。任何旅程总是从第一步开始，希望本书能够成为你备考之路的指示牌，为你在错综复杂的考点中指明前行的道路，最终披荆斩棘，顺利通过考试。

贾昕尧

各位备考 2024 年税务师财务与会计的同学们,大家好!

当你拿到这本书的时候,也就意味着今年的备考之旅正式拉开序幕。财务与会计科目的内容比较多,学习难度比较大,但是只要能够找到正确的学习方法,相信大家一定可以在今年顺利通过财务与会计科目的考试。

那么在备考之前有必要跟同学们介绍一下税务师财务与会计科目的一些基本情况,只有对其有清晰的认识,才能做到"知己知彼,百战不殆"。

如何学好财务与会计科目?

(一)考试时间、题型、题量及判分标准

财务与会计科目的考试时间为 150 分钟,考试共设有单项选择题、多项选择题、计算题和综合分析题四种题型。四种题型均以选择的形式作答,以 2023 年的考试为例,各种题型的题量、分值及判分标准如下表所示:

维度	单项选择题	多项选择题	计算题	综合分析题	合计
题量	40题	20题	2大题(每题4小问)	2大题(每题6小问)	80小题
分值	1.5分/题,共60分	2分/题,共40分	2分/小问,共16分	2分/小问,共24分	140分
得分规则	4选1,每题的备选项中,只有1个最符合题意	每题5个备选项中,有2个或2个以上符合题意,至少有1个错误选项。错选,本题不得分;少选,所选的每个选项得0.5分	每题的备选项中,只有1个最符合题意	每题的备选项中,有1个或多个符合题意,全部选对得满分,少选,得相应的分值,多选、错选、不选均不得分	84分及格
财管部分	约10题	约6题	1×4	一般为0	约20小题
会计部分	约30题	约14题	1×4	2×6	约60小题

(二)考试特点与应对策略

1. 教材涉及内容多、覆盖广

财务与会计是将财务管理和财务会计的内容,通过汇总、整合、筛选之后形成的一门综合性非常强的学科。财务管理和财务会计本身的知识体系就比较庞大。将这两个学科整

合为财务与会计后,两个学科的核心知识都保留下来了,其涉及的内容之多,知识的可考性之强,可想而知。

同时,财务与会计科目试卷中共80个小题,相比其他财会类考试,题目的数量比较多。对出题老师而言,充足的题目数量,可以保证每套试卷能够覆盖足够多的知识点。同时参考历年考情,财务与会计考试几乎每一章、每一个知识点都曾经在试卷中出现过。

因此,大家要摒弃只学重点内容,而不学非重点内容的观念,纠正"把几个大的知识点学会,就可以通过考试"的错误思想。要先保证自己所学知识的广度,然后不断突破所学知识的深度。

2. 计算量大、时间紧凑

财务与会计的答题时间共150分钟,但是题目共有80个小题,平均每个小题的答题时间不足2分钟。如果所有题目能够在看完选项后,直接得出结论,这个时间是充足的。但是,这80个小题中,有大部分题目是需要计算才可以得出结论的,同时在计算题和综合分析题中,个别题目需要对大段资料分析计算,才可以得出最终的结论。因此考试的时间是非常紧张的。

大家在平时学习时,不要以为把知识学会,把题目做对就万事大吉了,还要不断提高做题和运算的速度,做到精益求精。

3. 深度较浅、及格容易

由于考试题型和科目属性的限制,财务与会计科目考试的绝大部分题目所考查知识点的深度较浅,都是基础性内容。但是在考核基础性内容的同时,又非常注重对细节的考查,每年都会有一些题目看似非常简单,但是如果平时学习不到位,会很容易掉进出题老师设置的"陷阱"。

因此大家在学习时,最好搭配《只做好题·财务与会计》,检验学习成果,查漏补缺,及时发现学习中的盲点。

如何用好本书各个栏目?

在本书的编写过程中,我和斯尔教育讲师团的其他老师经历了无数次的脑暴、研讨、提议、否定、再否定,最终决定将对热门考点的把握、对命题规律的研究、对疑难问题的解答、对解题方法的总结都毫无保留地用文字呈现在本书中。当你学习遇到困惑之时,就会欣喜地发现一个恰到好处的【专栏】,这么做的目的,是想给你一种"有人懂我"的舒适感。

本书设有学习专栏,这些"专栏"包括:

"解题高手":大家常常上课一听就懂,自己一做题就啥也不会。信心逐渐丧失!别担心!命题有角度,解题有套路!本书中特设"解题高手"专栏,详细说明了考试中将以何种形式对该知识点进行考查,考题的"套路"又有哪些。从命题角度出发,火速将应试攻略转化为答题能力!

"原理详解":书中多如牛毛的知识原理,是学习的基础。但一个个翻找查阅太麻烦了,并且也无法系统的理解串联知识……别怕!本书中特设"原理详解"专栏,将教材中繁杂的知识点以表格和案例图示的方式进行整理和列示,让你能够"连点成线",逐渐建立起知识网络,原理不再是空中楼阁!

"典例研习"：有些考点自认为理解了，但做题又想不起来了，这可咋办？别乱！本书中特设"典例研习"专栏。以一道道经典例题，带你回忆巩固相应考点，理解复杂原理，吃透每道题！

"精准答疑"：学习时总会遇到很多不理解的地方，教材中又没有给出解答说明，这该怎么办？别慌！本书中特设"精准答疑"专栏，你备考路上可能会遇到的困惑、难点，老师们都提前为你想好了，并且作出了精准解答！再也不怕有难点不理解了！

需要克服的学习误区有哪些？

很多同学认为，考过中级或注会的财管和会计之后，就可以裸考财务与会计了。这个观点是非常危险的，绝对不建议大家裸考财务与会计。主要原因有以下三点：

（1）虽然大部分财务与会计考核的内容，中级或注会的财管和会计会学习，但是也有一部分知识点，是中级或注会学习中，从来没有涉及过的知识点。

（2）即使是那些相同的知识点，由于考试的定位不同，很多题目的考查角度也是不同的，因此中级或注会所学的内容不一定可以应对税务师的考试题目。

（3）试卷的题目数量不同。中级或注会虽然有主观题，需要考生独立编写分录，但是题目量比较少，财务与会计考试虽然不需要独立编写分录，但是题目的数量多。所以，考试的答题策略是完全不同的，如不尽早转换学习和答题思路，很难顺利通过考试。

一个人最美好的状态就是知道自己想要什么，并为之全力以赴。未来的备考旅程可能不会一帆风顺，但是希望大家能够全力以赴，坚持到底，胜利就在前方，加油！

本年教材如何变化？

章节名称	主要变化	变动解读
第五章 投资管理	（1）修改："持有成本"改为"机会成本"。 （2）修改："有价证券的报酬率"改为"持有现金的机会成本率"	仅为名称的变化，建议复习时关注
第六章 财务分析与评价	（1）删除：影响净资产收益率的因素。 （2）修改："总资产报酬率"改为"总资产收益率"。 （3）修改："营业利润率＝利润总额/营业收入净额×100%"改为"营业利润率＝营业利润/营业收入净额×100%"。 （4）修改："利润现金保障倍数＝经营现金净流量/净利润×100%"改为"盈余现金保障倍数＝经营活动现金流量净额/净利润×100%"。 （5）修改："基本每股收益＝净利润/发行在外的普通股加权平均数"改为"基本每股收益＝归属于普通股股东的当期净利润/发行在外的普通股加权平均数"	今年修改的计算公式，建议在复习时重点关注

续表

章节名称	主要变化	变动解读
第八章 流动资产 （一）	新增：外币非货币性项目，不满足货币性项目的定义中新增了合同资产、合同负债	考生需记忆此知识点，关注外币非货币性项目和外币货币性项目的区分
第九章 流动资产 （二）	（1）新增：数据资源作为存货核算的会计处理。 （2）新增：资产负债表日至财务报告批准报出日之间存货售价发生波动的，确认存货可变现净值时是否应当予以考虑的相关表述	本章增加数据资源这一类特殊存货的相关处理，并未改变存货核算的基本原则，无实质影响
第十章 非流动资产 （一）	新增：数据资源作为无形资产核算的会计处理	本章增加数据资源这一类特殊无形资产的相关处理，并未改变无形资产核算的基本原则，无实质影响
第十一章 非流动资产 （二）	（1）新增：关于对被投资方具有重大影响的表述。 （2）新增：关于政府补助款项不需要返还的现时义务的相关表述。 （3）新增：对于投资方与联营企业、合营企业之间发生顺流交易的相关表述。 （4）新增：投资性房地产的确认中，新增投资性房地产应当能够单独计量和出售的表述	无实质影响
第十二章 流动负债	（1）新增：关于数电发票的相关表述。 （2）新增：关于税务机关认定接受虚开的账务处理的相关表述。 （3）新增：现金结算的股份支付修改为权益结算的股份支付的例题【例12-18】	本章需关注现金结算的股份支付修改为权益结算的股份支付的处理
第十三章 非流动负债	（1）新增：关于不符合资本化条件的资产的相关表述。 （2）新增：关于卖方兼承租人在对售后租回所形成的租赁负债进行后续计量的相关表述。 （3）删除：新冠肺炎疫情相关租金减让业务的会计处理规定	（1）理解资本化条件的判断，建议复习时适当关注。 （2）补充了售后租回交易的处理，建议复习时适当关注

续表

章节名称	主要变化	变动解读
第十四章 所有者权益	(1) 新增：全体股东认缴的出资额由股东按照公司章程的规定自公司成立之日起五年内缴足的相关表述。 (2) 新增：弥补亏损的方法"④用资本公积金弥补。如使用盈余公积仍不能弥补的可以按照规定使用资本公积金。"的表述。 (3) 删除：用盈余公积发放股利或利润的情形。 (4) 修改：将原第十五章"关于提取盈余公积"的表述移动至第十四章"留存收益的核算"中	本章主要为政策性规定的调整，盈余公积可以补亏，建议复习时适当关注
第十五章 收入、费用、利润和产品成本	(1) 新增：企业不得通过随意调整收入确认方法提早、推迟确认收入或平滑业绩的表述。 (2) 新增：企业应根据经济业务实质对政府补助是否与日常活动相关进行恰当判断的相关表述。 (3) 新增：企业取得政策性优惠贷款贴息，且财政将贴息资金直接拨付给企业的处理原则。 (4) 删除："中外合作企业在经营期间用利润归还投资"的会计处理	与政府补助相关的规定，建议复习时适当关注
第十六章 所得税	(1) 新增：合同负债计税基础确定的例题【例16-6】，使用权资产与租赁负债相关递延所得税的例题【例16-8】。 (2) 删除：投资性房地产的计税基础相关内容和例题。 (3) 修改：调整研发费用加计扣除和无形资产摊销比例的税法规定	合同负债、使用权资产与租赁负债相关递延所得税的计算，建议复习时重点关注

目 录

第一章 财务管理概论 考6分

第一节 财务管理概念与内容 / 2
第二节 财务管理目标 / 2
第三节 财务管理环境 / 7
第四节 货币时间价值 / 10
第五节 风险与收益 / 20

第二章 财务预测和财务预算 考6分

第一节 资金需要量预测 / 34
第二节 利润预测 / 40
第三节 财务预算 / 49

第三章 筹资与股利分配管理 考6分

第一节 筹资管理概述 / 56
第二节 筹资方式 / 57
第三节 资本成本与资本结构 / 67
第四节 股利分配 / 78

第四章 投资管理 考8分

第一节 投资管理概述 / 86
第二节 固定资产投资管理 / 87
第三节 有价证券投资管理 / 101
第四节 公司并购与收缩 / 105

第五章 营运资金管理 考5分

第一节 营运资金管理概述 / 110
第二节 现金管理 / 114
第三节 应收账款管理 / 117
第四节 存货管理 / 122
第五节 流动负债管理 / 125

第六章 财务分析与评价 考4分

第一节 财务分析概述 / 132
第二节 基本财务分析 / 135
第三节 综合分析与评价 / 148

第七章 财务会计概论 考2分

第一节 财务会计目标、会计基本假设和会计基础 / 152
第二节 财务会计要素及其确认、计量和报告 / 154
第三节 企业财务会计信息质量要求及其核算规范 / 158

第八章 流动资产（一） 考5分

第一节 货币资金的核算 / 162
第二节 应收款项的核算 / 166
第三节 外币交易的核算 / 173

第九章 流动资产（二） 考9分

第一节 存货的确认和计量 / 184
第二节 原材料的核算 / 200
第三节 其他存货的核算 / 205
第四节 存货清查的核算 / 208

第十章 非流动资产（一） 考12分

第一节 固定资产的核算 / 212
第二节 无形资产的核算 / 227
第三节 固定资产、无形资产减值的核算 / 232
第四节 投资性房地产的核算 / 238
第五节 持有待售的非流动资产、处置组和终止经营 / 248

第十一章 非流动资产（二） 考15分

第一节 金融资产 / 254
第二节 长期股权投资 / 274
第三节 非货币性资产交换 / 302

第十二章　流动负债 考6分

第一节　应付账款和应付票据的核算 / 308
第二节　应交税费的核算 / 308
第三节　应付职工薪酬的核算 / 322
第四节　其他流动负债的核算 / 333

第十三章　非流动负债 考15分

第一节　借款费用 / 338
第二节　应付债券 / 345
第三节　长期借款 / 350
第四节　长期应付款 / 350
第五节　预计负债 / 352
第六节　租赁负债 / 359
第七节　债务重组 / 373

第十四章　所有者权益 考4分

第一节　金融负债和权益工具的区分 / 384
第二节　实收资本 / 388
第三节　其他权益工具 / 390
第四节　资本公积 / 392
第五节　其他综合收益 / 393
第六节　留存收益 / 395

第十五章　收入、费用、利润和产品成本 考15分

第一节　收　入 / 400
第二节　费　用 / 426
第三节　利　润 / 427
第四节　产品成本 / 432

第十六章　所得税 考10分

第一节　所得税核算的基本原理 / 442
第二节　资产、负债的计税基础及暂时性差异 / 445
第三节　递延所得税资产及负债的确认和计量 / 452
第四节　所得税费用的确认和计量 / 457

第十七章 会计调整 考5分

第一节 会计政策变更与会计估计变更 / 462
第二节 前期差错更正 / 469
第三节 资产负债表日后事项 / 471

第十八章 财务报告 考5分

第一节 资产负债表 / 478
第二节 利润表 / 483
第三节 现金流量表 / 486
第四节 所有者权益变动表 / 493
第五节 附 注 / 494

第十九章 企业破产清算会计 考2分

第一节 企业破产清算会计概述 / 498
第二节 企业破产清算财务报表的列报 / 503

第一章 财务管理概论

学习提要

重要程度：次重点章节

平均分值：6分

考核题型：单项选择题、多项选择题

本章提示：本章重点内容为货币时间价值和风险与收益，其难度较高，需要大家掌握背后的原理，并能够做到活学活用

> 考点精讲

第一节 财务管理概念与内容

一、财务管理概念

企业财务是指企业在生产经营过程中关于资金收支方面的事务。企业在再生产过程中，从货币资金形态出发，经过若干阶段，依次转换其形态，又回到货币形态，这一过程称为资金运动过程，也称为财务活动过程。

企业的资金循环可以分为资金的筹集、资金的投放与使用、资金的收回与分配等内容，资金只有不断地循环，才能在周转过程中实现价值的增值。

企业财务管理是以价值增值为目标，围绕企业各项财务活动而展开的决策、控制和评价的过程。财务管理的实质在于决策与控制。决策是前提，是一种事前管理活动；控制是日常性的管理活动，是事中管理活动；评价则是一种事后管理活动。

二、财务管理内容

企业的资金循环可以分为资金的筹集、资金的投放与使用、资金的收回与分配等内容，因此，财务管理主要包括筹资管理、投资管理、营运资金管理、股利分配管理四个方面的内容。

三、财务管理环节

（1）财务预测与预算。
（2）财务决策与控制。
（3）财务分析与评价。

第二节 财务管理目标

一、企业财务管理目标（★★）

企业财务管理目标主要有三种观点：

（一）利润最大化

维度	解读
含义	企业财务管理以实现利润最大为目标
原因	利润代表了企业新创造的价值，利润增加代表着企业财富的增加，利润越多，代表企业新创造的财富越多
	生产经营活动的目的是创造更多的剩余产品，剩余产品的多少可以用利润指标衡量
	在自由竞争的资本市场中，资本的使用权最终属于获利最多的企业
	只有每个企业最大限度地创造利润，整个社会财富才可能实现最大化，从而推动社会的进步和发展
优点	计算简单，易于理解，有利于企业资源的合理配置，有利于企业整体经济效益的提高
缺点	没有考虑利润实现时间和资金时间价值
	没有考虑风险问题
	没有反映创造的利润与投入资本之间的关系
	可能导致企业财务决策短期化的倾向，影响企业长远发展

提示：利润最大化的另一种表现方式是每股收益最大化，它反映了所创造利润与投入资本之间的关系。但是每股收益最大化并不能弥补利润最大化目标的其他缺陷。

（二）股东财富最大化

维度	解读
含义	企业财务管理以实现股东财富最大为目标
计算	股东财富＝股东所拥有的股票数量×股票市场价格，在股票数量一定时，股票价格达到最高，股东财富也就达到最大
优点	考虑了风险因素，因为通常股价会对风险作出较敏感的反应
	在一定程度上能避免企业短期行为，因为不仅目前的利润会影响股票价格，预期未来的利润同样会对股价产生重要影响
	对上市公司而言，股东财富最大化目标比较容易量化，便于考核和奖惩
缺点	非上市公司难以应用
	股价受众多因素影响，股价不能完全准确反映企业财务管理状况
	强调得更多的是股东利益，而对其他相关者的利益重视不够

(三) 企业价值最大化

维度	解读
含义	企业财务管理以实现企业价值最大为目标
计算	企业价值 = 所有者权益市场价值 + 债权人权益市场价值，它等于企业所能创造的预计未来现金流量的现值
优点	考虑了取得报酬的时间，并用时间价值的原理进行了计量
	考虑了风险与报酬的关系
	将企业长期、稳定的发展和持续的获利能力放在首位，能克服企业在追求利润上的短期行为
	用价值代替价格，避免过多受外界市场因素的干扰
缺点	过于理论化，不易操作
	对于非上市公司，只有对企业进行专门的评估才能确定其价值，由于受评估标准和评估方式的影响，很难做到客观和准确

提示：各种财务管理目标都应当以股东财富最大化为基础。因为离开了股东的投入，企业就不复存在；股东在企业中承担着最大的义务和风险，相应也需享有最高的报酬。

因此，本书以股东财富最大化作为财务管理目标。

解题高手

命题角度：考查财务管理目标的特点对比。

观点	时间	风险	长期与短期	其他
利润最大化	×	×	短期	未考虑投入
每股收益最大化	×	×	短期	考虑了投入
股东财富最大化（股价最大化）	未提及	√	长期	上市公司容易量化；强调得更多的是股东利益；影响股价的因素偏多
企业价值最大化	√	√	长期	价值代替价格；不易操作

典例研习·1-1 〔2020年多项选择题〕

下列企业财务管理目标中，考虑了风险因素的有（ ）。

A. 企业净资产最大化
B. 每股收益最大化
C. 股东财富最大化
D. 企业价值最大化
E. 利润最大化

斯尔解析 本题考查财务管理目标。企业净资产最大化（本教材并未提及）、利润最大化和每股收益最大化均没有考虑风险因素，选项 ABE 不当选。股东财富最大化考虑了风险因素，因为通常股价会对风险作出较敏感的反应，选项 C 当选。企业价值等于企业所能创造的预计未来现金流量的现值，因为未来现金流量的预测包含了不确定性和风险因素，因此，企业价值最大化考虑了风险因素，选项 D 当选。

本题答案 CD

典例研习·1-2 〔2022年单项选择题〕

下列关于财务管理目标理论的表述中，正确的是（ ）。

A. 利润最大化考虑了不同行业间的风险问题
B. 每股收益最大化考虑了利润与股东投入资本之间的关系
C. 企业价值最大化不能克服企业追求利润的短期行为
D. 股东财富最大化充分考虑了企业所有的利益相关者

斯尔解析 本题考查财务管理目标。利润最大化没有考虑风险问题，不同行业有不同的风险，同等利润值在不同行业中的意义也不相同，选项 A 不当选。每股收益最大化反映了所创造利润与投入资本之间的关系，选项 B 当选。以企业价值最大化作为财务管理目标，将企业长期、稳定的发展和持续的获利能力放在首位，能克服企业在追求利润上的短期行为，选项 C 不当选。股东财富最大化目标强调得更多的是股东的利益，而对其他相关者的利益重视不够，选项 D 不当选。

本题答案 B

二、利益相关者的要求（★★）

（一）股东和经营者的利益冲突与协调

1. 股东和经营者的利益冲突的主要表现

对象	利益诉求
股东	以较小的代价（支付较少的报酬）实现更多的财富
经营者	在创造财富的同时，能够获取更多的报酬、更多的享受，并避免各种风险

2. 股东和经营者利益冲突的主要解决方式

方式		解读
约束	解聘	解聘是一种通过股东约束经营者的办法。股东对经营者进行考核监督，如果经营者绩效不佳，就可能解聘经营者
	接收	接收是一种通过市场约束经营者的办法。如果经营者决策失误，经营不力，绩效不佳，企业就可能被其他企业强行接收或兼并，相应的经营者也会被解聘
激励		激励就是将经营者的报酬与其绩效直接挂钩，以使经营者自觉采取能提高股东财富的措施。激励通常有以下两种方式：股票期权、绩效股

典例研习·1-3 【2018年单项选择题】

以股东财富最大化作为财务管理目标的首要任务是协调相关者的利益关系，下列不属于股东和经营者利益冲突解决方式的是（　　）。

A. 因经营者绩效不佳被股东解聘

B. 因经营者经营绩效达到规定目标获得绩效股

C. 因经营者决策失误企业被兼并

D. 因经营者经营不善导致公司贷款被银行提前收回

斯尔解析 本题考查利益相关者的要求。需要注意的是，本题要求选择不属于的选项。股东和经营者利益冲突的解决途径有解聘、接收、激励（股票期权、绩效股），选项 ABC 不当选。因经营者经营不善导致公司贷款被银行提前收回，并不能解决股东与经营者的利益冲突，选项 D 当选。

本题答案 D

（二）股东和债权人的利益冲突与协调

债权人把资金借给公司，要求到期收回本金，获得约定利息。但是债权人一旦将资金提供给公司，就丧失控制权。股东可能：

（1）不经债权人同意，改变举债资金的原定用途，投资于比债权人预期风险更高的项目，造成债权人风险与收益的不对称。

（2）不征得债权人的同意，发行新债，致使原有债权的价值降低。

股东与债权人的上述利益冲突，通常采取以下主要方式解决：

方式	解读
限制性借债	债权人通过事先规定借债用途限制、借债担保条款和借债信用条件，使股东不能通过以上方式削弱债权人的债权价值
收回借款或停止借款	当债权人发现企业有侵蚀其债权价值的意图时，采取收回债权或不再给予新的借款的措施，从而保护自身权益

| 典例研习·1-4 2019年多项选择题

对股东和债权人的利益冲突，通常采用的解决方式有（　　）。

A. 收回借款或停止借款　　B. 限制性借债
C. 采取扩招雇员措施　　　D. 股权激励
E. 增加设备更新改造支出

斯尔解析 本题考查利益相关者的要求。股东与债权人利益冲突的解决方式包括限制性借债和收回借款或停止借款；股东和经营者利益冲突的解决方式包括解聘、接收、激励（股票期权、绩效股），选项AB当选。

本题答案 AB

第三节　财务管理环境

一、法律环境

法律环境是指对企业财务活动和财务管理产生影响的各种法律因素。市场经济是法制经济，企业的经营活动总是在一定法律规范内进行的。对企业来说，法律为企业经营活动规定了活动空间，也为企业在规定空间内自由经营提供了法律保护。

这些法律、法规和规章制度，主要包括《中华人民共和国公司法》《中华人民共和国证券法》《中华人民共和国金融法》《中华人民共和国证券交易法》《中华人民共和国合同法》《中华人民共和国税法》《企业财务通则》《内部控制基本规范》《管理会计体系》等，它们从不同方面规范或制约企业的筹资、投资和分配活动，对企业财务管理产生影响。

二、经济环境（★）

在影响财务管理的各种外部环境中，经济环境是最为重要的。

经济环境内容十分广泛，包括经济体制、经济周期、经济发展水平、宏观经济政策及社会通货膨胀水平等。

（一）经济周期

在市场经济条件下，经济发展与运行带有一定的波动性。大体上经历复苏、繁荣、衰退和萧条四个阶段的循环，这种循环叫作经济周期。在不同的经济周期，企业应采用不同的财务管理战略。

复苏（积累能量）	繁荣（疯狂生长）	衰退（停止与瘦身）	萧条（割肉冬眠）
增加厂房设备 实行长期租赁	扩充厂房设备	出售多余设备 停止扩张	建立投资标准 压缩管理费用
建立存货储备 开发新产品	继续增加存货 提高产品价格 开展营销规划	削减存货 停止长期采购 停产不利产品	削减存货 保持市场份额 放弃次要利益
增加劳动力	增加劳动力	停止扩招雇员	裁减雇员

典例研习·1-5 （2019年单项选择题）

下列不同的经济周期，企业采用的财务管理战略错误的是（　　）。

A. 在经济复苏期，应实行长期租赁
B. 在经济萧条期，应保持市场份额
C. 在经济繁荣期，应提高产品价格
D. 在经济衰退期，应增加长期采购

斯尔解析 本题考查财务管理环境。在经济复苏期，应增加厂房设备、实行长期租赁、建立存货储备等，选项A不当选。在经济萧条期，应建立投资标准、保持市场份额、裁减雇员等，选项B不当选。在经济繁荣期，应扩充厂房设备、提高产品价格、开展营销规划等，选项C不当选。在经济衰退期，应停止长期采购、停止扩张、停产不利产品等，选项D当选。

本题答案 D

（二）通货膨胀水平

1. 通货膨胀对企业财务活动的影响

资金需求增加，资金供求紧张，筹资成本变高，筹资难度变大，利润虚增，有价证券价格下跌。

2. 通货膨胀的应对措施

阶段	措施
初期	进行投资可以避免风险，实现资本保值
	与客户签订长期购货合同，以减少物价上涨造成的损失
	取得长期负债，保持资本成本的稳定
持续期	采用比较严格的信用条件，减少企业债权
	调整财务政策，防止和减少企业资本流失

三、金融环境（★）

（一）金融工具

金融工具是指融通资金双方在金融市场上进行资金交易、转让的工具。借助金融工具，资金从供给方转移到需求方。

类型	举例
基本金融工具	股票、债券等
衍生金融工具	远期合约、期权、期货等

金融工具具有流动性、风险性和收益性的特征。

（二）金融市场

金融市场是指资金供应者和资金需求者双方通过一定的金融工具进行交易而融通资金的场所。

（三）利率

利率是资金的价格，它是衡量资金增值的基本单位，是资金的增值同投入资金的价值比。

名义利率 = 纯利率 + 通货膨胀预期补偿率 + 风险补偿率

风险补偿率 = 违约风险补偿率 + 流动性风险补偿率 + 期限风险补偿率

项目		解读
纯利率		没有风险、没有通货膨胀情况下的平均利率，它只受货币的供求关系、平均利润率和国家调节的影响
通货膨胀预期补偿率		由于通货膨胀造成货币实际购买力下降而对投资者的补偿，它与将来的通货膨胀水平有关，与当前的通货膨胀水平关系不大
风险补偿率		资本提供者因承担风险所获得的超过纯利率、通货膨胀预期补偿率的回报。风险补偿率受风险大小的影响，风险越大，要求的报酬率越高，当风险升高时，就相应要求提高报酬率
	违约风险	由于借款人无法按时支付利息或偿还本金而给投资者带来的风险
	流动性风险	一项资产能否迅速转化为现金，如果能迅速转化为现金，说明其变现能力强，流动性风险小
	期限风险	在一定时期内利率变动的幅度，利率变动幅度越大，期限风险越大

| 典例研习·1-6 2023年多项选择题

下列关于利率各组成部分，表述正确的有（　　）。
A. 纯利率是指没有风险、没有通货膨胀情况下的平均利率
B. 纯利率只受货币供求关系影响
C. 风险补偿率包括通货膨胀、违约风险、流动性风险、期限风险补偿率
D. 期限风险是指在一定时期内利率变动的幅度，其与利率变动幅度成正比
E. 流动性风险是指一项资产能否迅速转化为现金，与资产的变现能力成正比

【斯尔解析】 本题考查财务管理环境。纯利率是指没有风险、没有通货膨胀情况下的平均利率，它只受货币的供求关系、平均利润率和国家调节的影响，选项 A 当选、选项 B 不当选。风险补偿率不包括通货膨胀，选项 C 不当选。期限风险是指在一定时期内利率变动的幅度，利率变动幅度越大，期限风险越大，反之，期限风险越小，选项 D 当选。资产的变现能力越强，其流动性风险越低，流动性风险与资产的变现能力呈反向变动关系，选项 E 不当选。

▲本题答案　AD

第四节　货币时间价值

认识现金流量（时间）轴：

0 代表现在时点，即第一期期初；1 代表第一期期末；2 代表第二期期末……
0～1 之间的时间段代表第一期期间，1～2 之间的时间段代表第二期期间……

一、货币时间价值的概念

维度	解读
定义	货币时间价值是指一定量货币资本在不同时点上的价值量差额
产生原因	货币的时间价值来源于货币进入社会再生产过程后的价值增值。通常情况下，它是指没有风险也没有通货膨胀情况下的社会平均利润率，是利润平均化规律发生作用的结果
举例	现在的 1 元钱，比 1 年后的 1 元钱的经济价值要大一些
作用	可以将某一时点的货币价值金额折算为其他时点的价值金额

二、复利计息与单利计息

单利计息是指在计算利息时,每一次都按照原先双方确认的本金计算利息,每次计算的利息并不转入下一次本金中。

复利计息是指不仅本金计算利息,而且利息也要计算利息,即每经过一个计息期,要将该期的利息加入本金再计算利息,逐期滚动计算。

存入银行100元,年利率10%			
单利计息		复利计息	
第一年利息	100×10%=10(元)	第一年利息	100×10%=10(元)
第二年利息	100×10%=10(元)	第二年利息	(100+10)×10%=11(元)
两年后的本利和	100+20=120(元)	两年后的本利和	100+10+11=121(元)

由于货币随时间的增长过程与复利的计算过程在数学上相似,因此,在财务管理中通常采用复利计算货币时间价值。

三、终值与现值

指标	含义
终值 Future Value	终值又称将来值,是现在一定量的货币折算到未来某一时点所对应的金额,记作 F
现值 Present Value	现值指未来某一时点上一定量的货币折算到现在所对应的金额,记作 P

现值和终值是一定量货币在前后两个不同时点上对应的价值,其差额即为货币的时间价值。

四、复利终值与复利现值(★★★)

(一)复利终值

复利终值指一定量的货币,按复利计算的若干期后的本利总和。

存入银行100元,年利率10%,复利计息	
第一年年末的本利和	100×(1+10%)=110(元)
第二年年末的本利和	100×(1+10%)×(1+10%)=121(元)

其中:100元为现值或初始值,可记作 P;10%为利率或报酬率,可记作 i;110元、121元分别为第一年年末、第二年年末的终值或本利和,可记作 F。

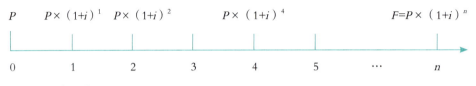

$F = P \times (1+i)^n$

式中：$(1+i)^n$ 称为复利终值系数，用符号 $(F/P, i, n)$ 表示，i 为计息期利率，n 为计息期数。

| 典例研习·1-7 | 教材例题改编

某人将 100 元存入银行，年利率 2%，复利计息，求 5 年后的终值。[已知：$(F/P, 2\%, 5) = 1.1041$]

🔍斯尔解析

$F = P \times (1+i)^n = 100 \times (1+2\%)^5 = 110.41$（元）

或：$F = P \times (F/P, 2\%, 5) = 100 \times 1.1041 = 110.41$（元）。

| 典例研习·1-8 | 模拟单项选择题

甲公司向银行借款 10 000 万元，借款期限 6 年，前面 3 年年利率为 14%，后面 3 年年利率为 16%。按复利计算，一次性还本付息，6 年后本利和是（　　）万元。[已知：$(F/P, 14\%, 3) = 1.4815$，$(F/P, 14\%, 6) = 2.1950$，$(F/P, 16\%, 3) = 1.5609$，$(F/P, 16\%, 6) = 2.4364$]

A.21 950　　　　　　　　　　B.23 131

C.24 364　　　　　　　　　　D.23 125

🔍斯尔解析　本题考查复利终值的计算。6 年后本利和 $= 10\,000 \times (F/P, 14\%, 3) \times (F/P, 16\%, 3) = 10\,000 \times 1.4815 \times 1.5609 = 23\,125$（万元），选项 D 当选。

▲本题答案　D

（二）复利现值

复利现值是指未来某期的一定量的货币，按复利计算的现在价值。

$P = \dfrac{F}{(1+i)^n}$

式中：$\dfrac{1}{(1+i)^n}$ 称为复利现值系数，用符号 $(P/F, i, n)$ 来表示，i 为计息期利率，n 为计息期数。

| 典例研习·1-9 | 教材例题改编 |

某人为了5年后能从银行取出100元，在年利率2%的情况下，求当前应存入的金额。
[已知：$(P/F, 2\%, 5)=0.9057$]

斯尔解析 本题考查复利现值的计算。

$P=F\div(1+i)^n=100\div(1+2\%)^5=90.57$（元）

或：$P=F\times(P/F, 2\%, 5)=100\times 0.9057=90.57$（元）。

五、年金终值与年金现值（★★★）

（一）年金的概念与类型

1. 年金的概念

年金（Annuity），是指间隔期相等的系列等额收付款项，通常用字母 A 表示。

（1）系列：通常是指多笔款项，而不是一次性款项。

（2）定期：每间隔相等时间（可以不是一年）收到或支付。

（3）等额：每次发生额相等。

2. 年金的类型

类型	含义
普通年金	普通年金是指从第一期起，在一定时期内每期期末等额收付的系列款项，又称为后付年金
预付年金	预付年金是指从第一期起，在一定时期内每期期初等额收付的系列款项，又称先付年金或即付年金
递延年金	递延年金是指隔若干期后才开始发生的系列等额收付款项
永续年金	永续年金是指无限期收付的年金，即一系列没有到期日的等额现金流

（二）年金终值和现值的计算

1. 普通年金终值与现值

（1）普通年金终值。

普通年金终值是指普通年金最后一次收付时的本利和，它是每次收付款项的复利终值之和。

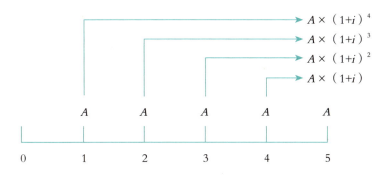

如果期数为 n，则：

$$F = A + A \times (1+i) + A \times (1+i)^2 + A \times (1+i)^3 + \cdots + A \times (1+i)^{n-1}$$

$$= A \times \frac{(1+i)^n - 1}{i}$$

式中：$\frac{(1+i)^n - 1}{i}$ 称为年金终值系数，用符号 $(F/A, i, n)$ 表示。

> **典例研习·1-10** 〔教材例题改编〕
>
> 小李热心于公益事业，自 2012 年 12 月底开始，他每年都要向一位失学儿童捐款 1 000 元，帮助这位失学儿童从小学一年级读完九年义务教育。假设每年定期存款利率都是 2%，则小李 9 年的捐款在 2020 年底相当于多少元？〔已知：$(F/A, 2\%, 9) = 9.7546$〕
>
> 斯尔解析　$F = 1\,000 \times (F/A, 2\%, 9) = 1\,000 \times 9.7546 = 9\,754.6$（元）

（2）普通年金现值。

普通年金现值是指将在一定时期内按相同时间间隔在每期期末收付的相等金额，折算到第一期期初的现值之和。

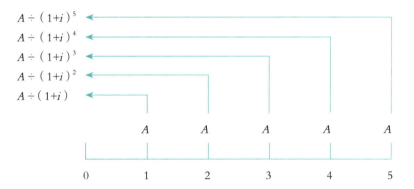

如果期数为 n，则：

$$P = A \times (1+i)^{-1} + A \times (1+i)^{-2} + A \times (1+i)^{-3} + A \times (1+i)^{-4} + \cdots + A \times (1+i)^{-n}$$

$$= A \times \frac{1-(1+i)^{-n}}{i}$$

式中：$\frac{1-(1+i)^{-n}}{i}$ 称为年金现值系数，用符号 $(P/A, i, n)$ 表示。

> **典例研习·1-11** 〔教材例题改编〕
>
> 某投资项目于 2020 年初动工，假设当年投产，从投产之日起每年年末可得收益 40 000 元。按年利率 6% 计算预期 10 年收益的现值。〔已知：$(P/A, 6\%, 10) = 7.3601$〕
>
> 斯尔解析　$P = 40\,000 \times (P/A, 6\%, 10) = 40\,000 \times 7.3601 = 294\,404$（元）

2. 预付年金终值与现值

（1）预付年金终值是指一定时期内每期期初等额收付的系列款项的终值。

（2）预付年金现值是指在一定时期内按相同时间间隔在每期期初收付的相等金额，折算到第一期期初的现值之和。

计算方法一：

形式一预付年金求终值和现值，与形式二普通年金求终值和现值的效果是一样的。

形式一

形式二

因此：

预付年金的终值 $F=A×（1+i）×（F/A, i, n）$

预付年金的现值 $P=A×（1+i）×（P/A, i, n）$

计算方法二：

预付年金终值系数和普通年金终值系数相比，期数加1，系数减1，可记作 $[（F/A, i, n+1）-1]$。

预付年金现值系数和普通年金现值系数相比，期数减1，系数加1，可记作 $[（P/A, i, n-1）+1]$。

精准答疑

问题：为何预付年金的终值和现值都比普通年金大？

解答：首先，从公式推导结果来看，这就是客观事实。对于终值而言，预付年金的每一笔现金流均多复利了一期，因此价值更大；对于现值而言，预付年金的每一笔现金流均是少折现了一期，因此价值更大。

其次，从本质上来理解，预付年金相较于普通年金均提早发生了一期，以收款为例，相当于提前把钱收到，"早握在手里更安全"，当然价值更大。

3. 递延年金的终值与现值

（1）递延年金终值。

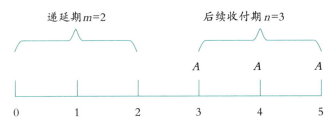

递延年金的终值计算与普通年金的终值计算方法一样，计算公式为：

递延年金终值 $F=A\times(F/A, i, n)$

（2）递延年金现值。

计算方法一：分段折现法（两次折现法）。

将递延年金视为 n 期普通年金，利用普通年金现值系数求出递延期末的现值后，再利用复利现值系数将此现值折现至期初。

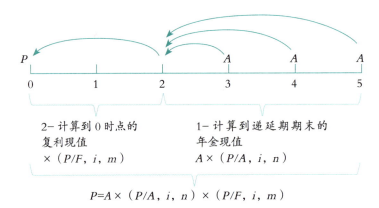

递延年金现值 $P=A\times(P/A, i, n)\times(P/F, i, m)$

计算方法二：插补法。

假设递延期内也有年金发生，先计算（递延期＋收付期）的年金现值，再扣除递延期内实际并未发生的年金现值。

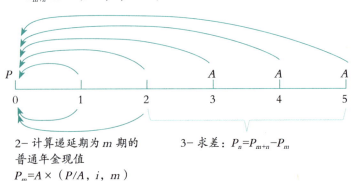

递延年金现值 $P=A\times[(P/A, i, m+n)-(P/A, i, m)]$

计算方法三：先求终值再算现值。

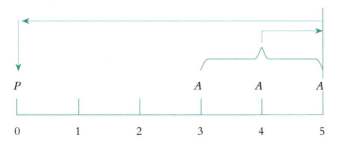

递延年金现值 $P=A\times(F/A, i, n)\times(P/F, i, m+n)$

| 典例研习·1-12 （教材例题改编）

某企业向银行借入一笔款项，银行贷款的年利率为10%，每年复利一次。银行规定前10年不用还本付息，但从第11～20年每年年末偿还本息5 000元。用两种方法计算这笔款项的现值。[已知（P/A，10%，10）=6.1446，（P/F，10%，10）=0.3855，（P/A，10%，20）=8.5136]

🔍 斯尔解析

方法一：$P=A\times(P/A, 10\%, 10)\times(P/F, 10\%, 10)$
　　　　$=5\,000\times6.1446\times0.3855=11\,843.72$（元）

方法二：$P=A\times[(P/A, 10\%, 20)-(P/A, 10\%, 10)]$
　　　　$=5\,000\times(8.5136-6.1446)=11\,845$（元）

提示：两种计算方法相差1.28元，是由货币时间价值系数的小数点位数保留造成的。

4. 永续年金终值与现值

（1）永续年金的终值。

永续年金无终值。

（2）永续年金现值。

永续年金现值 $P=\dfrac{A}{i}$

| 典例研习·1-13 （教材例题）

吴先生想支持家乡建设，在祖籍所在县设立奖学金。奖学金每年发放一次，奖励每年高考的文理科状元各10 000元。奖学金的基金保存在该县银行，银行一年的定期存款利率为2%。则吴先生要投资多少作为奖励基金，才能保证这一奖学金的成功运行？

> **斯尔解析** 由于每年都要拿出 20 000 元，因此奖学金的性质是一项永续年金，其现值应为：
>
> $P=20\,000\div 2\%=1\,000\,000$（元）
>
> 即吴先生要存入 1 000 000 元作为基金，才能保证这一奖学金的成功运行。

5. 年偿债基金与年资本回收额

（1）年偿债基金。

年偿债基金是指为了在约定的未来某一时点清偿某笔债务或积聚一定数额的资金而必须分次等额形成的存款准备金。

也就是为使年金终值达到既定金额的年金数额（即已知终值 F，求年金 A）。在普通年金终值公式中解出 A，这个 A 就是年偿债基金。

根据普通年金的计算公式 $F=A\times\dfrac{(1+i)^n-1}{i}$，可知：

$$A=F\times\dfrac{i}{(1+i)^n-1}$$

式中，$\dfrac{i}{(1+i)^n-1}$ 是普通年金终值系数的倒数，称偿债基金系数，记作 $(A/F, i, n)$。

| 典例研习·1-14 教材例题改编

某人拟在 5 年后还清 10 000 元债务，从现在起每年年末等额存入银行一笔款项。假设银行存款年利率为 10%，则每年需存入多少元？[已知：$(F/A, 10\%, 5)=6.1051$]

> **斯尔解析** 由于利息原因，不必每年存入 2 000 元，只要存入较少的金额，5 年后本利和即可达到 10 000 元以清偿债务。
>
> 根据公式 $F=A\times(F/A, 10\%, 5)$，得：
>
> $A=F\div(F/A, 10\%, 5)=10\,000\div 6.1051=1\,637.97$（元）
>
> 因此，在银行利率为 10% 时，每年存入 1 637.97 元，5 年后可得 10 000 元，用来清偿债务。

（2）年资本回收额。

年资本回收额是指在约定年限内等额回收初始投入资本的金额。年资本回收额的计算实际上是已知普通年金现值 P，求年金 A。

根据普通年金现值的计算公式 $P=A\times\dfrac{1-(1+i)^{-n}}{i}$，可知：

$$A=P\times\dfrac{i}{1-(1+i)^{-n}}$$

式中，$\dfrac{i}{1-(1+i)^{-n}}$ 是普通年金现值系数的倒数，它可以把普通年金现值折算为年金，被称作资本回收系数，记作 $(A/P, i, n)$。

典例研习·1-15 (教材例题改编)

某企业取得1 000万元的贷款,需在10年内以年利率12%等额偿还,则每年应付的金额为多少元?[已知:(P/A,12%,10)=5.6502]

斯尔解析 根据公式 $P=A \times (P/A, 12\%, 10)$ 得:
$A=P \div (P/A, 12\%, 10) = 1\,000 \div 5.6502 = 176.98$(万元)

解题高手

命题角度:考查货币时间价值系数之间的关系。

四组互为倒数的系数:

(1) 单利终值系数与单利现值系数。

(2) 复利终值系数与复利现值系数。

(3) 普通年金终值系数与偿债基金系数。

(4) 普通年金现值系数与资本回收系数。

典例研习·1-16 (2018年多项选择题)

下列关于货币时间价值系数关系的表述中,正确的有( )。

A. 普通年金终值系数和偿债基金系数互为倒数关系

B. 复利终值系数和复利现值系数互为倒数关系

C. 复利终值系数和单利现值系数互为倒数关系

D. 单利终值系数和单利现值系数互为倒数关系

E. 普通年金现值系数和普通年金终值系数互为倒数关系

斯尔解析 本题考查货币时间价值。普通年金终值系数和偿债基金系数互为倒数关系,单利终值系数和单利现值系数互为倒数关系,选项AD当选。复利终值系数与复利现值系数(而非单利现值系数)互为倒数,选项B当选、选项C不当选。普通年金现值系数与资本回收系数(而非普通年金终值系数)互为倒数,选项E不当选。

本题答案 ABD

第五节　风险与收益

一、资产收益与收益率

（一）资产收益的含义与计算

资产的收益是指资产的价值在一定时期的增值，有两种表述资产收益的方式：一种是以金额表示的，称为资产的收益额；另一种是以百分比表示的，称为资产的收益率。

1. 资产的收益额

资产的收益额，通常以资产价值在一定期限内的增值量来表示，该增值量来源于两部分：

一是期限内资产的现金净收入，如利息、红利或股息收益。

二是期末资产的价值（或市场价格）相对于期初价值（价格）的升值，即资本利得。

2. 资产的收益率

资产的收益率是资产增值量与期初资产价值（价格）的比值。该收益率包括两部分：一是利息（股息）的收益率；二是资本利得的收益率。

以金额表示的收益不利于不同规模资产之间收益的比较，而以百分数表示的收益则是一个相对指标，便于不同规模下资产收益的比较和分析，所以通常都用收益率表示资产的收益。

另外，由于收益率是相对于特定期限的，它的大小要受计算期限的影响，但是计算期限常常不一定是1年，为了便于比较和分析，对于计算期限短于或长于1年的资产，在计算收益率时一般要将不同期限的收益率转化成年收益率。因此，如果不作特殊说明，资产的收益指的就是资产的年收益率。

$$单期资产的收益率 = \frac{资产价值（价格）的增值}{期初资产价值（价格）}$$

$$= \frac{利息（股息）收益 + 资本利得}{期初资产价值（价格）}$$

$$= 利息（股息）收益率 + 资本利得收益率$$

> **典例研习·1-17**　（教材例题）
>
> 某股票1年前的价格为10元，1年中的税后股息为0.25元，现在的市价为12元。在不考虑交易费用的情况下，1年内该股票的收益率是多少？
>
> **斯尔解析**
>
> 1年中资产的收益 = 0.25 + （12 - 10） = 2.25（元）
>
> 股票的收益率 = [（0.25 + 12 - 10）/10] × 100% = 22.5%
>
> 其中股利收益率为2.5%，资本利得收益率为20%。

（二）资产收益率的类型

资产收益率的类型有三种：实际收益率、预期收益率和必要收益率。

1. 实际收益率

实际收益率表示已经实现或者确定可以实现的资产收益率，表述为已实现或确定可以实现的利息（股息）率与资本利得收益率之和。当存在通货膨胀时，还应当扣除通货膨胀率的影响，剩余的才是真实的收益率。

2. 预期收益率

预期收益率是指在不确定的条件下，预测的某资产未来可能实现的收益率。对预期收益率的估算，可以参考以下三种方法：

方法一：预计未来各种可能情况下收益率的加权平均值，权数是各种可能情况发生的概率。

> **典例研习·1-18** 教材例题
>
> 王某以5 000元购买某股票，预计未来一年内不会发放红利，且未来一年后市值达到5 200元的可能性为50%，市值达到5 600元的可能性也是50%。那么预期收益率是多少？
>
> 斯尔解析　预期收益率=[（5 200-5 000）÷5 000]×50%+[（5 600-5 000）÷5 000]×50%=8%

方法二：收集历史数据，计算各类经济情况可能出现的概率和收益率，然后，计算各类情况下收益率的加权平均数。

方法三：假定所有历史收益率的观测值出现的概率相等，预期收益率就是所有数据的简单算术平均值。

> **典例研习·1-19** 教材例题
>
> 某公司股票的历史收益率数据如下表所示，请用算术平均值估计其预期收益率。
>
> | 年度 | 1 | 2 | 3 | 4 | 5 | 6 |
> | --- | --- | --- | --- | --- | --- | --- |
> | 收益率 | 14% | 11% | 14% | 14% | 12% | 13% |
>
> 斯尔解析　预期收益率=（14%+11%+14%+14%+12%+13%）÷6=13%

3. 必要收益率

必要收益率也称最低必要报酬率或最低要求的收益率，表示投资者对某资产合理要求的最低收益率。

必要收益率＝无风险收益率＋风险收益率

（1）无风险收益率。

含义：无风险收益率是指无风险资产的收益率。

无风险收益率＝纯利率（资金的时间价值）＋通货膨胀补偿率

一般情况下用短期国债的利率近似地代替无风险收益率。

（2）风险收益率。

含义：风险收益率是指某资产持有者因承担该资产的风险而要求的超过无风险利率的额外收益。

影响因素：一是风险的大小；二是投资者对风险的偏好。

| 典例研习·1-20 模拟单项选择题

已知纯利率为 3%，通货膨胀补偿率为 2%，投资某证券要求的风险收益率为 6%，则该证券的必要收益率为（　　）。

A.5%　　　　　　　　　　　　　B.11%
C.8%　　　　　　　　　　　　　D.9%

🔍斯尔解析　本题考查必要收益率的计算。必要收益率＝纯利率（资金的时间价值）＋通货膨胀补偿率＋风险收益率＝3%+2%+6%=11%，选项 B 当选。

▲本题答案　B

二、资产的风险及其衡量（★★）

资产的风险是资产收益率的不确定性，其大小可用资产收益率的离散程度来衡量。离散程度是指资产收益率的各种可能结果与预期收益率的偏差。

衡量风险的指标主要有收益率的方差、标准离差和标准离差率等。

（一）概率分布

在现实生活中，某一事件在完全相同的条件下可能发生也可能不发生，这类事件称为随机事件。概率是用来表示随机事件发生可能性大小的数值。

通常，把必然发生的事件的概率定为 1，把不可能发生的事件的概率定为 0，而一般随机事件的概率是介于 0 与 1 之间的一个数。概率越大就表示该事件发生的可能性越大。随机事件所有可能结果出现的概率之和等于 1。

（二）期望值

期望值是一个概率分布中的所有可能结果，以各自相应的概率为权数计算的加权平均值，通常用符号 $\bar{E}$ 表示。

| 典例研习·1-21 | 教材例题改编 |

某企业有 A、B 两个投资项目，两个投资项目的收益率及其概率分布情况如下表所示，计算两个项目的预期收益率。

项目实施情况	项目 A		项目 B	
	收益率	概率	收益率	概率
好	15%	0.20	20%	0.30
一般	10%	0.60	15%	0.40
差	0	0.20	−10%	0.30

斯尔解析

项目 A 的预期收益率 =（15%×0.2+10%×0.6+0×0.2）×100%=9%

项目 B 的预期收益率 =[20%×0.3+15%×0.4+（−10%）×0.3]×100%=9%

（三）方差

方差通常用符号 σ^2 来表示，其计算公式可以表述为离差的平方的加权平均数。

根据表述可知计算方差有三个关键步骤：

第一步：算离差，离差是可能出现的结果与期望值的差值。

第二步：算平方。

第三步：加权平均。

（四）标准离差

标准离差通常用符号 σ 来表示，也叫均方差，是方差的平方根。

| 典例研习·1-22 | 教材例题改编 |

沿用"典例研习·1-21"的数据，分别计算 A、B 两个项目投资收益率的方差和标准离差。

斯尔解析

项目 A 的方差 =0.2×（0.15−0.09）²+0.6×（0.10−0.09）²+0.2×（0−0.09）²=0.0024

项目 B 的方差 =0.3×（0.20−0.09）²+0.4×（0.15−0.09）²+0.3×（−0.10−0.09）²
=0.0159

项目 A 的标准离差 = $\sqrt{0.0024}$ =0.049

项目 B 的标准离差 = $\sqrt{0.0159}$ =0.1261

提示：方差和标准离差以绝对数衡量决策方案的风险，可比性较差，仅适用于期望值相同的方案的风险比较。在期望值相同的情况下，方差和标准离差越大，风险越大。

（五）标准离差率

标准离差率是标准离差同期望值之比，通常用字母 V 表示。

$$V = \frac{\sigma}{E}$$

> **典例研习·1-23**　（教材例题改编）
>
> 沿用"典例研习·1-21"和"典例研习·1-22"的数据，分别计算 A、B 两个项目的标准离差率。
>
> **斯尔解析**
>
> 项目 A 的标准离差率 = 0.049 ÷ 0.09 × 100% = 54.4%
>
> 项目 B 的标准离差率 = 0.1261 ÷ 0.09 × 100% = 140.1%
>
> 提示：
>
> （1）标准离差率是一个相对指标，它以相对数反映决策方案的风险程度，可比性较强，可以适用期望值不同的方案的风险比较。在期望值不同的情况下，标准离差率越大，风险越大。
>
> （2）由于无风险资产没有风险，所以，无风险资产的方差、标准离差和标准离差率都等于0。

解题高手

命题角度：考查期望值、方差、标准离差和标准离差率等指标的应用。

指标	应用
期望值	反映预计收益的平均值，可以用来衡量收益，不能直接用来衡量风险
方差 标准离差	绝对指标，可比性较差，只有当期望值相同时，才可以用于比较。方差、标准离差越大，风险越大
标准离差率	相对指标，可比性较好，无论期望值是否相同，标准离差率越大，风险越大

> **典例研习·1-24**　（2019年多项选择题）
>
> 下列关于衡量资产风险的表述中，正确的有（　　）。
>
> A. 一般来说，离散程度越大，风险越大
>
> B. 期望值不相同的两个项目，标准离差率越大，风险越大
>
> C. 期望值不相同的两个项目，标准离差越大，标准离差率就越大
>
> D. 期望值相同的两个项目，标准离差越大，风险越大
>
> E. 期望值相同的两个项目，标准离差越大，标准离差率就越大

斯尔解析 本题考查资产的风险。资产的风险是资产收益率的不确定性，其大小可用资产收益率的离散程度来衡量，一般来说，离散程度越大，风险越大，选项 A 当选。标准离差率可用于期望值不同项目的风险比较，标准离差率越大，风险越大，选项 B 当选。标准离差率 = 标准离差 ÷ 期望值，只有期望值相同时，标准离差越大，标准离差率才越大，如果期望值不同，无法仅通过标准离差确定标准离差率的大小，选项 C 不当选、选项 E 当选。标准离差可用于期望值相同项目的风险比较，标准离差越大，风险越大，选项 D 当选。

本题答案 ABDE

三、证券资产组合的风险与收益（★★★）

两个或两个以上资产构成的集合，称为资产组合。如果资产组合中的资产均为有价证券，则该资产组合也称为证券资产组合或证券组合。

（一）证券资产组合的预期收益率

证券资产组合的预期收益率就是组成证券资产组合的各种资产收益率的加权平均数，其权数为各种资产在组合中的价值比例。

| 典例研习·1-25 教材例题

某投资公司的一项投资组合中包含 A、B 和 C 三种股票，权重分别为 30%、30% 和 40%，三种股票的预期收益率分别为 10%、12% 和 16%。要求计算该投资组合的预期收益率。

斯尔解析 该投资组合的预期收益率 =30%×10%+30%×12%+40%×16%=13%

（二）证券资产组合的风险

证券组合的风险不仅取决于组合内的各证券的风险，还取决于各个证券之间的关系（相关性），反映资产收益率之间相关性的指标是相关系数。

1. 相关系数

相关系数的取值范围 $-1 \leq \rho \leq 1$。

取值范围	相关性	说明
$\rho = 1$	完全正相关	两项资产的收益率变化方向和幅度完全相同（两个都赚或都赔，且幅度一样）
$0 < \rho < 1$	正相关	两项资产的收益率变化方向相同（两个都赚或都赔，但幅度不同）
$\rho = 0$	缺乏相关性	每种资产的收益率相对于另外资产的收益率独立变动（两个没关系）

取值范围	相关性	说明
$-1 < \rho < 0$	负相关	两项资产的收益率变动方向相反 （一个赚，一个赔，但幅度不同）
$\rho = -1$	完全负相关	两项资产的收益率变化方向和幅度完全相反 （一个赚，一个赔，且幅度一样）

2. 证券资产组合风险的衡量

两项证券资产组合的收益率的方差满足以下关系式：

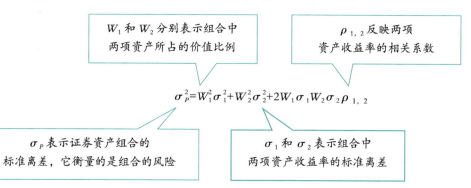

（1）当两项证券完全正相关，即 $\rho_{1,2}=+1$ 时：

两项资产组合的方差 $= (w_1\sigma_1)^2 + 2(w_1\sigma_1)(w_2\sigma_2) + (w_2\sigma_2)^2 = (w_1\sigma_1 + w_2\sigma_2)^2$

两项证券组合的标准离差 $= w_1\sigma_1 + w_2\sigma_2$

此时，组合的标准离差最大，投资组合的标准离差（风险）等于组合内个别资产的标准离差（风险）的加权平均值——两项资产的风险完全不能相互抵消，这样的组合不能降低任何风险。

（2）当两项证券完全负相关，即 $\rho_{1,2}=-1$ 时：

两项资产组合的方差 $= (w_1\sigma_1 - w_2\sigma_2)^2$

两项证券组合的标准离差 $= |w_1\sigma_1 - w_2\sigma_2|$

此时，组合的标准离差达到最小，甚至可能是 0，两项资产的风险可以充分地互相抵消，甚至完全消除。因而这样的组合能够最大限度地降低风险。

（3）当两项证券具有不完全的相关关系，即 $-1 < \rho_{1,2} < 1$ 时：

$0 <$ 组合的标准离差 $< (w_1\sigma_1 + w_2\sigma_2)$

资产组合能够分散风险，但不能完全消除风险。

典例研习·1-26 2019年单项选择题

下列两项证券资产的组合能够最大限度地降低风险的是（　　）。

A. 两项证券资产的收益率完全正相关

B. 两项证券资产的收益率完全负相关

C. 两项证券资产的收益率不完全相关

D. 两项证券资产的收益率的相关系数为 0

斯尔解析 本题考查投资组合的风险。当两项资产的收益率完全负相关时（即相关系数 $\rho=-1$），两项资产的风险可以充分地相互抵消，甚至完全消除，因而这样的组合能够最大限度地降低风险，选项 B 当选。

本题答案 B

（三）风险的种类

在证券资产组合中，能够随着资产种类增加而降低直至消除的风险，被称为非系统性风险；不能随着资产种类增加而分散的风险，被称为系统性风险。

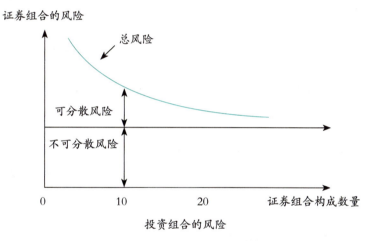

投资组合的风险

1. 非系统风险

非系统风险是指由于某种特定原因对某特定资产收益率造成影响的可能性，是可以通过证券资产组合而分散掉的风险。对于特定企业而言，非系统风险可进一步分为经营风险和财务风险。

风险类型	解读
经营风险	因生产经营方面的原因给企业目标带来不利影响的可能性，如由于原材料供应地的政治经济情况变动、新材料的出现等因素带来的供应方面的风险；由于生产组织不合理而带来的生产方面的风险；由于销售决策失误带来的销售方面的风险
财务风险	由于举债而给企业目标带来的可能影响。企业举债经营，全部资金中除自有资金外还有一部分借入资金，这会对自有资金的获利能力造成影响；同时，借入资金需还本付息，一旦无力偿付到期债务，企业便会陷入财务困境甚至破产

在风险分散的过程中，不应当过分夸大资产多样性和资产个数的作用。实际上，在资产组合中资产数目较低时，增加资产的个数，分散风险的效应会比较明显，但资产数目增加到一定程度时，风险分散的效应就会逐渐减弱。

不要指望通过资产多样化达到完全消除风险的目的,因为系统风险是不能通过风险的分散来消除的。

2. 系统风险

系统风险是影响所有资产的、不能通过资产组合而消除的风险。这部分风险是由那些影响整个市场的风险因素所引起的。这些因素包括宏观经济形势的变动、国家经济政策的变化、税制改革、企业会计准则改革、政治因素等。

尽管绝大部分企业和资产都不可避免地受到系统风险的影响,但并不意味着系统风险对所有资产或所有企业有相同的影响。有些资产受系统风险的影响大一些,而有些资产受系统风险的影响较小。单项资产或证券资产组合受系统风险影响的程度,可以通过系统风险系数(β 系数)来衡量。

(1)市场组合。

市场组合,是由市场上所有资产组成的组合,它的收益率就是市场平均收益率。由于包含了所有资产,所以市场组合中的非系统风险已经被消除,市场组合的风险就是市场风险或系统风险。

(2)单项资产的系统风险系数(β 系数)。

单项资产的 β 系数表示单项资产收益率的变动受市场平均收益率变动的影响程度。即相对于市场组合的平均风险而言,单项资产所含的系统风险大小。

$$\beta_i = \frac{\text{cov}(R_i, R_m)}{\sigma_m^2} = \rho_{i,m} \frac{\sigma_i \sigma_m}{\sigma_m^2} = \rho_{i,m} \frac{\sigma_i}{\sigma_m}$$

式中,$\rho_{i,m}$ 表示第 i 项资产的收益率与市场组合收益率的相关系数;σ_i 表示该项资产收益率的标准差,反映该资产的风险大小;σ_m 表示市场组合收益率的标准差,反映市场组合的风险。

> **原理详解**
>
> **如何理解 β 系数的经济含义?**
>
> 某资产的 β 系数反映的是该资产的系统风险相对于市场组合系统风险的倍数。
>
> 某资产 $\beta=0.5$,表明其收益率的变化与市场收益率变化同向,波动幅度是市场组合的一半。
>
> 某资产 $\beta=2$,表明这种资产收益率波动幅度为一般市场波动幅度的2倍。
>
> 某资产 $\beta<0$,表明当市场平均收益率增加时,这类资产的收益率却在减少。例如某股票的 $\beta=-1.3$,意味着股市大盘上涨1%,该股票下跌1.3%。

(3)证券资产组合的系统风险。

证券资产组合的 β 系数是组合内所有单项资产 β 系数的加权平均数,权数为各种资产在证券资产组合中所占的价值比例。

典例研习·1-27 教材例题改编

某证券资产组合中有三只股票,相关的信息如下表所示,要求计算证券资产组合的 β 系数。

股票	β 系数	股票的每股市价(元)	股票数量	价值比例
A	0.6	8	400	40%
B	1.0	4	200	10%
C	1.5	20	200	50%

斯尔解析 证券资产组合的 β 系数 $=40\%\times 0.6+10\%\times 1.0+50\%\times 1.5=1.09$

典例研习·1-28 2017年多项选择题

下列关于证券资产组合风险的表述中,正确的有( )。

A. 证券资产组合中的非系统风险能随着资产种类的增加而逐渐减小

B. 证券资产组合中的系统风险能随着资产种类的增加而不断降低

C. 当资产组合的收益率的相关系数大于零时,组合的风险小于组合中各项资产风险的加权平均数

D. 当资产组合的收益率具有完全负相关关系时,组合风险可以充分地相互抵消

E. 当资产组合的收益率具有完全正相关关系时,组合的风险等于组合中各项资产风险的加权平均数

斯尔解析 本题考查投资组合的风险。投资组合的非系统风险能够随着资产种类的增加而降低,选项A当选。投资组合的系统风险,不能随着资产种类的增加而分散,选项B不当选。当相关系数小于1时(而不是大于0时),组合的风险小于组合中各项资产风险的加权平均数,当资产组合的收益率具有完全正相关关系时,组合的风险等于组合中各项资产风险的加权平均数,选项C不当选、选项E当选。当资产组合的收益率具有完全负相关关系时,组合风险可以充分地相互抵消,选项D当选。

本题答案 ADE

四、资本资产定价模型(★★★)

(一)资本资产定价模型的基本原理

资本资产定价模型中,所谓资本资产主要指的是股票资产,而定价则试图解释资本市场如何决定股票收益率,进而决定股票价格。

根据风险与收益的一般关系,某资产的必要收益率是由无风险收益率和资产的风险收益率决定的,即:

必要收益率 = 无风险收益率 + 风险收益率

资本资产定价模型的表达公式如下：

R_f 表示无风险收益率，通常以短期国债的利率来近似替代

R_m 表示市场组合收益率，通常用股票价格指数收益率的平均值或所有股票的平均收益率来代替

$$R = R_f + \beta \times (R_m - R_f)$$

R 表示某资产的必要收益率

β 表示该资产的系统风险系数

公式中（$R_m - R_f$）称为市场风险溢酬。它是附加在无风险收益率之上的，由于承担了市场平均风险所要求获得的补偿，它反映的是市场作为整体对风险的平均"容忍"程度。

对风险越是厌恶和回避，要求的补偿就越高，市场风险溢酬的数值就越大；反之，如果市场的抗风险能力强，则对风险的厌恶和回避就不是很强烈，要求的补偿就越低，所以市场风险溢酬的数值就越小。

某项资产的风险收益率是该资产系统风险系数与市场风险溢酬的乘积。

某项资产的风险收益率 = $\beta \times (R_m - R_f)$

另外，需要说明的是，在资本资产定价模型中，计算风险收益率时只考虑了系统风险，没有考虑非系统风险，这是因为非系统风险可以通过资产组合消除。

精准答疑

问题：如何区分资本资产定价模型中各指标的含义。

解答：就税务师考试而言，各指标的含义可以归纳总结如下：

参数	常见表述
R_m	市场平均收益率、市场组合平均收益率、市场组合要求收益率、股票市场平均收益率。 规律：没有"风险"二字，形容的是股票市场的平均收益率
$R_m - R_f$	市场风险溢价、市场组合的风险收益率、平均风险收益率、平均风险补偿率。 规律：市场或平均 + 风险收益率 / 补偿率 / 溢价，形容的是股票市场收益率超过无风险收益率的部分
$\beta \times (R_m - R_f)$	股票的风险溢价、股票的风险收益率、股票的风险补偿率。 规律：股票 + 风险收益率 / 补偿率 / 溢价，形容的是特定股票或投资组合的风险收益率
$R_f + \beta \times (R_m - R_f)$	特定股票或投资组合的必要报酬率

| 典例研习·1-29 2023年单项选择题

长江公司持有的证券资产组合由甲、乙、丙三只股票构成,每股市价分别为8元、4元和20元,股票数量分别为1 500股、4 000股和3 600股,β系数分别为0.5、1.0和1.5。假设当前短期国债利率为5%,市场平均收益率为8%,则长江公司证券资产组合的必要收益率为( )。

A.8.5%   B.9.6%
C.9.8%   D.8.9%

斯尔解析 本题考查资本资产定价模型。资产组合的总市价=1 500×8+4 000×4+3 600×20=100 000(元),证券资产组合的β系数=(1 500×8)÷100 000×0.5+(4 000×4)÷100 000×1.0+(3 600×20)÷100 000×1.5=1.3。证券资产组合的必要收益率=5%+1.3×(8%-5%)=8.9%,选项D当选。

本题答案 D

(二)证券市场线

如果把资本资产定价模型公式中的β看作自变量(横坐标),必要收益率R作为因变量(纵坐标),无风险利率(R_f)和市场风险溢酬(R_m-R_f)作为已知系数,那么这个关系式在数学上就是一个直线方程,叫作证券市场线,即下列关系式所代表的直线:

$$R=R_f+\beta \times (R_m-R_f)$$

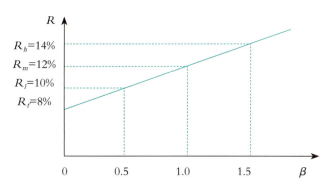

相关结论:

(1)证券市场线对任何公司、任何资产都是适合的。只要将该公司或资产的β系数代入到上述直线方程中,就能得到该公司或资产的必要收益率。

(2)证券市场上任意一项资产或证券资产组合的系统风险系数和必要收益率都可以在证券市场线上找到相对应的一点。

(3)在证券市场线关系式的右侧,唯一与单项资产相关的就是β系数,而β系数正是对该资产所有的系统风险的度量,因此证券市场线一个重要的暗示就是"只有系统风险才有资格要求补偿"。该公式中并没有引入非系统风险,也就是说,投资者要求补偿只是因为他们"忍受"了系统风险的缘故,而不包括非系统风险,因为非系统风险可以通过证券资产组合被消除掉。

五、财务估值方法

财务估值的方法可分为两大类：一是折现法，如未来现金流量折现法；二是非折现法，如市场比较法。

（一）未来现金流量折现法

经典的价值评估理论认为，一项资产的价值取决于该项资产创造未来现金流量的能力，因此资产的价值等于其未来现金流量的现值。

由此可知，资产价值的决定因素有三个：未来现金流量、折现率和期限。

（二）市场比较法

市场比较法是利用可比公司的价格或价值参数来估计被评估公司的相应参数的一种方法。一般来说，可比公司应当具有以下特征：

（1）处于同一个行业。

（2）股本规模、经营规模、盈利能力、成长性、经营风险、资本结构等相同或相近。

市场比较法的常用的比较基准包括市盈率法、市净率法。以下以市盈率法为例进一步阐述。

市盈率指股票的价格和每股收益的比率。市盈率法是借助可比公司市盈率，用被评估公司的预期收益来估计其权益资本的市场价值的一种方法。市盈率法下的估值模型如下：

每股价值＝预计每股收益×标准市盈率

尽管参照企业尽量与目标企业相接近，但是，目标企业与参照企业在成长性、市场竞争力、盈利能力及股本规模，甚至品牌等方面总会存在一定的差异，在对目标企业的价值估价时，必须对上述影响价值因素进行分析、比较，确定差异调整量。

市盈率法通常被用于对未公开发行股票，或者刚刚向公众发行股票的企业进行估价。

典例研习在线题库

至此，财务与会计的学习已经进行了5%，继续加油呀！

5%

第二章 财务预测和财务预算

学习提要

重要程度：次重点章节

平均分值：6分

考核题型：单项选择题、多项选择题、计算题

本章提示：本章重点内容为资金需要量预测和利润预测，其难度较高。考试中，主要考查公式的灵活应用，因此需要大家在平时多加练习，提升运算的速度和准确性

第一节　资金需要量预测

一、资金需要量预测的意义

资金需要量预测是指企业根据生产经营的需求，对未来所需资金的估计和推测，它是企业制订融资计划的基础。

资金需要量预测有助于改善企业的投资决策。

资金需要量预测的方法主要包括因素分析法、销售百分比法和资金习性预测法等。

二、因素分析法

因素分析法又称分析调整法，是以有关项目基期年度的平均资金需要量为基础，根据预测年度的生产经营任务和资金周转加速的要求进行分析调整，来预测资金需要量的一种方法。这种方法计算简便，容易掌握，但预测结果不太精确。它通常适用于品种繁多、规格复杂、资金用量较小的项目。因素分析法的计算公式为：

资金需要量=（基期资金平均占用额－不合理资金占用额）×（1±预测期销售增减率）×（1－预测期资金周转速度变动率）

提示：

（1）销售增长一般会加大资金占用额。

（2）资金周转速度变动率为正，表明资金周转速度加快，则资金使用效率会提高，会导致资金需求减少。

| 典例研习·2-1　教材例题改编

甲企业上年度资金平均占用额为3 400万元，经分析，其中不合理部分400万元，预计本年度销售增长率为6%，资金周转速度变动率为+2%。

要求：

运用因素分析法预测本年度资金需要量。

🔍 斯尔解析

预测年度资金需要量=（3 400－400）×（1+6%）×（1－2%）=3 116.4（万元）

三、销售百分比法（★★）

（一）基本原理

销售百分比法，是假设某些资产、负债与销售额存在稳定的百分比关系，根据该假设预计外部资金需要量的方法。企业的销售规模扩大时，要相应增加流动资产；如果销售规模增加很多，还必须增加长期资产。为取得扩大销售所需增加的资产，企业需要筹措资金。这些资金一部分来自随销售额同比例增加的流动负债，还有一部分来自预测期的收益留存，另一部分通过外部筹资取得。

（二）敏感性资产与敏感性负债

项目	解读	举例
敏感性资产	与销售额保持稳定比例关系的资产，有时称为"经营性资产"	包括库存现金、应收账款、存货等
敏感性负债	与销售额保持稳定比例关系的负债，有时称为"经营性负债"或"自发性负债"	包括应付票据、应付账款等。不包括短期借款、短期融资券、长期负债等筹资性负债

（三）基本步骤

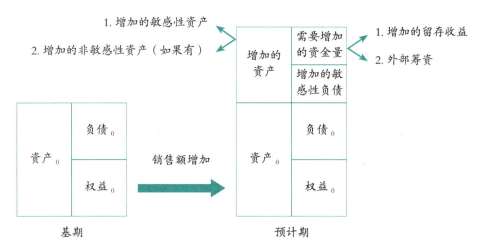

第一步：确定随销售额而变动的资产和负债项目。

第二步：确定有关项目与销售额的稳定比例关系。

（1）敏感性资产销售百分比＝基期敏感性资产÷基期营业收入。

（2）敏感性负债销售百分比＝基期敏感性负债÷基期营业收入。

提示：多数情况下，题目会给出上述已知条件，无须求解。

第三步：确定需要增加的资金量。

需要增加的资金量＝增加的敏感性资产－增加的敏感性负债

其中，增加的敏感性资产和增加的敏感性负债分别有两种计算方法：

计算方法一：增长率法。

增加的敏感性资产 = 基期敏感性资产 × 收入增长率

增加的敏感性负债 = 基期敏感性负债 × 收入增长率

计算方法二：百分比法。

增加的敏感性资产 = 增加的收入 × 敏感性资产销售百分比

增加的敏感性负债 = 增加的收入 × 敏感性负债销售百分比

第四步：确定增加的留存收益，即预计期的利润留存。

预计期的利润留存 = 预计期营业收入 × 预计期销售净利率 × 预计期利润留存率

第五步：确定所需要的外部筹资额。

外部融资需求量 = 需要增加的资金量 − 预计期的利润留存

提示：如果存在非敏感性资产增加，"需要增加的资金量"需要考虑非敏感性资产增加的影响。

典例研习·2-2 （教材例题改编）

光华公司 2021 年 12 月 31 日的简要资产负债表如下表所示。假定光华公司 2021 年销售额为 20 000 万元，销售净利率为 10%（每 1 元销售收入可以产生 0.1 元的净利润），利润留存率为 50%（每 1 元净利润中有 0.5 元用于支付股利，0.5 元留在公司转化为留存收益）。2022 年销售额预计增长 20%，光华公司有足够的生产能力，无须追加固定资产投资。（N 表示该项目不随销售额变化而变化）

单位：万元

资产	金额	占销售额的比重（%）	负债与权益	金额	占销售额的比重（%）
现金	1 000	5	短期借款	5 000	N
应收账款	3 000	15	应付账款	2 000	10
存货	6 000	30	应付票据	1 000	5
固定资产	6 000	N	公司债券	2 000	N
			实收资本	4 000	N
			留存收益	2 000	N
合计	16 000	50	合计	16 000	15

要求：

计算光华公司 2022 年外部融资需求量。

斯尔解析

(1) 确定增加的敏感性资产。

增长率法：增加的敏感性资产 =（1 000+3 000+6 000）× 20%=2 000（万元）。

百分比法：增加的敏感性资产 =20 000×20%×50%=2 000（万元）。

（2）确定增加的敏感性负债。

增长率法：增加的敏感性负债 =（2 000+1 000）×20%=600（万元）。

百分比法：增加的敏感性负债 =20 000×20%×15%=600（万元）。

（3）确定需要增加的资金量。

需要增加的资金量 =2 000-600=1 400（万元）

（4）计算预测期增加的留存收益。

增加的留存收益 =20 000×（1+20%）×10%×50%=1 200（万元）。

（5）计算所需的外部筹资额。

外部融资需求量 =1 400-1 200=200（万元）

（四）销售百分比法的优点

销售百分比法的优点，是能为筹资管理提供短期预计的财务报表，以适应外部筹资的需要，且易于使用。但在有关因素发生变动的情况下，必须相应地调整原有的销售百分比。

典例研习·2-3 （2020年单项选择题）

采用销售百分比法预测资金需要量时，下列资产负债表项目会影响外部融资需求量金额的是（ ）。

A. 实收资本　　　　　　　B. 短期借款

C. 长期负债　　　　　　　D. 应付票据

斯尔解析 本题考查资金需要量预测的销售百分比法。销售百分比法下，经营性资产与经营性负债通常与销售额保持稳定的比例关系，经营性资产项目包括库存现金、应收账款、存货等项目；经营性负债项目包括应付票据、应付账款等项目；但不包括短期借款、短期融资券、长期负债等筹资性负债，也不包括实收资本项目，选项 D 当选。

本题答案 D

典例研习·2-4 （2018年单项选择题）

甲公司采用销售百分比法预测 2017 年外部资金需求量，2017 年销售收入将比上年增长 20%，2016 年销售收入为 2 000 万元，敏感性资产和敏感性负债分别占销售收入的 59% 和 14%，销售净利率为 10%，股利支付率为 60%，若甲公司 2017 年销售净利率、股利支付率均保持不变，则甲公司 2017 年外部融资需求量为（ ）万元。

A.36　　　　　　　　　　B.60

C.84　　　　　　　　　　D.100

🔍 **斯尔解析** 本题考查资金需要量预测的销售百分比法。外部融资需求量＝（59%－14%）×2 000×20%－2 000×（1+20%）×10%×（1－60%）=84（万元），选项C当选。

本题答案 C

四、资金习性预测法（★）

资金习性预测法，是指根据资金习性预测未来资金需要量的一种方法。

所谓资金习性，是指资金的变动同产销量变动之间的依存关系。按照资金同产销量之间的依存关系，可以把资金区分为不变资金、变动资金和半变动资金。

类型	特征
不变资金	在一定的产销量范围内，不受产销量变动的影响而保持固定不变的那部分资金
变动资金	随产销量的变动而同比例变动的那部分资金
半变动资金	虽然受产销量变化的影响，但不成同比例变动的资金，可采用一定的方法划分为不变资金和变动资金两部分

资金习性预测法一般需根据历史上企业资金占用总额与产销量之间的关系，把资金分为不变和变动两部分，然后结合预计的销售量来预测资金需要量。设产销量为自变量 X，资金占用为因变量 Y，它们之间的关系可用下式表示：

$Y=a+bX$

式中，a 为不变资金；b 为单位产销量所需变动资金。

其中计算 a 和 b 的方法有高低点法和回归直线法。

（一）高低点法

根据资金习性模型 $Y=a+bX$，利用历史数据中销售收入最高和销售收入最低的两期资料联立方程组，求解 a 和 b。

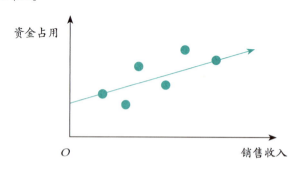

$b=$（最高收入期的资金占用量－最低收入期的资金占用量）÷（最高销售收入－最低销售收入）

$a=$ 最高收入期的资金占用量 $-b×$ 最高销售收入

或者：

$a=$ 最低收入期的资金占用量 $-b×$ 最低销售收入

典例研习·2-5 (教材例题改编)

某企业历年现金占用与销售额之间的关系如下表所示,需要根据两者的关系,运用高低点法计算现金占用项目中不变资金和变动资金的数额。

单位:万元

年度	销售收入(X)	现金占用(Y)
2017	10 000(最低点)	600
2018	12 000	550
2019	13 000	700
2020	14 000	730
2021	15 000(最高点)	800

要求:

假设2022年的预计销售额为18 000万元,利用高低点法预测该企业的资金需要量。

斯尔解析 联立方程:

方程①:$600=a+b\times10\,000$。

方程②:$800=a+b\times15\,000$。

用方程②-①可得:$200=b\times5\,000$。

解得,$b=0.04$。

将$b=0.04$代入方程①:$600=a+0.04\times10\,000$。

解得,$a=200$(万元)。

则对应的预测模型为:

$Y=200+0.04X$

如果2022年的预计销售额为18 000万元,则:

2022年的资金需要量$=200+0.04\times18\,000=920$(万元)

典例研习·2-6 (2021年单项选择题)

甲公司近年现金占用与销售收入之间的关系如下表所示:

年度	销售收入(万元)	现金占用(万元)
2017	118	90
2018	127	80
2019	145	110
2020	148	105

根据高低点法预测的甲公司 2021 年不变资金为（ ）万元。

A.61　　　　　　　　　　　　B.0

C.11　　　　　　　　　　　　D.31

🔍 **斯尔解析** 本题考查资金需要量预测的高低点法。收入最高点为 2020 年，收入最低点为 2017 年，按照高低点法得出：每元销售收入占用变动资金 $b=(105-90)\div(148-118)=0.5$，销售收入占用不变资金总额 $a=105-0.5\times148=31$（万元），选项 D 当选。

▲**本题答案**　D

（二）回归直线法

回归直线法是根据若干期业务量和资金占用的历史资料，运用最小平方法原理计算不变资金和单位产销量所需变动资金的一种资金习性分析方法。相关计算公式为：

$$a=\frac{\sum x_i^2 \sum y_i - \sum x_i \sum x_i y_i}{n\sum x_i^2 - (\sum x_i)^2}$$

$$b=\frac{n\sum x_i y_i - \sum x_i \sum y_i}{n\sum x_i^2 - (\sum x_i)^2}$$

第二节　利润预测

一、本量利分析（★★★）

（一）本量利分析的含义

本量利分析，是指以成本性态分析和变动成本法为基础，对成本、利润、业务量与单价等因素之间的依存关系进行分析，发现变动的规律性的一种方法。其中：

"本"是指成本，包括固定成本和变动成本。

"量"是指业务量，一般指销售量。

"利"一般指利润。

（二）本量利分析的基本假设

项目	含义
总成本假设	（1）总成本由固定成本和变动成本两部分组成。 （2）企业所发生的全部成本按其性态可分为固定成本、变动成本和混合成本： ①固定成本是指与商品产销数量没有直接联系，在一定时期和一定产销数量内其发生总额保持相对稳定的成本，例如，固定月工资、固定资产折旧费、取暖费、财产保险费、职工培训费等。

项目	含义
总成本假设	②变动成本是指其发生额随商品产销量的增减变化而相应变动的成本，例如，直接材料、直接人工、销售佣金等。 ③混合成本是指除固定成本和变动成本之外的成本，它们因业务量变动而变动，但不成正比例关系，可以运用一定的方法分解为固定成本和变动成本
线性关系假设	销售收入与业务量呈完全线性关系
产销平衡假设	生产数量＝销售数量
产品结构假设	假设同时生产销售多种产品的企业，其销售产品的品种结构不变

（三）本量利分析的基本原理

1. 本量利分析的基本关系式

利润 = 销售收入 − 总成本

　　 = 销售收入 −（变动成本 + 固定成本）

　　 = 销售量 × 单价 − 销售量 × 单位变动成本 − 固定成本

　　 = 销售量 ×（单价 − 单位变动成本）− 固定成本

> **典例研习·2-7**（教材例题）
>
> 某企业每月固定成本为1 000元，生产一种产品，单价为10元，单位变动成本为6元，本月计划销售500件，请计算预期利润是多少？
>
> **斯尔解析** 将有关数据代入本量利分析方程式：
>
> 利润 = 单价 × 销售量 − 单位变动成本 × 销售量 − 固定成本 = 10 × 500 − 6 × 500 − 1 000 = 1 000（元）

2. 边际贡献

边际贡献又称边际利润或贡献毛益，是指产品的销售收入减去变动成本后的金额。

边际贡献的表现形式有两种：一种是以绝对额表示的边际贡献，另一种是以相对数表示的边际贡献率。

（1）以绝对额表示的边际贡献。

边际贡献总额 = 销售收入 − 变动成本

单位边际贡献 = 单价 − 单位变动成本

边际贡献总额 = 销售量 × 单位边际贡献

由于：

利润 = 销售收入 − 变动成本 − 固定成本 = 边际贡献总额 − 固定成本

可得：

边际贡献总额 = 固定成本 + 利润

该公式表明边际贡献的用途，首先用于补偿固定成本，剩余部分形成企业利润。

（2）边际贡献率。

边际贡献率是边际贡献与销售收入的比率。

边际贡献率 = 边际贡献总额 ÷ 销售收入

　　　　　= 单位边际贡献 ÷ 单价

根据上述公式可得：

边际贡献总额 = 销售收入 × 边际贡献率

另外，可根据变动成本率计算边际贡献率。

变动成本率 = 变动成本总额 ÷ 销售收入 = 单位变动成本 ÷ 单价

由于：

边际贡献总额 + 变动成本总额 = 销售收入

等式两边同时除以销售收入，可得：

边际贡献率 + 变动成本率 = 1

典例研习·2-8 （教材例题改编）

某企业生产甲产品，售价为 60 元/件，单位变动成本为 24 元，固定成本总额为 100 000 元，当年产销量为 20 000 件。请计算该产品单位边际贡献、边际贡献总额、边际贡献率及利润。

斯尔解析

单位边际贡献 = 单价 − 单位变动成本 = 60−24 = 36（元）

边际贡献总额 = 单位边际贡献 × 产销量 = 36 × 20 000 = 720 000（元）

边际贡献率 = 单位边际贡献 ÷ 单价 = 36 ÷ 60 = 60%

利润 = 边际贡献总额 − 固定成本 = 720 000−100 000 = 620 000（元）

典例研习·2-9 （模拟单项选择题）

某企业生产单一产品，年销售收入为 100 万元，变动成本总额为 60 万元，固定成本总额为 16 万元，则该产品的边际贡献率为（　　）。

A. 76%　　　　　　　　　　　　B. 60%

C. 24%　　　　　　　　　　　　D. 40%

斯尔解析 本题考查本量利分析。边际贡献率 = 单位边际贡献 ÷ 单价 = 边际贡献总额 ÷ 销售收入 = （销售收入 − 变动成本总额）÷ 销售收入 = （100−60）÷100 = 40%，选项 D 当选。

本题答案 D

（四）盈亏平衡分析

盈亏平衡分析（也称保本分析），是指分析、测定盈亏平衡点，以及有关因素变动对盈亏平衡点的影响等，是本量利分析的核心内容。盈亏平衡分析的原理是，通过计算企业在利润为零时处于盈亏平衡的业务量，分析项目对市场需求变化的适应能力等。

盈亏临界点的表示方法有两种：一种是用实物数量表示，即盈亏临界点销售量；另一种是用货币金额表示，即盈亏临界点销售额。

1. 盈亏临界点销售量

由于：

利润 = 边际贡献总额 - 固定成本
　　 = 销售量 × 单位边际贡献 - 固定成本

令利润 =0，此时的销售数量为盈亏临界点销售量：

0 = 盈亏临界点销售量 × 单位边际贡献 - 固定成本

可得：

盈亏临界点销售量 = 固定成本 ÷ 单位边际贡献

这一公式适用于产销单一产品的企业。

│ 典例研习 · 2-10 　教材例题改编

假设计划年度某种产品的销售价格为38元，单位变动成本为22元，固定成本总额为16 000元。

要求：

计算该产品的盈亏临界点销售量为多少？

⑤ 斯尔解析　盈亏临界点销售量 = 固定成本 ÷ 单位边际贡献 =16 000 ÷（38-22）= 1 000（件）

---

2. 盈亏临界点销售额

由于：

利润 = 边际贡献总额 - 固定成本
　　 = 销售额 × 边际贡献率 - 固定成本

令利润 =0，此时的销售额为盈亏临界点销售额：

0 = 盈亏临界点销售额 × 边际贡献率 - 固定成本

可得：

盈亏临界点销售额 = 固定成本 ÷ 边际贡献率

固定成本 = 盈亏临界点销售额 × 边际贡献率

3. 盈亏临界点作业率

盈亏临界点作业率，是指盈亏临界点销售量（额）占正常经营情况下销售量（额）的百分比。

盈亏临界点作业率

= 盈亏临界点销售量 ÷ 正常经营销售量 ×100%

= 盈亏临界点销售额 ÷ 正常经营销售额 ×100%

| 典例研习·2-11 （教材例题改编）

假设某公司计划年度的销售收入为 800 000 元，固定成本总额为 175 000 元，变动成本率为 65%。

要求：

计算该公司计划年度的盈亏临界点销售额和盈亏临界点作业率。

斯尔解析

盈亏临界点销售额 = 固定成本总额 ÷ 边际贡献率 =175 000 ÷（1-65%）=500 000（元）

盈亏临界点作业率 = 盈亏临界点销售额 ÷ 正常经营销售额 ×100%

=500 000 ÷ 800 000×100%=62.5%

计算结果表明，该公司的作业率必须达到正常作业的 62.5% 以上才能盈利，否则会发生亏损。

| 典例研习·2-12 （2018 年单项选择题）

长江公司只生产甲产品，其固定成本总额为 160 000 元，每件单位变动成本为 50 元，则下列关于甲产品单位售价对应的盈亏临界点销售量计算正确的是（　　）。

A. 单位售价 50 元，盈亏临界点销售量 3 200 件

B. 单位售价 70 元，盈亏临界点销售量 8 000 件

C. 单位售价 100 元，盈亏临界点销售量 1 600 件

D. 单位售价 60 元，盈亏临界点销售量 6 400 件

斯尔解析 本题考查盈亏平衡分析。当单位售价为 50 元时，盈亏临界点销售量 =160 000 ÷（50-50），盈亏临界点销售量趋于无穷大，选项 A 不当选。当单位售价为 70 元时，盈亏临界点销售量 =160 000 ÷（70-50）=8 000（件），选项 B 当选。当单位售价为 100 元时，盈亏临界点销售量 =160 000 ÷（100-50）=3 200（件），选项 C 不当选。当单位售价为 60 元时，盈亏临界点销售量 =160 000 ÷（60-50）=16 000（件），选项 D 不当选。

▲本题答案　B

（五）安全边际和安全边际率

安全边际，是指正常销售额超过盈亏临界点销售额的差额，它表明销售额下降多少企业仍不至亏损。

安全边际 = 正常销售额 − 盈亏临界点销售额
安全边际量 = 正常销售量 − 盈亏临界点销售量
安全边际率 = 安全边际 ÷ 正常销售额（或实际订货额）×100%
　　　　　= 安全边际量 ÷ 正常销售量 ×100%

由于：

盈亏临界点销售额 + 安全边际 = 正常销售额

等式两边同时除以正常销售额可得：

盈亏临界点作业率 + 安全边际率 = 1

安全边际主要用于衡量企业承受营运风险的能力，尤其是销售量下降时承受风险的能力，也可以用于盈利预测。安全边际或安全边际率的数值越大，企业发生亏损的可能性越小，抵御营运风险的能力越强，盈利能力越大。

二、目标利润分析（★★★）

（一）预测目标利润额

利润 = 销售收入 − 变动成本 − 固定成本
　　 = 边际贡献 − 固定成本
　　 = 销售收入 × 边际贡献率 − 盈亏临界点销售额 × 边际贡献率
　　 =（销售收入 − 盈亏临界点销售额）× 边际贡献率
　　 = 安全边际 × 边际贡献率

（二）预测实现目标必须达到的经济指标

影响企业利润的主要经济指标有产品销售数量、销售价格、固定成本、变动成本等。为了保证目标利润的实现，企业可以从以上几个方面采取相应措施。

> **典例研习·2-13** 〔教材例题改编〕
>
> 某企业 2021 年度甲产品的销售数量（Q）为 1 000 件，售价（SP）为 18 000 元，单位变动成本（V）为 12 000 元，固定成本总额（F）为 500 万元。
>
> 要求：
>
> （1）计算甲产品 2021 年度的利润。
>
> （2）若计划 2022 年度的利润增长 12%，在其他条件不变的情况下，分别计算销售数量、售价、单位变动成本、固定成本总额的变动率。
>
> **斯尔解析**
>
> （1）甲产品 2021 年度的利润为：
>
> $P = Q \times SP - Q \times V - F = 1\,000 \times 18\,000 - 1\,000 \times 12\,000 - 5\,000\,000 = 1\,000\,000$（元）
>
> （2）如果要求 2022 年度的利润增长 12%，即达到 1 120 000 元〔1 000 000 ×（1+12%）〕，可以从以下四个方面采取措施：

①增加销售数量。

因为：1 120 000=18 000×Q−12 000×Q−5 000 000。

所以：Q=6 120 000÷（18 000−12 000）=1 020（件）。

在其他条件不变时，销售数量增加 2%［（1 020−1 000）÷1 000×100%］，达到 1 020 件时，可实现目标利润。

②提高销售价格。

因为：1 120 000=1 000×SP−1 000×12 000−5 000 000。

所以：SP=18 120 000÷1 000=18 120（元）。

在其他条件不变时，销售价格提高 0.67%［（18 120−18 000）÷18 000×100%］，达到 18 120 元时，可实现目标利润。

③降低固定成本总额。

因为：1 120 000=1 000×18 000−1 000×12 000−F。

所以：F=18 000 000−12 000 000−1 120 000=4 880 000（元）。

在其他条件不变时，固定成本总额降低 2.4%［（4 880 000−5 000 000）÷5 000 000×100%］，降低为 4 880 000 元时，可实现目标利润。

④降低单位变动成本。

因为：1 120 000=1 000×18 000−1 000×V−5 000 000。

所以：V=11 880 000÷1 000=11 880（元）。

在其他条件不变时，单位变动成本降低 1%［（11 880−12 000）÷12 000×100%］，降低为 11 880 元时，可实现目标利润。

典例研习·2-14　2022 年单项选择题

若企业只生产销售一种产品，在采用本量利方法分析时，假设在其他因素不变的情况下，只降低产品的单位变动成本会引起（　　）。

A. 边际贡献率降低　　　　　　　　B. 盈亏临界点销售量降低
C. 单位边际贡献降低　　　　　　　D. 目标利润降低

斯尔解析　本题考查目标利润分析。单位边际贡献 = 单价 − 单位变动成本，当单位变动成本下降时，单位边际贡献会上升，选项 C 不当选。边际贡献率 = 单位边际贡献 ÷ 单价，单位边际贡献上升，边际贡献率上升，选项 A 不当选。盈亏临界点销售量 = 固定成本 ÷ 单位边际贡献，单位边际贡献上升，盈亏临界点销售量降低，选项 B 当选。单位变动成本降低对目标利润没有影响，选项 D 不当选。

本题答案　B

三、利润敏感性分析（★★）

所谓利润敏感性分析，就是研究本量利分析的假设前提中的诸因素发生微小变化时，对利润的影响方向和程度。

基于本量利分析的利润敏感性分析主要应解决两个问题：一是各因素的变化对最终利润变化的影响程度；二是当目标利润要求变化时允许各因素的升降幅度。

各相关因素变化都会引起利润的变化，但其影响程度各不相同。如有些因素虽然只发生了较小的变动，却导致利润很大的变动，利润对这些因素的变化十分敏感，称这些因素为敏感因素。与此相反，有些因素虽然变动幅度很大，却有可能只对利润产生较小的影响，称为不敏感因素。

反映各因素对利润敏感程度的指标为利润的敏感系数，其计算公式为：

敏感系数 = 利润变动百分比 ÷ 因素变动百分比

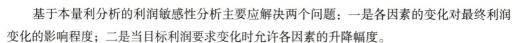

问题1： 敏感因素如何判断？

解答1： 敏感系数绝对值＞1，利润变动幅度大于某因素变动幅度，敏感因素。

敏感系数绝对值＜1，利润变动幅度小于某因素变动幅度，不敏感因素。

问题2： 敏感系数正负号代表的含义？

解答2： 某一因素的敏感系数＞0，表明该因素的变动与利润的变动为正向关系。

某一因素的敏感系数＜0，表明该因素的变动与利润的变动为反向关系。

典例研习·2-15 （教材例题改编）

某企业生产和销售单一产品，计划年度内有关数据预测如下：销售量为100 000件，单价为30元，单位变动成本为20元，固定成本为200 000元。假设没有利息支出和所得税，计算该企业预计的目标利润，以及销售量、单价、单位变动成本和固定成本的敏感系数。

斯尔解析

（1）预计的目标利润为：

P=（30-20）×100 000-200 000=800 000（元）

（2）销售量的敏感程度。设销售量增长10%，则：

销售量 =100 000×（1+10%）=110 000（件）

利润 =（30-20）×110 000-200 000=900 000（元）

利润变动百分比 =（900 000-800 000）÷800 000×100%=12.5%

销售量的敏感系数 =12.5%÷10%=1.25

可见，销售量变动10%，利润就会变动12.5%，当销售量增长时，利润会以更大的幅度增长，这是由于企业固定成本的存在而导致的。

(3) 单价的敏感程度。设单价增长10%，则：

单价 =30×（1+10%）=33（元）

利润 =（33-20）×100 000-200 000=1 100 000（元）

利润变化的百分比 =（1 100 000-800 000）÷800 000×100%=37.5%

单价的敏感系数 =37.5%÷10%=3.75

可见，单价对利润的影响很大，从百分率来看，利润以3.75倍的速率随单价变化。涨价是提高盈利的有效手段，反之，价格下跌也将对企业构成很大威胁。经营者根据敏感系数分析可知，每降价1%，企业将失去3.75%的利润，必须格外予以关注。

(4) 单位变动成本的敏感程度。设单位变动成本增长10%，则：

单位变动成本 =20×（1+10%）=22（元）

利润 =（30-22）×100 000-200 000=600 000（元）

利润变化百分比 =（600 000-800 000）÷800 000×100%=-25%

单位变动成本的敏感系数 =（-25%）÷（10%）=-2.5

由此可见，单位变动成本对利润的影响比单价小，单位变动成本每上升1%，利润将减少2.5%。但是，敏感系数绝对值大于1，说明单位变动成本的变化会造成利润更大的变化，仍属于敏感因素。

(5) 固定成本的敏感程度。设固定成本增长10%，则：

固定成本 =200 000×（1+10%）=220 000（元）

利润 =（30-20）×100 000-220 000=780 000（元）

利润变化百分比 =（780 000-800 000）÷800 000×100%=-2.5%

固定成本的敏感系数 =（-2.5%）÷（10%）=-0.25

这说明固定成本每上升1%，利润将减少0.25%。

敏感系数的绝对值越大，该因素越敏感。如本例数据，将这四个因素按敏感系数的绝对值排列，其顺序依次是单价、单位变动成本、销售量、固定成本。即影响利润最大的因素是单价和单位变动成本，然后才是销售量和固定成本。

上述各因素敏感系数的排序是在题目所设定的条件下得到的，如果条件发生变化，各因素敏感系数的排序也可能发生变化。

第三节 财务预算

一、全面预算（★）

（一）全面预算的内容

全面预算体现了预算的全员、全过程、全部门的特征。全面预算包括经营预算、资本支出预算和财务预算三个部分。

财务预算主要包括现金预算、预计利润表、预计资产负债表和预计现金流量表。财务预算的综合性最强，是预算的核心内容；财务预算的各项指标又依赖于经营预算和资本支出预算。

（二）全面预算的作用

（1）明确企业经营目标。
（2）协调各方面关系。
（3）控制经济活动。
（4）考核评价业绩。

二、财务预算（★★★）

（一）财务预算的内容

1. 现金预算

现金预算又称现金收支预算，是反映企业在预算期内全部现金流入和现金流出，以及由此预计的现金收支所产生的结果的预算，是财务预算的核心。现金预算的内容包括现金收入、现金支出、现金余缺及资金的筹集与运用四个部分。

2. 预计利润表

预计利润表是反映和控制企业在预算期内损益情况和盈利水平的预算。

3. 预计现金流量表

预计现金流量表是从现金流入和流出两个方面反映企业经营活动、投资活动和筹资活动所产生的现金流量的预算。

4. 预计资产负债表

预计资产负债表是用来反映企业在计划期末预计的财务状况，它的编制须以计划期开始日的资产负债表为基础，然后结合计划期间业务预算、专门决策预算、现金预算和预计利润表进行编制。

（二）财务预算的编制方法

1. 增量预算法与零基预算法

按其出发点的特征不同，编制预算的方法可分为增量预算法和零基预算法两大类。

（1）增量预算法。

维度	解读
含义	以历史期实际经济活动及其预算为基础，通过调整历史期经济活动项目及金额形成预算的预算编制方法
假定条件	企业现有业务活动是合理的，不需要进行调整
	企业现有各项业务的开支水平是合理的，在预算期予以保持
	以现有业务活动和各项活动的开支水平，确定预算期各项活动的预算数
优点	在预算内容上无须作较大的调整
缺点	可能导致无效费用开支项目无法得到有效控制，造成预算上的浪费

（2）零基预算法。

维度	解读
含义	企业不以历史期经济活动及其预算为基础，以零为起点，从实际需要出发，形成预算的预算编制方法
优点	以零为起点编制，不受历史期的影响，能够灵活应对内外环境的变化，更贴近预算期企业经济活动需要
	有助于增加预算编制透明度，有利于进行预算控制
缺点	预算编制工作量较大、成本较高
	预算编制的准确性受企业管理水平和相关数据标准准确性影响较大
适用性	适用于企业各项预算的编制，特别是不经常发生的预算项目或预算编制基础变化较大的预算项目

典例研习·2-16 （2020年多项选择题）

与增量预算法相比，零基预算法的优点包括（　　）。

A. 预算编制工作量较小

B. 不受历史期经济活动中的不合理因素影响，能够灵活应对内外环境的变化

C. 能够使预算期间与会计期间相对应，便于将实际数与预算数进行对比

D. 编制预算成本较高

E. 有助于增加预算编制透明度，有利于进行预算控制

斯尔解析 本题考查财务预算的编制方法。零基预算的主要优点：（1）以零为起点编制预算，不受历史期经济活动中的不合理因素影响，能够灵活应对内外环境的变化，预算编制更贴近预算期企业经济活动需要；（2）有助于增加预算编制透明度，有利于进行预算控制，选项BE当选。

本题答案 BE

2. 固定预算法与弹性预算法

按其业务量基础的数量特征不同,预算的编制方法可分为固定预算法和弹性预算法两大类。

（1）固定预算法（静态预算法）。

维度	解读
含义	在编制预算时,只将预算期内正常、可实现的某一固定的业务量水平作为唯一基础来编制预算的方法
缺点	适应性差、可比性差
适用性	一般适用于经营业务稳定,生产产品产销量稳定,能准确预测产品需求及产品成本的企业,也可用于编制固定费用预算

（2）弹性预算法（动态预算法）。

维度	解读
含义	在成本性态分析的基础上,按照预算期内可能的一系列业务量水平编制系列预算的方法
优点	考虑了预算期可能的不同业务量水平,更贴近实际情况
缺点	编制工作量大 市场预测的准确性、预算项目与业务量之间依存关系的判断水平等会对其合理性造成较大影响
适用性	适用于企业各项预算的编制,特别是市场、产能等存在较大不确定性,且其预算项目与业务量之间存在明显的数量依存关系的预算项目

典例研习·2-17　【2019 年多项选择题】

与固定预算法相比,下列属于弹性预算法特点的有（　　）。

A. 编制工作量大

B. 考虑了预算期可能的不同业务量水平,更贴近企业经营管理实际情况

C. 不受历史期经济活动中的不合理因素影响

D. 有助于增加预算编制透明度,不利于进行预算控制

E. 能够使预算期间与会计期间相对应

斯尔解析　本题考查财务预算的编制方法。与固定预算法相比,弹性预算的主要优点:考虑了预算期可能的不同业务量水平,更贴近企业经营管理实际情况;主要缺点:一是编制工作量大;二是市场及其变动趋势预测的准确性、预算项目与业务量之间依存关系的判断水平等会对弹性预算的合理性造成较大影响,选项 AB 当选。

本题答案　AB

3. 定期预算法与滚动预算法

按其预算期的时间特征不同，预算的编制方法可分为定期预算法和滚动预算法两大类。

（1）定期预算法。

定期预算法是指在编制预算时，以不变的会计期间作为预算期的一种编制预算的方法。

2021 年度预算
1月　2月　3月　4月　5月　6月　7月　8月　9月　10月　11月　12月

2022 年度预算
1月　2月　3月　4月　5月　6月　7月　8月　9月　10月　11月　12月

特点	解读
优点	预算期间与会计期间相对应，便于将实际数与预算数进行对比
	有利于对预算执行情况进行分析和评价
缺点	不利于前后各个期间的预算衔接
	不能适应连续不断的业务活动过程的预算管理

（2）滚动预算法。

滚动预算法是指企业根据上一期预算执行情况和新的预测结果，按既定的预算编制周期和滚动频率，对原有的预算方案进行调整和补充，逐期滚动，持续推进的预算编制方法。

按照滚动的时间单位不同可分为逐月滚动、逐季滚动和混合滚动。

以逐季滚动为例：

逐季滚动预算方式示意图

特点	解读
优点	通过持续滚动预算编制、逐期滚动管理，实现动态反映市场、建立跨期综合平衡，从而有效指导企业营运，强化预算的决策与控制职能
缺点	预算滚动的频率越高，对预算沟通的要求越高，预算编制的工作量越大
	过高的滚动频率容易增加管理层的不稳定感，导致预算执行者无所适从

| 典例研习在线题库 | | 至此,财务与会计的学习已经进行了9%,继续加油呀!
● 9% |

第三章 筹资与股利分配管理

学习提要

重要程度：次重点章节

平均分值：6分

考核题型：单项选择题、多项选择题、计算题

本章提示：本章内容较多，学习难度较大，学习时建议逐个击破，其中重点内容为资本成本、杠杆效应和资本结构

第一节　筹资管理概述

一、筹资分类（★）

企业筹资，是指企业为了满足经营活动、投资活动、资本结构管理和其他需要，运用一定的筹资方式，通过一定的筹资渠道，筹措和获取所需资金的一种财务行为。

企业采用不同方式所筹集的资金，按照不同的分类标准，可分为不同的筹资类别。

分类标准	类型	解读	举例
所取得资金的权益特性	股权筹资	股东投入的，企业依法长期拥有、能够自主调配运用的资本	吸收直接投资、发行股票、利用留存收益
	债务筹资	企业按合同向债权人取得的，在规定期限内需要清偿的债务	发行债券、银行借款
	混合筹资	兼具股权与债务筹资性质	可转换债券、认股权证
是否以金融机构为媒介	直接筹资	企业直接与资金供应者协商融通资金的筹资活动	发行股票、发行债券
	间接筹资	企业借助银行和非银行金融机构而筹集资金的活动	银行借款、融资租赁
资金的来源范围不同	内部筹资	企业通过利润留存而形成的筹资来源	利用留存收益
	外部筹资	企业向外部筹措资金形成的筹资来源	发行股票、发行债券、向银行借款
所筹集资金的使用期限	短期筹资	企业筹集使用期限在1年以内的资金	商业信用、短期借款、保理业务
	长期筹资	企业筹集使用期限在1年以上的资金	发行股票、取得长期借款

二、筹资管理原则

原则	含义
筹措合法	企业筹资要遵循国家法律法规，合法筹措资金
规模适当	要根据生产经营及其发展的需要，合理安排资金需求

续表

原则	含义
取得及时	要合理安排筹资时间,适时取得资金
来源经济	要充分利用各种筹资渠道,选择经济、可行的资金来源
结构合理	筹资管理要综合考虑各种筹资方式,优化资本结构

第二节 筹资方式

原理详解

资本成本、财务风险和财务杠杆效应的含义分析

(1) 资本成本。

含义:资本成本是企业为筹集和使用资本而付出的代价。

判断方法:

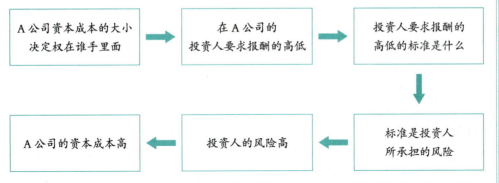

结论:对于同一家公司,股东的风险高于债权人,因此股权筹资的资本成本>债务筹资的资本成本。

(2) 财务风险。

含义:财务风险,又称为筹资风险,是指由于企业运用了债务筹资方式而产生的丧失偿付能力的风险。

分析:财务风险的产生来自债务筹资。一般情况下,企业的负债越多,企业的财务风险越大。

结论:债务筹资的财务风险>股权筹资的财务风险。

(3) 财务杠杆效应。

含义：财务杠杆效应是由于固定性筹资成本（利息和优先股股利）的存在，放大企业盈利的同时，也增加了企业的风险。

分析：比如市场中有A资产，投资1年的收益率，可能是50%，也可能是-50%。

情形	可能收益率	1年后财富	支付本金和利息	投资人剩余
全部使用自有资金10万元投资	50%	15	0	15
	-50%	5	0	5
以自有资金10万元，再按照20%的利率借入资金10万元，共20万元一起投资	50%	30	12	18
	-50%	10	12	-2

结论：债务筹资会给企业带来固定的利息负担，进而可以产生财务杠杆效应，股权筹资不会带来财务杠杆效应。

一、股权筹资（★★）

股权筹资是企业最基本的筹资方式，它包括吸收直接投资、发行股票和利用留存收益三种基本形式。

（一）吸收直接投资

吸收直接投资，是指企业按照"共同投资、共同经营、共担风险、共享收益"的原则，直接吸收国家、法人、个人和外商投入资金的一种筹资方式。

1. 吸收直接投资的出资方式

吸收直接投资的出资方式包括以货币资产出资、以实物资产出资、以土地使用权出资、以工业产权出资和以特定债权出资。

2. 吸收直接投资的筹资特点

特点		解读
优点	能够尽快形成生产能力	吸收直接投资不仅可以取得一部分货币资金，而且能够直接获得所需的先进设备和技术，尽快形成生产经营能力
	容易进行信息沟通	吸收直接投资的投资者比较单一，股权没有社会化、分散化，投资者还可以直接担任公司管理层职务
缺点	资本成本较高	相对于股票筹资方式来说，吸收直接投资的资本成本较高。但与发行股票相比，吸收直接投资的手续相对比较简便，筹资费用较低
	不易进行产权交易	由于没有以证券为媒介，不利于产权交易，难以进行产权转让

（二）发行股票

股票是股份有限公司为筹措股权资本而发行的有价证券，是公司签发的证明股东持有公司股份的凭证。股票作为一种所有权凭证，代表着对发行公司净资产的所有权。股票只能由股份有限公司发行。

1. 股票的种类

（1）按股东权利和义务的不同，分为普通股股票和优先股股票。

（2）按票面是否记名，分为记名股票和无记名股票。

（3）按票面是否标明金额，分为有面值股票和无面值股票。

2. 股票的发行方式

发行方式	解读
公开发行	股份公司通过中介机构向社会公众公开发行股票。上市公司公开发行股票，既包括首次公开发行股票，也包括增发新股和配股
非公开发行	股份公司只向少数特定对象发行股票，一般不需要中介机构承销

3. 发行普通股股票的筹资特点

普通股股票简称普通股，是公司发行的代表着股东享有平等的权利、义务，不加特别限制的，股利不固定的股票。

特点		解读
优点	两权分离，有利于公司自主经营管理	公司通过对外发行股票筹资，公司的所有权与经营权相分离，分散了公司控制权，有利于公司自主管理、自主经营
	能提高公司的社会声誉，促进股权流通和转让	普通股筹资，股东的大众化为公司带来了广泛的社会影响。特别是上市公司，其股票的流通性强，有利于市场确认公司的价值
缺点	资本成本较高	（1）对投资者来说，投资普通股股票的风险比投资债券的风险大。因此，投资者对普通股投资要求得到较高的收益率，这就增加了筹资公司的资本成本。 （2）股利由扣除所得税后的净利润支付，筹资公司得不到抵减税款的好处。 （3）普通股股票的发行手续复杂，发行费用一般比其他筹资方式高
	不易及时形成生产能力	普通股筹资吸收的一般都是货币资金，还需要通过购置和建造固定资产等形成生产经营能力。相对吸收直接投资方式来说，不易及时形成生产能力

4. 发行优先股股票的筹资特点

优先股股票简称优先股，是公司发行的相对于普通股具有一定优先权的股票。其优先权利主要表现在股利分配优先权和剩余财产分配优先权上。优先股股东在股东大会上无表决权，在参与公司经营管理上受到一定限制，仅对涉及优先股股利的问题有表决权。

特点	解读
优点	优先股一般没有到期日，不需要偿还本金，只需支付固定股息
	优先股的股息率一般为固定比率，使得优先股融资具有财务杠杆作用
	优先股股东不能强迫公司破产，发行优先股能增强公司的信誉，提高公司的举债能力
	优先股股东一般没有投票权，发行优先股不会因稀释控制权而引起普通股股东的反对，其筹资能顺利进行
缺点	优先股的资本成本虽低于普通股，但高于债券
	优先股在股息分配、资产清算等方面拥有优先权，使普通股股东在公司经营不稳定时收益受到影响
	优先股筹资后对公司的限制较多

（三）留存收益

1. 留存收益的筹资途径

（1）提取盈余公积金。

盈余公积金，是指有指定用途的留存净利润，其提取基数是抵减年初累计亏损后的本年度净利润。盈余公积金主要用于企业未来的经营发展，经投资者审议后也可以用于转增股本（实收资本）和弥补以前年度经营亏损。

（2）未分配利润。

未分配利润，是指未限定用途的留存净利润。未分配利润有两层含义：第一，这部分净利润本年没有分配给公司的股东投资者；第二，这部分净利润未指定用途，可以用于企业未来经营发展、转增股本（实收资本）、弥补以前年度经营亏损、以后年度利润分配。

2. 利用留存收益的筹资特点

特点	解读
不用发生筹资费用	与普通股筹资相比较，留存收益筹资不需要发生筹资费用，资本成本较低
维持公司的控制权分布	利用留存收益筹资，不用对外发行新股或吸收新投资者，由此增加的权益资本不会改变公司的股权结构，不会稀释原有股东的控制权
筹资数额有限	留存收益的最大数额是企业当期的净利润和以前年度未分配利润之和，不像外部筹资一次性可以筹集大量资金

解题高手

命题角度：股权筹资方式的对比。

对比项目	吸收直接投资	发行普通股股票	留存收益
资本成本	高（最高）	中	低
筹资费用	低	高	无
控制权	集中	分散	维持
生产能力的形成	易	不易	—
产权交易	不易	易	

典例研习·3-1 【2019年多项选择题】

下列属于企业股权筹资方式的有（　　）。

A. 利用留存收益

B. 发行股票

C. 吸收直接投资

D. 发行可转换公司债券

E. 融资租赁

斯尔解析 本题考查筹资分类。股权筹资是企业最基本的筹资方式，它包括吸收直接投资、发行股票和利用留存收益三种基本形式，选项 ABC 当选。发行可转换公司债券属于混合筹资，选项 D 不当选。融资租赁属于债务筹资，选项 E 不当选。

本题答案 ABC

二、债务筹资（★★）

债务筹资的前提是资产回报率大于债务利率。债务筹资不仅可以满足企业投资和经营的资金需要，而且存在杠杆效应，能够提高股权资本回报率。债务资金的高风险性，能够限制经理人的扩张冲动，因此，债务筹资也具有公司治理效应。

债务筹资的主要方式包括银行借款、发行债券、融资租赁和商业信用等多种方式。

（一）银行借款

1. 长期借款的保护性条款

长期借款的金额高、期限长、风险大，除借款合同的基本条款之外，债权人通常还在借款合同中附加各种保护性条款，以确保企业按要求使用借款和按时足额偿还借款。

保护性条款一般有三类：例行性保护条款、一般性保护条款、特殊性保护条款。

条款类型	具体内容
例行性 保护条款	例行常规，在大多数借款合同中都会出现。主要包括： （1）要求定期向提供贷款的金融机构提交公司财务报表。 （2）保持存货储备量，不准在正常情况下出售较多的非产成品存货。 （3）及时清偿债务，以防被罚款而造成不必要的现金流失。 （4）不准以资产作其他承诺的担保或抵押。 （5）不准贴现应收票据或出售应收账款，以避免或有负债等
一般性 保护条款	对企业资产的流动性及偿债能力等方面的要求条款，应用于大多数借款合同。主要包括： （1）保持企业的资产流动性。 （2）限制企业非经营性支出。 （3）限制企业资本支出的规模。 （4）限制公司再举债规模。 （5）限制公司的长期投资
特殊性 保护条款	针对某些特殊情况而出现在部分借款合同中的条款，只有在特殊情况下才能生效。主要包括： （1）要求公司的主要领导人购买人身保险。 （2）借款的用途不得改变。 （3）违约惩罚条款

典例研习·3-2　2019年多项选择题

下列属于长期借款的一般性保护条款的有（　　）。

A. 不得改变借款的用途

B. 限制企业非经营性支出

C. 不准以资产作其他承诺的担保或抵押

D. 保持企业的资产流动性

E. 限制公司的长期投资

斯尔解析　本题考查银行借款筹资。长期借款的一般性保护条款主要包括：（1）保持企业的资产流动性；（2）限制企业非经营性支出；（3）限制企业资本支出的规模；（4）限制公司再举债规模；（5）限制公司的长期投资，选项 BDE 当选。不得改变借款用途属于长期借款的特殊性保护条款，选项 A 不当选。不准以资产作其他承诺的担保或抵押，属于长期借款的例行性保护条款，选项 C 不当选。

本题答案　BDE

2. 银行借款的筹资特点

特点		解读
优点	筹资速度快	与发行公司债券、融资租赁等其他债务筹资方式相比，银行借款的程序相对简单，所花时间较短，公司可以迅速获得所需资金
	资本成本较低	利用银行借款筹资，一般都比发行债券和融资租赁的利息负担要低。而且，无须支付证券发行费用、租赁手续费用等筹资费用
	筹资弹性较大	在借款之前，公司根据当时的资本需求与银行等贷款机构直接商定贷款的时间、数量和条件。在借款期间，若公司的财务状况发生某些变化，也可与债权人再协商，变更借款数量、时间和条件，或提前偿还本息
缺点	限制条款多	与发行公司债券相比较，银行借款合同对借款用途有明确规定，通过借款的保护性条款，对公司资本支出额度、再筹资、股利支付等行为有严格的约束
	筹资数额有限	银行借款的数额往往受到贷款机构资本实力的制约，难以像发行公司债券、股票能一次筹集到大笔资金，无法满足公司大规模筹资的需要

典例研习·3-3 (2022年多项选择题)

相对于股权融资而言，银行借款筹资的优点有（　　）。

A. 筹资风险小

B. 筹资速度快

C. 资本成本低

D. 筹资数额大

E. 限制条款少

斯尔解析 本题考查债务筹资。利用银行借款筹资，企业有还本付息的义务，因此筹资风险大，选项 A 不当选。银行借款的程序相对简单，所花时间较短，公司可以迅速获得所需资金，选项 B 当选。债务筹资的资本成本小于股权筹资的资本成本，选项 C 当选。银行借款的数额往往受到贷款机构资本实力的制约，很难一次性筹集大额资金，选项 D 不当选。银行借款合同对借款用途有明确规定，通过借款的保护性条款，对公司资本支出额度、再筹资、股利支付等行为有严格的约束，因此限制条款较多，选项 E 不当选。

本题答案 BC

（二）发行公司债券

公司债券是由企业发行的有价证券，是企业为筹措资金而公开负担的一种债务契约，表示企业借款后，有义务偿还其所借金额的一种期票。

1. 债券的基本要素

要素	解读
面值	债券面值是债券设定的票面金额，代表发行人承诺于未来某一特定日偿付债券持有人的金额
票面利率	债券票面利率是债券发行者预计一年内向持有者支付的利息占票面金额的比率
到期日	债券到期日是指偿还债券本金的日期，债券一般都有规定到期日，以便到期时归还本金

2. 发行公司债券的筹资特点

特点		解读
优点	一次筹资数额大	利用发行公司债券筹资能够筹集大额的资金，满足公司大规模筹资的需要
	募集资金的使用限制条件少	与银行借款相比，发行公司债券募集的资金在使用上具有相对灵活性和自主性
	提高公司的社会声誉	公司债券的发行主体有严格的资格限制。通过发行公司债券，一方面筹集了大量资金，另一方面也扩大了公司的社会影响
缺点	资本成本负担较高	相对于银行借款筹资，发行公司债券的利息负担和筹资费用都比较高

(三) 融资租赁

租赁，是指在一定期间内，出租人将资产的使用权让与承租人以获取对价的合同。租赁分为经营租赁和融资租赁。

1. 融资租赁的基本形式

按照租赁当事人之间的关系，融资租赁可以划分为三种类型：

类型	含义
直接租赁	出租人直接向承租人提供租赁资产的租赁形式。直接租赁只涉及出租人和承租人双方
杠杆租赁（出租方角度）	出租人引入资产时只支付所需款项的一部分，其余款项向第三方申请贷款解决。这样，出租人利用自己的少量资金推动了大额的租赁业务。杠杆租赁涉及三方当事人
售后回租（承租方角度）	承租人先将某资产卖给出租人，再将该资产租回的一种租赁形式。承租人一方面通过出售资产获得了现金，另一方面又通过租赁满足了对资产的需要，而租赁费却可以分期支付

2. 融资租赁筹资的特点

特点		解读
优点	无须大量资金就能迅速获得资产	在缺乏资金情况下，融资租赁能迅速获得所需资产
	财务风险小	能够避免一次性支付的负担，而且租金支出是未来的、分期的。还款时，租金可以通过项目本身产生的收益来支付，是一种基于未来的"借鸡生蛋、卖蛋还钱"的筹资方式
	筹资的限制条件较少	相比运用股票、债券、长期借款筹资方式，租赁筹资的限制条件很少
	能延长资金的融通期限	通常为购置设备而贷款的借款期限比该资产的物理寿命要短得多，而租赁的融资期限却可接近其全部使用寿命期限
缺点	资本成本负担较高	租赁的租金通常比银行借款或发行公司债券所负担的利息高得多，租金总额通常要比设备价值高出30%

精准答疑

问题：各类筹资方式的资本成本该如何排列？

解答：各类筹资方式的资本成本"排排坐"的结论是：吸收直接投资＞发行股票＞留存收益＞优先股＞融资租赁＞发行债券＞银行借款。

典例研习·3-4　2016年多项选择题

与其他融资方式相比，下列属于租赁筹资方式特点的有（　　）。

A. 能延长资金融通的期限

B. 筹资的限制条件较多

C. 财务风险小，财务优势明显

D. 资本成本负担较低

E. 无须大量资金就能迅速获得资产

斯尔解析　本题考查租赁筹资。融资租赁的筹资特点包括：

(1) 无须大量资金就能迅速获得资产。（选项E当选）

(2) 财务风险小，财务优势明显。（选项C当选）

(3) 筹资的限制条件较少。（选项B不当选）

(4) 租赁能延长资金融通的期限。（选项A当选）

(5) 资本成本负担较高。（选项D不当选）

本题答案　ACE

三、筹资方式创新

（一）商业票据融资

商业票据融资是指通过商业票据进行融通资金。商业票据是一种商业信用工具，是由债务人向债权人开出的、承诺在一定时期内支付一定款项的支付保证书，即由无担保、可转让的短期期票组成。商业票据融资具有融资成本较低、灵活方便等特点。

（二）中期票据融资

中期票据是指具有法人资格的非金融类企业在银行间债券市场按计划分期发行的、约定在一定期限还本付息的债务融资工具。中期票据具有如下特点：

特点	解读
发行机制灵活	中期票据发行采用注册制，一次注册通过后两年内可分次发行；可选择固定利率或浮动利率，到期还本付息；付息可选择按年或季等
用款方式灵活	中期票据可用于中长期流动资金、置换银行借款、项目建设等
融资额度大	企业申请发行中期票据，按规定发行额度最多可达企业净资产的40%
使用期限长	中期票据的发行期限在1年以上，一般3～5年，最长可达10年
成本较低	根据企业信用评级和当时市场利率，中期票据利率较中长期贷款等融资方式往往低20%～30%
无须担保抵押	发行中期票据，主要依靠企业自身信用，无须担保和抵押

（三）股权众筹融资

股权众筹融资主要是指通过互联网形式进行公开小额股权融资的活动。股权众筹融资必须通过股权众筹融资中介机构平台（互联网网站或其他类似的电子媒介）进行，并且融资方应为小微企业。股权众筹融资业务由证监会负责监管。

（四）企业应收账款证券化

企业应收账款资产支持证券，是指证券公司、基金管理公司子公司作为管理人，通过设立资产支持专项计划开展资产证券化业务，以企业应收账款债权为基础资产或基础资产现金流来源所发行的资产支持证券。

（五）融资租赁债权资产证券化

融资租赁债权资产支持证券是指证券公司、基金管理公司子公司作为管理人，通过设立资产支持专项计划开展资产证券化业务，以融资租赁债权为基础资产或基础资产现金流来源所发行的资产支持证券。

（六）商圈融资

商圈融资模式包括商圈担保融资、商铺经营权和租赁权质押、仓单质押、存货质押、动产质押、企业集合债券等。

发展商圈融资是缓解中小商贸企业融资困难的重大举措，有助于增强中小商贸经营主体的融资能力，促进中小商贸企业健康发展；有助于促进商圈发展，增强经营主体集聚力，提升产业关联度，整合产业价值链，从而带动税收、就业增长和区域经济发展，实现搞活流通、扩大消费的战略目标;也有助于银行业金融机构和融资性担保机构等培养长期稳定的优质客户群,扩大授信规模,降低融资风险。

(七)供应链融资

供应链融资,是将供应链核心企业及其上下游配套企业作为一个整体,根据供应链中相关企业的交易关系和行业特点制定基于货权和现金流控制的"一揽子"金融解决方案的一种融资模式。供应链融资解决了上下游企业融资难、担保难的问题,而且通过打通上下游融资瓶颈,还可以降低供应链条融资成本,提高核心企业及配套企业的竞争力。

(八)绿色信贷

绿色信贷,也称可持续融资或环境融资。它是指银行业金融机构为支持环保产业、倡导绿色文明、发展绿色经济而提供的信贷融资。绿色信贷重点支持节能环保、清洁生产、清洁能源、生态环境、基础设施绿色升级和绿色服务六大类产业。

(九)能效信贷

能效信贷,是指银行业金融机构为支持用能单位提高能源利用效率,降低能源消耗而提供的信贷融资。

能效信贷包括用能单位能效项目信贷和节能服务公司合同能源管理信贷两种方式。

方式	含义	投资人、借款人
用能单位能效项目信贷	银行业金融机构向用能单位投资的能效项目提供的信贷融资 ——我节能,我骄傲	用能单位 (相当于甲方)
节能服务公司合同能源管理信贷	银行业金融机构向节能服务公司实施的合同能源管理项目提供的信贷融资 ——我帮别人节能,我也骄傲	节能服务公司 (相当于乙方)

第三节 资本成本与资本结构

一、资本成本的概念(★)

资本成本是指资金使用者为筹集和使用资金所支付的代价,包括筹资费用和用资费用。

项目	解读
筹资费用	筹资费用指在资金筹集过程中所支付的费用,这些费用都是一次性的,视为筹资数额的一项扣除,如委托证券经营机构代理发行股票、债券所支付的代办费等
用资费用	用资费用指在资金使用期内按年或按月支付给资金供应者的报酬,如股息、红利、利息、租金等

资本成本可用绝对数表示，也可用相对数表示。但为了便于比较和应用，一般采用相对数表示资本成本，它是年用资费用与净筹资额的比率，计算公式为：

资本成本 = 年用资费用 / 净筹资额

净筹资额 = 筹资总额 − 筹资费用 = 筹资总额 ×（1−筹资费用率）

二、各种资本成本的计算（★★）

（一）银行借款资本成本

银行借款资本成本包括借款利息和借款手续费用，手续费用是筹资费用的具体表现。利息费用在税前支付，可以起抵税作用。一般计算税后资本成本。

$$银行借款的资本成本 = \frac{年税后利息费用}{筹资总额 \times (1-筹资费用率)}$$

$$= \frac{借款本金 \times 年利率 \times (1-所得税税率)}{借款本金 \times (1-筹资费用率)}$$

$$= \frac{年利率 \times (1-所得税税率)}{1-筹资费用率}$$

| 典例研习·3-5 | 〔教材例题改编〕

某企业取得 4 年期长期借款 100 万元，年利率为 6%，每年付息一次，到期一次还本，借款费用率为 0.2%，企业所得税税率为 25%，该项借款的资本成本是多少？

斯尔解析

$$银行借款的资本成本 = \frac{银行借款年利率 \times (1-所得税税率)}{1-筹资费用率} \times 100\%$$

$$= \frac{6\% \times (1-25\%)}{1-0.2\%} \times 100\%$$

$$= 4.51\%$$

（二）公司债券的资本成本

公司债券资本成本包括债券利息和借款发行费用。

$$公司债券的资本成本 = \frac{年税后利息费用}{筹资总额 \times (1-筹资费用率)}$$

$$= \frac{债券面值 \times 票面利率 \times (1-所得税税率)}{债券的发行价格 \times (1-筹资费用率)}$$

| 典例研习・3-6 | 教材例题改编

某公司以 6 500 万元的价格，溢价发行面值为 6 000 万元、期限为 5 年、利率为 8% 的公司债券，每年付息一次，到期一次还本。筹资费用率为 2%，所得税税率为 25%，则该债券的资本成本是多少？

斯尔解析

$$\text{公司债券的资本成本} = \frac{\text{债券年利息} \times (1-\text{所得税税率})}{\text{公司债券筹资净额}} \times 100\%$$

$$= \frac{6\,000 \times 8\% \times (1-25\%)}{6\,500 \times (1-2\%)} \times 100\%$$

$$= 5.65\%$$

精准答疑

问题： 为何算银行借款和公司债券的资本成本时要"× (1− 所得税税率)"？

解答： 银行借款和发行债券的利息费用可在税前支付，计算资本成本时需考虑利息抵税作用，而这抵税的金额为"年利息 × 所得税税率"，因此对于银行借款或发行债券而言，实际的利息支出（利息负担）应当是"年利息 − 年利息 × 所得税税率"，即年利息 × (1− 所得税税率)。

举个例子，企业借款 100 万元，利率为 10%，因此利息为 10 万元，记入利润表的"财务费用"项目（不满足资本化条件）。假设不考虑其他业务，利润便减少 10 万元，从而使得企业所得税可以少交 10×25%=2.5（万元）。因此，企业实际负担的成本不再是 10 万元，而是 10−2.5=7.5（万元）。

（三）普通股资本成本

普通股资本成本的估计有两种方法：一是股利增长模型法，二是资本资产定价模型法。

1.（固定）股利增长模型法

假定资本市场有效，股票市场价格与价值相等。假定某股票本期支付股利为 D_0，未来各期股利按 g 速度增长，下期的股利是 D_1，目前股票市场价格为 P_0，筹资费率为 f，则普通股资本成本为：

$$K_s = \frac{D_0 \times (1+g)}{P_0 \times (1-f)} + g = \frac{D_1}{P_0 \times (1-f)} + g$$

| 典例研习·3-7 | 教材例题改编

某公司发行普通股每股市价为 20 元，预计下年每股股利为 2 元，每股筹资费用率为 2.5%，预计股利每年增长 3%，则该普通股资本成本是多少？

斯尔解析 $K=\dfrac{D_1}{P_0\times(1-f)}+g=\dfrac{2}{20\times(1-2.5\%)}+3\%=13.26\%$

2. 资本资产定价模型法

假定资本市场有效，股票市场价格与价值相等。无风险报酬率为 R_f，市场平均报酬率为 R_m，某股票贝塔系数为 β，则普通股资本成本为：

$$K_s=R_f+\beta(R_m-R_f)$$

| 典例研习·3-8 | 教材例题改编

某公司普通股 β 系数为 1.5，此时一年期国债利率为 5%，市场平均报酬率为 10%。

要求：

利用资本资产定价模型法计算该公司普通股资本成本。

斯尔解析 $K_s=R_f+\beta(R_m-R_f)=5\%+1.5\times(10\%-5\%)=12.5\%$

（四）优先股的资本成本

优先股要定期支付股息，但是没有到期日，其股息用税后收益支付，不能获得税收优惠。如果优先股股利每年相等，则可视为永续年金。

$$优先股资本成本=\dfrac{优先股年股息}{优先股当前每股市价\times(1-筹资费用率)}$$

（五）留存收益的资本成本

留存收益是由企业税后净利润形成的，是一种所有者权益，其实质是所有者向企业的追加投资。留存收益资本成本，表现为股东追加投资要求的报酬率，其计算与普通股成本相同，也分为股利增长模型法和资本资产定价模型法，不同点在于不考虑筹资费用。

（六）加权资本成本

加权资本成本是指多元化融资方式下的综合资本成本，反映着企业资本成本整体水平的高低。在衡量和评价单一融资方案时，需要计算个别资本成本；在衡量和评价企业筹资总体的经济性时，需要计算企业的加权资本成本。

企业加权资本成本，是以各项个别资本在企业总资本中的比重为权数，对各项个别资本成本进行加权平均而得到的总资本成本。

其中，权数的确定方法通常有三个：

确定方法	解读
账面价值权数	以各项个别资本的会计报表账面价值为基础来计算资本权数，确定各类资本占总资本的比重
市场价值权数	以各项个别资本的现行市价为基础来计算资本权数，确定各类资本占总资本的比重
目标价值权数	以各项个别资本预计的未来价值为基础确定资本权数，确定各类资本占总资本的比重，适用于未来的筹资决策，但目标价值的确定难免具有主观性

| 典例研习·3-9 〔教材例题改编〕

某公司本年年末长期资本账面总额为2 000万元，其中：银行长期贷款800万元，占40%；长期债券300万元，占15%；普通股900万元（共400万股，每股面值1元，市价8元），占45%。个别资本成本分别为：5%、7%、10%。

要求：

分别按照账面价值权重和市场价值权重，计算该公司的加权平均资本成本。

斯尔解析

按账面价值计算的加权资本成本 =5%×40%+7%×15%+10%×45%=7.55%

按市场价值计算的加权资本成本 =800/（800+300+3 200）×5%+300/（800+300+3 200）×7%+3 200/（800+300+3 200）×10%=8.86%

三、杠杆效应（★★）

杠杆效应表现为：由于特定固定支出或费用的存在，当某一财务变量以较小幅度变动时，另一相关变量会以较大幅度变动。财务管理中的杠杆效应，包括经营杠杆、财务杠杆和总杠杆三种效应形式。

类型	含义
经营杠杆效应	由于固定性经营成本的存在，使企业的资产报酬（息税前利润）变动率大于业务量变动率的现象
财务杠杆效应	由于固定性资本成本的存在，而使得企业的普通股收益（或每股收益）变动率大于息税前利润变动率的现象
总杠杆效应	由于固定性经营成本和固定性资本成本的共同存在，使企业的每股收益变动率大于业务量变动率的现象

原理详解

息税前利润的含义与计算

息税前利润（Earnings Before Interest and Tax，EBIT），通俗理解为扣除利息和所得税之前的利润。其计算方法有两种：

直接法：息税前利润=收入−经营成本费用（变动成本和固定成本）。

间接法：息税前利润=净利润+所得税费用+利息费用=利润总额+利息费用。

相关指标汇总

指标	含义
P（Price）	单位销售价格
V_c（variable cost）	单位变动成本
Q（Quantity）	产品销售数量
S（sale）$=Q \times P$	营业收入
F（Fixed）	固定经营成本总额
$EBIT = Q \times (P - V_c) - F$	息税前利润
I（Interest）	利息
D_p（Dividend）	优先股股息
$EPS = [(EBIT - I) \times (1 - T) - D_p]/N$	每股收益

（一）经营杠杆系数（DOL）

经营杠杆系数是息税前利润变动率与业务量变动率的比值。其计算分为两个方法：

1. 定义公式

$$DOL = \frac{息税前利润变动率}{业务量变动率} = \frac{\Delta EBIT / EBIT_0}{\Delta Q / Q_0}$$

2. 简化公式

$$DOL = \frac{基期边际贡献}{基期息税前利润} = \frac{M_0}{M_0 - F_0} = \frac{EBIT_0 + F_0}{EBIT_0}$$

原理详解

简化公式的推导

令基期：$EBIT_0 = (P-V_c)Q_0 - F$。

本期：$EBIT_1 = (P-V_c)Q_1 - F$。

则：$\Delta EBIT = [(P-V_c)Q_1 - F] - [(P-V_c)Q_0 - F] = (Q_1 - Q_0)(P-V_c)$。

$DOL = (\Delta EBIT/EBIT_0) / (\Delta Q/Q_0)$

$\quad = (Q_1-Q_0)(P-V_c) / [(P-V_c)Q_0 - F] \times [Q_0/(Q_1-Q_0)]$

$\quad = [Q_0(P-V_c)] / [(P-V_c)Q_0 - F]$

经整理，经营杠杆系数的计算可以简化为：

$DOL =$ 基期边际贡献 / 基期息税前利润 $= M_0/(M_0-F_0) = (EBIT_0+F_0)/EBIT_0$

经营杠杆放大了市场和生产等因素变化对利润波动的影响，<u>经营杠杆系数越高，表明息税前利润受产销量变动的影响程度越大，经营风险也就越大。</u>

在息税前利润为正的前提下，经营杠杆系数最低为 1，不会为负数；只要有固定性经营成本存在，经营杠杆系数总是大于 1。

典例研习·3-10 （教材例题改编）

某公司产销某种服装，固定成本为 500 万元，变动成本率为 70%。年产销额 5 000 万元时，变动成本为 3 500 万元，固定成本为 500 万元，息税前利润为 1 000 万元；年产销额 7 000 万元时，变动成本为 4 900 万元，固定成本仍为 500 万元，息税前利润为 1 600 万元。

要求：

以年销售额为 5 000 万元时的数据为基础，计算该公司的经营杠杆系数。

斯尔解析

$DOL = \dfrac{\text{息税前利润变动率}}{\text{业务量变动率}} = \dfrac{600/1\,000}{2\,000/5\,000} = \dfrac{60\%}{40\%} = 1.5$

或者：

$DOL = \dfrac{\text{基期边际贡献}}{\text{基期息税前利润}} = \dfrac{1\,000+500}{1\,000} = 1.5$

结论：产销量增长了 40%，息税前利润增长了 60%，产生了 1.5 倍的经营杠杆效应。

> **解题高手**
>
> **命题角度：考查经营杠杆系数与利润对销量的敏感系数之间的关系。**
>
> 结论：利润对销量的敏感系数 = 经营杠杆系数。
>
> 推导：（1）根据敏感系数的定义，利润对销量的敏感系数 = 利润的变动百分比 ÷ 销量变动百分比。
>
> （2）根据经营杠杆系数的定义公式，经营杠杆系数 = 息税前利润变动率 ÷ 产销业务量变动率。
>
> 其中，利润敏感分析中的利润指的是息税前利润，因此利润对销量的敏感系数 = 经营杠杆系数。

（二）财务杠杆系数（DFL）

财务杠杆系数是普通股每股收益变动率与息税前利润变动率的比值。其计算分为两个方法：

1. 定义公式

$$DFL = \frac{普通股每股收益变动率}{息税前利润变动率} = \frac{\Delta EPS/EPS_0}{\Delta EBIT/EBIT_0}$$

2. 简化公式

$$DFL = \frac{基期息税前利润}{基期利润总额} = \frac{EBIT_0}{EBIT_0 - I}$$

其中，I 为基期的利息费用。

财务杠杆放大了资产报酬变化对普通股收益的影响，<u>财务杠杆系数越高，表明普通股收益的波动程度越大，财务风险也就越大</u>。

在企业有正的税后利润的前提下，财务杠杆系数最低为 1，不会为负数；只要有固定性资本成本存在，财务杠杆系数总是大于 1。

| 典例研习·3-11 | （模拟单项选择题）

甲公司只生产一种产品，产品单价为 6 元，单位变动成本为 4 元，产品销量为 10 万件/年，固定成本为 5 万元/年，利息支出为 3 万元/年。甲公司的财务杠杆为（　　）。

A. 1.18　　　　　　　　　　　　B. 1.25

C. 1.33　　　　　　　　　　　　D. 1.66

🅢 斯尔解析　本题考查杠杆系数。

$EBIT_0 = Q \times (P - V_c) - F = 10 \times (6 - 4) - 5 = 15$（万元）

$DFL = EBIT_0 / (EBIT_0 - I) = 15 / (15 - 3) = 1.25$

综上，选项 B 当选。

本题答案　B

（三）总杠杆系数（DTL）

总杠杆系数是经营杠杆系数和财务杠杆系数的乘积，是普通股每股收益变动率与业务量变动率的比值。其计算分为两个方法：

1. 定义公式

$$DTL = \frac{普通股每股收益变动率}{业务量变动率} = \frac{\Delta EPS/EPS_0}{\Delta Q/Q_0}$$

2. 简化公式

$$DTL = \frac{基期边际贡献}{基期利润总额} = \frac{基期税后边际贡献}{基期税后利润} = \frac{EBIT_0 + F_0}{EBIT_0 - I_0}$$

总杠杆系数反映了经营杠杆和财务杠杆之间的关系，用以评价企业的整体风险水平。在总杠杆系数一定的情况下，经营杠杆系数与财务杠杆系数此消彼长。

四、资本结构（★★）

（一）资本结构的概念

资本结构是指企业资本总额中各种资本的构成及其比例关系。

广义的资本结构是指全部债务与股东权益的构成比例。

狭义的资本结构是指长期负债与股东权益的构成比例。

狭义资本结构下，短期债务作为营运资金来管理。本书所指的资本结构，是指狭义的资本结构。

（二）影响资本结构的因素

（1）企业经营状况的稳定性和成长性。

（2）企业的财务状况和信用等级。

（3）企业的资产结构。

（4）企业投资人和管理当局的风险态度。

（5）行业特征和企业发展周期。

（6）税收政策和货币政策。

（三）最优资本结构决策方法

企业资本结构决策就是要确定最优资本结构。所谓最优资本结构，是指在适度财务风险的条件下，使企业加权平均资本成本最低，同时使企业价值最大的资本结构。

资本结构决策的方法主要包括比较资本成本法、每股收益无差别点分析法和公司价值分析法。

1. 比较资本成本法

通过计算和比较各种可能的筹资方案的加权资本成本，选择加权资本成本最低的方案。

2. 每股收益无差别点分析法

（1）基本观点。

可以用每股收益的变化来判断资本结构是否合理，即能够提高普通股每股收益的资本结构，就是合理的资本结构。

（2）决策方法：

第一步：计算每股收益无差别点。

所谓每股收益无差别点，是指不同筹资方式下每股收益都相等时的息税前利润（或业务量）水平，计算公式如下：

$$\frac{(\overline{EBIT}-I_1)\times(1-T)-D_1}{N_1}=\frac{(\overline{EBIT}-I_2)\times(1-T)-D_2}{N_2}$$

$\overline{EBIT}$ 表示平衡点下的息税前利润；D 表示优先股股息。

第二步：比大小，作决策。

依据预期息税前利润（$EBIT^*$）与每股收益无差别点（$\overline{EBIT}$）的大小关系进行决策：

预期息税前利润＞每股收益无差别点，应当选择债务筹资方案。

预期息税前利润＜每股收益无差别点，应当选择股权筹资方案。

| 典例研习·3-12 教材例题改编

甲公司目前有债务资金2 000万元（年利息200万元），普通股股数3 000万股。该公司由于有一个较好的新投资项目，需要追加筹资1 500万元，企业所得税税率为25%，有两种筹资方案：

A方案：增发普通股300万股，每股发行价5元。

B方案：向银行取得长期借款1 500万元，利息率10%。

根据财务人员测算，追加筹资后销售额可望达到6 000万元，变动成本率为60%，固定成本为1 000万元，企业所得税税率为25%，不考虑筹资费用因素。

要求：

计算两种筹资方案的每股收益无差别点，并根据每股收益无差别点进行筹资方案决策。

斯尔解析

（1）设：每股收益无差别点的息税前利润为 $\overline{EBIT}$。

令两个方案每股收益相等：

$$\frac{(\overline{EBIT}-200)\times(1-25\%)}{3\,000+300}=\frac{(\overline{EBIT}-200-150)\times(1-25\%)}{3\,000}$$

可得：$\overline{EBIT}=1\,850$（万元）。

（2）追加筹资后企业的销售额可望达到6 000万元，此时企业的息税前利润：

$EBIT=6\,000\times(1-60\%)-1\,000=1\,400$（万元）

由于预计的息税前利润小于每股收益无差别点的息税前利润，因此应当选择股权筹资方案，即选择A方案。

3. 公司价值分析法

公司价值分析法，<u>是在考虑市场风险基础上</u>，以公司市场价值为标准，进行资本结构优化。即能够提升公司价值的资本结构，则是合理的资本结构。同时，在公司价值最大的资本结构下，公司的加权资本成本也是最低的。

设：V 表示公司价值；S 表示权益资本价值；B 表示债务资本价值。

公司价值等于资本的市场价值，即 $V=S+B$。

为简化分析，假设公司各期的 $EBIT$ 保持不变，债务资本的市场价值等于其面值，权益资本的市场价值可通过下式计算（假设不存在优先股）：

$S=(EBIT-I)×(1-T)/K_s$

本质是将未来净利润当作现金流按照股权资本成本折现，求价值。

| 典例研习·3-13 教材例题改编

某公司现有的资本结构为100%的普通股，息税前利润（$EBIT$）为400万元，假设无风险报酬率 R_f 为6%，市场证券组合的平均报酬率 R_m 为10%，所得税税率为25%，该公司准备通过发行债券调整其资本结构。已知其不同负债水平下的税前成本及 $β$ 系数情况如下表前三列数据列示，可根据公式计算出后四列数据。

债务的市场价值 B（万元）	债务资本的税前成本 K_b（%）	股票 $β$ 系数	权益资本的成本 K_s（%）	普通股市场价值 S（万元）	公司总价值 V（万元）	加权资本成本 K_w（%）
0	0	1.5	12	2 500	2 500	12.00
200	8	1.6	12.4	2 322.58	2 522.58	11.89
800	10	2.1	14.4	1 666.67	2 466.67	12.16
1 000	12	2.3	15.2	1 381.58	2 381.58	12.60
1 200	15	2.5	16	1 031.25	2 231.25	13.45

可见，在没有债务的情况下，该公司的总价值就是其原有股票的价值，当该公司增加债务资本比重时，一开始该公司总价值上升，加权资本成本下降。在债务上升到200万元时，该公司总价值最高，加权资本成本最低。债务超过200万元后，公司总价值下降，加权资本成本上升。因此，200万元的负债是该公司的最优资本结构。

第四节　股利分配

一、股利分配方式与支付程序（★）

（一）股利的分配方式

企业向股东分配股利的方式，通常有以下四种。

类型	解读
现金股利	支付现金是企业向股东分配股利的基本形式
股票股利	股票股利是公司以增发股票的方式所支付的股利，发放股票股利对公司而言并没有现金流出，也不会导致公司的财产减少，也不会改变所有者权益总额
财产股利	财产股利是公司以现金以外的资产支付的股利，主要有两种形式：一是证券股利，即以本公司持有的其他公司的有价证券或政府公债等证券作为股利发放；二是实物股利，即以公司的物资、产品或不动产等充当股利
负债股利	负债股利是公司以负债支付的股利，通常以公司的应付票据支付给股东，在不得已的情况下，也有公司发行公司债券抵付股利

（二）股利支付过程中的重要日期

日期	含义
股利宣告日	公司董事会将股东大会通过本年度利润分配方案的情况以及股利支付情况予以公告的日期
股权登记日	有权领取本期股利的股东资格登记截止日期。在这一天之后登记在册的股东，即使是在股利支付日之前买入的股票，也无权领取本期分配的股利
除息日（登记次日）	股利所有权与股票本身分离的日期，将股票中含有的股利分配权利予以解除，即在除息日当日及以后买入的股票不再享有本次股利分配的权利。除息日通常是在登记日的下一个交易日
股利支付日	公司确定的向股东正式发放股利的日期

二、股利分配政策（★★）

（一）剩余股利政策

剩余股利政策是指公司在有良好的投资机会时，根据目标资本结构，测算出投资所需的权益资本额，先从盈余中留用，然后将剩余的盈余作为股利来分配，即净利润首先满足公司的资金需求，如果还有剩余，就派发股利；如果没有，则不派发股利。

· 78 ·

具体步骤如下:

第一步:设定目标资本结构,即确定权益资本与债务资本的比率,在此资本结构下,加权平均资本成本达到最低水平。

第二步:确定公司的最佳资本预算,并根据公司的目标资本结构预计资金需求中所需增加的权益数额。

第三步:最大限度地使用留存收益来满足资金需求中所需增加的权益资本数额。

第四步:留存收益在满足公司权益资本增加需求后,若还有剩余再用来发放股利。

| 典例研习·3-14 （教材例题改编）

某公司 2021 年税后净利润为 1 000 万元,2022 年的投资计划需要资金 1 200 万元,公司的目标资本结构为权益资本占 60%,债务资本占 40%。该公司 2021 年流通在外的普通股为 1 000 万股。

要求:

根据剩余股利政策,计算该公司 2021 年的每股股利。

斯尔解析 按照目标资本结构的要求,公司投资方案所需的权益资本数额为:

权益资本数额 =1 200×60%=720(万元)

公司 2021 年全部可用于分派的盈利为 1 000 万元,除了满足上述投资方案所需的权益资本数额外,还有剩余可用于发放股利。

2021 年公司可以发放的股利额 =1 000-720=280(万元)

每股股利 =280/1 000=0.28(元/股)

剩余股利政策的特点:

维度	解读
优点	有助于降低再投资的资金成本,保持最佳的资本结构,实现企业价值的长期最大化
缺点	若完全遵照执行剩余股利政策,股利发放额就会每年随着投资机会和盈利水平的波动而波动
	不利于投资者安排收入与支出
	不利于公司树立良好的形象

(二)固定或稳定增长的股利政策

固定或稳定增长的股利政策是指公司将每年派发的股利额固定在某一特定水平或是在此基础上维持某一固定比率逐年稳定增长。公司只有在确信未来盈余不会发生逆转时才会宣布实施固定或稳定增长的股利政策。

固定或稳定增长股利政策的特点：

维度	解读
优点	稳定的股利向市场传递着公司正常发展的信息，有利于树立公司的良好形象，增强投资者对公司的信心，稳定股票的价格
	有助于投资者安排股利收入和支出，有利于吸引那些打算进行长期投资并对股利有很高依赖性的股东
	股票市场会受多种因素影响（包括股东的心理状态和其他要求），为了将股利或股利增长率维持在稳定的水平上，即使推迟某些投资方案或暂时偏离目标资本结构，也可能比降低股利或股利增长率更为有利
缺点	股利的支付与企业的盈利相脱节，可能会导致企业资金紧缺，财务状况恶化。此外，在企业无利可分的情况下，依然实施固定或稳定增长的股利政策，是违反《公司法》的行为

（三）固定股利支付率政策

固定股利支付率政策是指公司将每年净利润的某一固定百分比作为股利分派给股东。

固定股利支付率政策的特点：

维度	解读
优点	体现了"多盈多分、少盈少分、无盈不分"的股利分配原则
	公司每年按固定的比例从税后利润中支付现金股利，从企业的支付能力的角度分析，这是一种稳定的股利政策
缺点	波动的股利很容易给投资者带来经营状况不稳定、投资风险较大的不良印象，成为影响股价的不利因素
	容易使公司面临较大的财务压力，这是因为公司实现的盈利多，并不能代表公司有足够的现金流用来支付较多的股利额
	合适的固定股利支付率的确定难度比较大

（四）低正常股利加额外股利政策

低正常股利加额外股利政策，是指公司事先设定一个较低的正常股利额，每年除了按正常股利额向股东发放股利外，还在公司盈余较多、资金较为充裕的年份向股东发放额外股利。但是，额外股利并不固定化，不意味着公司永久地提高了股利支付额。

低正常股利加额外股利政策的特点：

维度	解读
优点	赋予公司较大的灵活性，使公司在股利发放上留有余地，并具有较大的财务弹性
	使那些依靠股利度日的股东每年至少可以得到虽然较低但比较稳定的股利收入，从而吸引住这部分股东

续表

维度	解读
缺点	由于各年度之间公司盈利的波动使额外股利不断变化,容易给投资者造成收益不稳定的感觉
	当公司在较长时间持续发放额外股利后,可能会被股东误认为"正常股利",一旦取消,传递出的信号可能会使股东认为这是公司财务状况恶化的表现,进而导致股价下跌

（五）不同股利政策的选择

阶段	特征	股利政策选择
初创阶段	公司风险很高,急需大量资金投入,融资能力差,资金成本高	为降低风险,公司应贯彻先发展后分配的原则,剩余股利政策为最佳选择
高速增长阶段	公司的产品销售急剧上升,投资机会快速增加,资金需求大而紧迫,不宜宣派股利。但此时公司的发展前景已相对较明朗,投资者有分配股利的要求	为平衡这两方面的要求,应采取低正常股利加额外股利政策,股利支付方式应采用股票股利的形式,避免现金支付
稳定增长阶段	公司产品的市场容量、销售收入稳定增长,对外投资需求减少	公司已具备持续支付较高股利的能力,理想的股利政策应是固定或稳定增长的股利政策
成熟阶段	产品市场趋于饱和,销售收入不再增长,利润水平稳定。公司通常已积累了一定的盈余和资金	为了与公司的发展阶段相适应,公司可考虑采用固定股利支付率政策
衰退阶段	产品销售收入减少,利润下降,公司为了不被解散或被其他公司兼并重组,需要投入新的行业和领域	公司已不具备较强的股利支付能力,应采用剩余股利政策

| 典例研习·3-15   2018年多项选择题

下列关于股利政策的表述中正确的有（　　）。
A. 固定股利政策有可能导致公司违反我国《公司法》的规定
B. 剩余股利政策有利于投资者安排收入和支出
C. 低正常股利加额外股利政策赋予公司较大的灵活性,使公司在股利发放上留有余地,并具有较大的财务弹性
D. 剩余股利政策有助于降低再投资的资金成本,保持最佳的资本结构,实现企业价值的长期最大化
E. 处于成熟阶段的企业,可以考虑采用固定股利支付率政策

斯尔解析 本题考查股利分配政策。在企业无利可分的情况下，依然实施固定或稳定增长的股利政策，是违反《公司法》的行为，选项 A 当选。若完全遵照执行剩余股利政策，股利发放额就会每年随着投资机会和盈利水平的波动而波动，剩余股利政策不利于投资者安排收入与支出，也不利于公司树立良好的形象，选项 B 不当选。低正常股利加额外股利政策赋予公司较大的灵活性，使公司在股利发放上留有余地，并具有较大的财务弹性，选项 C 当选。剩余股利政策有助于降低再投资的资金成本，保持最佳的资本结构，实现企业价值的长期最大化，选项 D 当选。处于成熟阶段的企业，可以考虑采用固定股利支付率政策，选项 E 当选。

本题答案 ACDE

典例研习·3-16 （2021年多项选择题）

下列关于上市公司股利分配的表述中，正确的有（　　）。

A. 上市公司的分红一般按年度进行，但也允许进行中期现金分红
B. 采用稳定增长股利政策分配现金股利有利于保持最佳的资本结构
C. 公司发放股票股利将改变其股东权益总额
D. 除息日当天投资者购入公司股票可以享有最近一期股利
E. 股权登记日当天投资者购入公司股票可以享有最近一期股利

斯尔解析 本题考查股利分配方式。股票分红的时间主要是根据公司的经营状况以及分红政策，一般是按年度进行，也允许进行中期现金分红，选项 A 当选。采用稳定增长股利政策分配现金股利，股利的支付与企业的盈利相脱节，可能会导致企业资金紧缺，财务状况恶化，可能会不符合剩余股利理论，可能会暂时偏离目标资本结构，选项 B 不当选。发放股票股利只是改变股东权益各项目结构，但是不改变股东权益总额，选项 C 不当选。除息日是股利所有权与股票本身分离的日期，所以除息日当天投资者购入公司股票不可以享有最近一期股利，选项 D 不当选。股权登记日是有权领取本期股利的股东资格登记截止日期，在这一天之后登记在册的股东，即使是在股利支付日之前买入的股票，也无权领取本期分配的股利，所以股权登记日当天投资者购入公司股票可以享有最近一期股利，选项 E 当选。

本题答案 AE

三、股票分割与股票回购（★）

（一）股票分割

1. 股票分割的概念

股票分割又称拆股，即将一股股票拆分成多股股票的行为。股票分割一般只会增加发行在外的股票总数，但不会对公司的资本结构产生任何影响。

2. 股票分割的作用

作用	解读
降低股票价格	股票分割会使每股市价降低，买卖该股票所需资金量减少，从而可以促进股票的流通和交易。流通性的提高和股东数量的增加，会在一定程度上加大对公司股票恶意收购的难度
	降低股票价格还可以为公司发行新股做准备，因为股价太高会使许多潜在投资者力不从心而不敢轻易对公司股票进行投资
传递良好信息	向市场和投资者传递"公司发展前景良好"的信号，有助于提高投资者对公司股票的信心

3. 股票分割与股票股利

维度	股票分割	股票股利
相同点	在不增加股东权益的情况下增加了股份的数量	
不同点	股东权益总额及其内部结构都不会发生任何变化，变化的只是股票面值	虽不会引起股东权益总额的改变，但股东权益的内部结构会发生变化

精准答疑

问题： 为什么实施股票分割股东权益的内部结构不会变化，而发放股票股利股东权益的内部结构会发生变化？

解答： 首先股东权益的内部结构指的是股东权益各组成部分之间的比例关系，常见的比如：股本、资本公积和留存收益等项目之间的比例关系。

其次，实施股票分割，只是股票的面值发生了变化，股本、资本公积和留存收益等各项目的金额均不会发生变化，所以股东权益的内部结构不会发生变化。

而发放股票股利，留存收益会减少，股本会增加，股本、资本公积和留存收益等各项目之间的比例关系发生了变化，所以股东权益的内部结构会发生变化。

（二）股票回购

1. 股票回购的概念

股票回购是指上市公司出资将其发行在外的普通股以一定价格购买回来予以注销或作为库存股的一种资本运作方式。

2. 股票回购的影响

（1）股票回购需要大量资金支付回购成本，容易造成资金紧张，降低资产流动性，影响公司的后续发展。

（2）股票回购无异于股东退股和公司资本的减少，也可能会使公司的发起人股东更注重创业利润的变现，从而不仅在一定程度上削弱了对债权人利益的保护，而且忽视了公司的长远发展，损害了公司的根本利益。

（3）股票回购容易导致公司操纵股价。公司回购自己的股票容易导致其利用内幕消息进行炒作，加剧公司行为的非规范化，损害投资者的利益。

典例研习在线题库

至此，财务与会计的学习已经进行了 14%，继续加油呀！

14%

第四章 投资管理

学习提要

重要程度：重点章节

平均分值：8分

考核题型：单项选择题、多项选择题、计算题

本章提示：本章重点内容为固定资产投资管理，其难度较高，历年真题考查比较全面。在学习时，要保持清晰的思路，不可死记硬背

第一节　投资管理概述

一、投资的意义

投资是指企业把资金直接或间接投放于一定对象，以期望在未来获取收益的经济活动，它对企业具有重要意义。

（1）投资是企业获得利润的前提。
（2）投资是企业生存和发展的必要手段。
（3）投资是企业降低风险的重要途径。

二、企业投资管理的特点

与日常经营活动相比，企业投资的主要特点表现在以下三个方面：

特点	解读
属于企业的战略性决策	企业的投资活动一般涉及其未来的经营发展方向、生产能力规模等问题，往往需要一次性地投入大量的资金，并在一段较长时期内发生作用，对企业经营活动的方向产生重大影响
属于企业的非程序化管理	企业的投资项目涉及的资金数额较大，不会经常发生，应根据特定的影响因素、相关条件和具体要求来进行审查和抉择
投资价值的波动性大	投资项目的价值是由投资标的物资产的内在获利能力决定的。这些标的物资产的形态是不断转换的，未来收益的获得具有较强的不确定性，其价值也具有较强的波动性

三、投资的分类

分类标准		具体类型
投资回收期限的长短	短期投资	回收期在1年以内的投资，如短期有价证券投资
	长期投资	回收期在1年以上的投资，如固定资产投资
资金投出的方向	对内投资	把资金投向企业内部，如形成无形资产的投资
	对外投资	把资金投向企业外部，如购买其他公司的债券
投资活动与公司本身的生产经营活动的关系	直接投资	把资金投放于形成生产经营能力的实体性资产，直接谋取经营利润的投资行为
	间接投资	把资金投放于股票、债券等资产上的投资行为，以获取投资收益和资本利息

第二节 固定资产投资管理

一、固定资产投资的特点与意义

固定资产投资又称项目投资，具有投资数额大、影响时间长（至少1年或一个营业周期以上）、发生频率低、变现能力差和投资风险高的特点。

从宏观角度看，项目投资有助于促进社会经济的长期可持续发展；能够为社会提供更多的就业机会，提高社会总供给量。

从微观角度看，项目投资能够增强企业经济实力，提高企业创新能力和市场竞争能力。

二、投资项目现金流量估计（★★★）

（一）现金流量估计需要注意的问题

1. 基本原则

只有增量现金流量才是与项目相关的现金流量。

所谓增量现金流量，是指接受或拒绝某个投资方案后，企业总现金流量因此发生的变动。只有那些由于采纳某个项目引起的现金支出增加额，才是该项目的现金流出；只有那些由于采纳某个项目引起的现金流入增加额，才是该项目的现金流入。现金流入与现金流出之差称为净现金流量。

2. 注意事项

（1）区分相关成本和非相关成本。

相关成本是指与特定决策有关的、在分析评价时必须加以考虑的成本。例如，差额成本、未来成本、重置成本、机会成本等都属于相关成本。与此相反，与特定决策无关的、在分析评价时不必加以考虑的成本是非相关成本。例如，沉没成本、过去成本、账面成本等往往是非相关成本。

例如，某公司在2020年曾经打算新建一个车间，并请一家咨询公司做过可行性分析，支付咨询费5万元。后来由于公司有了更好的投资机会，该项目被搁置下来，该笔咨询费作为费用已经入账。2023年旧事重提，在进行投资分析时，这笔咨询费是否仍是相关成本？答案当然是否定的。该笔支出已经发生，不管公司是否采纳新建一个车间的方案，它都已无法收回，与公司未来的总现金流量无关。

（2）不可忽视机会成本。

机会成本不是通常意义上的"成本"，不是一种支出或费用，而是失去的收益。这种收益不是实际发生的，而是潜在的。

在投资方案的选择中，如果选择了一个投资方案，则必须放弃投资于其他途径的机会。其他投资机会可能取得的收益是实行本方案的一种代价，被称为这项投资方案的机会成本。

例如，上述公司新建车间的投资方案，需要使用公司拥有的一块土地。在进行投资分析时，因为公司不必动用资金去购置土地，可否不将该土地的成本考虑在内？答案是否定的。

因为公司若不利用这块土地来兴建车间，则它可将这块土地移作他用，并取得一定的收入。只是由于在这块土地上兴建车间才放弃了这笔收入，而这笔收入代表兴建车间使用土地的机会成本。假设这块土地出售可净得1 500万元，它就是兴建车间的一项机会成本。值得注意的是，不管该公司当初是以500万元还是2 000万元购进这块土地，都应以现行市价作为这块土地的机会成本。

（3）要考虑投资方案对公司其他项目的影响。

当采纳一个新的项目后，该项目可能对公司的其他项目造成有利或不利的影响。例如，新建车间生产的产品上市后，原有其他产品的销路可能减少，而且整个公司的销售额也许不增加甚至减少。因此，公司在进行投资分析时，不应将新车间的销售收入作为增量收入来处理，而应扣除其他项目因此减少的销售收入。当然，也可能发生相反的情况，新产品上市将促进其他项目的销售增长。这要看新项目和原有项目是竞争关系还是互补关系。

（4）要考虑投资方案对营运资金的影响。

在一般情况下，当公司开办一个新业务并使销售额扩大后，对于存货和应收账款等经营性流动资产的需求也会增加，公司必须筹措新的资金以满足这种额外需求；另外，公司扩充的结果，应付账款与一些应付费用等经营性流动负债也会同时增加，从而降低公司营运资金的实际需要。

所谓营运资金的需要，指增加的经营性流动资产与增加的经营性流动负债之间的差额。

营运资金一般在经营期的期初投入，并随着生产规模的扩大而追加。流动资金投资额估算方法如下：

某年流动资金投资额（垫支数）= 本年流动资金需用额 − 截至上年的流动资金投资额

或：

某年流动资金投资额（垫支数）= 本年流动资金需用额 − 上年流动资金需用额

本年流动资金需用额 = 本年流动资产需用额 − 本年流动负债需用额

提示：在进行投资分析时，通常假定开始时投资的营运资金在项目结束时收回。

| 典例研习·4-1 教材例题改编

B企业拟建的生产线项目，预计投产第1年的流动资产需用额为30万元，流动负债需用额为15万元；预计投产第2年流动资产需用额为40万元，流动负债需用额为20万元。

要求：

分别计算该项目第1年和第2年年初的流动资金投资额。

斯尔解析

投产第1年的流动资金需用额 = 30−15 = 15（万元）

第1年的流动资金投资额 = 15−0 = 15（万元）

投产第2年的流动资金需用额 = 40−20 = 20（万元）

第2年的流动资金投资额 = 20−15 = 5（万元）

流动资金投资合计 = 15+5 = 20（万元）

| 典例研习·4-2 | 2021年多项选择题

在估计投资项目现金流量时,应考虑的因素有( )。
A. 无论是否采纳该项目均会发生的成本
B. 因采纳该项目对现有竞争性项目的销售额产生的冲击
C. 因采纳该项目而增加的应付账款
D. 因采纳该项目引起的现金支出增加额
E. 因采纳该项目需占用一宗土地,放弃该宗土地用于其他用途实现的收益

斯尔解析 本题考查现金流量估计的问题。只有增量现金流量才是与项目相关的现金流量,而无论是否采纳该项目均会发生的成本,不属于增量现金流量,所以不应当考虑,选项A不当选。因采纳该项目对现有竞争性项目的销售额产生的冲击,属于投资项目对公司其他项目的影响,应当考虑,选项B当选。因采纳该项目而增加的应付账款,会影响投资方案对营运资金的需求,应当考虑,选项C当选。因采纳该项目引起的现金支出增加额,属于投资项目的增量现金流量,应当考虑,选项D当选。因采纳该项目需占用一宗土地,放弃该宗土地用于其他用途实现的收益,属于投资项目的机会成本,应当考虑,选项E当选。

本题答案 BCDE

(二)投资项目现金流量的构成

投资项目的现金流量由建设期现金流量、经营期现金流量、终结期现金流量三部分组成。

1. 建设期现金流量

建设期现金流量即项目建设期开始至项目建设完成投资使用过程中发生的现金流量,主要为现金流出量,即在该投资项目上的原始投资,包括在长期资产上的投资和垫支的营运资金。建设期投资可以一次性投入,也可以分期投入。一般包括:

项目	解读
固定资产投资	现金购买新资产,如固定资产购买、运输、安装等成本;原有资产的利用,如原有固定资产的变现收入、机会成本等
营运资金垫支	项目引起的增加的经营性流动资产与增加的经营性流动负债之间的差额
其他投资费用	与固定资产投资有关的其他费用,如筹建费用、职工培训费

2. 经营期现金流量

经营期是指项目投产至项目终结的时间段。经营期现金流量表现为净现金流量,等于现金流入量减去现金流出量。

方法	计算
直接法	经营期现金净流量 = 销售收入 – 付现成本 – 所得税
间接法	经营期现金净流量 = 净利润 + 折旧
分算法	经营期现金净流量 =（销售收入 – 付现成本）×（1– 所得税税率）+ 折旧 × 所得税税率

提示：为简化公式形式，公式中的折旧代表全部非付现成本。

原理详解

经营期现金净流量计算公式的推导过程

经营期每年现金净流量

= 销售收入 – 付现成本 – 所得税

= 销售收入 –（全部成本 – 折旧）– 所得税

= 税前利润 + 折旧 – 所得税

= 净利润 + 折旧

=（销售收入 – 付现成本 – 折旧）×（1– 所得税税率）+ 折旧

=（销售收入 – 付现成本）×（1– 所得税税率）– 折旧 ×（1– 所得税税率）+ 折旧

=（销售收入 – 付现成本）×（1– 所得税税率）+ 折旧 × 所得税税率

典例研习·4-3 2019 年单项选择题

甲公司拟购买一台价值 40 万元的设备，预计使用年限为 5 年，采用年限平均法计提折旧，预计净残值为 0。该设备预计每年为公司实现销售收入 50 万元，相应付现成本 22 万元，适用的企业所得税税率为 25%。假设不考虑其他相关税费，会计折旧与税法规定一致，则该设备经营期每年现金净流量为（　　）万元。

A.50　　　　　　B.28　　　　　　C.115　　　　　　D.23

斯尔解析　本题考查投资项目现金流量估计。该设备经营期每年计提折旧 =40÷5=8（万元）。

直接法：经营期每年现金净流量 = 销售收入 – 付现成本 – 所得税 =50-22-（50-22-8）×25%=23（万元）。

间接法：经营期每年现金净流量 = 净利润 + 折旧 =（50-22-8）×（1-25%）+8=23（万元）。

分算法：经营期每年现金净流量 =（销售收入 – 付现成本）×（1– 所得税税率）+ 折旧 × 所得税税率 =（50-22）×（1-25%）+8×25%=23（万元），选项 D 当选。

本题答案　D

3. 终结期现金流量

终结期的现金流量主要是现金流入量，包括固定资产变价净收入、固定资产变现净损益对现金净流量的影响和垫支营运资金的收回。

（1）固定资产变价净收入。

固定资产变价净收入，是指固定资产出售或报废时的出售价款或残值收入扣除清理费用后的净额。

（2）固定资产变现净损益对现金净流量的影响。

提示：这个影响额是通过变现净损益影响所得税来影响现金净流量的。对所得税的影响看的是变现净损益，不要只看收入。

固定资产变现净损益对现金净流量的影响 =（账面价值 − 变价净收入）× 所得税税率

其中：

固定资产的账面价值 = 固定资产原值 − 按照税法规定计提的累计折旧

情形	结果
账面价值 − 变价净收入 > 0	意味着发生了变现净损失，可以抵税，减少现金流出，增加现金净流量
账面价值 − 变价净收入 = 0	意味着变现净损益为 0，不改变现金净流量
账面价值 − 变价净收入 < 0	意味着实现了变现净收益，应该纳税，增加现金流出，减少现金净流量

典例研习·4-4 （模拟计算题）

某公司适用的所得税税率为 25%，于 2022 年 1 月 1 日出售一项固定资产，该固定资产的账面价值为 40 万元。

要求：

分别计算该固定资产变价净收入为 50 万元、40 万元和 30 万元时，固定资产变现净损益对现金流量的影响。

斯尔解析

当固定资产变价净收入为 50 万元时：

固定资产变现净损益对现金净流量的影响 =（40−50）× 25% = −2.5（万元）

当固定资产变价净收入为 40 万元时：

固定资产变现净损益对现金净流量的影响 = 0（万元）

当固定资产变价净收入为 30 万元时：

固定资产变现净损益对现金净流量的影响 =（40−30）× 25% = 2.5（万元）

典例研习 · 4-5 （2021年单项选择题）

甲公司 2012 年 12 月以 120 万元购入一台新设备，并于当月投入使用，预计可使用年限为 10 年，采用年限平均法计提折旧，预计净残值为 0。甲公司于 2020 年 12 月 31 日将其处置并取得变价净收益 20 万元。假定税法规定的折旧方法及预计净残值与会计规定相同，适用的企业所得税税率为 25%。则该设备终结时对甲公司当期现金流量的影响额为（　　）万元。

A.21　　　　　　　　　　　　　B.16
C.36　　　　　　　　　　　　　D.34

斯尔解析 本题考查投资项目现金流量估计。根据题意，假定税法规定的折旧方法及预计净残值与会计规定相同，也就是税法和会计上没有差异，则该设备 2020 年 12 月 31 日的账面价值和计税基础 =120−120÷10×8=24（万元），该设备终结时对甲公司当期现金流量的影响额 =20+（24−20）×25%=21（万元），选项 A 当选。

本题答案 A

（3）垫支营运资金的收回。

伴随着固定资产的出售或报废，投资项目的经济寿命结束，企业将与该项目相关的存货出售，应收账款收回，应付账款也随之偿付。营运资金恢复到原有水平，项目开始垫支的营运资金在项目结束时得到回收。

解题高手

命题角度：投资项目各期现金流量的计算。

根据历年真题考核的方式，关于投资项目现金流量估计，可以按照"2+3+3"的方法记忆：

阶段	现金流量
投资期 （2项）	长期资产投资
	营运资金垫支
经营期 （3种方法）	公式 1：销售收入 − 付现成本 − 所得税。
	公式 2：净利润 + 折旧。
	公式 3：（销售收入 − 付现成本）×（1− 所得税税率）+ 折旧 × 所得税税率
终结期 （3项）	固定资产变价净收入
	固定资产变现净收益纳税（净损失抵税）
	垫支营运资金的收回

精准答疑

问题： 什么时候需要考虑固定资产变现净收益纳税或净损失抵税的影响？

解答： 首先，固定资产在报废时的实际价值（即设备真实地卖了多少钱）和税法所认可的账面价值之间出现了差异，这项差异对于企业而言，可以是利得（卖赚了），也可以是损失（卖赔了），即"变现净损益"，而只要产生了净损益，便需要考虑所得税的问题。"卖赚了"需要纳税，属于"现金流出"，"卖赔了"可以抵税（损失抵减了企业整体收益，减少利润，从而减少纳税），相当于"现金流入"。但如果这两项价值之间没有差异，则无须考虑其对于现金流量的影响。

三、固定资产投资决策方法（★★★）

（一）投资回收期法

1. 含义

投资回收期是指收回全部投资所需要的时间。缩短投资回收期可以提高资金的使用效率，降低投资风险，因此，投资回收期是评选投资方案的重要标准。

投资回收期一般不能超过固定资产使用期限的一半，多个方案中则以投资回收期最短者为优。根据各年现金净流量是否相等，投资回收期的计算方法分以下两种情况：

（1）若各年的现金净流量相等。

投资回收期（年）＝原始投资额／年现金净流量

（2）若各年的现金净流量不相等。

如果原始投资额是在第 n 年和第 $n+1$ 年之间收回的，则投资回收期的计算公式为：

投资回收期（年）＝n＋（第 n 年年末尚未收回的投资额／第 $n+1$ 年的现金净流量）

典例研习·4-6 (教材例题改编)

某企业有甲、乙两个投资方案,甲方案需要投资 4 500 万元,设备使用 6 年,每年现金净流量为 2 500 万元;乙方案需要投资 4 000 万元,设备使用 6 年,每年现金净流量为 1 600 万元。计算甲、乙两个投资方案的投资回收期并判断选择投资方案。

斯尔解析

甲方案的投资回收期 =4 500÷2 500=1.8(年)

乙方案的投资回收期 =4 000÷1 600=2.5(年)

从计算结果看,甲方案的投资回收期比乙方案的投资回收期短,所以选择甲方案。

典例研习·4-7 (教材例题改编)

某企业计划投资一个项目,需要投资 1 亿元,现有甲、乙两个投资方案,有关资料如下表所示。

甲、乙两个方案有关资料

单位:万元

使用期间(年)	甲方案各年现金净流量	甲方案年末累计现金净流量	乙方案各年现金净流量	乙方案年末累计现金净流量
1	6 000	−4 000	0	−10 000
2	5 000	1 000	2 000	−8 000
3	3 000	4 000	6 000	−2 000
4	2 000	6 000	8 000	6 000

计算甲、乙两个投资方案的投资回收期并判断选择投资方案。

斯尔解析 两个方案的现金流量不相等,投资回收期为:

甲方案的投资回收期 =1+4 000/5 000=1.8(年)

乙方案的投资回收期 =3+2 000/8 000=3.25(年)

从计算结果分析,甲方案的投资回收期比乙方案的投资回收期短,所以选择甲方案投资。

2. 优缺点

维度	解读
优点	能够直观地反映原始投资的返本期限,便于理解,计算简便,可以直接利用回收期之前的净现金流量信息
缺点	没有考虑资金时间价值因素和回收期满后继续发生的净现金流量,不能正确反映不同投资方式对项目的影响

（二）投资回报率法

1. 含义

投资回报率 = 年均现金净流量 / 原始投资额

投资回报率的高低以相对数的形式反映投资回报水平的高低，投资回报率越高，则方案越好。

> **典例研习·4-8** 教材例题改编
>
> 乙方案需要投资 10 000 万元，各年的现金流量如下表所示：
>
> 单位：万元
>
> | 年份 | 1 | 2 | 3 | 4 | 累计 | 平均 |
> |---|---|---|---|---|---|---|
> | 各年现金净流量 | 0 | 2 000 | 6 000 | 8 000 | 16 000 | 4 000 |
>
> 计算乙方案的投资回报率。
>
> **斯尔解析** 乙方案的投资回报率 = 4 000 ÷ 10 000 = 40%

2. 优缺点

维度	解读
优点	计算公式简单
缺点	没有考虑资金时间价值因素，不能正确反映建设期长短及投资方式等条件对项目的影响

（三）净现值法

1. 含义

净现值（NPV），是指一个投资项目在项目计算期内，按设定折现率或基准收益率计算的各年净现金流量现值的代数和。计算公式为：

净现值 = 未来现金流量现值 − 原始投资额现值

其中，折现率可以按照以下方法确定：

（1）以拟投资项目所在行业的平均收益率作为折现率。

（2）如果项目风险与企业风险不一致，则采用项目本身的加权资本成本作为折现率。

（3）如果项目风险与企业风险一致，则可采用企业的加权资本成本作为折现率。

决策方法：

净现值大于 0，说明方案的实际报酬率高于所要求的报酬率，项目具有财务可行性。

净现值小于 0，说明方案的实际投资报酬率低于所要求的报酬率，项目不可行。

净现值等于 0，说明方案的实际报酬率等于所要求的报酬率，不改变股东财富，没有必要采纳。

多个方案中，应选择净现值最大的方案。

| 典例研习·4-9 | 教材例题改编

某投资项目各年的现金流量如下表所示：

单位：万元

时点	0	1	2~10	11
各年现金净流量	-1 100	0	200	300

假定该投资项目的基准折现率为10%，计算该项目的净现值，并判断该项目是否值得投资。[已知：(P/F, 10%, 1) =0.9091，(P/F, 10%, 2) =0.8264，(P/A, 10%, 9) =5.7590，(P/F, 10%, 11) =0.3505]

🔍 斯尔解析

该项目的净现值
=200×(P/A, 10%, 9)×(P/F, 10%, 1)+300×(P/F, 10%, 11)-1 100
=200×5.7590×0.9091+300×0.3505-1 100
=52.25（万元）

由于该项目净现值大于0，因此方案具有财务可行性。

2. 优缺点

维度	解读
优点	(1) 适用性强，能基本满足项目年限相同的互斥投资方案的决策。 (2) 能灵活地考虑投资风险
缺点	(1) 所采用的折现率不易确定。 (2) 不适宜于对投资额差别较大的独立投资方案的比较决策。 (3) 有时也不能对寿命期不同的互斥投资方案进行直接决策

精准答疑 🎯

问题： 如何理解净现值法对独立方案比较和互斥方案决策的适用性？

解答： 第一步：需要明确独立方案比较时，比较的是什么？互斥方案决策时，关心的是什么？

(1) 独立方案是指互不关联、互不影响、可以同时存在的投资方案。独立方案比较时，比较的是投资效率的高低，即投资收益率的高低。比如，某投资人要求的最低收益率为10%，目前有两个独立的项目A和B，其投资收益率分别为12%和15%。从单个项目分析，这两个项目的投资收益率均超过了投资者要求的最低收益率，都是可以投资的。但如果比较哪个方案的投资效率更高，则B项目的投资效率更高。

(2) 互斥方案是指不能同时存在的投资方案。互斥方案决策时，关心的是各个项目赚的钱。投资者在决策时，应当选择在相同时间内赚钱最多的项目，因为投资者需要的是实实在在的报酬，而不是报酬的比率。

第二步：理解净现值的本质，再分析其适用性。

(1) 净现值的本质核算的是投资项目在项目寿命期内，一共可以为投资者带来的净收益。净现值衡量的是项目的报酬，而非报酬的比率。

(2) 由于独立方案比较的是投资方案的投资效率，而净现值不能衡量投资的效率，因此不适宜独立方案的比较决策。但如果独立方案的投资额是相同的，则项目的报酬越高，投资的收益率也就越高，此时，也可以使用净现值进行比较决策。所以，可以得出最终的结论：净现值法不适宜于对投资额差别较大的独立投资方案的比较决策。

(3) 由于互斥方案决策时，关心的是投资的收益额，因此净现值可以适用于互斥方案的决策。但前提是互斥方案的期限是相同的，如果互斥方案的期限不同，比如 A 项目寿命期 3 年，净现值为 300 万元；B 项目寿命期 4 年，净现值为 380 万元。虽然 B 项目的净现值更大，但是项目的期限更长，因此无法直接根据净现值进行互斥方案的优选。所以，可以得出最终结论：净现值法能基本满足项目年限相同的互斥投资方案的决策；但不能对寿命期不同的互斥投资方案进行直接决策。

（四）现值指数法

1. 含义

现值指数法又称获利指数法，是投资项目的未来现金净流量现值与原始投资额现值的比率。计算公式为：

现值指数 = 未来现金净流量现值 / 原始投资额现值

现值指数法是使用现值指数作为评价方案优劣标准的方法，现值指数大于 1 的方案是可取的；否则不可取。在现值指数大于 1 的诸多投资方案中，现值指数最大的方案为最优方案。

典例研习·4-10 （教材例题改编）

有 A、B 两个独立投资方案，有关资料如下表所示：

净现值计算

单位：元

项目	方案 A	方案 B
原始投资额现值	30 000	3 000
未来现金净流量现值	31 500	4 200
净现值	1 500	1 200

计算两个方案的现值指数，并以现值指数为评价标准判断应该选择哪个方案。

斯尔解析

A 方案现值指数 =31 500÷30 000=1.05

B 方案现值指数 =4 200÷3 000=1.40

计算结果表明，方案 B 的现值指数大于方案 A，应当选择方案 B。

2. 优点

现值指数是一个相对数指标，反映了投资效率，可以克服净现值指标不便于对原始投资额现值不同的独立投资方案进行比较和评价的缺点，对方案的分析评价更加合理、客观。

| 典例研习·4-11　2021年多项选择题

下列关于净现值与现值指数的表述中正确的有（　　）。

A. 两者均适用于投资额差别较大的独立方案决策

B. 两者均为绝对数指标

C. 两者均反映投资效率

D. 两者均考虑货币的资金时间价值

E. 两者均无法反映投资方案的实际投资报酬率

斯尔解析 本题考查固定资产投资决策方法。净现值是绝对数指标，没有考虑投资额大小的问题，所以不适用于投资额差别较大的独立方案决策，而现值指数是相对数指标，考虑了投资额大小的问题，所以适用于投资额差别较大的独立方案决策，选项 A 不当选。净现值和现值指数均属于贴现法，均考虑了货币的资金时间价值，但净现值是绝对数指标，反映了投资效果，现值指数是相对数指标，反映了投资效率，选项 BC 不当选、选项 D 当选。反映投资方案的实际投资报酬率的指标是内含报酬率，净现值和现值指数均无法反映投资方案的实际投资报酬率，选项 E 当选。

本题答案 DE

（五）年金净流量法

1. 含义

项目期间内全部现金净流量总额的总现值或总终值折算为等额年金的平均现金净流量，称为年金净流量。年金净流量的计算公式为：

年金净流量 = 现金净流量总现值 / 年金现值系数 = 现金净流量总终值 / 年金终值系数

与净现值指标一样，年金净流量指标的结果大于 0，说明每年平均的现金流入能抵补现金流出，投资项目的净现值（或净终值）大于 0，说明方案的报酬率大于所要求的报酬率，方案可行。

在两个以上寿命期不同的投资方案比较时，年金净流量越大，方案越好。

年金净流量法是净现值法的辅助方法，在各方案寿命期相同时，实质就是净现值法。

2. 优缺点

维度	解读
优点	属于净现值法的辅助方法，适用于期限不同的投资方案决策
缺点	不便于对原始投资额不相等的独立投资方案进行决策

（六）内含报酬率法

1. 含义

内含报酬率又称内部收益率，是指项目投资实际可望达到的收益率。从计算角度分析，内含报酬率是使投资方案净现值为 0 时的贴现率。

令净现值 =0，解方程求出的折现率，就是内含报酬率。

内含报酬率大于基准收益率时，投资项目具有财务可行性；内含报酬率小于基准收益率时，投资项目则不可行。多个方案比较中，选择内含报酬率最大的投资方案。

| 典例研习·4-12 （教材例题改编）

某企业有一个投资项目。需要在项目起点投资 4 500 万元，设备使用 10 年，每年现金净流量为 1 000 万元，计算该项目的内含报酬率。如果企业的资金成本为 16%，该项目是否可行？

斯尔解析 设该项目的内含报酬率为 r，则有：

$1\,000 \times (P/A, r, 10) - 4\,500 = 0$

则 $(P/A, r, 10) = 4.5$。

查年金现值系数表，得：

$(P/A, 18\%, 10) = 4.4941$

$(P/A, 16\%, 10) = 4.8332$

由于 $4.4941 < 4.5 < 4.8332$，采用插值法：

$$\frac{r-16\%}{18\%-16\%} = \frac{4.5-4.8332}{4.4941-4.8332}$$

解方程可得，$r = 17.97\%$。

由于该项目内含报酬率为 17.97%，高于资金成本 16%，项目可行。

---

2. 优缺点

维度	解读
优点	(1) 内含报酬率反映了投资项目可能达到的报酬率，易于被高层决策人员所理解。 (2) 能够反映各独立投资方案的获利水平

续表

维度	解读
缺点	(1) 计算复杂，不易直接考虑投资风险大小。 (2) 在互斥投资方案决策时，如果各方案的原始投资额现值不相等，有时无法作出正确的决策

解题高手

命题角度：考查净现值、现值指数、年金净流量和内含报酬率的关系及适用性。

(1) 相互关系。

贴现法中四种评价方法对单一方案的评价结果是一致的，即净现值＞0 的项目，年金净流量＞0、现值指数＞1、内含报酬率＞基准折现率。

(2) 独立方案比较时的适用性。

情形	净现值	现值指数	年金净流量	内含报酬率
寿命期相同，投资额相同	√	√	√	√
寿命期相同，投资额不同	×	√	×	√
寿命期不同，投资额相同	×	×	√	√
寿命期不同，投资额不同	×	×	×	√

(3) 互斥方案决策时的适用性。

情形	净现值	年金净流量	内含报酬率
寿命期相同，投资额相同	√	√	√
寿命期相同，投资额不同	√	√	×
寿命期不同，投资额相同	×	√	√
寿命期不同，投资额不同	×	√	×

由于教材中未涉及现值指数对互斥投资方案决策适用性的表述，因此上述表格中并未包含现值指数。

典例研习·4-13 （2018 年多项选择题）

下列关于固定资产投资决策的表述中正确的有（　　）。

A. 投资回报率法没有考虑资金时间价值因素，不能正确反映建设期长短及投资方式等条件对项目的影响

B. 净现值法适宜对投资额差别较大的独立投资方案的比较决策

C. 年金净流量法适用于期限不同的投资方案的决策

D. 内含报酬率法用于互斥投资方案决策时，如果各方案的原始投资额现值不相等，可能无法出正确决策

E. 净现值法适用性强，能基本满足项目年限相同的互斥投资方案的决策

斯尔解析 本题考查固定资产投资决策方法。投资回报率法没有考虑资金时间价值因素，不能正确反映建设期长短及投资方式等条件对项目的影响，选项 A 当选。净现值法适用性强，能基本满足项目年限相同的互斥投资方案的决策，但其作为绝对数指标，没有考虑投资额大小的问题，所以不适用于投资额差别较大的独立方案决策，选项 B 不当选、选项 E 当选。年金净流量法适用于期限不同的投资方案的决策，选项 C 当选。内含报酬率法用于互斥投资方案决策时，如果各方案的原始投资额现值不相等，可能无法作出正确决策，选项 D 当选。

本题答案 ACDE

第三节　有价证券投资管理

一、股票投资（★）

（一）股票投资的优缺点

1. 股票投资的优点

优点	解读
投资收益高	虽然普通股票的价格变动频繁，但优质股票的价格总是呈上涨趋势。只要投资决策正确，股票投资收益是比较高的
能降低购买力的损失	普通股票的股利是不固定的，其随着股份公司收益的增长而提高。在通货膨胀时期，股份公司的收益增长率一般仍大于通货膨胀率，股东获得的股利可全部或部分抵消通货膨胀带来的购买力损失
流动性很强	上市公司股票的流动性很强，投资者有闲散资金可随时买入，需要资金时又可随时卖出
能达到控制股份公司的目的	投资者是股份公司的股东，有权参与或监督公司的生产经营活动。当投资者的投资额达到公司股本一定比例时，就能实现控制公司的目的

2. 股票投资的缺点

股票投资的主要缺点是投资风险较大。

（二）股票的估价模型

股票的价值，也称为股票的内在价值或理论价格，等于投资于股票预期所获得的未来现金流量的现值。股票给持有者带来未来的收益一般是以股利形式出现的，因此可以通过股利计算确定股票价值。

股票估价是股票投资的基础，股票的估价模型有以下四种：股票估价的基本模型、零增长模型、固定增长模型和阶段性增长模型。

1. 股票估价的基本模型

由于普通股票的价值是通过各年股利所形成的现金流入量表示出来的，因此，将各年股利的现值加总即为普通股票的价值。

2. 零增长模型

零增长模型是普通股票的股利增长速度为0，即每年的股利保持不变，这种股票价值的估价模型为：$P=d_0 \div k$。

式中，P 表示普通股票的价值；d_0 表示上一期支付的固定股利；k 表示投资者要求的报酬率。

3. 固定增长模型

若普通股票的股利每年都增长，并且增长速度相等，这种条件下，普通股票估价的计算公式为：

$$P=[d_0 \times (1+g)]/(k-g)=d_1/(k-g)$$

式中，P 表示普通股票的价值；d_0 表示上一期支付的股利；d_1 表示下一期预计支付的股利；g 表示股利的增长率；k 表示投资者要求的报酬率，并且 k 大于 g。

| 典例研习·4-14 （教材例题改编）

某公司普通股票上年每股分配股利1.2元，公司每年股利的增长率为3%，投资者要求的报酬率为8%，则该公司的股票价值为多少元？

⑤斯尔解析 根据固定增长股票的估价模型，该公司的股票价值为：

$P=1.2 \times (1+3\%)/(8\%-3\%)=24.72$（元）

---

4. 阶段性增长模型

实务中，有些公司的股利是不固定的，例如，在一段时间里高速增长，在另一段时间里正常固定增长或固定不变。对于阶段性增长的股票，需要分段计算，才能确定股票的价值。

| 典例研习·4-15 （教材例题改编）

假定某投资人持有甲公司的股票，投资必要报酬率为15%。预计甲公司未来3年股利将高速增长，增长率为20%。在此以后转为正常增长，增长率为12%。甲公司最近支付的股利是2元。计算该公司股票的价值。

> **斯尔解析**
>
> 首先，计算非正常增长期的股利现值，如下表所示：
>
> | 年份 | 股利（元） | 复利现值系数（15%） | 现值（元） |
> | --- | --- | --- | --- |
> | 1 | 2×（1+20%）=2.4 | 0.870 | 2.088 |
> | 2 | 2.4×（1+20%）=2.88 | 0.756 | 2.177 |
> | 3 | 2.88×（1+20%）=3.456 | 0.658 | 2.274 |
> | 合计 | 3年股利的现值 | | 6.54 |
>
> 然后，先将第4年以后的现金流折现到第3年年底：
>
> P=3.456×1.12/（15%－12%）=129.02（元）
>
> 再计算其现值=129.02×（P/F, 15%, 3）=129.02×0.658=84.90（元）
>
> 最后，计算该股票的价值=6.54+84.90=91.44（元）。

二、债券投资（★）

（一）债券投资的优缺点

1. 债券投资的优点

优点	解读
投资收益比较稳定	债券收益主要包括利息和买卖差价两部分。由于债券票面一般标有固定利率，而发行单位又有按规定支付利息的法定义务，所以利息收入是稳定的；同样，由于债券的未来利息比较稳定，所以，债券的转让价格及买卖价差也比较稳定
投资安全性好	政府债券有国家的财力作后盾，通常称为无风险债券；公司债券优先于股票求偿，保证了债券投资的安全性优于股票

2. 债券投资的缺点

购买债券不能达到参与和控制发行企业经营管理活动的目的。

（二）债券的估值模型

债券的内在价值，也称为债券的理论价格，等于将在债券投资上未来收取的利息和收回的本金折为现值。

只有债券价值大于其购买价格时，该债券才值得投资。影响债券价值的因素主要有债券的面值、期限、票面利率和所采用的贴现率等。

债券的估值模型有以下三种：一年付息一次的债券估价模型、到期一次还本付息的债券估价模型和贴现发行债券的估价模型。

1. 一年付息一次的债券估价模型

一年付息一次的债券，是指每年年底债券的持有人都会得到当年的利息，在债券到期日收回债券的本金，该债券的价值可由下式计算：

债券价值 = 每年利息现值合计 + 到期日本金现值

其中：

每年利息 = 债券面值 × 票面利率

> **典例研习·4-16** 教材例题改编
>
> 某公司投资购入一种债券，该债券的面值为1 000元，票面利率为8%，每年年末付息一次，期限为10年。
>
> 分别计算当市场利率为10%和6%时债券的价值。
>
> **斯尔解析**
>
> （1）当市场利率为10%时。
>
> $P = 1\,000 \times 8\% \times (P/A, 10\%, 10) + 1\,000 \times (P/F, 10\%, 10) = 80 \times 6.1446 + 1\,000 \times 0.3855 = 877.07$（元）
>
> （2）当市场利率为6%时。
>
> $P = 1\,000 \times 8\% \times (P/A, 6\%, 10) + 1\,000 \times (P/F, 6\%, 10) = 80 \times 7.3601 + 1\,000 \times 0.5584 = 1\,147.21$（元）
>
> 由本例可知，当市场利率发生变化时，债券的价值也会发生变化。一般来讲，当市场利率高于票面利率时，市场利率越高，债券价值越低；当市场利率低于票面利率时，市场利率越低，债券价值越高；当市场利率等于票面利率时，债券实际价值等于债券票面价格。

2. 到期一次还本付息的债券估价模型

这种债券在未到期之前不支付利息，当债券到期时，一次支付全部的本金及利息，一般情况下，这种债券的利息是按单利计息。到期一次还本付息的债券估价模型为：

债券的价值 = 债券到期日本金与利息的现值

债券到期日本金与利息之和 = 债券面值 + 债券面值 × 票面利率 × 债券期限

3. 贴现发行债券的估价模型

贴现发行的债券是在债券上没有票面利率，只有票面值的债券。在债券发行时，以低于票面值的价格发行，到期时按面值偿还，面值与发行价格的差额作为债券的利息。贴现发行债券的估价模型为：

债券价值 = 债券到期日债券面值的现值

第四节 公司并购与收缩

一、公司并购（★）

（一）并购的概念

并购是合并与收购的简称。

类型		含义
合并	吸收合并	以主并企业法人地位存续为前提，将目标公司的产权折合为股份，连同相应的资产与负债整合到主并企业之中的资本运作方式，也叫兼并
	新设合并	两个或两个以上公司合并组成一个新的统一的法人公司，被合并的各公司原有的法人地位均不复存在
收购（股权收购）	非控制权性收购	主并企业与目标公司各自原有的法人地位继续存在，也称之为参股性收购
	控制权性收购	目标公司通常作为主并企业的一个子公司，而继续保持其原有的法人地位

（二）并购动因

动因	解读
获取公司控制权增效	控制权增效，是指由于取得对公司的控制权，而使公司效率改进和获得价值增大的效果
取得协同效应	两个企业组成一个企业之后，其产出比原先两个企业产出之和还要大的情形，即俗称的"1+1＞2"效应
向市场传递公司价值低估的信息	收购活动会传递关于目标企业股票被低估的信息，并且促使市场对这些股票进行重新估价，收购要约会激励目标企业的管理层自身贯彻更有效的战略
降低代理成本	当管理者只拥有一小部分公司股份时，便会产生代理问题（如管理层的额外消费），在所有权极为分散的大公司中，单个所有者没有足够的动力去花费大量的资源用于监督管理者行为
管理者扩张动机	经理阶层扩张动机论认为，管理者具有很强烈的扩大公司规模的欲望，因为经理的报酬是公司规模的函数。这样，经理会热衷于扩大公司规模

（三）被并购企业的价值评估

企业价值评估是并购方制定合理支付价格范围的主要依据。目前，企业价值评估模式大致可分为两类：

模式	解读
折现式价值评估	目标公司价值＝目标公司每年自由现金流量现值的合计 目标公司股权价值＝目标公司价值－目标公司债务价值 在现金流量折现过程中，需要三个重要参数：一是现金流量；二是折现率；三是期限
非折现式价值评估	非折现式价值评估模式包括市盈率法、账面资产净值法和清算价值法等，教材主要介绍市盈率法的应用。市盈率法下的每股价值计算公式如下： 市盈率＝每股价格÷每股收益 根据公式，如果知道一个标准的市盈率，知道目标公司的预计每股收益，则： 每股价值＝预计每股收益×标准市盈率 这种估值方法一般适用于并购公司或目标公司为上市公司的情况

（四）并购支付方式

方式	特征
现金支付	最迅速、最受现金拮据的目标公司欢迎的一种方式，但容易造成并购公司巨大的现金压力，引起并购公司流动性问题
股票对价	集团公司通过增发新股换取目标公司的股权，减少集团公司财务风险，但可能会稀释企业集团原有的控制权结构与每股收益水平，同时股票支付处理程序复杂，可能会延误并购时机，增大并购成本
杠杆收购	杠杆收购指集团公司通过借款的方式购买目标公司的股权，取得控制权后，再以目标公司未来创造的现金流量偿付借款。管理层收购中多采用杠杆收购方式
卖方融资	卖方融资指作为并购公司的集团公司暂不向目标公司支付全额价款，而是作为对目标公司所有者的负债，承诺在未来一定时期内分期、分批支付并购价款的方式。应用这种付款方式的前提是企业集团有着良好的资本结构和风险承受能力

典例研习·4-17 2018年单项选择题

公司并购的支付方式是指并购活动中并购公司和目标公司之间的交易形式。下列不属于并购支付方式的是（ ）。

A. 现金支付方式　　　　　　　　B. 股票对价方式
C. 杠杆收购方式　　　　　　　　D. 买方融资方式

斯尔解析 本题考查公司并购。并购支付方式主要包括以下四种：现金支付方式、股票对价方式、杠杆收购方式、卖方融资方式，并没有买方融资方式，选项D当选。

本题答案 D

二、公司收缩（★）

公司收缩是公司重组的一种形式，是相对于公司扩张而提出的概念，它是指对公司的股本或资产进行重组从而缩减主营业务范围或缩小公司规模的各种资本运作方式。

公司收缩的目标是通过收缩战线实现公司的最优规模。

公司收缩的主要方式包括资产剥离、公司分立、分拆上市等。

（一）资产剥离

资产剥离指企业将其所拥有的资产、产品线、经营部门、子公司出售给第三方，以获取现金或股票，或现金与股票混合形式回报的一种商业行为。在一个典型的剥离中，购买者是一家已存在的企业，因此，不会产生新的法律实体。

资产剥离的一种特别方式是资产置换。

资产剥离的动因主要有：（1）适应经营环境变化，调整经营战略；（2）提高管理效率；（3）提高资源利用效率；（4）弥补并购决策失误或成为并购决策的一部分；（5）获取税收或管制方面的收益。

资产剥离的消息通常会对股票市场价值产生积极的影响。

（二）公司分立

类型		含义
标准式		标准式公司分立指母公司将其在某子公司中所拥有的股份，按母公司股东在母公司中的持股比例分配给现有母公司的股东，从而在法律上和组织上将子公司的经营从母公司的经营中分离出去的行为。这会形成一个与母公司有着相同股东和持股结构的新公司
衍生式	换股式	换股式公司分立指母公司把其在子公司中占有的股份分配给母公司的一些股东（而不是全部母公司股东），用以交换上述股东在母公司中的股份的行为。实际上换股式分立也可以看成是一种股份回购，即母公司以所持有的子公司的股份向部分母公司股东回购其持有的母公司的股份
	解散式	解散式公司分立指母公司将子公司的控制权移交给它的股东。在解散式公司分立中，母公司所拥有的全部子公司都分立出来，因此原母公司不复存在

（三）分拆上市

广义的分拆上市是指已上市公司或者尚未上市公司将其中部分业务独立出来单独上市。

狭义的分拆上市指的是已上市公司将其中部分业务或者已上市母公司将其中某个子公司独立出来，另行公开招股上市。

| 典例研习·4-18 2020年多项选择题

下列属于公司收缩主要方式的有（　　）。

A. 新设合并

B. 资产剥离

C. 吸收合并

D. 公司分立

E. 分拆上市

斯尔解析　本题考查公司收缩。新设合并和吸收合并是公司并购的方式，选项AC不当选。公司收缩的主要方式包括资产剥离、公司分立、分拆上市，选项BDE当选。

本题答案　BDE

典例研习在线题库

至此，财务与会计的学习已经进行了18%，继续加油呀！

18%

第五章 营运资金管理

学习提要

重要程度：次重点章节

平均分值：5分

考核题型：单项选择题、多项选择题、计算题

本章提示：本章内容较多，但框架清晰、难度适中，学习时建议逐个击破。本章重点内容为应收账款管理和存货管理

第一节 营运资金管理概述

一、营运资金的概念及特点

（一）营运资金的概念

营运资金是指在企业生产经营活动中占用在流动资产上的资金。

广义的营运资金是指一个企业流动资产的总额。

狭义的营运资金是指流动资产减去流动负债后的余额。

这里指的是狭义的营运资金概念。营运资金的管理既包括流动资产的管理，也包括流动负债的管理。

项目	内容
流动资产	流动资产是指可以在1年以内或超过1年的一个营业周期内变现或运用的资产。 流动资产具有占用时间短、周转快、易变现等特点。 流动资产主要包括现金、交易性金融资产、应收及预付款项和存货等
流动负债	流动负债是指需要在1年或者超过1年的一个营业周期内偿还的债务。 流动负债又称短期负债，具有成本低、偿还期短的特点，必须加强管理

（二）营运资金的特点

特点	内容
营运资金的来源具有多样性	企业筹集营运资金的方式较为灵活多样，通常有银行短期借款、短期融资券、商业信用、应交税费、应付股利、应付职工薪酬等多种内外部融资方式
营运资金的数量具有波动性	流动资产的数量会随企业内外条件的变化而变化，时高时低，波动很大。随着流动资产数量的变动，流动负债的数量也会发生相应变动
营运资金的周转具有短期性	企业占用在流动资产上的资金，通常会在1年或超过1年的一个营业周期内收回，对企业影响的时间比较短
营运资金的实物形态具有变动性和易变现性	企业营运资金的占用形态是经常变化的，营运资金的每次循环都要经过采购、生产、销售等过程，一般按照现金、材料、在产品、产成品、应收账款、现金的顺序转化

二、营运资金管理策略（★★）

财务管理人员在营运资金管理方面必须作两项决策：一是需要拥有多少流动资产；二是如何为需要的流动资产融资。前者对应的是流动资产的投资策略，后者对应的是流动资产的融资策略。

（一）流动资产的投资策略

流动资产的投资策略有以下两种基本类型：

策略	流动资产与销售收入比率	风险	持有成本	收益水平
紧缩的流动资产投资策略	维持低水平	较高	较低	较高
宽松的流动资产投资策略	维持高水平	较低	较高	较低

制定流动资产投资策略时，需要权衡资产的收益性与风险性。增加流动资产投资会增加流动资产的持有成本，减少短缺成本。反之，减少流动资产投资会降低流动资产的持有成本，增加短缺成本。

因此，从理论上来说，最优的流动资产投资应该是使流动资产的持有成本与短缺成本之和最低。

（二）流动资产的融资策略

1. 资金占用与资金来源的分类

一般而言，资产负债表左边代表资金占用，右边代表资金来源。

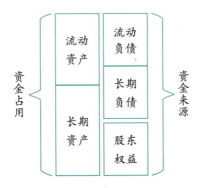

其中，流动资产与流动负债可以作进一步拆分：

项目	分类	特征
流动资产	永久性流动资产	满足企业长期最低需求的流动资产，其占有量通常相对稳定
	波动性（临时性）流动资产	季节性或临时性原因形成的流动资产，其占有量随当时需求而波动

续表

项目	分类	特征
流动负债	自发性流动负债	经营性流动负债,假设永久滚动存续,可以长期使用
	临时性(筹资性)流动负债	为了满足临时性流动资金需要所发生的负债,只供短期使用,比如短期借款

根据以上分析,可以将资金占用和资金来源分为以下类型:

短期占用 = 波动性流动资产

长期占用 = 永久性流动资产 + 长期资产

短期来源 = 临时性流动负债

长期来源 = 自发性流动负债 + 长期负债 + 股东权益

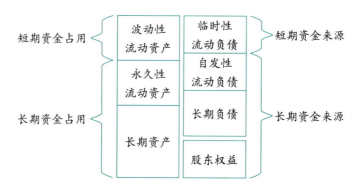

2. 融资策略的类型

(1)期限匹配融资策略。

基本关系式:**长期占用 = 长期来源,短期占用 = 短期来源**。

含义:永久性流动资产和非流动资产以长期融资方式来融通,波动性流动资产用短期来源融通。

(2)保守融资策略。

基本关系式:**长期占用 < 长期来源,短期占用 > 短期来源**。

含义:长期融资支持非流动资产、永久性流动资产和部分波动性流动资产,短期融资仅用于融通剩余的波动性流动资产。

此时融资风险较低、成本较高、收益较低。

（3）激进融资策略。

基本关系式：长期占用＞长期来源，短期占用＜短期来源。

含义：仅对一部分永久性流动资产使用长期融资方式融资。短期融资方式支持剩下的永久性流动资产和所有的波动性流动资产。

此时，成本比较低，收益较高，但会导致较低的流动比率和较高的流动性风险。

| 典例研习·5-1 2021年单项选择题

甲公司为一家饮料生产企业，淡季需占用200万元货币资金、100万元应收账款、700万元存货，同时还需占用1 200万元固定资产，假设无其他资产。旺季需额外增加200万元季节性存货。长期负债和股东权益总额始终保持在1 800万元，其余通过短期借款筹集资金。则甲公司采用的流动资产融资策略是（　　）。

A. 期限匹配融资策略

B. 温和融资策略

C. 保守融资策略

D. 激进融资策略

斯尔解析　本题考查营运资金管理策略。在淡季时没有波动性流动资产，永久性流动资产＋非流动资产＝200+100+700+1 200＝2 200（万元），大于长期负债和股东权益总额，所以甲公司采用的是激进融资策略，选项D当选。

本题答案　D

第二节　现金管理

现金有广义和狭义之分：

广义的现金指在生产经营过程中，以货币形态存在的资金，包括库存现金、银行存款和其他货币资金等；狭义的现金仅指库存现金。

本节所讲的现金是指广义的现金。

一、持有现金的动机

动机类型	含义
交易性动机	为了满足日常生产经营的需要，企业在生产经营过程中需要购买原材料，支付各种成本费用
预防性动机	考虑到可能出现的意外情况，应准备一定的预防性现金。 需考虑的因素： （1）企业愿冒现金短缺风险的程度。 （2）企业预测现金收支可靠的程度。 （3）企业临时融资的能力
投机性动机	企业进行投机性的资本运作通常都是临时性的，捕捉某些转瞬即逝的机会

二、最佳现金持有量的确定（★）

1. 计算方法

存货模式。

2. 假设条件

（1）公司的现金流入量是稳定并且可以预测的。

（2）公司的现金流出量是稳定并且可以预测的。

（3）在预测期内，公司的现金需求量是一定的。

（4）在预测期内，公司不能发生现金短缺，并且可以出售有价证券来补充现金。

则一段时间内，现金持有状态可用下图表示：

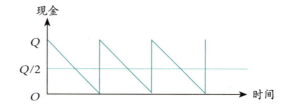

图中，Q 代表各循环期之初现金持有量，$Q/2$ 代表各循环期内的现金平均持有量。

3. 相关成本

（1）持有成本（机会成本）。持有成本是由于持有现金损失了其他投资机会而发生的损失，它与现金持有量成正比。

持有成本 = 平均现金持有量 × 有价证券的报酬率 = $Q/2 \times R$

式中，Q 表示现金持有量；R 表示有价证券的报酬率（持有现金的机会成本率）。

（2）转换成本。转换成本，是将有价证券转换成现金发生的手续费等开支，它与转换次数成正比，与现金的持有量成反比。

转换成本 = 转换次数 × 每次转换的交易成本 = $T/Q \times F$

式中，T 表示全年现金需求总量；F 表示每次出售有价证券以补充现金所需的交易成本。

4. 最佳现金持有量

最佳现金持有量是使持有现金总成本最低的持有量，其计算公式为：

$$最佳现金持有量 = \sqrt{\frac{2 \times 全年现金需求总量 \times 每次的交易成本}{有价证券的报酬率}}$$

原理详解

最佳现金持有量计算公式的推导过程

持有现金的成本包括持有成本和转换成本，其随现金持有量的变化如图所示：

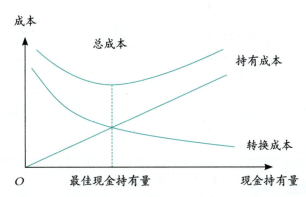

由上图可知，最佳现金持有量，是持有成本线与转换成本线交叉点对应的现金持有量，因此，最佳现金持有量应当满足：

转换成本=持有成本，即：

全年现金需求总量÷最佳现金持有量×每次的交易成本=最佳现金持有量÷2×有价证券的报酬率

整理可得：

$$最佳现金持有量 = \sqrt{\frac{2 \times 全年现金需求总量 \times 每次的交易成本}{有价证券的报酬率}}$$

典例研习·5-2 （模拟单项选择题）

甲企业预计每年现金需要量为 3 600 000 元，每次转换有价证券的交易成本为 100 元，有价证券的年利率为 12%，则根据存货模式，每年有价证券的最佳交易次数为（ ）次。

A. 46.48　　　　　　　　　　B. 39.84

C. 53.16　　　　　　　　　　D. 48.36

斯尔解析 本题考查最佳现金持有量。根据公式，最佳现金持有量 = $\sqrt{2 \times 3\,600\,000 \times 100/12\%}$ = 77 459.67（元），最佳交易次数 = 现金需求量 ÷ 最佳现金持有量 = 3 600 000 ÷ 77 459.67 = 46.48（次），选项 A 当选。

本题答案 A

典例研习·5-3 （2015 年多项选择题）

企业在利用存货模式计算持有现金总成本时，应考虑（ ）。

A. 有价证券报酬率

B. 全年现金需求总量

C. 现金持有量

D. 一次转换成本

E. 缺货成本

斯尔解析 本题考查最佳现金持有量的确定。持有现金总成本 = 持有成本 + 转换成本 = 现金持有量 ÷ 2 × 有价证券的报酬率 + 全年现金需求总量 ÷ 现金持有量 × 一次转换成本，选项 ABCD 当选。利用存货模式计算持有现金总成本时，无须考虑短缺成本，选项 E 不当选。

本题答案 ABCD

三、现金周转期（★）

企业的经营周期是指从取得存货开始到销售存货并收回现金为止的时期。其中，从收到原材料，加工原材料，形成产成品，到将产成品卖出的这一时期，称为存货周转期；产品卖出后到收到顾客支付的货款的这一时期，称为应收账款周转期。

但是企业购买原材料并不用立即付款，这一延迟的付款时间段就是应付账款周转期。现金周转期是指介于企业支付现金与收到现金之间的时间段，它等于经营周期减去应付账款周转期。

经营周期 = 存货周转期 + 应收账款周转期 = 应付账款周转期 + 现金周转期

所以，如果要减少现金周转期，可以从以下方面着手：加快制造与销售产成品来减少存货周转期；加速应收账款的回收来减少应收账款周转期；减缓支付应付账款来延长应付账款周转期。

| 典例研习·5-4   2020年单项选择题

长江公司存货周转期为160天，应收账款周转期为90天，应付账款周转期为100天，则该公司现金周转期为（　　）天。

A.30　　　　　　　　　　　　B.60
C.150　　　　　　　　　　　 D.260

斯尔解析　本题考查现金收支日常管理。现金周转期＝存货周转期＋应收账款周转期－应付账款周转期＝160+90−100=150（天），选项C当选。

▲本题答案　C

第三节　应收账款管理

一、应收账款管理目标

由于应收账款的存在，一方面增加企业的收入，另一方面会使企业产生费用，因此，管理应收账款的目标为：在适当利用赊销增加企业产品的市场占有率的条件下控制应收账款的余额；加快应收账款的周转速度。

二、应收账款的成本（★★）

（一）应收账款的机会成本

应收账款会占用企业一定量的资金，若企业不把这部分资金投放于应收账款，便可以用于其他投资并可能获得收益，如投资债券获得利息收入。这种因投放于应收账款而放弃其他投资所带来的收益，即为应收账款的机会成本。

应收账款占用资金的应计利息（即机会成本）			
= 应收账款占用资金			× 资本成本
= 应收账款平均余额		× 变动成本率	× 资本成本
= 日销售额	× 平均收现期	× 变动成本率	× 资本成本
= 全年销售额 ÷ 360	× 平均收现期	× 变动成本率	× 资本成本

式中，平均收现期指的是各种收现期的加权平均数。

| 典例研习·5-5   2020年单项选择题

甲公司2019年度实现销售收入7 200万元，变动成本率为60%。确定的信用条件为"2/10，1/20，n/30"，其中有70%的客户选择10天付款，20%的客户选择20天付款，10%的客户选择30天付款。假设甲公司资金的机会成本率为10%；全年按360天计算。则2019年甲公司应收账款的机会成本为（ ）万元。

A.28.0   B.18.0
C.16.8   D.26.8

斯尔解析 本题考查应收账款的成本。平均收现期=70%×10+20%×20+10%×30=14（天），应收账款的机会成本=日销售额×平均收现期×变动成本率×资本成本=7 200÷360×14×60%×10%=16.8（万元），选项C当选。

▲本题答案 C

（二）应收账款的管理成本

应收账款的管理成本主要是指企业管理应收账款所增加的费用。其主要包括调查顾客信用状况的费用、收集各种信息的费用、账簿的记录费用、收账费用、数据处理成本、相关管理人员成本和从第三方购买信用信息的成本等。

（三）应收账款的坏账成本

在赊销交易中，债务人由于种种原因无力偿还债务，债权人就有可能无法收回应收账款而发生损失，这种损失就是坏账成本。坏账成本一般用下列公式测算：

应收账款的坏账成本 = 赊销额 × 预计坏账损失率

（四）应收账款的收账成本

应收账款发生后，企业应采取各种措施，尽量争取按期收回款项，否则会因拖欠时间过长而发生坏账，使企业蒙受损失。通常企业可以采取寄发账单、电话催收、派人上门催收、法律诉讼等方式催收应收账款，然而催收账款要发生费用，某些催款方式的费用还会很高。一般来说，收账的花费越大，收账措施越有力，可收回的账款越多，坏账损失也就越小。

三、企业信用政策（★★）

企业信用政策是管理和控制应收账款余额的政策，它由信用标准、信用条件、收账政策组成。

（一）信用标准

信用标准是企业用来衡量客户是否有资格享受商业信用所具备的基本条件，通常用"5C"系统来评价。

指标	含义
品质	顾客的信誉，即履行偿债义务的可能性
能力	顾客的偿债能力，即其流动资产的数量和质量以及与流动负债的比例
资本	顾客的财务实力和财务状况，表明顾客可能偿还债务的背景
抵押	顾客拒付款项或无力支付款项时能被用作抵押的资产
条件	可能影响顾客付款能力的经济环境

（二）信用条件

信用条件是企业为了鼓励客户尽快付款而给客户提出的付款要求，包括信用期间、现金折扣和折扣期间。

信用条件经常表示为（1/10，n/30），它的含义是：客户在购买货物后，可以在30日内付款；如果客户在10日内付款，可享受价格1%的折扣。

（三）收账政策

收账政策是在信用条件被违反时企业采取的收账策略，有积极型和消极型两种。

类型	措施	影响
积极型	对超过信用期限的客户通过派人催收等措施加紧收款，必要时行使法律程序	有利于减少坏账损失，但会加大收账成本
消极型	对超过信用期限的客户通过发函催收或等待客户主动偿还	有利于减少收账成本，但会加大坏账损失

典例研习·5-6 （教材例题改编）

某企业生产某种家用电器，年销售量为100万台，每台单价为8 000元，单位变动成本为4 800元，企业销售利润率（税前利润/销售收入）为20%，企业为扩大销售，准备下一年度实行新的信用政策，现有A、B两个方案。

方案A：信用条件是对所有客户实行"2/10，n/30"，这样销量可增加20万台。客户中，享受现金折扣的占40%，其余享受商业信用，商业信用管理成本占销售收入的1%，坏账损失率为销售收入的4%，收账费用为销售收入的2%。

方案B：信用条件为"2/20，n/60"，这样销量可增加50万台。客户中，享受现金折扣的为20%，其余享受商业信用，商业信用管理成本占销售收入的2%，坏账损失率为销售收入的8%，收账成本占销售收入的7%。

企业预计在下一年度里销售利润率保持不变，资金的机会成本率为8%，试评价两个方案并从中选出最优方案。

斯尔解析 决策思路：分别计算两个方案能为企业带来多少利润，然后选择利润较大的方案。

(1) 方案A的利润：

销售产品的利润 =120×8 000×20%=192 000（万元）

应收账款的平均收现期 =10×40%+30×60%=22（天）

应收账款平均余额 =120×8 000×22/360≈58 666.67（万元）

应收账款占用资金 =58 666.67×（4 800÷8 000）≈35 200（万元）

应收账款的机会成本 =35 200×8%=2 816（万元）

现金折扣数额 =120×8 000×40%×2%=7 680（万元）

坏账损失 =120×8 000×4%=38 400（万元）

管理成本 =120×8 000×1%=9 600（万元）

收账成本 =120×8 000×2%=19 200（万元）

方案A的利润 =192 000−2 816−7 680−38 400−9 600−19 200=114 304（万元）

(2) 方案B的利润：

销售产品的利润 =150×8 000×20%=240 000（万元）

应收账款的平均收现期 =20×20%+60×80%=52（天）

应收账款平均余额 =150×8 000×52/360≈173 333.33（万元）

应收账款占用资金 =173 333.33×（4 800÷8 000）=104 000（万元）

应收账款的机会成本 =104 000×8%=8 320（万元）

现金折扣数额 =150×8 000×20%×2%=4 800（万元）

坏账损失 =150×8 000×8%=96 000（万元）

管理成本 =150×8 000×2%=24 000（万元）

收账成本 =150×8 000×7%=84 000（万元）

方案B的利润 =240 000−8 320−4 800−96 000−24 000−84 000=22 880（万元）

(3) 根据计算，方案A的利润114 304万元大于方案B的利润22 880万元，因此，方案A比较好，应选择执行方案A。

四、应收账款的日常管理（★）

（一）应收账款追踪分析

应收账款一旦形成，赊销企业就必须考虑如何按期足额收回的问题，要解决这一问题，企业就需要对该项应收账款的运行过程进行追踪分析。对应收账款实施追踪分析的重点是赊销商品的销售与变现能力。

（二）应收账款账龄分析

应收账款账龄分析是通过编制账龄分析表，以显示应收账款存账时间（账龄）的长短，并按时间长短进行排序。应收账款账龄分析主要是考查研究应收账款的账龄结构。

其中，应收账款的账龄结构，是指各账龄应收账款的余额占应收账款总计余额的比重。

（三）建立应收账款坏账准备制度

应收账款的坏账损失一般无法彻底避免，因此，遵循谨慎性原则，对坏账损失的可能性预先进行估计，并建立弥补坏账损失的准备制度，即提取坏账准备金就显得极为必要。

（四）应收账款保理

保理是保付代理的简称，是指保理商与债权人签订协议，转让其对应收账款的部分或全部权利与义务，并收取一定费用的过程。保理可分为有追索权保理（非买断型）和无追索权保理（买断型）、明保理和暗保理、折扣保理和到期保理。

保理是一项综合性的金融服务方式，是由保理商提供下列服务中的至少两项：贸易融资、销售账户管理、应收账款的催收、信用风险控制与坏账担保，其同单纯的融资或收账管理有本质区别。

应收账款保理是企业将赊销形成的未到期应收账款，在满足一定条件的情况下转让给保理商，以获得流动资金，加快资金的周转。

应收账款保理对于企业而言，其财务管理作用主要体现在：

作用	内容
融资功能	应收账款保理，其实质也是一种利用未到期应收账款作为抵押从而获得银行短期借款的一种融资方式
减轻企业应收账款的管理负担	面对市场的激烈竞争，企业可以把应收账款让与专门的保理商进行管理，使企业从应收账款的管理中解脱出来，减轻企业财务管理负担，提高财务管理效率
减少坏账损失、降低经营风险	企业只要有应收账款就有发生坏账的可能性，以往应收账款的风险都是由企业单独承担，而采用应收账款保理后，一方面可提供信用风险控制与坏账担保，帮助企业降低其客户违约的风险，另一方面也可以借助专业的保理商去催收账款，能在很大程度上降低坏账发生的可能性，有效控制坏账风险
改善企业的财务结构	应收账款保理业务是将企业的应收账款与货币资金进行置换。企业通过出售应收账款，将流动性稍弱的应收账款置换为具有高度流动性的货币资金，增强了企业资产的流动性，提高了企业的债务清偿能力

| 典例研习·5-7 2019年多项选择题

下列关于应收账款保理的表述中，正确的有（   ）。
A. 有助于改善企业资产的流动性，增强债务清偿能力
B. 可分为有追索权保理和无追索权保理
C. 实质是企业利用未到期应收账款向银行抵押获得短期借款的融资方式
D. 是一项单纯的收账管理业务
E. 能降低企业坏账发生的可能性，有效控制坏账风险

斯尔解析　本题考查应收账款保理。应收账款保理的作用包括：融资功能、减轻企业应收账款的管理负担、减少坏账损失、降低经营风险以及改善企业的财务结构，选项 ABCE 当选。保理是一项综合性的金融服务方式，其同单纯的融资或收账管理有本质区别，选项 D 不当选。

本题答案　ABCE

第四节　存货管理

一、存货管理目标

增加存货会占用企业的资金，而降低存货又可能会影响企业生产。因此，存货管理目标为：合理确定存货量，在保证生产的前提下尽量减少存货；加强存货的日常控制，加快存货的周转速度。

二、存货的成本（★）

（一）取得成本

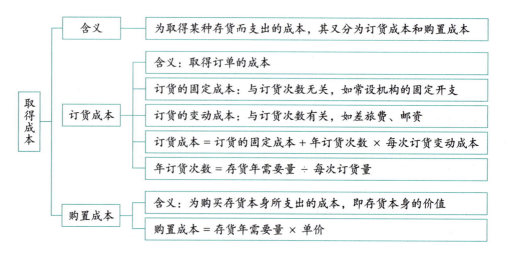

（二）储存成本

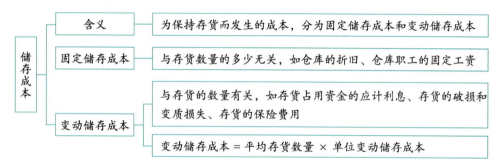

（三）缺货成本

缺货成本指由于存货供应中断而造成的损失，包括材料供应中断造成的停工损失、产成品库存缺货造成的拖欠发货损失、丧失销售机会的损失及造成的商誉损失等。

企业存货的最优化，就是使企业存货总成本值最小。

三、经济订货基本模型（★★）

（一）经济订货基本模型的假设

（1）存货总需求量是已知常数。

（2）订货提前期是常数。

（3）货物是一次性入库。

（4）单位货物成本为常数，无批量折扣。

（5）库存储存成本与库存水平呈线性关系。

（6）货物是一种独立需求的物品，不受其他货物影响。

（7）不允许缺货，即无缺货成本。

则一段时间内，存货持有状态可用下图表示：

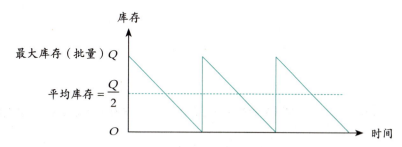

（二）最优经济订货批量及存货相关总成本的计算

最优经济订货批量是指能够使存货的相关总成本最小的一次进货数量。

储备存货总成本 = 变动订货成本 + 固定订货成本 + 购置成本 + 变动储存成本 + 固定储存成本 + 缺货成本

根据相关假设：

存货相关总成本

= 变动订货成本 + 变动储存成本

= 年订货次数 × 每次订货成本 + 年平均库存 × 单位变动储存成本

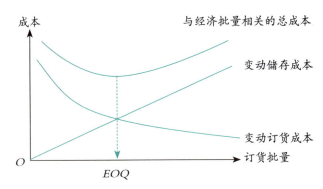

当变动订货成本=变动储存成本时,存货相关总成本最小,此时的订货批量为经济订货批量,计算公式为:

$$经济订货批量 = \sqrt{\frac{2 \times 存货年需求量 \times 每次订货变动成本}{单位储存变动成本}}$$

在经济批量下,存货的相关总成本公式为:

$$相关总成本 = \sqrt{2 \times 存货年需求量 \times 每次订货变动成本 \times 单位储存变动成本}$$

典例研习·5-8（教材例题改编）

设某企业每年所需的原材料为18 000件,企业每次订货变动成本为20元,单位变动储存成本为0.5元/件。则:

$$经济订货批量 = \sqrt{\frac{2 \times 18\,000 \times 20}{0.5}} = 1\,200（件）$$

$$相关总成本 = \sqrt{2 \times 18\,000 \times 20 \times 0.5} = 600（元）$$

典例研习·5-9（2023年单项选择题）

甲公司某零件年需要量为16 000件,每次订货变动成本为30元,订货固定成本为2 000元,单位变动储存成本为6元。甲公司按经济订货批量进货,则下列表述中错误的是（　　）。

A. 相关总成本为2 400元

B. 与经济订货批量有关的年订货成本为3 200元

C. 经济订货批量为400件

D. 年变动储存成本为1 200元

斯尔解析 本题考查经济订货基本模型。

$$经济订货批量 = \sqrt{2 \times 16\,000 \times 30 \div 6} = 400（件）$$

与经济订货批量有关的总成本 $= \sqrt{2 \times 16\,000 \times 30 \times 6} = 2\,400（元）$。与经济订货批量有关的年订货成本 $= 30 \times 16\,000 \div 400 = 1\,200（元）$。

年变动储存成本 $= 6 \times 400 \div 2 = 1\,200（元）$。综上所述,选项B当选。

本题答案 B

四、存货的日常控制

方法	内容
归口分级控制法	归口分级控制法是传统的存货日常管理的基本方法。该方法按存货归属的部门，按资金控制的级别进行控制，实质上是一种强化经济责任制的做法。 如原材料、燃料、包装物品等由供应部门管理；在产品、半成品等由生产部门管理；产成品由销售部门管理；低值易耗品由行政部门管理等
ABC控制法	ABC控制法实质上是一种重点管理的办法，它所遵循的基本原则就是"保证重点，照顾一般"，把企业的存货按一定的标准与方法区分为重点存货与一般存货，针对不同的存货施以不同的管理： A类商品品种少（10%），但资金的投入量极大（70%），应作为日常控制的重点，在管理方面，应按品种严格控制，逐项核定经济进货批量，经常检查并掌握库存动态，对每种存货的收、发、存都要做详细记录、定期盘点，努力加快资金的周转速度。 C类商品品种繁多（70%），但资金的投入量极少（10%），不必花费太多精力去管理，其管理质量无关大局，只需按总额控制。 B类商品介于A类与C类之间，可作为一般控制的商品，适当顾及，按类控制
适时制存货管理	适时制（JIT）存货管理强调的是"只在需要的时间、按需要的量、生产需要的产品"，以通过减少存货来降低成本，实现获取利润的目标，因此，零存货是JIT存货管理的最高目标。通过均衡生产来实现零库存是JIT存货管理的核心内容

第五节 流动负债管理

一、短期借款（★★）

（一）短期借款的信用条件

1. 信用额度

信用额度是金融机构对借款企业规定的无抵押、无担保借款的最高限额。企业在信用额度内可随时使用借款，但金融机构并不承担必须提供全部信用额度的义务。

2. 周转信用协议

周转信用协议是金融机构与企业签订的一种正式的最高限额的借款协议。在协议有效期内，只要企业的借款总额未超过协议规定的最高限额，金融机构必须满足企业提出的借款要求，对周转信用协议负有法律责任，而借款企业则必须按借款限额未使用部分的一定比例向金融机构支付承诺费。

例如，某企业与银行商定的周转信贷额度为5 000万元，年度内实际使用2 800万元，承诺费率为0.5%。企业应向银行支付的承诺费为11万元［（5 000-2 800）×0.5%］。

3. 补偿性余额

补偿性余额是金融机构要求借款企业在其存款账户上保留按实际借款的一定比例（通常为10%~20%）计算的存款余额。对企业而言，补偿性余额提高了借款的实际利率；从金融机构来看，它可以降低贷款风险，补偿贷款损失。实际利率的计算公式为：

$$实际利率 = \frac{名义借款金额 \times 名义利率}{名义借款金额 \times (1-补偿性余额比例)} = \frac{名义利率}{1-补偿性余额比例}$$

> **典例研习·5-10** 教材例题改编
>
> 某企业向银行借款800万元，利率为6%，银行要求保留10%的补偿性余额，计算该笔借款的实际利率。
>
> **斯尔解析**
>
> 企业实际可动用的贷款 =800-800×10%=720（万元）
>
> 该笔借款的实际利率 =800×6%÷720=6.67%
>
> 或者：
>
> $$实际利率 = \frac{名义利率}{1-补偿性余额比例} = \frac{6\%}{1-10\%} = 6.67\%$$

> **精准答疑**
>
> **问题**：为什么在计算债务实际利率时，不需要考虑所得税的影响，而在计算债务资本成本时，需要考虑所得税的影响。
>
> **解答**：虽然债务利率和资本成本在计算时，有一定的相似之处，但是两个指标的含义是不同的，因此在计算时，需要具体问题具体分析。
>
> （1）利率表示一定时期内利息与本金的比率。在计算利率时，只须考虑利息和本金，无须考虑所得税的影响。
>
> （2）资本成本反映的是公司为筹集资金所付出的（税后）代价，而债务利息，可以产生抵税作用，因此在计算债务资本成本时，需要考虑所得税的影响。

4. 借款抵押

金融机构为了避免投资风险，对企业借款往往要求有抵押品担保。

5. 偿还条件

贷款的偿还有到期一次偿还和在贷款期内定期（每月、季）等额偿还两种方式。一般而言，企业不希望采用定期等额偿还方式，这会提高借款的实际年利率；而银行不希望采用一次偿还方式，因为这会加重企业的财务负担，增加企业的拒付风险，同时也会降低实际贷款利率。

6.其他承诺

银行有时还要求企业为取得贷款而作出其他承诺，如及时提供财务报表、保持适当的财务水平等。如企业违背所作出的承诺，银行可要求企业立即偿还全部贷款。

| 典例研习·5-11 （2023年单项选择题）

甲公司与乙银行签订一份周转信用协议，协议约定：2022年度信贷最高限额为800万元，借款利率为6%，承诺费率为0.5%。同时乙银行要求保留15%的补偿性余额。若甲公司2022年度实际可以动用的借款为510万元，则该笔借款的实际利率是（ ）。

A.6.23% B.7.39%
C.6.16% D.7.25%

🔍**斯尔解析** 本题考查短期借款。甲公司从银行取得的名义借款金额＝510÷（1-15%）＝600（万元），向乙银行支付的承诺费＝（800-600）×0.5%＝1（万元），因此该笔借款的实际利率＝（1+600×6%）÷510×100%＝7.25%，选项D当选。

▲**本题答案** D

（二）短期借款的成本

短期借款成本主要包括利息、手续费等。短期借款成本的高低主要取决于贷款利率的高低和利息的支付方式。借款企业支付利息的方式有收款法、贴现法和加息法三种。

类型	含义	实际利率
收款法	在借款到期时向银行支付利息的方法	实际利率＝名义利率
贴现法	银行向企业发放贷款时，先从本金中扣除利息部分，到期时借款企业偿还全部贷款本金的一种利息支付方法	实际利率＞名义利率
加息法	银行发放分期等额偿还贷款时采用的利息收取方法，由于贷款本金分期均衡偿还，借款企业实际只平均使用了贷款本金的一半，却支付了全额利息	实际利率高于名义利率大约1倍

| 典例研习·5-12 （教材例题改编）

某企业从银行取得借款200万元，期限为1年，利率为6%，利息为12万元。按贴现法付息，计算该借款的实际利率。

🔍**斯尔解析** 按照贴现法付息，企业实际可动用资金量为188万元。
借款实际利率＝（200×6%）÷188＝6%÷（1-6%）＝6.38%

（三）短期借款筹资方式的优缺点

短期借款筹资方式的优点：（1）筹资速度快；（2）款项使用灵活；（3）资本成本低。

短期借款筹资方式的缺点：（1）借款金额有限；（2）筹资风险大。

二、商业信用筹资（★）

（一）商业信用的形式

1. 应付账款

应付账款是供应商给企业提供的一种商业信用。

供应商在信用条件中有时会有现金折扣，目的主要在于加速资金回收。企业在决定是否享受现金折扣时，应仔细考虑。通常，放弃现金折扣的成本是高昂的。

$$放弃现金折扣成本 = \frac{折扣\%}{1-折扣\%} \times \frac{360天}{付款期（信用期）-折扣期}$$

| 典例研习·5-13 教材例题改编

某企业按"2/10，n/30"的付款条件购入货物100万元。如果企业在10天以后付款，放弃现金折扣的信用成本率是多少？

斯尔解析

$$放弃现金折扣成本 = \frac{折扣\%}{1-折扣\%} \times \frac{360天}{付款期（信用期）-折扣期}$$

$$= \frac{2\%}{1-2\%} \times \frac{360}{30-10}$$

$$= 36.73\%$$

公式表明，放弃现金折扣的信用成本率与折扣百分比大小、折扣期长短和付款期长短有关，与货款额和折扣额没有关系。

如果企业将应付账款额用于短期投资，所获得的投资报酬率高于放弃折扣的信用成本率，则应当放弃现金折扣。

2. 应付票据

应付票据是指企业在商品购销活动或对工程价款进行结算中，因采用商业汇票结算方式而产生的商业信用。根据承兑人的不同，应付票据分为商业承兑汇票和银行承兑汇票两种。

3. 预收货款

预收货款是指销货单位按照合同和协议规定，在发出货物之前向购货单位预先收取部分或全部货款的信用行为。

4. 应计未付款

应计未付款是企业在生产经营和利润分配过程中已经提但尚未以货币支付的款项，主要包括应付职工薪酬、应交税费、应付利润或应付股利等。

| 典例研习·5-14 | 2021年多项选择题 |

商业信用作为企业短期筹资的方式，具体表现形式包括（　　）。

A. 商业承兑汇票

B. 短期借款

C. 应付职工薪酬

D. 含信用条件的应收账款

E. 应付股利

斯尔解析 本题考查商业信用筹资。商业信用的形式包括应付账款、应付票据（包括商业承兑汇票、银行承兑汇票）、预收货款、应计未付款（主要包括应付职工薪酬、应交税费、应付利润或应付股利等），选项 ACE 当选。短期借款是一种短期筹资方式，不属于商业信用筹资，选项 B 不当选。含信用条件的应收账款是给对方的商业信用不属于商业信用筹资，选项 D 不当选。

本题答案 ACE

（二）商业信用筹资的优缺点

1. 优点

优点	解读
商业信用容易获得	商业信用的载体是商品购销行为，企业有一批既有供需关系又有相互信用基础的客户，所以对大多数企业而言，应付账款和预收账款是自然的、持续的信贷形式
企业有较大的机动权	企业能够根据需要，选择决定筹资的金额大小和期限长短，甚至如果在期限内不能付款或交货时，一般还可以通过与客户的协商，请求延长时限
企业一般不用提供担保	通常，商业信用筹资不需要第三方担保，也不会要求筹资企业用资产进行抵押

2. 缺点

缺点	解读
商业信用筹资成本高	在附有现金折扣条件的应付账款融资方式下，其筹资成本与银行信用相比较高
容易恶化企业的信用水平	商业信用的期限短，还款压力大，对企业现金流量管理的要求很高。如果长期和经常性地拖欠账款，会造成企业的信誉恶化
受外部环境影响较大	商业信用筹资受外部环境影响较大，稳定性较差，即使不考虑机会成本，也是不能无限利用的

典例研习在线题库

至此，财务与会计的学习已经进行了22%，继续加油呀！

22%

第六章 财务分析与评价

学习提要

重要程度：次重点章节

平均分值：4分

考核题型：单项选择题、多项选择题、计算题

本章提示：本章的公式非常多，学习难度较大。学习时切勿着急，首先应掌握每个指标所反映的内容，然后按照由易到难的顺序，掌握每个指标的计算公式

第一节 财务分析概述

一、财务分析的意义和内容

（一）财务分析的意义

（1）评价企业的财务状况和经营成果，揭示企业经营活动中存在的问题，为改善经营管理提供方向和线索。

（2）预测企业未来的风险和报酬，为投资人、债权人和经营者的决策提供帮助。

（3）检查企业预算完成情况，考核经营管理人员的业绩，为完善合理的激励机制提供帮助。

（二）财务分析的目的

财务分析的主体不同，财务分析的目的也不相同。

主体	目的
债权人	债权人关心的主要问题是企业资产能否及时变现以及偿债能力如何。长期债权人还需要分析企业的盈利状况和资本结构
投资人	投资人是企业的所有者，除了企业的偿债能力外，还要关心企业的资产管理及使用状况、企业的获利能力，以及企业的长期发展趋势
企业经营管理人员	管理者进行财务分析的目的是对企业财务状况及经营成果作出准确判断，提高企业的经营管理水平
国家宏观调控和监管部门	一方面，国家作为国有企业的所有人要了解企业的生产经营情况；另一方面，国家作为宏观管理机构，也要对企业进行财务分析以了解国民经济的发展方向，考察企业是否合法经营，是否依法纳税

（三）财务分析的内容

财务分析的基本内容，主要包括以下四个方面：

方面	内容
分析企业的偿债能力	分析企业资产的结构，估量所有者权益对债务资金的利用程度，制定企业筹资策略
评价企业资产的营运能力	分析企业资产的分布情况和周转使用情况，测算企业未来的资金需用量

续表

方面	内容
评价企业的盈利能力	分析企业利润目标的完成情况和不同年度盈利水平的变动情况，预测企业盈利前景
评价企业的资金实力	分析各项财务活动的相互联系和协调情况，揭示企业财务活动方面的优势和薄弱环节，找出改进财务管理工作的着力点

以上四项分析内容互相联系、互相补充，可综合描述出企业的财务状况、经营成果及现金流量，以满足不同使用者对财务信息的需要。

二、财务分析的基本方法

（一）比较分析法

财务报表的比较分析法，是指对两个或两个以上的可比数据进行对比，找出企业财务状况、经营成果及现金流量中的差异与问题。

根据比较对象的不同，比较分析法分为以下三类：

类型	解读
趋势分析法	比较对象是本企业的历史，是最常用的比较分析法
横向比较法	比较对象是同类企业，如行业平均水平或竞争对手
预算差异分析法	比较对象是预算数据

比较分析法的具体运用主要有重要财务指标的比较、会计报表的比较和会计报表项目构成的比较三种方式。

（二）比率分析法

比率分析法是通过计算各种比率指标来确定财务活动变动程度的方法。主要有三类：

类型	含义
构成比率	又称结构比率，是某项财务指标的各组成部分数值占总体数值的百分比，反映部分与总体的关系
效率比率	某项财务活动中所费与所得的比率，反映投入与产出的关系
相关比率	以某个项目和与其有关但又不同的项目加以对比所得的比率，反映有关经济活动的相互关系，如将负债总额与资产总额进行对比

（三）因素分析法

因素分析法是依据分析指标与其影响因素的关系，从数量上确定各因素对分析指标影响方向和影响程度的一种方法。

因素分析法有两种具体方法：连环替代法和差额分析法。

1. 连环替代法

连环替代法，是将分析指标分解为各个可以计量的因素，并根据各个因素之间的依存关系，顺次用各因素的比较值（通常为实际值）替代基准值（通常为标准值或计划值），据以测定各因素对分析指标的影响。

例如：

基期（计划）指标：$R_0 = A_0 \times B_0 \times C_0$　　（1）

第一次替代：$A_1 \times B_0 \times C_0$　　（2）

第二次替代：$A_1 \times B_1 \times C_0$　　（3）

第三次替代：$R_1 = A_1 \times B_1 \times C_1$　　（4）

（2）-（1）→ A 变动对 R 的影响。

（3）-（2）→ B 变动对 R 的影响。

（4）-（3）→ C 变动对 R 的影响。

总差异：$\Delta R = R_1 - R_0$。

2. 差额分析法

差额分析法是连环替代法的一种简化形式，是利用各个因素的比较值与基准值之间的差额，来计算各因素对分析指标的影响。

例如：

A 变动对 R 的影响：$(A_1 - A_0) \times B_0 \times C_0$。

B 变动对 R 的影响：$A_1 \times (B_1 - B_0) \times C_0$。

C 变动对 R 的影响：$A_1 \times B_1 \times (C_1 - C_0)$。

采用因素分析法时，必须注意以下问题：

（1）因素分解的关联性。

（2）因素替代的顺序性。

（3）顺序替代的连环性。

（4）计算结果的假定性。

第二节 基本财务分析

解题高手

命题角度：考查财务比率的计算。

关键财务比率公式的记忆规律和计算取值问题总结如下：

(1) 公式的记忆规律。

类型	规律	举例
母子率指标	比率名称中出现两个报表项目，前者是分母，后者是分子	资产负债率＝负债总额÷资产总额
分子率指标	比率名称中只出现一个报表项目，一般作为分子，分母是流动负债	流动比率＝流动资产÷流动负债

(2) 计算取值问题。

①区分时期数和时点数：一般而言，取自利润表和现金流量表的数字属于时期数，而取自资产负债表的数字属于时点数。

②取值原则：时期指标与时点指标相除时，一般情况下，时点指标要取平均值，如，总资产收益率＝净利润÷平均总资产。

一、反映偿债能力的比率（★★）

（一）流动比率

流动比率＝流动资产÷流动负债

一般来说，流动比率越高，说明资产的流动性越强，短期偿债能力越强；流动比率越低，说明资产的流动性越差，短期偿债能力越弱。

同时应看到，流动比率作为衡量短期偿债能力的指标还存在一些不足。过高的流动比率，也许是存货超储积压、存在大量应收款项的结果。

此外，较高的流动比率可能反映了企业拥有过分充裕的现金，未能将这部分多余的现金充分用于效益更好的业务，有可能降低企业的获利能力。

（二）速动比率

速动比率＝速动资产÷流动负债

速动资产是企业在短期内可变现的资产，包括货币资金、交易性金融资产和各种应收款项。

一般来说，速动比率越高，说明资产的流动性越强，短期偿债能力越强；速动比率越低，说明资产的流动性越差，短期偿债能力越弱。

在对速动比率进行分析时，还要注重对应收账款变现能力这一因素的分析。

（三）现金比率

现金比率＝现金及现金等价物÷流动负债

这里所说的现金，是指现金及现金等价物，如交易性金融资产。这项比率可显示企业立即偿还到期债务的能力。

一般来说，现金比率越高，说明资产的流动性越强，短期偿债能力越强，但同时表明企业持有大量不能产生收益的现金，可能会使企业获利能力降低；现金比率越低，说明资产的流动性越差，短期偿债能力越弱。

（四）现金流动负债比率

现金流动负债比率＝年经营现金净流量÷年末流动负债×100%

该指标是从现金流量角度来反映企业当期偿付短期负债的能力，反映本期经营活动所产生的现金净流量足以抵付流动负债的倍数。

由于净利润与经营活动产生的现金净流量有可能背离，有利润的年份不一定有足够的现金（含现金等价物）来偿还债务，所以利用该指标能充分体现企业经营活动所产生的现金净流量，可以在多大程度上保证当期流动负债的偿还，直观地反映出企业偿还流动负债的实际能力。

一般该指标大于1，表示企业流动负债的偿还有可靠保证。该指标越大，表明企业经营活动产生的现金净流量越多，越能保障企业按期偿还到期债务，但也并不是越大越好，该指标过大则表明企业流动资金利用不充分，盈利能力不强。

（五）资产负债率

资产负债率＝负债总额÷资产总额×100%

资产负债率，用来反映企业的长期偿债能力。

一般来说，资产负债率越高，债权人发放贷款的安全程度越低，企业偿还长期债务的能力越弱；资产负债率越低，债权人发放贷款的安全程度越高，企业偿还长期债务的能力越强。

（六）产权比率

产权比率＝负债总额÷所有者权益总额×100%

产权比率是衡量企业长期偿债能力的指标。

产权比率用来表明由债权人提供的和由投资者提供的资金来源的相对关系，反映企业基本财务结构是否稳定。一般来说，产权比率越高，说明企业偿还长期债务的能力越弱；产权比率越低，说明企业偿还长期债务的能力越强。

> **精准答疑**
>
> **问题**：什么是权益乘数？资产负债率、产权比率和权益乘数有怎样的关系？
>
> **解答**：首先，权益乘数＝资产总额÷所有者权益总额。
>
> 权益乘数也是衡量企业长期偿债能力的指标，一般来说，权益乘数越高，说明企业偿还长期债务的能力越弱。
>
> 其次，资产负债率、产权比率和权益乘数三者可以相互转换，三者的变动方向相同。

公式推导如下:

权益乘数＝资产总额÷所有者权益总额＝（负债总额＋所有者权益总额）÷所有者权益总额＝1＋产权比率

权益乘数＝资产总额÷所有者权益总额＝资产总额÷（资产总额－负债总额）
　　　　＝1÷（1－资产负债率）

（七）已获利息倍数

$$已获利息倍数 = \frac{息税前利润}{利息总额} = \frac{利润总额+利息费用}{利息费用+资本化利息}$$

已获利息倍数反映企业用经营所得支付债务利息的能力。

一般来说，已获利息倍数至少应等于1。这项指标越大，说明支付债务利息的能力越强；这项指标越小，说明支付债务利息的能力越弱。

| 典例研习·6-1 2019年单项选择题

甲公司2018年度实现利润总额800万元，利息发生额为150万元，其中符合资本化条件的为50万元，其余的费用化。则甲公司2018年度已获利息倍数是（　　）。

A.5.33　　　　　　　　　　B.6.00
C.8.50　　　　　　　　　　D.9.00

斯尔解析 本题考查反映偿债能力的比率。甲公司2018年度费用化利息＝150－50＝100（万元），息税前利润＝利润总额＋费用化利息＝800＋100＝900（万元），已获利息倍数＝息税前利润÷利息总额＝900÷150＝6，选项B当选。

本题答案 B

（八）带息负债比率

带息负债比率＝带息负债总额÷负债总额×100%

带息负债总额＝短期借款＋一年内到期的长期负债＋长期借款＋应付债券＋应付利息

如果有带息应付票据和带息交易性金融负债也应予以考虑。

该指标反映企业负债中带息负债的比重，在一定程度上体现了企业未来的偿债压力，尤其是偿还利息的压力。

解题高手

命题角度：考查偿债能力指标的计算和应用。

分类	计算	记忆规律
反映短期偿债能力的指标	流动比率 = 流动资产 ÷ 流动负债	分子率公式
	速动比率 = 速动资产 ÷ 流动负债	
	现金比率 = 现金及现金等价物 ÷ 流动负债	
	现金流动负债比率 = 年经营现金净流量 ÷ 年末流动负债 ×100%	
反映长期偿债能力的指标	资产负债率 = 负债总额 ÷ 资产总额 ×100%	母子率公式
	产权比率 = 负债总额 ÷ 所有者权益总额 ×100%	
教材未指明具体反映短期或长期偿债能力的指标	已获利息倍数 = 息税前利润 ÷ 利息总额	—
	带息负债比率 = 带息负债总额 ÷ 负债总额 ×100%	

典例研习·6-2　2016年多项选择题

下列各项财务指标中，能够反映企业偿债能力的有（　　）。

A. 产权比率

B. 权益乘数

C. 现金比率

D. 市净率

E. 每股营业现金净流量

斯尔解析　本题考查反映偿债能力的比率。反映企业偿债能力的指标包括：流动比率、速动比率、现金比率、现金流动负债比率、资产负债率、产权比率、权益乘数、已获利息倍数和带息负债比率，选项ABC当选。市净率是反映上市公司特殊财务分析的比率，选项D不当选。每股营业现金净流量是反映获取现金能力的比率，选项E不当选。

本题答案　ABC

二、反映资产质量状况的比率（★）

解题高手

命题角度：考查反映资产质量状况的指标计算和应用。

相关比率主要分为两大类：

指标	计算	含义
××资产周转次数	营业收入净额（存货为营业成本）÷××资产平均余额	年度内××资产平均变现的次数
××资产周转天数	360÷××资产周转次数	年度内××资产平均变现一次所需要的天数

其中：

（1）××资产可以是应收账款、存货、流动资产和总资产。

（2）营业收入净额＝营业收入－销售退回、折让、折扣。

（一）应收账款周转率

1. 应收账款周转次数

应收账款周转次数＝营业收入净额÷应收账款平均余额

应收账款平均余额＝（期初应收账款＋期末应收账款）÷2

2. 应收账款周转天数

应收账款周转天数＝360÷应收账款周转次数

或：

应收账款周转天数＝应收账款平均余额×360÷营业收入净额

其中：

（1）应收账款平均余额是指未扣除坏账准备的应收账款金额，是资产负债表中"期初应收账款"与"期末应收账款"分别加上期初、期末"坏账准备"科目余额后的平均数。

（2）应收账款周转次数越多，应收账款周转天数越少，应收账款变现能力越强，企业应收账款管理水平越高。

| 典例研习·6-3 教材例题改编

甲公司2022年的营业收入为14 500万元，年初应收账款账面价值为2 660万元，年末应收账款账面价值为2 850万元，年初坏账准备余额为140万元，年末坏账准备余额为150万元。一年按照360天计算。

要求：

计算甲公司 2022 年应收账款周转次数和应收账款周转天数。

斯尔解析

年初应收账款余额 = 2 660+140 = 2 800（万元）

年末应收账款余额 = 2 850+150 = 3 000（万元）

应收账款平均余额 =（2 800+3 000）÷ 2 = 2 900（万元）

应收账款周转次数 = 14 500 ÷ 2 900 = 5（次）

应收账款周转天数 = 360 ÷ 5 = 72（天）

（二）存货周转率

1. 存货周转次数

存货周转次数 = 营业成本 ÷ 存货平均余额

存货平均余额 =（期初存货 + 期末存货）÷ 2

2. 存货周转天数

存货周转天数 = 360 ÷ 存货周转次数

或：

存货周转天数 = 存货平均余额 × 360 ÷ 营业成本

存货周转天数越少，存货周转次数越多，说明存货周转越快，企业实现的利润会相应增加，企业的存货管理水平越高。

| 典例研习·6-4 2014 年单项选择题

某企业 2013 年度销售收入净额为 12 000 万元，销售成本（营业成本）为 8 000 万元，2013 年末流动比率为 1.6，速动比率为 1.0，假定该企业年末流动资产只有货币资金、应收账款和存货三项，共计 1 600 万元，期初存货为 1 000 万元，则该企业 2013 年存货周转次数为（　　）次。

A.8 B.10
C.12 D.15

斯尔解析 本题考查反映资产质量状况的比率。存货周转次数 = 营业成本 ÷ 存货平均余额，其中营业成本和期初存货是已知的，核心问题在于找到期末存货是多少。

年末流动比率 =（货币资金 + 应收账款 + 存货）÷ 流动负债 = 1 600 ÷ 流动负债 = 1.6，所以流动负债 = 1 600 ÷ 1.6 = 1 000（万元）；年末速动比率 =（流动资产 − 存货）÷ 流动负债 =（1 600 − 存货）÷ 1 000 = 1，所以年末存货 = 600（万元），2013 年存货周转次数 = 8 000 ÷ [（1 000+600）÷ 2] = 10（次），选项 B 当选。

> **陷阱提示** 虽然本题中用流动资产减去存货计算速动资产，但是该关系式并不具有普遍适用性。之所以在本题中该关系式成立，是因为本题题干中明确表示，企业年末流动资产只有货币资金、应收账款和存货三项。如果题目条件发生变化，比如流动资产中还包括一年内到期的非流动资产，则上述关系式就不成立了。因此做题时需具体问题具体分析。

本题答案　B

（三）流动资产周转率

流动资产周转率（次）＝营业收入净额÷平均流动资产总额

平均流动资产总额＝（流动资产年初数＋流动资产年末数）÷2

（四）总资产周转率

总资产周转率＝营业收入净额÷平均资产总额

平均资产总额＝（期初总资产＋期末总资产）÷2

这一比率用来衡量企业资产整体的使用效率。

三、反映盈利能力的比率（★）

指标	计算
总资产收益率	净利润÷平均资产总额×100%
净资产收益率	净利润÷平均净资产×100%
资本收益率	净利润÷平均资本×100%
营业利润率	营业利润÷营业收入净额×100%
成本费用利润率	利润总额÷成本费用总额×100%
盈余现金保障倍数	经营活动现金流量净额÷净利润×100%

其中：

（1）成本费用一般指营业成本及附加和三项期间费用（销售费用、管理费用、财务费用）。

（2）资本通常指资本性投入及其资本溢价。

（3）盈余现金保障倍数反映了企业当期净利润中现金收益的保障程度，真实地反映了企业的盈余质量。

| 典例研习·6-5 2019年多项选择题

下列属于反映企业盈利能力的财务指标有（　　）。

A. 总资产收益率

B. 产权比率

C. 营业利润率

D. 现金比率

E. 总资产周转率

斯尔解析　本题考查反映盈利能力的比率。反映企业盈利能力的财务指标包括：营业利润率、总资产收益率、净资产收益率、成本费用利润率、资本收益率、盈余现金保障倍数，选项 AC 当选。产权比率和现金比率是反映偿债能力的比率，选项 BD 不当选。总资产周转率是反映资产质量状况的比率，选项 E 不当选。

本题答案　AC

四、反映经济增长状况的比率（★）

（一）与利润表数据相关的比率

指标	计算
营业收入增长率	本年营业收入增长额 ÷ 上年营业收入 ×100%
营业利润增长率	本年营业利润增长额 ÷ 上年营业利润总额 ×100%
技术投入比率	本年科技支出合计 ÷ 本年营业收入净额 ×100%

由于营业收入和营业利润都属于利润表指标，是时期数指标，因此其增长额 = 本年数据 − 上年数据。

（二）与资产负债表数据相关的比率

指标	计算
总资产增长率	本年资产增长额 ÷ 年初资产总额 ×100%
资本保值增值率	期末所有者权益 ÷ 期初所有者权益 ×100%
资本积累率	本年所有者权益增长额 ÷ 年初所有者权益 ×100%

由于总资产和所有者权益都属于资产负债表指标，是时点数指标，因此其增长额 = 年末数据 − 年初数据。

| 典例研习·6-6 | 2021年多项选择题 |

下列属于反映经济增长状况的财务指标有（　　）。

A. 总资产周转率

B. 资本收益率

C. 资本保值增值率

D. 技术投入比率

E. 资本积累率

斯尔解析 本题考查反映经济增长状况的比率。总资产周转率是反映资产质量状况的比率，选项 A 不当选。资本收益率是反映盈利能力的比率，选项 B 不当选。反映经济增长状况的财务指标有总资产增长率、资本保值增值率、资本积累率、营业收入增长率、营业利润增长率和技术投入比率，选项 CDE 当选。

本题答案 CDE

五、反映获取现金能力的比率（★）

指标	计算
销售现金比率	经营活动现金流量净额 ÷ 销售收入
每股营业现金净流量	经营活动现金流量净额 ÷ 普通股股数
全部资产现金回收率	经营活动现金流量净额 ÷ 平均总资产 ×100%

六、反映上市公司特殊财务分析的比率（★★）

（一）每股收益

1. 基本每股收益

基本每股收益＝归属于普通股股东的当期净利润 ÷ 发行在外的普通股加权平均数

其中：

发行在外的普通股加权平均数＝期初发行在外普通股股数＋当期新发行普通股股数 ×（已发行时间 ÷ 报告期时间）－当期回购普通股股数 ×（已回购时间 ÷ 报告期时间）

发行在外的普通股加权平均数的已发行时间、报告期时间和已回购时间一般按天数计算，在不影响计算结果合理性的前提下，也可以采用简化的计算方法，按月数计算。

| 典例研习·6-7 （2021年单项选择题）

甲公司2020年1月1日发行在外普通股30 000万股，2020年3月1日新发行普通股25 260万股，2020年10月1日回购普通股4 200万股，以备将来奖励员工之用。2020年实现净利润87 500万元，按月计算每股收益的时间权数，则甲公司2020年基本每股收益为（　　）元。

A.1.75   B.1.83
C.2.45   D.2.64

斯尔解析 本题考查反映上市公司特殊财务分析的比率。发行在外普通股的加权平均数=30 000+25 260×10÷12−4 200×3÷12=50 000（万股），基本每股收益=87 500÷50 000=1.75（元），选项A当选。

本题答案 A

2.稀释每股收益

稀释每股收益是指企业存在具有稀释性潜在普通股的情况下，以基本每股收益的计算为基础，在分母中考虑稀释性潜在普通股的影响，同时对分子也作相应的调整。

稀释性潜在普通股是指假设当期转换为普通股会减少每股收益的潜在普通股。

常见的潜在普通股主要包括可转换公司债券、认股权证和股份期权等。

（1）可转换公司债券。

分子（净利润）调整项：可转换债券当期已确认费用的利息、溢价或折价摊销等的税后影响额。

分母（股数）调整项：增加的潜在普通股的加权平均数。

| 典例研习·6-8 （教材例题改编）

某上市公司2022年归属于普通股股东的净利润为25 500万元，期初发行在外普通股股数1亿股，年内普通股股数未发生变化。2022年1月1日，该公司按面值发行4亿元的3年期可转换公司债券，债券每张面值为100元，票面固定年利率为2%，利息自发行之日起每年支付一次，即每年12月31日为付息日。该批可转换公司债券自发行结束后12个月以后即可转换为公司股票，即转股期为发行12个月后至债券到期日止的期间。转股价格为每股10元，即每100元债券可转换为10股面值为1元的普通股。债券利息不符合资本化条件，直接计入当期损益，所得税税率为25%。假设不具备转股权的类似债券的市场利率为3%。

要求：

计算该公司2022年的稀释每股收益。

> **斯尔解析**
>
> （1）基本每股收益 =25 500÷10 000=2.55（元）。
>
> （2）稀释每股收益：
>
> ①每年支付利息 =40 000×2%=800（万元）。
>
> 负债成分公允价值 =800÷（1+3%）+800÷（1+3%）^{2}+40 800÷（1+3%）^{3}= 38 868.56（万元）
>
> 假设转换增加的净利润 =38 868.56×3%×（1−25%）=874.54（万元）
>
> 假设转换所增加的普通股的加权平均数 =40 000÷10×12÷12=4 000（万股）
>
> ②增量每股收益 =874.54÷4 000=0.22（元），小于基本每股收益 2.55 元，具有稀释作用。
>
> ③稀释每股收益 =（25 500+874.54）÷（10 000+4 000）=1.88（元）。

（2）认股权证和股份期权。

行权价格低于当期普通股平均市场价格时，应当考虑稀释性。

分子（净利润）：净利润金额不变。

分母（股数）：考虑可以转换的普通股股数的加权平均数与按照当期普通股平均市场价格能够发行的普通股股数的加权平均数的差额。

原理详解

如何理解认股权证和股份期权的分母调整项？

理解分母调整项，需要分为两步：

第一步，计算认股权证和股份期权行权时，所增加的普通股股数。

假设A公司发行认股权证100万份，每份认股权证行权价格为15元，但是本期A公司加权平均普通股股价为20元。

（1）A公司通过发行认股权证可以募集到的股权资金为1 500万元（100×15），当投资人行权时，A公司需要确认100万股。

（2）但是，如果A公司直接发行普通股募集等额的资金，仅需要发行75万股（1 500÷20），即只需要确认75万股。

（3）因此，采用认股权证的方式，相当于多发行了25万股，而这25万股可以认为是无对价的一种对行权人的激励，但由于带有稀释性，故需要加入在分母中。

即认股权证或股份期权行权增加的普通股股数=行权认购的股数×（1−行权价格/普通股平均市场价格）=100×（1−15/20）=25（万股）。

第二步，再根据认股权证和股份期权的发行日，确定增加的普通股股数的时间权重，进而确定增加的普通股股数的加权平均数。

典例研习·6-9 (教材例题改编)

某公司2022年度归属于普通股股东的净利润为500万元,发行在外的普通股加权平均数为1250万股,该普通股平均每股市场价格为4元。2022年1月1日,该公司对外发行250万份认股权证,行权日为2023年3月1日,每份认股权证可以在行权日以3.5元的价格认购本公司1股新发的股份。

要求:
计算该公司2022年的稀释每股收益。

斯尔解析

基本每股收益 =500÷1 250=0.4(元)
调整增加的普通股股数 =250−250×3.5÷4=31.25(万股)
稀释每股收益 =500÷(1 250+31.25)=0.39(元)

3.计算每股收益时应考虑的其他调整因素

企业派发股票股利、公积金转增资本、拆股或并股等,会增加或减少其发行在外普通股或潜在普通股的数量,并不影响所有者权益金额,也不改变企业的盈利能力。但是,为了保持会计指标的前后期可比性,应当按调整后的股数重新计算各列报期间的每股收益(无须按照时间权重加权计算)。

典例研习·6-10 (2016年单项选择题)

乙公司2015年1月1日发行在外普通股30 000万股,2015年7月1日以2015年1月1日总股本30 000万股为基础,每10股送2股。2015年11月1日,回购普通股2 400万股,若2015年净利润为59 808万元,则2015年基本每股收益为( )元。

A.1.68   B.1.48
C.1.78   D.1.84

斯尔解析 本题考查反映上市公司特殊财务分析的比率。发行在外普通股的加权平均数 =30 000×1.2−2 400×2÷12=35 600(万股),基本每股收益 =59 808÷35 600=1.68(元),选项A当选。

本题答案 A

(二)每股股利

每股股利 = 现金股利总额 ÷ 期末发行在外的普通股股数

每股股利反映的是普通股股东每持有上市公司一股普通股获取的股利大小,是投资者股票投资收益的重要来源之一。由于净利润是股利分配的来源,因此,每股股利的多少很大程度上取决于每股收益的多少。

反映每股股利和每股收益之间关系的一个重要指标是股利发放率,即每股股利分配额与当期的每股收益之比。其计算公式为:

股利发放率 = 每股股利 ÷ 每股收益

(三)每股净资产

每股净资产 = 期末净资产 ÷ 期末发行在外的普通股总数

每股净资产显示了发行在外每一普通股股份所能分配的企业账面净资产的价值。每股净资产指标反映了在会计期末每一股份在企业账面上到底值多少钱,它与股票面值、发行价值、市场价值乃至清算价值等往往有较大差距,是理论上股票的最低价值。

(四)市盈率

市盈率 = 每股市价 ÷ 每股收益

市盈率反映了普通股股东为获取1元净利润所愿意支付的股票价格。

市盈率是股票市场上反映股票投资价值的重要指标,该比率的高低反映市场上投资者对股票投资收益和投资风险的预期。一方面,市盈率越高,意味着投资者对股票的收益预期越看好,投资价值越大。另一方面,市盈率越高,也说明获得一定的预期利润投资者需要支付更高的价格,因此,投资于该股票的风险也越大。

| 典例研习 · 6-11　【2020年单项选择题】

下列关于市盈率财务指标的表述中,错误的是(　　)。

A. 市盈率是股票每股市价与每股收益的比率

B. 该指标的高低反映市场上投资者对股票收益和投资风险的预期

C. 该指标越高,说明投资者为获得一定的预期利润需要支付更高的价格

D. 该指标越高,反映投资者对股票的预期越看好,投资价值越大,投资风险越小

斯尔解析　本题考查反映上市公司特殊财务分析的比率。市盈率是股票每股市价与每股收益的比率,选项A不当选。市盈率的高低反映市场上投资者对股票投资收益和投资风险的预期,选项B不当选。一方面,市盈率越高,意味着投资者对股票的收益预期越看好,投资价值越大,另一方面,市盈率越高,也说明获得一定的预期利润投资者需要支付更高的价格,因此,投资于该股票的风险也越大,选项C不当选、选项D当选。

本题答案　D

(五)市净率

市净率 = 每股市价 ÷ 每股净资产

净资产代表的是全体股东共同享有的权益,是股东拥有公司财产和公司投资价值最基本的体现。一般来说,市净率较低的股票,投资价值较高。但有时较低市净率反映的可能是投资者对公司前景的不良预期。因此,在判断某只股票的投资价值时,还要综合考虑当时的市场环境以及公司经营情况、资产质量和盈利能力等因素。

第三节 综合分析与评价

一、杜邦分析法（★★）

杜邦分析法是利用各个财务比率指标之间的内在联系，对企业财务状况进行综合分析的一种方法。分析的核心指标为净资产收益率。

$$净资产收益率 = \frac{净利润}{净资产}$$

$$= \frac{净利润}{总资产} \times \frac{总资产}{净资产}$$

$$= 总资产收益率 \times 权益乘数$$

$$= \frac{净利润}{销售收入} \times \frac{销售收入}{总资产} \times \frac{总资产}{净资产}$$

$$= 销售净利润率 \times 总资产周转率 \times 权益乘数$$

具体指标解读：

（1）净资产收益率是综合性最强的财务比率，是杜邦财务分析系统的核心指标。

（2）总资产收益率，也是综合性较强的重要财务比率，它是销售净利润率和总资产周转率的乘积，因此，需要进一步从销售成果和资产运营两方面来分析。

（3）销售净利润率反映了企业净利润与销售收入的关系，提高销售净利润率是提高企业盈利能力的关键所在。影响销售净利润率的主要因素包括：一是销售收入；二是成本费用。

（4）总资产周转率是反映资产管理效率的财务指标。

（5）权益乘数反映所有者权益同企业总资产的关系，它主要受资产负债率的影响。资产负债率越大，权益乘数就越高，说明企业有较高的负债程度，既可能给企业带来较多的杠杆利益，也可能带来较大的财务风险。

| 典例研习·6-12 2022年单项选择题

某企业2021年的总资产周转率为30.89%，净资产收益率为11.76%，资产负债率为50%，假设平均资产总额与年末资产总额相等，则该企业2021年的销售净利率为（ ）。

A.38.07%　　　　　　　　　　　B.19.13%
C.19.04%　　　　　　　　　　　D.15.45%

斯尔解析　本题考查杜邦分析法。权益乘数=1÷（1-50%）=2，销售净利率=11.76%÷（30.89%×2）=19.04%，选项C当选。

本题答案　C

二、综合绩效评价（★）

综合绩效评价是指运用数理统计和运筹学的方法，通过建立综合评价指标体系，对照相应的评价标准，定量分析与定性分析相结合，对企业一定经营期间的盈利能力、资产质量、债务风险以及经营增长等经营业绩和努力程度等各方面进行的综合评判。综合绩效评价是综合分析的一种，一般是站在企业所有者（投资人）的角度进行的。

评价内容	财务绩效（70%）		管理绩效（30%）
	基本指标	修正指标	评议指标
盈利能力	总资产报酬率、净资产收益率	销售利润率、成本费用利润率、利润现金保障倍数、资本收益率	战略管理 发展创新
资产质量	总资产周转率、应收账款周转率	不良资产比率、资产现金回收率、流动资产周转率	经营决策 风险控制
债务风险	资产负债率、已获利息倍数	速动比率、现金流动负债比率、带息负债比率、或有负债比率	基础管理 人力资源
经营增长	销售增长率、资本保值增值率	销售利润增长率、总资产增长率、技术投入比率	行业影响 社会贡献

典例研习·6-13　2018年多项选择题

下列属于企业综合绩效评价中管理绩效评价指标的有（　　）。

A. 经营增长评价
B. 风险控制评价
C. 资产质量评价
D. 经营决策评价
E. 人力资源评价

斯尔解析　本题考查综合绩效评价。经营增长评价和资产质量评价，是财务绩效评价的内容，选项 AC 不当选。企业管理绩效定性评价指标包括战略管理、发展创新、经营决策、风险控制、基础管理、人力资源、行业影响、社会贡献 8 个方面的指标，选项 BDE 当选。

本题答案　BDE

典例研习在线题库

至此，财务与会计的学习已经进行了 25%，继续加油呀！

25%

第七章 财务会计概论

学习提要

重要程度：非重点章节

平均分值：2分

考核题型：单项选择题、多项选择题

本章提示：本章主要介绍与财务会计学习相关的基础知识，内容较少，难度较低。但是历年真题中对本章的细节考查比较多，学习时需引起重视

第一节　财务会计目标、会计基本假设和会计基础

一、财务会计目标

1. 会计的概述
对于现代会计来说，会计是企业经济管理活动，也是处理经济信息的一个信息系统。

2. 会计的分类及目标

类别	解读
管理会计	主要是满足企业内部各级管理人员在编制预算、作出决策、控制经济活动等方面的信息需要，并直接参与企业决策控制过程，以改善经营管理，提高经济效益
财务会计	主要目的是向外部会计信息使用者（投资者、债权人和政府等）提供有用的信息，帮助其作出相关决策，而承担这一信息载体和功能的则是企业编制的财务报告

财务报告的目标是向财务报告使用者提供与企业财务状况、经营成果和现金流量等有关的会计信息，反映企业管理层受托责任履行情况，有助于财务会计报告使用者作出经济决策。

二、会计基本假设（★）

会计基本假设是指组织会计核算工作应具备的前提条件，也是会计准则中规定的各种程序和方法适用的前提条件，包括会计主体、持续经营、会计分期和货币计量等。

（一）会计主体

会计主体是指会计为之服务的特定单位，会计主体规定了会计核算的空间范围。

会计主体可以是一个独立的法律主体，如企业法人；也可以不是一个独立的法律主体，如企业内部相对独立的核算单位，由多个企业法人组成的企业集团，由企业管理的证券投资基金、企业年金基金等。

（二）持续经营

持续经营是指企业会计确认、计量和报告应当以企业持续、正常的生产经营活动为前提，并假设在可以预见的未来，企业的经营活动将以既定的经营方针和目标继续经营下去，而不会面临破产清算。

企业一旦进入破产清算程序，不能持续经营，应当改变核算方法，适用企业破产清算会计。

（三）会计分期

（1）会计分期是指在企业持续不断的经营过程中，人为地将其划分为一个个间距相等、首尾相接的会计期间，以便确定每一个会计期间的收入、费用和盈亏，确定该会计期间期初、期末的资产、负债和所有者权益的金额，并据以结算账目和编制财务报表。

会计分期规定了会计核算的时间范围。

（2）企业应当划分会计期间，分期结算账目和编制财务报告。会计期间分为年度和中期。以年度为会计期间通常称为会计年度。短于一个完整的会计年度的报告期间统称为中期。

划分会计期间是企业分期反映经营活动和总结经营活动的前提。

（四）货币计量

企业会计应当以货币进行计量。货币计量是指企业会计核算采用货币作为计量单位，记录、反映企业的经济活动，并假设币值基本保持不变。

对企业经济活动的计量，可以有多种计量单位，如实物数量、货币、重量、长度、体积等。由于各种经济活动的非货币计量单位具有不同的性质，在量上无法比较，为了连续、系统、全面、综合地反映企业的经济活动，会计核算客观上需要一种统一的计量单位作为会计核算的计量尺度。在商品经济条件下，货币作为一般等价物，是衡量商品价值的共同尺度，因此，会计核算自然就选择货币作为计量单位，以货币形式来反映和核算企业经营活动的全过程。

解题高手

命题角度：考查 4 个会计基本假设的定义及辨析。

以单项选择题、多项选择题形式考查，常见易错易混点：

（1）会计主体规定了会计核算的空间范围（注意：不是时间范围）。

（2）会计主体可以是一个独立的法律主体，也可以不是一个独立的法律主体（注意，不是必须为独立的法律主体）。

（3）会计分期规定了会计核算的时间范围（注意：不是空间范围）。

（4）会计分期（注意：不是会计主体）是企业分期反映经营活动和总结经营活动的前提。

（5）货币不是会计核算的唯一计量单位（注意：不是唯一，还有其他计量单位）。

典例研习·7-1 2019年单项选择题

下列关于会计基本假设的表述中，正确的是（　　）。

A. 持续经营明确的是会计核算的空间范围

B. 会计主体是指会计为之服务的特定单位，必须是企业法人

C. 货币是会计核算的唯一计量单位

D. 会计分期是费用跨期摊销、固定资产折旧计提的前提

斯尔解析 本题考查会计基本假设。会计主体规定了会计核算的空间范围，选项A不当选。会计主体是指会计为之服务的特定单位，会计主体可以是一个独立的法律主体，如企业法人；也可以不是一个独立的法律主体，如企业内部相对独立的核算单位，由多个企业法人组成的企业集团，由企业管理的证券投资基金、企业年金基金等，选项B不当选。会计核算除了使用货币计量，还可以使用非货币计量单位，如实物数量、货币、重量、长度、体积等，选项C不当选。会计分期是企业分期反映经营活动和总结经营成果的前提，也是费用会计摊销、固定资产折旧计提的前提，选项D当选。

本题答案 D

三、会计基础

会计基础，是指会计确认、计量和报告的基础，具体包括权责发生制和收付实现制。

类型	含义
收付实现制	以收到或支付现金作为确认收入和费用的依据
权责发生制	凡是当期已经实现的收入和已经发生或应当负担的费用，不论款项是否收付，都应当作为当期的收入和费用
	凡是不属于当期的收入和费用，即使款项已在当期收付，都不应作为当期的收入和费用

提示：

（1）权责发生制以权利取得和义务完成作为收入和费用发生的标志，有助于正确计算企业的经营成果，企业一般应当以权责发生制为基础进行会计确认、计量和报告。

（2）在我国政府预算会计实务中，收入和费用的确认方法，采用的是收付实现制。

第二节 财务会计要素及其确认、计量和报告

一、财务会计要素及其确认（★）

会计要素是会计核算的具体对象，也是组成企业财务报表的基本单位。企业应当按照交易或者事项的经济特征确定会计要素。企业财务会计要素包括资产、负债、所有者权益、收入、费用和利润六项。资产、负债和所有者权益是组成资产负债表的会计要素；收入、费用和利润是组成利润表的会计要素。

会计确认是指将符合会计要素定义及其确认标准的项目纳入资产负债表和利润表的过程。

（一）资产

资产是指企业过去的交易或者事项形成、由企业拥有或者控制的、预期会给企业带来经济利益的资源。

1. 确认条件

符合上述资产定义的资源，在同时满足以下条件时，应确认为资产：

（1）与该资源有关的经济利益很可能流入企业。

（2）该资源的成本或者价值能够可靠地计量。

符合资产定义和资产确认条件的项目，应当列入资产负债表；符合资产定义，但不符合资产确认条件的项目不应当列入资产负债表。

2. 分类

类别	含义	举例
流动资产	资产满足下列条件之一的，应当归类为流动资产： （1）预计在一个正常营业周期中变现、出售或耗用。 （2）主要为交易目的而持有。 （3）预计在资产负债表日起1年内（含1年）变现。 （4）自资产负债表日起1年内（含1年），交换其他资产或清偿负债的能力不受限制的现金或现金等价物	货币资金、交易性金融资产、应收账款、预付账款和存货等
非流动资产	流动资产以外的资产应当归类为非流动资产	长期股权投资、固定资产、无形资产等

（二）负债

负债是指企业过去的交易或者事项形成的、预期会导致经济利益流出企业的现时义务。

1. 确认条件

符合负债定义的义务，在同时满足以下条件时，确认为负债：

（1）与该义务有关的经济利益很可能流出企业。

（2）未来流出的经济利益的金额能够可靠地计量。

2. 分类

类别	含义	举例
流动负债	负债满足下列条件之一的，应当归类为流动负债： （1）预计在一个正常营业周期中清偿。 （2）主要为交易目的而持有。 （3）自资产负债表日起1年内（含1年）到期应予以清偿。 （4）企业无权自主地将清偿推迟至资产负债表日后1年以上	短期借款、应付及预收款项、应付职工薪酬、应交税费等
非流动负债	流动负债以外的负债应当归类为非流动负债	长期借款、应付债券、长期应付款、递延所得税负债等

（三）所有者权益

所有者权益是指企业资产扣除负债后由所有者享有的剩余权益。公司的所有者权益又称为股东权益。

来源	含义
所有者投入的资本	所有者所有投入企业的资本部分
留存收益	企业历年实现的净利润留存于企业的部分，主要包括累计提的盈余公积和未分配利润
直接计入所有者权益的利得和损失	不应计入当期损益、会导致所有者权益发生增减变动的、与所有者投入资本或者向所有者分配利润无关的利得或者损失
其他	其他权益工具等

（四）收入

收入指企业在日常活动中形成的、会导致所有者权益增加的、与所有者投入资本无关的经济利益的总流入。这里所谓的"日常活动"，是指企业为完成其经营目标所从事的经常性活动，以及与之相关的其他活动。

（五）费用

费用是指企业在日常活动中发生的、会导致所有者权益减少的、与向所有者分配利润无关的经济利益的总流出。

费用只有在经济利益很可能流出从而导致企业资产减少或者负债增加，且经济利益的流出额能够可靠计量时才能予以确认。

企业为生产产品、提供劳务等发生的可归属于产品成本、劳务成本等的费用，应当在确认产品销售收入、劳务收入等时，将已销售产品、已提供劳务的成本等计入当期损益。

企业发生的支出不产生经济利益的，或者即使能够产生经济利益但不符合或者不再符合资产确认条件的，应当在发生时确认为费用，计入当期损益。企业发生的交易或者事项导致其承担了一项负债而又不确认为一项资产的，应当在发生时确认为费用，计入当期损益。

（六）利润

利润是指企业在一定会计期间的经营成果，利润包括收入减去费用后的净额、直接计入当期利润的利得和损失等。

利润金额取决于收入和费用、直接计入当期利润的利得和损失金额的计量。

二、财务会计计量（★）

计量是指为了在资产负债表和利润表内确认和列示财务报表的要素而确定其金额的过程。会计计量属性反映的是会计要素金额的确定基础，主要包括以下五方面内容：

计量属性		含义
历史成本	资产	按照购买时支付的现金或者现金等价物的金额，或者按照购买资产时所付出的对价的公允价值计量
	负债	按照因承担现时义务而实际收到的款项或者资产的金额，或者承担现时义务的合同金额，或者按照日常活动中为偿还负债预期需要支付的现金或者现金等价物的金额计量
重置成本	资产	按照现在购买相同或者相似资产所需支付的现金或者现金等价物的金额计量
	负债	按照现在偿付该项债务所需支付的现金或者现金等价物的金额计量
可变现净值		资产按照其正常对外销售所能收到现金或者现金等价物的金额扣减该资产至完工时估计将要发生的成本、估计的销售费用以及相关税费后的金额计量
现值	资产	按照预计从其持续使用和最终处置中所产生的未来净现金流入量的折现金额计量
	负债	按照预计期限内需要偿还的未来净现金流出量的折现金额计量
公允价值		资产和负债按照市场参与者在计量日发生的有序交易中，出售一项资产所能收到或者转移一项负债所需支付的价格计量

企业在对会计要素进行计量时，一般应当采用历史成本，采用重置成本、可变现净值、现值、公允价值计量的，应当保证所确定的会计要素金额能够取得并可靠地计量。

典例研习·7-2 2022年单项选择题

如果企业资产按照其正常对外销售所能收到现金或现金等价物的金额扣减该资产至完工时估计将要发生的成本、估计的销售费用以及相关税费后的金额计量，则其所采用的会计计量属性为（ ）。

A. 可变现净值　　　　　B. 重置成本
C. 现值　　　　　　　　D. 公允价值

斯尔解析 本题考查财务会计计量。在可变现净值计量下，资产按照其正常对外销售所能收到现金或现金等价物的金额扣减该资产至完工时估计将要发生的成本、估计的销售费用以及相关税费后的金额计量，选项A当选。

本题答案 A

三、财务报告

财务报告是指企业对外提供的，反映企业某一特定日期的财务状况和某一会计期间的经营成果、现金流量等会计信息的文件。

财务报告包括财务报表和其他应当在财务报告中披露的相关信息和资料。

财务报表至少应当包括资产负债表、利润表、现金流量表等报表及其附注。

财务报告分为年度财务报告和中期财务报告。

第三节　企业财务会计信息质量要求及其核算规范

一、财务会计信息质量要求（★★）

会计信息质量要求是对企业财务报告中所提供会计信息质量的基本要求，是使财务报告中所提供会计信息对投资者等信息使用者决策有用应具备的基本特征，主要包括可靠性、相关性、可理解性、可比性、实质重于形式、重要性、谨慎性、及时性。

（一）可靠性

可靠性是指企业应当以实际发生的交易或者事项为依据进行会计核算，如实反映符合确认和计量要求的各项会计要素及其他相关信息，保证会计信息真实可靠、内容完整。

（二）相关性

相关性是指企业提供的会计信息应当与财务报告使用者的经济决策需要相关，有助于财务报告使用者对企业过去、现在或者未来的情况作出评价或者预测。因此在会计信息收集、加工、处理和提供的过程中，应充分考虑会计信息使用者的信息需求。

（三）可理解性

可理解性要求企业提供的会计信息应当清晰明了、简明扼要，便于财务会计报告使用者理解和使用。

（四）可比性

可比性是指企业提供的会计信息应当具有可比性。主要体现在两个维度：

（1）纵向可比：同一企业不同时期发生的相同或者相似的交易或者事项，应当采用一致的会计政策，不得随意变更，确需变更的，应当在附注中说明。

（2）横向可比：不同企业发生的相同或者相似的交易或者事项，应当采用规定的会计政策，确保会计信息口径一致、相互可比。

（五）实质重于形式

实质重于形式是指企业应当按照交易或者事项的经济实质进行会计确认、计量和报告，不应仅以交易或者事项的法律形式为依据。

（六）重要性

重要性是指企业提供的会计信息应当反映与企业财务状况、经营成果和现金流量等有关的所有重要交易或者事项。遵循重要性原则，要考虑提供会计信息的成本与效益的问题，使得提供会计信息的收益大于成本，避免出现提供会计信息的成本大于收益的情况。会计核算中，评价某些项目的重要性时，一般来说，应当从性质和数量两个方面进行分析。

（七）谨慎性

谨慎性原则亦称稳健性原则，或称保守主义，是指企业对交易或者事项进行会计确认、计量和报告应当保持应有的谨慎，不应高估资产或者收益、低估负债或者费用。对于预计会发生的损失应计算入账；对于可能发生的收益则不预计入账。遵循这一原则并不意味着企业可以任意设置各种秘密准备，否则，就属于滥用本原则。

（八）及时性

及时性是指企业对于已经发生的交易或者事项，应当及时进行会计确认、计量和报告，不得提前或者延后。

解题高手

命题角度 1：考查会计信息质量要求定义的准确理解。

出题时常以"张冠李戴"的方式进行干扰，此处无法穷举，因此需要各位同学熟练掌握每一个会计信息质量要求的核心特征，重点掌握每一具体要求的关键词。

（1）例如：将相关性表述为企业应当以实际发生的交易或者事项为依据进行会计确认、计量和报告。

该表述错误，相关性要求企业提供的会计信息应当与财务报告使用者的经济决策需要相关。

（2）例如：将计提的各类减值准备表述为重要性原则。

该表述错误，计提的各类减值准备属于谨慎性原则。

命题角度 2：考查会计信息质量要求的典型事例。

（1）与可比性相关的典型举例：
①存货的计价方法一经确定，不得随意变更。
②会计政策不得随意变更（第十七章）。

（2）与实质重于形式相关的典型事例：
①附有追索权的票据贴现，不终止确认应收票据。
②融资性售后回购。
③具有重大融资成分的销售业务，按现销价格确认收入。

（3）与重要性相关的典型事例：
①前期重大会计差错需要进行追溯重述（第十七章）。
②考虑成本与效益情况。

（4）与谨慎性相关的典型事例：
①计提各类减值准备。
②确认预计负债。

| 典例研习·7-3 2020年多项选择题

下列会计核算体现了谨慎性会计信息质量要求的有（　　）。
A. 计提特殊准备项目以平滑利润
B. 不确认可能发生的收益
C. 不高估资产或收益
D. 应确认预计发生的损失
E. 应低估资产或收益

斯尔解析 本题考查财务会计信息质量要求。谨慎性要求企业对交易或者事项进行会计确认、计量和报告应当保持应有的谨慎，不应高估资产或者收益、低估负债或者费用，对于预计会发生的损失应计算入账，对于可能发生的收益则不预计入账，同时不得设置秘密准备，选项 BCD 当选。

本题答案 BCD

二、我国企业财务会计核算规范

我国的企业会计核算规范主要由《中华人民共和国会计法》《企业会计准则》等组成，并已形成了以《中华人民共和国会计法》为核心的一个比较完整的体系。

我国企业会计准则体系由基本准则、具体准则、应用指南和解释等构成。基本准则在整个准则体系中起统驭作用并能为会计实务中出现的、具体准则尚未规范的新问题提供会计处理依据，主要规范财务报告目标、会计基本假定、会计基本原则、会计要素的确认和计量等。具体准则是在基本准则的指导下，对企业各项会计要素及相关交易事项的确认、计量和报告进行规范的会计准则。应用指南是对具体准则相关条款的细化和有关重点难点问题提供操作性指南并指导实务规范操作。解释则是对具体准则实施过程中出现的问题、具体准则条款规定不清楚或者尚未规定的问题作出的补充说明。

此外，根据财政部印发的《会计人员职业道德规范》（财会〔2023〕1号）规定，会计人员在工作中应遵守的职业道德规范包括：①坚持诚信，守法奉公。②坚持准则，守责敬业。③坚持学习，守正创新。

 典例研习在线题库

至此，财务与会计的学习已经进行了27%，继续加油呀！

 27%

第八章 流动资产（一）

学习提要

重要程度：次重点章节

平均分值：5分

考核题型：单项选择题、多项选择题

本章提示：本章包括货币资金、应收款项和外币交易的核算，内容比较杂。但本章考点相对比较固定，整体学习难度较低

第一节 货币资金的核算

一、现金的核算

现金是企业中流动性最强的一项资产。狭义的现金指企业为满足日常零星开支而存放在财会部门金库中的各种货币，即库存现金。广义的现金包括纸币、硬币、银行活期存款、银行本票、银行汇票等内容，基本与货币资金概念一致。

为了核算和监督库存现金的收入、支出和结存情况，企业应设置"库存现金"科目，由负责总账的财会人员进行总分类核算。

企业应设置"现金日记账"，由出纳人员根据收、付款凭证，按照业务的发生顺序逐笔登记。每日终了，应计算当日的现金收入合计数、现金支出合计数和结余数，并将结余数与实际库存数核对，做到账款相符。

二、银行存款的核算（★★）

（一）银行存款的核算

我国银行存款包括人民币存款和外币存款两种。银行存款账户分为基本存款账户、一般存款账户、临时存款账户和专用账户。

企业应当按照开户银行和其他金融机构、存款种类等，分别设置"银行存款日记账"，由出纳人员根据收付款凭证，按照业务的发生顺序逐笔登记。每日终了，应结出余额。

"银行存款日记账"应定期与"银行对账单"核对，至少每月核对一次。月末，企业银行存款账面余额与银行对账单余额之间如有差额，应按月编制"银行存款余额调节表"调节相符。

企业应当加强对银行存款的管理，定期对银行存款进行检查，对于存在银行或其他金融机构的款项已经部分不能收回或者全部不能收回的，应当查明原因进行处理，有确凿证据表明无法收回的，应当根据企业管理权限报经批准后，借记"营业外支出"科目，贷记"银行存款"科目。

（二）银行存款的对账

1. 银行存款的对账包括三个方面

对账	含义
账证相符	银行存款日记账与银行存款收、付款凭证相互核对
账账相符	银行存款日记账与银行存款总账相互核对
账单相符	在账证、账账相符的基础上，银行存款日记账与银行对账单相互核对

2. 未达账项

银行存款日记账余额与银行对账单余额如有不符，除记账错误外，未达账项的影响是主要原因。所谓未达账项，是指银行与企业之间，由于凭证传递上的时间差，一方已登记入账，而另一方尚未入账的收支项目。具体来说有四种情况：

（1）银行已入账但企业未入账的收入。

（2）银行已入账但企业未入账的支出。

（3）企业已入账但银行未入账的收入。

（4）企业已入账但银行未入账的支出。

对于未达账项，应编制"银行存款余额调节表"进行调节。

3. 银行存款余额调节表

项目	金额	项目	金额
银行存款日记账余额		银行对账单余额	
加：银行已收、企业未收		加：企业已收、银行未收	
减：银行已付、企业未付		减：企业已付、银行未付	
调节后余额		调节后余额	

（1）调节后，若无记账差错，双方调整后的银行存款余额应该相等；调节后，双方余额如果仍不相符，说明记账有差错，需进一步查对，更正错误记录。

（2）调节后的银行存款余额，反映了企业可以动用的银行存款实有数额。

（3）银行存款余额调节表是用来核对企业和银行的记账有无错误的，不能作为记账的依据。对于未达账项，无须进行账面调整，待结算凭证收到后再进行账务处理。

解题高手

命题角度：考查银行存款余额调节表的编制及功能。

（1）编制银行存款余额调节表时，应分别从银行日记账和银行对账单的两个角度，独立编制。编制时，应遵循补记式原则。以银行存款日记账为例，在编制时，无须考虑企业已入账的收入和支出，只须考虑企业尚未入账的收入和支出，即"加未入账收入，减未入账支出"。

（2）调节后的银行存款余额，反映了企业可以动用的银行存款实有数额。同时，银行存款余额调节表不能作为记账的依据。

典例研习·8-1 （2019年单项选择题）

甲公司2019年5月31日银行存款日记账余额为85 000元，银行对账单余额为107 500元。经核对，存在下列未达账项：（1）银行计提企业存款利息1 800元，企业尚未收到通知；（2）企业开出转账支票支付货款21 750元，银行尚未办理入账手续；（3）企业收到转账支票一张，金额为1 050元，企业已入账，银行尚未入账。则甲公司5月31日可动用的银行存款实有数额是（　　）元。

A.85 750　　　　B.94 300　　　　C.86 800　　　　D.85 000

斯尔解析 本题考查银行存款的核算。企业可以动用的银行存款实有数额，为通过"银行存款余额调节表"调节后的银行存款余额，月末银行存款余额调节表中调节后的存款余额=85 000+1 800=86 800（元），或107 500+1 050-21 750=86 800（元），选项C当选。具体计算过程如下表所示：

银行存款余额调节表

单位：元

项目	金额	项目	金额
银行存款日记账余额	85 000	银行对账单余额	107 500
加：银行已收、企业未收	1 800	加：企业已收、银行未收	1 050
减：银行已付、企业未付	—	减：企业已付、银行未付	21 750
调节后余额	86 800	调节后余额	86 800

本题答案 C

典例研习·8-2 （2022年多项选择题）

下列关于银行存款余额调节表的说法中，正确的有（　　）。

A.银行存款余额调节表用来核对企业和银行的记账有无错误，并作为记账依据
B.调节前的银行对账单的余额，反映企业可以动用的银行存款实有数额
C.调节后的银行存款余额，反映企业可以动用的银行存款实有数额
D.调节后，若无记账差错，银行存款日记账余额和银行对账单余额应该相等
E.对于未达账项，无须进行账面调整，待结算凭证收到后再进行账务处理

斯尔解析 本题考查银行存款的核算。银行存款余额调节表是用来核对企业和银行的记账有无错误的，不能作为记账的依据，选项A不当选。对于未达账项，无须进行账面调整，待结算凭证收到后再进行账务处理，选项E当选。调节后的银行存款余额，反映了企业可以动用的银行存款实有数额，选项C当选、选项B不当选。调节后，若无记账差错，双方调整后的银行存款余额应该相等；调节后，双方余额如果仍不相符，说明记账有差错，需进一步查对，更正错误记录，选项D当选。

本题答案 CDE

三、数字货币的核算

数字人民币是由中国人民银行发行的数字形式的法定货币，由指定运营机构参与运营并向公众兑换。数字人民币的概念有两个重点：一个重点是数字人民币是数字形式的法定货币；另一个重点是与纸钞和硬币等价，数字人民币主要定位于M0，也就是流通中的现钞和硬币。企业持有数字人民币的，可以增设"数字货币——人民币"科目进行核算，本科目期末借方余额，反映企业持有的数字货币余额。

四、其他货币资金的核算（★）

项目	含义
银行汇票存款	企业为取得银行汇票按照规定存入银行的款项
银行本票存款	企业为取得银行本票按照规定存入银行的款项
信用卡存款	企业为取得信用卡按照规定存入银行的款项
信用证保证金存款	企业为取得信用证按规定存入银行的保证金
外埠存款	企业到外地进行临时和零星采购时，汇往采购地银行开立采购专户存款的款项
存出投资款	企业已存入证券公司但尚未进行交易性投资的现金

企业应当定期对其他货币资金进行检查，对于已经部分不能收回或者全部不能收回的其他货币资金，应当查明原因进行处理，有确凿证据表明无法收回的，应当根据企业管理权限报经批准后，借记"营业外支出"科目，贷记"其他货币资金"科目。

| 典例研习·8-3 2021年多项选择题

下列各项应在"其他货币资金"科目中核算的有（　　）。

A. 一年期以上的定期存款
B. 三个月到期的国库券
C. 向单位内部各职能部门拨付的备用金
D. 信用卡存款
E. 信用证保证金存款

🔍斯尔解析　本题考查其他货币资金的核算。一年期以上的定期存款属于"银行存款"科目核算，选项A不当选。三个月到期的国库券属于金融资产，选项B不当选。向单位内部各职能部门拨付的备用金在"其他应收款"科目核算，选项C不当选。其他货币资金是指企业除现金、银行存款以外的其他各种货币资金，包括银行汇票存款、银行本票存款、信用卡存款、信用证保证金存款、外埠存款、存出投资款等，选项DE当选。

▲本题答案　DE

第二节　应收款项的核算

一、应收票据的核算（★★）

应收票据是指企业因销售商品、产品，提供劳务等而收到的商业汇票。

分类标准	类别
按其承兑人不同	商业承兑汇票
	银行承兑汇票
按其是否计息	不带息商业汇票，票据到期值等于面值
	带息商业汇票，票据到期值等于其面值加上到期应计利息

（一）收到票据和票据到期的账务处理

情形	账务处理
因销售商品、产品，提供劳务等而收到商业汇票	借：应收票据（按商业汇票的票面金额） 　贷：主营业务收入 　　　应交税费——应交增值税（销项税额）
汇票到期收到款项	借：银行存款 　贷：应收票据
汇票到期付款人无力支付	借：应收账款 　贷：应收票据

（二）票据背书转让和贴现的账务处理

情形	账务处理
背书转让	借：材料采购、原材料、库存商品等 　　应交税费——应交增值税（进项税额） 　贷：应收票据 　　　银行存款（差额，或借方）
贴现	借：银行存款（实际收到的金额） 　　财务费用 　贷：应收票据（满足终止确认条件） 　　　短期借款（不满足终止确认条件）

（三）贴现额的计算

第一步：计算票据到期值。

（1）不带息票据到期值＝票据面值。

（2）带息票据到期值＝票据面值＋票据利息。其中，票据利息＝应收票据面值×利率×时间。

①时间是指从票据生效之日起到票据到期之日止的时间间隔。计算时以实际日历天数计算到期日及利息，到期日那天不计息，称为"算头不算尾"。

通常有两种方法表示时间：第一种以月表示，即按月计息，此时利率应该选择月利率。第二种以日表示，即按日计息，此时利率应该选择日利率。

②票面利率有年、月、日利率之分。票据中的利率通常用年利率表示，如需换算成月利率或日利率，每月统一按30天计算，全年按360天计算。三者之间的关系是：

月利率＝年利率÷12

日利率＝月利率÷30，或日利率＝年利率÷360

提示：时间的计算需要以实际日历天数为基础计算，而利率的换算无须考虑实际的日历天数。

第二步：计算贴现息。

贴现息＝票据到期值×贴现率×贴现期

式中，贴现率由银行统一制定，贴现期按银行规定计算，通常是指从贴现日至票据到期日前1日的时期。

第三步：计算贴现额。

贴现额＝票据到期值－贴现息

| 典例研习·8-4 2017年单项选择题

甲公司2017年6月20日销售一批价值5 000元（含增值税）的商品给乙公司，当日乙公司开具一张面值5 000元、年利率8%、期限3个月的商业承兑汇票。甲公司因资金周转需要，于2017年8月20日持该票据到银行贴现（符合终止确认条件），年贴现率为12%，则甲公司该票据的贴现额是（　　）元。

A.5 100　　　　　B.5 099　　　　　C.5 049　　　　　D.4 999

斯尔解析　本题考查应收票据的核算。票据到期值＝面值＋应收票据面值×票面利率×时间＝5 000＋5 000×8%÷12×3＝5 100（元），贴现息＝票据到期值×贴现率×贴现期＝5 100×12%÷12×1＝51（元），贴现额＝票据到期值－贴现息＝5 100－51＝5 049（元），选项C当选。

▲本题答案　C

二、应收账款的核算（★）

（一）应收账款的范围

应收账款是企业因销售商品、产品，提供劳务等经营活动应收取的款项。应收账款的范围包括以下三个方面：

（1）应收账款是企业因销售商品、产品，提供劳务等经营活动引起的债权。

凡不是因销售商品或提供劳务等经营活动而发生的应收款项，不应列入应收账款。

如应收职工欠款、应收债务人的利息、应收保险赔款、应收已宣告分配的现金股利、应收股东的认股款等，均不应列入应收账款。

（2）应收账款是指流动资产性质的债权，不包括长期性质的债权，如因销售商品、产品，提供劳务等，合同或协议价款的收取采用递延方式、实质上具有融资性质的，属于长期应收款。

（3）应收账款是企业应收客户的款项，不包括企业付出的各类存出保证金，如投标保证金和租入包装物保证金。

（二）应收账款的计价

应收账款通常是由企业赊销活动所引起的，因此，应收账款的确认时间与收入的确认标准密切相关，应收账款应于收入实现时确认。应收账款的计价，是指应收账款入账金额的确认。通常情况下，应收账款应按买卖双方成交时的实际金额计价入账。

商业折扣，是指在商品交易时从价目单所列售价中扣减的一定数额。由于商业折扣在交易成立及实际付款之前予以扣除，因此，对应收账款和营业收入均不产生影响，会计记录只按商品定价扣除商业折扣后的净额入账。

（三）账务处理

企业应设置"应收账款"科目，不单独设置"预收账款"科目的企业，预收的账款也在"应收账款"科目核算。如果应收账款期末余额在贷方，一般反映企业预收的账款。

情形	账务处理
发生应收账款时	借：应收账款 贷：主营业务收入 　　应交税费——应交增值税（销项税额） 　　银行存款（代垫的包装费、运杂费等）
收回应收账款时	借：银行存款 贷：应收账款

三、预付账款的核算

预付账款是企业按照购货合同规定预付给供应单位的款项。

企业发生的预付账款业务，通过"预付账款"科目核算。预付款项情况不多的企业，可以不设置"预付账款"科目，而将预付的款项通过"应付账款"科目核算。但编制报表时，仍然要将"预付账款"和"应付账款"的金额分开报告。

会计处理：

情形	账务处理
因购货而预付的款项	借：预付账款 　　贷：银行存款
收到所购物资时	借：材料采购、原材料、库存商品等 　　　应交税费——应交增值税（进项税额） 　　贷：预付账款
补付款项时	借：预付账款 　　贷：银行存款
退回多付款项时	借：银行存款 　　贷：预付账款

四、应收股利和应收利息的核算

（一）应收股利

应收股利是指企业应收取的现金股利和应收取其他单位分配的利润。

（二）应收利息

应收利息是企业债权投资、其他债权投资、存放中央银行款项等应收取的利息。

具体账务处理，讲解具体资产时，再进行详细讲解。

五、其他应收款的核算（★）

其他应收款是企业除应收票据、应收账款和预付账款等经营活动以外的其他各种应收、暂付款项。其内容包括：

（1）应收的各种赔款、罚款。
（2）应收出租包装物的租金。
（3）应向职工收取的各种垫付款项。
（4）备用金（向企业各职能科室、车间等拨付的备用金）。
（5）存出的保证金，如租入包装物支付的押金。
（6）其他各种应收、暂付款项。

提示：不包括企业拨出用于投资、购买物资的各种款项。

| 典例研习·8-5　2020年多项选择题

下列各项中，属于"其他应收款"核算内容的有（　　）。

A. 向企业各职能部门拨付的备用金
B. 出租包装物应收的租金

C. 销售商品代垫的运输费用

D. 用于外地采购物资拨付的款项

E. 租入包装物支付的押金

斯尔解析 本题考查其他应收款的核算范围。其他应收款的核算范围包括：应收的各种赔款、罚款；应向职工收取的各种垫付款项；备用金（向企业各职能科室、车间等拨付的备用金）；应收出租包装物的租金；存出的保证金，如租入包装物支付的押金，选项 ABE 当选。销售商品代垫的运输费用计入应收账款，选项 C 不当选。用于外地采购物资拨付的款项计入其他货币资金，选项 D 不当选。

本题答案 ABE

六、应收款项减值的核算（★★★）

（一）应收账款等金融资产发生减值的判断

应收账款等应收款项是企业拥有的金融资产。根据《企业会计准则第 22 号——金融工具确认和计量》的规定，企业应当在资产负债表日对以公允价值计量且其变动计入当期损益的金融资产以外的金融资产的账面价值进行检查，有客观证据表明该金融资产发生减值的，应当计提减值准备。

金融资产发生减值的客观证据，包括下列各项：

（1）发行方或债务人发生重大财务困难。

（2）债务人违反合同条款，如偿付利息或本金违约或逾期等。

（3）债权人出于与债务人财务困难有关的经济或合同考虑，给予债务人在任何其他情况下都不会做出的让步。

（4）债务人很可能破产或进行其他财务重组。

（5）因发行方或债务人发生重大财务困难，导致该金融资产的活跃市场消失。

（6）以大幅折扣购买或源生一项金融资产，该折扣反映了发生信用损失的事实。

应收款项等按摊余成本计量的金融资产发生减值时，应当将该金融资产的账面价值减记至预计未来现金流量（不包括尚未发生的未来信用损失）现值，减记的金额确认为信用减值损失，计入当期损益。

（二）应收款项减值的确定

企业应当按照应收款项整个存续期内预期信用损失的金额计量其损失准备。企业对应收款项进行减值测试，应根据本单位的实际情况分为单项金额重大和非重大的应收款项，分别进行减值测试，计算确定减值损失，计提坏账准备。应收款项的减值损失也称坏账损失。

对于单项金额重大的应收款项，应当单独进行减值测试，有客观证据表明其发生了减值的，应当根据其未来现金流量现值低于其账面价值的差额，确认减值损失，计提坏账准备。这种情况下，主要是要合理预计各项应收款项的未来现金流量，采用应收款项发生时的初始折现率计算未来现金流量的现值，进一步与该应收款项的账面价值比较，来确定是否发生减值损失。

对于单项金额非重大的应收款项以及单独测试后未发生减值的单项金额重大的应收款项，应当采用组合方式进行减值测试，分析判断是否发生减值。通常情况下，可以将这些应收款项按类似信用风险特征划分为若干组合，在此基础上计算确定减值损失，计提坏账准备。

（三）应收款项减值的账务处理

应收账款减值的有关账务处理的内容包括三个方面：

一是期末按一定方法确定应收款项的减值损失，计提坏账准备的账务处理。

二是实际发生坏账时的账务处理。

三是已确认的坏账又收回的账务处理。

1. 计提坏账准备的账务处理

借：信用减值损失

贷：坏账准备

当期应提取的坏账准备＝当期应收款项计算应提取坏账准备金额－"坏账准备"科目贷方余额

（1）当期应收款项计算应提取坏账准备金额大于"坏账准备"科目的贷方余额，应按其差额提取坏账准备。

（2）当期应收款项计算应提取坏账准备金额小于"坏账准备"科目的贷方余额，应按其差额冲减已计提的坏账准备。

（3）当期应收款项计算应提取坏账准备金额为0，应将"坏账准备"科目的余额全部冲回。

2. 发生坏账时的账务处理

对于确实无法收回的应收款项，按管理权限报经批准后作为坏账损失，转销应收款项。

借：坏账准备

贷：应收账款等

3. 已确认并转销的坏账又收回的账务处理

借：应收账款等（实际收回的金额）

贷：坏账准备

借：银行存款

贷：应收账款等

示例：某公司计提坏账准备的计提比例为应收账款余额的5%，该公司发生与应收账款相关的如下业务：

情形	账务处理	
2020年末应收账款为1000万元，第一次计提坏账准备	借：信用减值损失　　50 　　贷：坏账准备	50
2021年5月实际发生坏账30万元	借：坏账准备　　30 　　贷：应收账款	30

续表

情形	账务处理	
2021年6月，已核销坏账又收回10万元	借：应收账款 　　贷：坏账准备 借：银行存款 　　贷：应收账款	10 　　10 10 　　10
2021年末应收账款余额为2 000万元	借：信用减值损失 　　贷：坏账准备	70 　　70

精准答疑

问题： 为什么转销坏账不会影响损益？

解答： 应收账款减值目前采用的是备抵法，而不是直接转销法。根据备抵法，企业需要在期末估计预计发生的应收账款减值，并计入信用减值损失。等到实际发生坏账，转销坏账时，就不会再影响损益了，否则就会发生重复计量。

比如，企业目前应收账款为100万元。在6月30日，确认坏账10万元，计入信用减值损失，并影响利润总额10万元。假设，在7月10日，企业确定该10万元确实无法收回，转销了该10万元应收账款，如果此时再确认对利润总额的影响10万元的话，那么该应收账款减值事项整体对利润总额的影响金额为20万元。但实际上，企业由于该应收账款而发生的损失只有10万元。所以在备抵法下，转销坏账时，不会影响损益。

典例研习·8-6 2020年单项选择题

甲公司采用备抵法核算应收款项的坏账准备，期末按应收款项余额的5%计提坏账准备，2018年末应收款项期末余额为5 600万元，2019年发生坏账损失300万元，收回上一年已核销的坏账50万元，2019年末应收款项期末余额为8 000万元。不考虑其他因素，则甲公司2019年应收款项减值对当期利润总额的影响金额为（　　）万元。

A.-420　　　　　　　　　　B.370

C.-170　　　　　　　　　　D.-370

斯尔解析 本题考查应收款项减值的核算。2018年末坏账准备余额=5 600×5%=280（万元），2019年提取坏账准备前坏账准备余额=280-300+50=30（万元），2019年末应收账款按比例计算应提取坏账准备余额（应有余额）=8 000×5%=400（万元），2019年末应计提的坏账准备=400-30=370（元），提取的坏账准备记入"信用减值损失"科目，将导致利润总额减少370万元，选项D当选。

会计分录如下:
(1) 2019 年发生坏账时:
借: 坏账准备　　　　　　　　　　　　　300
　　贷: 应收账款　　　　　　　　　　　　　　　　300
(2) 2019 年收回坏账时:
借: 应收账款　　　　　　　　　　　　　50
　　贷: 坏账准备　　　　　　　　　　　　　　　　50
借: 银行存款　　　　　　　　　　　　　50
　　贷: 应收账款　　　　　　　　　　　　　　　　50
(3) 2019 年期末补提坏账准备时:
借: 信用减值损失　　　　　　　　　　　370
　　贷: 坏账准备　　　　　　　　　　　　　　　　370

本题答案　D

第三节　外币交易的核算

一、外币业务的内容（★）

（一）外币的概念

从会计角度而言，外币就是指记账本位币以外的货币计量单位。记账本位币是指记账和编制财务报表所用的货币。

如果企业的经济业务存在多种货币计量并存的情形，就需要确定其中一种货币作为记账本位币。记账本位币是指企业经营所处的主要经济环境中的货币。

我国企业通常应选择人民币作为记账本位币，业务收支以人民币以外的货币为主的企业，可以选定其中一种货币作为记账本位币，但是，编报的财务报表应当折算为人民币。

企业选定记账本位币时应当考虑下列因素：

关键词	具体因素
销售结算	该货币主要影响商品和劳务的销售价格，通常以该货币进行商品和劳务的计价和结算
采购结算	该货币主要影响商品和劳务所需人工、材料和其他费用，通常以该货币进行上述费用的计价和结算
收钱使用	融资活动获得的货币以及保存从经营活动中收取款项所使用的货币

如果企业存在境外经营，即通过在境外设立子公司、合营企业、联营企业、分支机构开展经营活动，企业在选定境外经营的记账本位币时，还应当考虑下列因素：

关键词	具体因素
自主性	境外经营对其所从事的活动是否拥有很强的自主性
交易占比	境外经营活动中与企业的交易是否在境外经营活动中占有较大比重
现金汇回	境外经营活动产生的现金流量是否直接影响企业的现金流量、是否可以随时汇回
偿还债务	境外经营活动产生的现金流量是否足以偿还其现有债务和可预期的债务

企业记账本位币一经确定，不得随意变更，除非企业经营所处的主要经济环境发生重大变化。企业因经营所处的主要经济环境发生重大变化，确需变更记账本位币时，应当采用变更当日的即期汇率将所有项目折算为变更后的记账本位币。

| 典例研习·8-7 【2013年单项选择题】

下列关于记账本位币的表述错误的是（　　）。

A. 业务收支以人民币以外的货币为主的企业，可以选定其中的一种货币作为记账本位币

B. 以人民币以外的货币作为记账本位币的企业，向国内有关部门报送的财务报表应当折算为人民币

C. 企业应在每个资产负债表日，根据当年每种货币的使用情况决定是否需要变更记账本位币

D. 变更记账本位币时应采用变更当日的即期汇率将所有项目折算为变更后的记账本位币

斯尔解析　本题考查外币的概念。企业记账本位币一经确定，不得随意变更，除非企业经营所处的主要经济环境发生重大变化，企业因经营所处的主要经济环境发生重大变化，确需变更记账本位币时，应当采用变更当日的即期汇率将所有项目折算为变更后的记账本位币，并不需要在每个资产负债表日决定是否变更记账本位币，选项C当选。

▲本题答案　C

（二）汇率

汇率又称"汇价"，指一种货币兑换成另一种货币的比率。从银行买卖外汇的角度可以分为以下三类：

类型	含义
买入汇率	银行向客户买入外币时所采用的汇率，亦称"买入价"
卖出汇率	银行向客户出售外币时所采用的汇率，亦称"卖出价"
中间汇率	银行买入汇率与卖出汇率的简单算术平均数

(三)外币交易的记账方法

企业外币交易记账方法的选择,与企业记账本位币的确定有密切关系。外币交易记账方法有两种:

类型	含义	适用情况
外币统账制	以记账本位币作为统一记账金额的记账方法。所有外币的收支,都应折算为记账本位币进行反映,外币金额只在账上作为补充资料进行反映	涉及外币种类较少,而且外币收支业务不多的企业
外币分账制	企业的记账本位币业务和外币交易业务均应分别设立账户反映。在发生外币交易业务时,以原币记账,而不立即折算为记账本位币记账	涉及外币种类较多,而且外币收支较大的企业,如商业银行等

提示:采用分账制记账方法,只是账务处理方法不同,但其产生的汇兑差额的确认、计量的结果和列报,应当与统账制处理结果一致。本节主要介绍企业选择外币统账制所进行的外币交易核算。

(四)外币交易核算的基本程序

(1)设置外币账户。

(2)发生外币交易时,将外币金额折算为记账本位币金额。

企业对于发生的外币交易,应当在初始确认时选定折算汇率(即记账汇率)将外币金额折算为记账本位币金额。

记账汇率一般采用交易发生日的即期汇率将外币金额折算为记账本位币金额。即期汇率通常是指当日中国人民银行公布的人民币外汇牌价的中间价。

当汇率变动不大时,为简化核算,也可以采用按照系统合理的方法确定的,与交易发生日即期汇率近似的汇率折算。

即期汇率的近似汇率是按照系统合理的方法确定的,与交易发生日即期汇率近似的汇率,通常是指当期平均汇率或加权平均汇率等。记账汇率的确定是重要的会计政策,企业一旦选定,前后各期应保持一致,不得随意变动。

(3)在资产负债表日,计算汇兑差额。

对于汇兑差额的会计处理,企业应在资产负债表日,按照下列规定分别对外币货币性项目和外币非货币性项目进行处理。

外币货币性项目	货币性项目是指企业持有的货币资金和将以固定或可确定的金额收取的资产或者偿付的负债
	货币性资产:现金、银行存款、应收账款、其他应收款、长期应收款等
	货币性负债:应付账款、其他应付款、长期应付款等

续表

外币货币性项目	（1）对于外币货币性项目，应当采用资产负债表日的即期汇率折算，因汇率波动而产生的汇兑差额作为财务费用，计入当期损益，同时调增或调减外币货币性项目的记账本位币金额。 （2）需要计提减值准备的，应当按资产负债表日的即期汇率折算后，再计提减值准备
外币非货币性项目	非货币性项目，是货币性项目以外的项目 （1）以历史成本计量的外币非货币性项目。 包括存货、长期股权投资、固定资产、无形资产、实收资本、资本公积、其他综合收益等。 提示： ①外币预收账款和预付账款、合同资产和合同负债均不满足货币性项目的定义，也属于以历史成本计量的外币非货币性项目。 ②对于以历史成本计量的外币非货币性项目，除其外币价值发生变动外，已在交易发生日按当日即期汇率折算，资产负债表日不应改变其原记账本位币金额，不产生汇兑差额。 （2）以公允价值计量的外币非货币性项目。 包括交易性金融资产、其他权益工具投资等。 对于以公允价值计量的外币非货币性项目，其公允价值变动计入当期损益的，相应的汇率变动的影响也应当计入当期损益（交易性金融资产）。但是公允价值变动计入其他综合收益的，相应的汇率变动的影响也应当计入其他综合收益（其他权益工具投资）

典例研习·8-8（教材例题）

境内甲公司的记账本位币为人民币。2020年12月2日以30 000港元购入乙公司H股10 000股作为短期投资，当日汇率为1港元=1.2元人民币，款项已付。2020年12月31日，由于市价变动，当月购入的乙公司H股变为35 000港元，当日1港元=1元人民币。

2020年12月2日，该公司应对上述交易作以下处理：

借：交易性金融资产　　　　　　　　　　（30 000×1.2）36 000
　　贷：银行存款（港元户）　　　　　　　　　　　　　　36 000

由于该项短期股票投资是从境外市场购入、以外币计价，在资产负债表日，不仅应考虑其港币市价的变动，还应一并考虑汇率变动的影响，上述交易性金融资产以资产负债表日的人民币35 000元（即35 000×1）入账，与原账面价值36 000元（即30 000×1.2）的差额为1 000元人民币，计入公允价值变动损益。相应的会计分录为：

借：公允价值变动损益　　　　　　　1000
　　贷：交易性金融资产　　　　　　　　　　　1000

1000元人民币包含甲公司所购H股公允价值变动以及人民币与港币之间汇率变动的双重影响。

典例研习·8-9　模拟多项选择题

下列以外币计价的项目中，期末因汇率波动产生的汇兑差额应计入当期损益的有（　　）。

A. 其他权益工具投资
B. 无形资产
C. 长期应付款
D. 应收账款
E. 交易性金融资产

斯尔解析　本题考查外币交易的账务处理。其他权益工具投资期末产生的汇兑差额，计入其他综合收益，不影响当期损益，选项A不当选。无形资产属于非货币性项目，不确认汇兑差额，不影响当期损益，选项B不当选。长期应付款和应收账款期末产生的汇兑差额，计入财务费用，影响当期损益，选项CD当选；交易性金融资产期末产生的汇兑差额，计入公允价值变动损益，影响当期损益，选项E当选。

本题答案　CDE

二、外币交易的账务处理（★★）

外币交易，是指以外币计价或者结算的交易。

（一）外币兑换业务

外币兑换业务，包括企业把外币卖给银行，向银行结汇、购汇以及用一种外币向银行兑换成另一种外币等。

1. 企业把外币卖给银行

企业把持有的外币卖给银行，银行按买入价将人民币兑付给企业。

借：银行存款（人民币户）（外币金额×买入价）
　　财务费用（差额）
　　贷：银行存款（外币户）（实际兑出的外币额与按企业选定的折算汇率折算的人民币金额）

2. 向银行购汇

企业向银行购入外汇时，银行按卖出价向企业收取人民币。企业实际支付的人民币金额与按企业选定的折算汇率折合的人民币之间的差额记入"财务费用"科目。

借：银行存款（外币户）
　　财务费用
　　贷：银行存款（人民币户）

（二）借入或借出外币资金业务

企业借入外币资金时，按照借入外币时的选定的折算汇率折算为记账本位币入账，同时按照借入外币的金额登记相关的外币账户。

（三）买入或者卖出以外币计价的商品或者劳务

企业发生买入或者卖出以外币计价的商品或者劳务时，应按企业选定的折算汇率将外币金额折合为记账本位币入账。期末对所有外币货币性项目账户余额按期末即期汇率进行调整，调整后的差额计入财务费用。

| 典例研习·8-10　教材例题

某企业外币业务核算采用当月月初的即期汇率作为即期汇率的近似汇率，并作为当月外币交易业务的折算汇率，按月计算汇兑损益。当年5月1日的即期汇率为1美元=7.1元人民币。当年4月30日的即期汇率为1美元=7.1元人民币，各外币账户当年4月30日的期末余额如下表所示：

外币账户	外币余额（美元）	折算汇率	记账本位币金额（人民币元）
银行存款	100 000	7.1	710 000
应收账款——甲企业	10 000	7.1	71 000
应付账款——A企业	10 000	7.1	71 000
短期借款	15 000	7.1	106 500

该企业5月外币收支业务如下（不考虑增值税等相关税金）：

业务	账务处理
5日收回甲企业货款8 000美元	借：银行存款（美元户）　（8 000×7.1）56 800 　贷：应收账款——甲企业（美元户）　　　56 800
8日支付A企业货款5 000美元	借：应付账款——A企业（美元户）　　35 500 　贷：银行存款（美元户）　（5 000×7.1）35 500
20日归还短期借款10 000美元	借：短期借款（美元户）　（10 000×7.1）71 000 　贷：银行存款（美元户）　　　　　　　71 000
23日出售甲企业产品一批，货款25 000美元，货已发出，货款尚未收到	借：应收账款——甲企业（美元户）　　177 500 　贷：主营业务收入　（25 000×7.1）177 500

若当年 5 月 31 日的即期汇率为 1 美元 =7.05 元人民币，则该企业调整各外币账户余额如下表所示：

银行存款（美元户）			
摘要	美元	汇率	人民币元
期初余额（借）	100 000	7.1	710 000
借方发生额	8 000	7.1	56 800
贷方发生额	15 000	7.1	106 500
期末余额	93 000	—	660 300
期末调整	93 000	7.05	655 650
汇兑损益	—	—	4 650（贷）

应收账款——甲企业（美元户）			
摘要	美元	汇率	人民币元
期初余额（借）	10 000	7.1	71 000
借方发生额	25 000	7.1	177 500
贷方发生额	8 000	7.1	56 800
期末余额	27 000	—	191 700
期末调整	27 000	7.05	190 350
汇兑损益	—	—	1 350（贷）

应付账款——A 企业（美元户）			
摘要	美元	汇率	人民币元
期初余额（贷）	10 000	7.1	71 000
贷方发生额	0	7.1	0
借方发生额	5 000	7.1	35 500
期末余额	5 000	—	35 500
期末调整	5 000	7.05	35 250
汇兑损益	—	—	250（借）

短期借款（美元户）			
摘要	美元	汇率	人民币元
期初余额（贷）	15 000	7.1	106 500
贷方发生额	0	7.1	0
借方发生额	10 000	7.1	71 000
期末余额	5 000	—	35 500
期末调整	5 000	7.05	35 250
汇兑损益	—	—	250（借）

根据对上述各外币账户的调整结果编制如下调整会计分录：

借：应付账款——A 企业（美元户）　　　　250
　　短期借款（美元户）　　　　　　　　　250
　　财务费用　　　　　　　　　　　　5 500
　贷：银行存款（美元户）　　　　　　　　　　　　4 650
　　　应收账款——甲企业（美元户）　　　　　　　1 350

典例研习·8-11　2022 年单项选择题

甲公司记账本位币为人民币，外币业务采用交易发生日的即期汇率折算，按月计算汇兑损益。2022 年 9 月 30 日应收账款余额为 1 000 万美元，当日的即期汇率为 1 美元 = 7.0998 元人民币。10 月 10 日增加应收账款 400 万美元，当日的即期汇率为 1 美元 = 7.0992 元人民币。10 月 20 日收到货款 200 万美元，当日的即期汇率为 1 美元 = 7.1188 元人民币。10 月 31 日的即期汇率为 1 美元 = 7.1768 元人民币。假设不考虑相关税费，则甲公司 10 月应收账款产生的汇兑损益为（　　）万元。

A.92.4　　　　　　　　　　　　B.69.4
C.96.44　　　　　　　　　　　　D.26.84

斯尔解析　本题考查外币交易的账务处理。应收账款产生的汇兑损益 =（1 000+400-200）× 7.1768-（1 000 × 7.0998+400 × 7.0992-200 × 7.1188）=96.44（万元），选项 C 当选。相关会计分录如下：

10 月 10 日
借：应收账款（美元户）　　　　　　　　　　2 839.68
　贷：主营业务收入等　　　　　　（400×7.0992）2 839.68

10 月 20 日
借：银行存款（美元户）　　　　　　　　　　1 423.76
　贷：应收账款（美元户）　　　　（200×7.1188）1 423.76

10月31日

借：应收账款（美元户）　　　　　　　　　　96.44

　　贷：财务费用　　　　　　　　　　　　　　　　　96.44

本题答案 C

（四）外币投入资本

外币投入资本属于外币非货币性项目，企业收到投资者以外币投入的资本，应当采用交易日即期汇率折算，不得采用合同约定汇率和即期汇率的近似汇率折算，外币投入资本与相应的货币性项目的记账本位币金额之间不产生外币资本折算差额。

| 典例研习·8-12 [2020年单项选择题]

企业收到投资者以外币投入的资本时，应当采用的折算汇率是（　　）。

A. 合同约定汇率

B. 交易日即期汇率

C. 月初和月末即期汇率的平均值

D. 即期汇率的近似汇率

斯尔解析　本题考查外币交易的账务处理。企业收到投资者以外币投入的资本，应当采用交易日即期汇率折算，不得采用合同约定汇率和即期汇率的近似汇率折算，外币投入资本与相应的货币性项目的记账本位币金额之间不产生外币资本折算差额，选项B当选。

本题答案 B

典例研习在线题库

至此，财务与会计的学习已经进行了31%，继续加油呀！

31%

第九章 流动资产（二）

学习提要

重要程度：重点章节

平均分值：9分

考核题型：单项选择题、多项选择题、计算题

本章提示：本章主要介绍存货的核算，内容较多，历年考查非常全面。同时，在历年考试中，本章很多题目的计算量是比较大的，因此大家在学习时，一定要注意提升做题的运算速度

第一节 存货的确认和计量

一、存货的概念（★）

存货是指企业在日常活动中持有以备出售的产成品或商品、处在生产过程中的在产品、在生产过程或提供劳务过程中耗用的材料和物料等，包括各类原材料、在产品、半成品、产成品、商品、周转材料以及委托代销商品等。

项目	说明
原材料	各种原料及主要材料、辅助材料、外购半成品（外购件）、修理用备件（备品备件）、包装材料、燃料等
在产品	正在制造尚未完工的产品，包括正在各个生产工序加工的产品和已加工完毕但尚未检验或已检验但尚未办理入库手续的产品
半成品	经过一定生产过程并已检验合格交付半成品仓库保管，但尚未制造完工成为产成品，仍需进一步加工的中间产品
产成品	制造企业已经完成全部生产过程并验收入库，可以按照合同规定的条件送交订货单位，或者可以作为商品对外销售的产品。 提示：企业接受外来原材料加工制造的代制品和为外单位加工修理的代修品，制造和修理完成验收入库后，应视同企业的产成品
商品	企业外购或委托加工完成验收入库用于销售的各种商品。 包括库存的外购商品、产成品、存放在门市部准备出售的商品、发出展览的商品、销售退回的、寄存在外的商品以及可以降价出售的不合格品等
周转材料	主要包括包装物和低值易耗品等，以及建筑企业的钢模板、木模板、脚手架和其他周转使用的材料等
委托代销商品	企业委托其他单位代销的商品

实务中，存货范围的确认，通常应以企业对存货是否具有法定所有权为依据，凡在盘存日，法定所有权属于企业的所有一切物品，不论其存放地点，都应视为企业的存货。即所有在库、在耗、在用、在途的存货均确认为企业的存货。

反之，凡是法定所有权不属于企业的物品，即使存放于企业，也不应确认为企业的存货。对于代销商品，在售出前，所有权属于委托方，因此，代销商品应作为委托方的存货处理。

对于企业日常活动中持有的、最终目的用于出售的数据资源，应确认为企业的存货。

解题高手

命题角度：考查是否属于存货的项目。

以单项选择题、多项选择题形式考查，常见易错易混点如下：

(1) 接受外来原材料加工制造的代制品（属于）。

(2) 为外单位加工修理完成验收入库的代修品（属于）。

(3) 委托代销商品（属于）。

(4) 委托外单位加工的物资（属于）。

(5) 已验收入库但尚未取得发票的原材料（属于）。

(6) 已付款取得采购发票但尚未验收入库的原材料（属于）。

(7) 受托代销商品（不属于）。

(8) 为建造生产设备而储备的各种材料（不属于）。

典例研习·9-1 【2014 年多项选择题】

下列各项中，属于存货项目的有（   ）。

A. 尚未完工的生产物

B. 委托代销的商品

C. 接受外来原材料加工制造的代制品

D. 为建造生产设备而储备的各种材料

E. 委托外单位加工的物资

斯尔解析 本题考查存货的概念。尚未完工的生产物，属于存货中的在产品，选项 A 当选。委托代销商品，属于存货，选项 B 当选。企业接受外来原材料加工制造的代制品，视同企业的产成品，选项 C 当选。为建造生产设备而储备的各种材料计入工程物资，选项 D 不当选。委托外单位加工的物资，法定所有权属于企业，应属于企业的存货，选项 E 当选。

本题答案 ABCE

二、存货的初始计量（★★★）

（一）一般方式取得的存货

存货应当按照成本进行初始计量，存货成本包括采购成本、加工成本以及使存货达到目前场所和状态所发生的其他成本构成。不同存货的成本构成内容不同：

类型	成本构成
原材料、商品、周转材料等通过购买而取得的存货	采购成本
产成品、在产品、半成品、委托加工物资等通过进一步加工而取得的存货	采购成本＋加工成本＋其他成本

1. 存货的采购成本

组成	解读
购买价款	不包括可以抵扣的增值税进项税额
相关税费	采购商品过程中发生的进口关税、消费税等
其他可归属于存货采购成本的费用	采购过程中除购买价款和相关税费以外的可归属于存货采购成本的费用，例如：运输费、装卸费、保险费、运输途中的合理损耗等

提示：企业采购过程中发生的非合理损耗不计入存货成本。

2. 存货的加工成本

组成	含义
直接人工	企业在生产产品、提供劳务过程中发生的直接从事该事项人员的职工薪酬
制造费用	企业为生产产品和提供劳务而发生的各项间接费用： (1) 生产车间管理人员工资。 (2) 生产车间生产产品正常发生的水电费、折旧费、劳动保护费等。 (3) 生产车间发生的季节性和修理期间的停工损失

3. 存货的其他成本

存货的其他成本指除采购成本、加工成本以外的，使存货达到目前场所和状态所发生的其他支出。

维度	项目
计入产品成本	为特定客户设计产品所发生的设计费用
	为达到下一个生产阶段所必需的仓储费用
	入库前的挑选整理费用
	经过相当长时间的生产活动才能达到销售状态的存货，占用借款而发生的符合资本化条件的借款费用
不计入产品成本	企业设计产品发生的普通的设计费用等
	不是为达到下一个生产阶段所必需的仓储费用
	入库后的挑选整理费
	采购人员的差旅费

（二）通过特定方式取得的存货

特定方式	初始计量基础
投资者投入	除投资合同或协议约定的价值不公允外，应当按照投资合同或协议约定的价值确定
债务重组取得	根据《企业会计准则第 12 号——债务重组》的要求确定，详见"债务重组"相关内容
非货币性资产交换	根据《企业会计准则第 7 号——非货币性资产交换》的要求确定，详见"非货币性资产交换"相关内容
企业合并取得	根据《企业会计准则第 20 号——企业合并》的规定确定

解题高手

命题角度 1：根据选项，选择构成外购存货成本的项目。

此类题目为文字类型的选择题，需要同学们准确记忆哪些构成外购存货成本，哪些不构成外购存货成本。建议记住不构成外购存货成本的内容。例如，入库后的仓储费、可抵扣的增值税进项税额、非合理损耗、采购人员差旅费等。

命题角度 2：根据经济业务计算外购存货的入账成本和单位成本。

第一步：确定外购存货的入账总成本。需要重点关注的有两点：一是采购时负担的增值税税额，对于增值税一般纳税人取得增值税专用发票上注明的税额，可以抵扣，不计入存货采购成本，否则，应当计入存货采购成本；二是合理损耗，运输途中的合理损耗应当计入存货采购成本，而运输途中的非合理损耗，不计入存货采购成本。

第二步：计算单位成本。原材料的单位成本应当根据实际入库数量确定，单位成本 = 外购存货总成本 ÷ 实际入库的存货数量。

典例研习·9-2   2019 年多项选择题

在存货初始计量时，下列费用应在发生时确认为当期损益，不计入存货成本的有（   ）。

A. 为特定客户设计产品的设计费用

B. 非正常消耗的制造费用

C. 生产产品正常发生的水电费

D. 采购原材料发生的运输费用

E. 仓储费用（不包括在生产过程中为达到下一个生产阶段所必需的费用）

🔍斯尔解析 本题考查存货的初始计量。为特定客户设计产品的设计费用，计入存货成本，而普通的设计费用计入当期损益，选项 A 不当选。非正常消耗的制造费用，计入当期损益，不计入存货成本，选项 B 当选。生产产品正常发生的水电费和采购原材料发生的运输费应当计入存货成本，选项 CD 不当选。仓储费用（不包括在生产过程中为达到下一个生产阶段所必需的费用）应当在发生时计入当期损益，不计入存货成本，选项 E 当选。

▲本题答案 BE

| 典例研习·9-3 2017年单项选择题

甲企业系增值税一般纳税人，2017 年 8 月购入丙材料 100 吨，开具增值税专用发票上注明的金额为 500 万元，增值税额为 65 万元。从外地购入时发生的运输费用和装卸费为 10 万元（不含税）。后验收入库，入库实际为 97 吨，其中 1 吨为合理损耗，2 吨为非正常损失。则甲企业对丙材料的入账成本为（　　）万元。

A.494.8　　　　B.499.8　　　　C.448.8　　　　D.537.8

🔍斯尔解析 本题考查存货的初始计量。增值税一般纳税人发生的可以抵扣的进项税额，不计入存货成本；运输途中发生的合理损耗，计入存货成本；运输途中的非常损失，不计入存货成本，计入当期损益，则丙材料的入账成本＝（500+10）×（1-2/100）=499.8（万元），选项 B 当选。

▲本题答案 B

（三）数据资源的初始计量 新

（1）企业通过外购方式取得确认为存货的数据资源，其采购成本包括购买价款、相关税费、保险费，以及数据权属鉴证、质量评估、登记结算、安全管理等所发生的其他可归属于存货采购成本的费用。

（2）企业通过数据加工取得确认为存货的数据资源，其成本包括采购成本，数据采集、脱敏、清洗、标注、整合、分析、可视化等加工成本和使存货达到目前场所和状态所发生的其他支出。

三、存货的后续计量（★★★）

存货的后续计量是指发出存货成本的确定。根据《企业会计准则第 1 号——存货》的规定，存货的发出计价方法有先进先出法、加权平均法、个别计价法等。加权平均法又分为月末一次加权平均法和移动加权平均法。

（一）一般核算方法

1. 先进先出法

先进先出法是假定"先入库的存货先发出"，并根据这种假定的成本流转次序确定发出存货成本的一种方法。

典例研习·9-4 2021年单项选择题

甲公司采用先进先出法核算W原材料的发出成本。2020年初库存W原材料200件的账面余额为1 200万元。1月8日购入W原材料250件，支付价款1 500万元、运输费用50万元，非正常消耗的直接人工费12万元。1月4日、18日、26日分别领用W原材料180件、200件和25件。甲公司1月末库存W原材料的成本是（　　）万元。

A.270.18　　　　B.276.36　　　　C.279.00　　　　D.281.16

斯尔解析　本题考查存货的后续计量。甲公司采用先进先出法核算原材料的发出成本，在2020年初库存原材料200件，2020年剩余原材料45件（200-180+250-200-25），剩余部分全部为1月8日购入的原材料。甲公司1月8日购入的W原材料的单位成本=（1 500+50）÷250=6.2（万元/件），则甲公司1月末库存W原材料的成本=45×6.2=279.00（万元），选项C当选。

本题答案　C

2.月末一次加权平均法

月末一次加权平均法是在材料等存货按实际成本进行明细分类核算时，以本月各批进货数量和月初数量为权数计算材料等存货的平均单位成本的一种方法。

存货的加权平均单位成本=（月初存货实际成本+本月进货实际成本）÷（月初存货数量+本月进货数量）

本月发出存货的成本=本月发出存货的数量×存货的加权平均单位成本

本月月末库存存货的成本=月末库存存货的数量×存货的加权平均单位成本

典例研习·9-5 模拟单项选择题

某企业采用月末一次加权平均法核算发出材料成本。2021年6月1日结存乙材料200件，单位成本为35元；6月10日购入乙材料400件，单位成本为40元；6月20日购入乙材料400件，单位成本为45元。当月发出乙材料600件。则本月发出乙材料的成本为（　　）元。

A.4 494.8　　　　B.5 490　　　　C.5 480　　　　D.24 600

斯尔解析　本题考查存货的后续计量。加权平均单位成本=（200×35+400×40+400×45）÷（200+400+400）=41（元/件），该企业6月发出乙材料的成本=41×600=24 600（元），选项D当选。

本题答案　D

3.移动加权平均法

移动加权平均法是指在每次收货以后，立即根据库存存货数量和总成本，计算出新的平均单位成本的一种计算方法。

存货的移动平均单位成本＝（本次进货之前库存存货的实际成本＋本次进货的实际成本）÷（本次进货之前库存存货数量＋本次进货的数量）

发出存货的成本＝本次发出存货的数量×存货的移动平均单位成本

月末库存存货的成本＝月末库存存货的数量×月末存货的移动平均单位成本

| 典例研习·9-6 模拟单项选择题

甲公司月初结存甲材料10吨，每吨单价为8 200元，本月购入情况如下：5日购入5吨，单价为8 500元；10日购入10吨，单价为8 000元。本月领用情况如下：8日领用10吨。甲公司采用移动加权平均法计算发出存货成本。则8日领用材料后结存材料的成本为（　　）元。

A.41 500　　　　　　　　B.83 000
C.5 480　　　　　　　　D.24 600

斯尔解析 本题考查存货的后续计量。5日购入后的平均单价＝（10×8 200+5×8 500）÷（10+5）=8 300（元/吨），8日领用材料的成本＝8 300×10=83 000（元），8日领用后结存材料成本＝8 300×5=41 500（元），选项A当选。

本题答案 A

4.个别计价法

个别计价法是指对库存和发出的每一特定存货或每一批特定存货的个别成本或每批成本加以认定的一种方法。采用个别计价法，一般需要具备两个条件：一是存货项目必须是可以辨别认定的；二是必须有详细的记录，据以了解每一个别存货或每批存货项目的具体情况。

在制造业，个别计价法主要适用于为某一特定的项目专门购入或制造并单独存放的存货。这种方法不能用于可替代使用的存货，如果用于可替代使用的存货，则可能导致企业任意选用较高或较低的单位成本进行计价，来调整当期的利润。

（二）特殊核算方法

在实务中，为了管理的需要，企业通常还采用毛利率法、零售价法、计划成本法等来核算发出存货的成本。

1.毛利率法

毛利率法是根据本期销售净额乘以前期实际（或本月计划）毛利率匡算本期销售毛利，并计算发出存货成本的一种方法。本方法常见于商品流通企业。计算公式为：

销售净额＝商品销售收入－销售退回与折让

销售毛利＝销售净额×毛利率

销售成本＝销售净额－销售毛利＝销售净额×（1－毛利率）

期末存货成本＝期初存货成本＋本期购货成本－本期销售成本

第九章 | 流动资产（二）

| 典例研习·9-7 （2019年单项选择题）

甲公司采用毛利率法核算乙商品的发出成本。乙商品期初成本为48 000元，本期购货成本为15 000元，本期销售收入总额为35 000元，其中发生销售折让2 000元，根据以往经验估计，乙商品的销售毛利率为20%，则乙商品本期期末成本为（　　）元。

A.26 400　　　　　　　　B.36 600
C.30 000　　　　　　　　D.35 000

斯尔解析 本题考查存货的后续计量。乙商品本期销售成本=（35 000-2 000）×（1-20%）=26 400（元），则乙商品本期期末成本=48 000+15 000-26 400=36 600（元），选项B当选。

本题答案 B

2.零售价法

零售价法是指用成本占零售价的百分比计算期末存货成本的一种方法。该方法主要适用于商业零售企业。计算步骤和公式如下：

（1）期初存货和本期购货同时按成本和零售价记录。
（2）本期销货只按售价记录。
（3）计算存货成本占零售价的百分比，即成本率，公式为：

成本率=（期初存货成本+本期购货成本）÷（期初存货售价+本期购货售价）×100%

（4）计算期末存货成本：

期末存货成本=期末存货售价总额×成本率

（5）计算本期销售成本：

本期销售成本=期初存货成本+本期购货成本-期末存货成本

| 典例研习·9-8 （模拟单项选择题）

某商品零售企业对存货采用零售价法核算。2022年6月初，存货的成本为80万元，零售价为100万元。本月采购商品成本总额为600万元，零售价为700万元。期末存货的售价总额为150万元。则本期销售成本为（　　）万元。

A.552.5　　　　　　　　B.127.5
C.500　　　　　　　　　D.200

斯尔解析 本题考查存货的后续计量。该企业6月份存货成本率=（80+600）÷（100+700）=85%，期末存货成本=150×85%=127.5（万元），本期销售成本=80+600-127.5=552.5（万元），选项A当选。

本题答案 A

3. 售价金额计价法

售价金额计价法，并不是一种单独的存货计价方法，而是零售价法的一种账务处理方式。平时商品存货的进、销、存均按售价记账，售价与进价的差额记入"商品进销差价"科目，期末通过计算进销差价率的办法，计算本期已销商品应分摊的进销差价，并据以调整本期销售成本。

进销差价率＝（期初存货进销差价＋本期增加存货进销差价）÷（期初存货售价＋本期增加存货售价）×100%＝1－销售成本率

本期已销售存货应分掉的进销差价＝本期存货销售收入×进销差价率

本期销售存货的实际成本＝本期存货销售收入－本期已销售商品应分摊的进销差价＝本期存货销售收入×（1－进销差价率）

提示：期初存货售价＋本期增加存货售价＝期末存货售价（相关科目期末余额）＋本期销售收入。

典例研习·9-9 【2019年单项选择题】

甲公司采用售价金额计价法核算库存商品。2018年3月1日，甲公司库存商品的进价成本总额为180万元，售价总额为250万元；本月购入商品的进价成本总额为500万元，售价总额为750万元；本月实现的销售收入总额为600万元。不考虑其他因素，2018年3月31日甲公司库存商品的成本总额为（　　）万元。

A.408　　　　B.400　　　　C.272　　　　D.192

斯尔解析 本题考查存货的后续计量。本月商品进销差价率＝（期初库存商品进销差价＋本期购入商品进销差价）÷（期初库存商品售价＋本期购入商品售价）×100%＝（250－180＋750－500）÷（250＋750）×100%＝32%，2018年3月31日该商场库存商品的成本总额＝期初库存商品的进价成本＋本期购进商品的进价成本－本期销售商品的成本＝180＋500－600×（1－32%）＝272（万元），选项C当选。

本题答案 C

四、存货的期末计量（★★）

企业的存货应当在期末按照成本与可变现净值孰低计量。其中，成本是指期末存货的实际成本。可变现净值是指在日常活动中，存货的估计售价减去至完工时估计将要发生的成本、估计的销售费用以及相关税费后的金额。

（一）可变现净值的确定

企业持有存货的目的不同，确定存货可变现净值的计算方法也不同。

1. 产成品、商品和用于出售的材料等直接用于出售的商品存货

情形	确定方法
存在合同价格	估计售价（合同价）－估计的销售费用和相关税费
不存在合同价格	估计售价（市场价）－估计的销售费用和相关税费

提示：资产负债表日，同一项存货中一部分有合同价格约定、其他部分不存在合同价格的，企业应分别确定其可变现净值，并与其相对应的成本进行比较，分别确定存货跌价准备的计提或转回的金额，即持有存货的数量多于销售合同订购数量的，超出部分的存货的可变现净值应当以一般销售价格为计算基础。

2.需要经过加工的材料存货

应当以所生产的产成品的估计售价减去至完工时估计将要发生的成本、估计的销售费用和相关税费后的金额，确定其可变现净值。

可变现净值＝所生产的产成品的估计售价（市场价或合同价）－至完工时估计将要发生的成本－估计的销售费用和相关税费

根据规定，为生产而持有的材料等，在确定其账面价值时，通常需要经过两步：

第一步，需要比较最终产成品的成本和可变现净值，如果可变现净值高于成本，该材料仍然应当按照成本计量；如果可变现净值低于成本，需进行第二次比较。

第二步，比较原材料的成本和可变现净值，并按孰低计量。

但是在税务师考试中，可省略第一步，从第二步开始即可。

解题高手

命题角度：考查期末存货可变现净值的确定。

第一步：看持有存货的目的。

目的	可变现净值确定方法
用于直接出售	该存货的售价－该存货估计的销售费用和相关税费
进一步加工其他产品	最终产品的售价－进一步加工成本－最终产品估计的销售费用和相关税费

提示：如果是题干中明确指出某种原材料是用于生产产品的，则该原材料本身的估计售价不影响其可变现净值。

第二步：看有无合同。

情形	售价的确定基础
有合同	合同售价
无合同	市场价格

提示：如果一类存货中，部分签订了合同，部分没有签订合同，则应将其视为两批存货，分别比较其成本和可变现净值，切记不能将有合同部分和没有合同部分合并计算。

典例研习·9-10 (2023年单项选择题)

长江公司期末存货采用成本与可变现净值孰低法计量，甲材料期末账面余额为800万元，数量为200吨，甲材料专门用于生产与黄河公司签订的不可撤销合同约定的乙产品300台。合同约定：乙产品每台售价为4.1万元，将甲材料加工成300台乙产品尚需加工费360万元，估计销售每台乙产品尚需发生相关税费0.4万元。期末甲材料市场上每吨售价为3.9万元，估计销售每吨甲材料尚需发生相关税费0.2万元。不考虑增值税等其他因素，则长江公司甲材料期末的账面价值是（　　）万元。

A.750　　　　　　　　　　B.740
C.650　　　　　　　　　　D.800

斯尔解析 本题考查存货的期末计量。甲材料的可变现净值=4.1×300−360−0.4×300=750（万元），期末甲材料成本800万元大于可变现净值750万元，期末应当按照可变现净值750万元计量，选项A当选。

本题答案 A

典例研习·9-11 (2012年单项选择题)

甲公司期末存货采用成本与可变现净值孰低法计量。2011年11月18日，甲公司与华山公司签订销售合同，约定于2012年2月1日向华山公司销售某类机器1000台，每台售价1.5万元（不含增值税）。2011年12月31日，公司库存该类机器1300台，每台成本为1.4万元。2011年资产负债表日该机器的市场销售价格为每台1.3万元（不含增值税），向其他客户预计销售税费为每台0.05万元。则2011年12月31日甲公司该批机器在资产负债表"存货"中应列示的金额为（　　）万元。

A.1 625　　　　　　　　　B.1 775
C.1 820　　　　　　　　　D.1 885

斯尔解析 本题考查存货的期末计量。解题步骤列示如下：

有合同部分：存货的成本=1 000×1.4=1 400（万元），可变现净值=1 000×1.5=1 500（万元），期末应当按照成本1 400万元计量。无合同部分：存货的成本=300×1.4=420（万元），可变现净值=300×1.3−300×0.05=375（万元），期末应当按照可变现净值375万元计量；最后2011年12月31日甲公司该批机器在资产负债表"存货"中列示的金额=1 400+375=1 775（万元），选项B当选。

本题答案 B

（二）存货跌价准备的核算

存货成本高于其可变现净值的，应当计提存货跌价准备，计入当期损益。以前减记存货价值的影响因素已经消失的，减记的金额应当予以恢复，并在原已计提的存货跌价准备金额内转回，转回的金额计入当期损益。

1. 科目设置

企业应当设置"存货跌价准备"科目核算存货跌价准备的计提、转回和转销情况，跌价准备记入"资产减值损失"科目。"存货跌价准备"科目属于资产的备抵科目，增加记入贷方，减少记入借方，期末余额在贷方。

存货跌价准备

（2）转回多提的金额 （3）转回销售的金额	（1）当期计提的金额
	余额：已计提的金额

2. 账务处理

情形	内容
存货跌价准备 的计提	期末，比较成本与可变现净值计算出应计提的存货跌价准备，然后与"存货跌价准备"科目的余额进行比较，若应提数大于已提数，应予补提： 借：资产减值损失 　　贷：存货跌价准备
存货跌价准备 的转回	已计提跌价准备的存货价值以后得以恢复的，应在原已计提的存货跌价准备金额内予以转回： 借：存货跌价准备 　　贷：资产减值损失
存货跌价准备 的结转	对于已经计提减值的存货对外出售、用于债务重组或非货币性资产交换，需要结转其相应的跌价准备金额： 借：存货跌价准备 　　贷：主营业务成本

典例研习·9-12（教材例题）

华丰公司自 2015 年起采用"成本与可变现净值孰低法"对期末某类存货进行计价，并运用分类比较法计提存货跌价准备。假设公司 2015—2018 年末该类存货的账面成本均为 200 000 元。

情形	账务处理
（1）假设 2015 年末该类存货的预计可变现净值为 180 000 元	借：资产减值损失　　20 000 　　贷：存货跌价准备　　20 000

续表

情形	账务处理
（2）假设2016年末该类存货的预计可变现净值为170 000元，则应补提的存货跌价准备为10 000元	借：资产减值损失　　10 000 　　贷：存货跌价准备　　　　10 000
（3）假设2017年11月30日，因存货用于对外销售而转出已提跌价准备5 000元	借：存货跌价准备　　5 000 　　贷：主营业务成本　　　　5 000
（4）假设2017年末该类存货的可变现净值有所恢复，预计可变现净值为194 000元，则应有存货跌价准备6 000元，已计提的存货跌价准备=30 000-5 000=25 000（元），应提准备=6 000-25 000=-19 000（元）	借：存货跌价准备　　19 000 　　贷：资产减值损失　　　　19 000
（5）假设2018年末该类存货的可变现净值进一步恢复，预计可变现净值为205 000元，则应冲减已计提的存货跌价准备6 000元（以已经计提的跌价准备为限）	借：存货跌价准备　　6 000 　　贷：资产减值损失　　　　6 000

（三）成本与可变现净值孰低法的三种计算方法

存货跌价准备通常应当按单个存货项目计提。在某些情况下，比如：

（1）与在同一地区生产和销售的产品系列相关、具有相同或类似最终用途或目的，且难以与其他项目分开计量的存货，可以合并计提存货跌价准备。

（2）对于数量繁多、单价较低的存货，可以按存货类别计提存货跌价准备。

即企业按成本与可变现净值孰低法对存货进行期末计量时，有三种不同的计算方法可供选择：

方法	定义
单项比较法	也称逐项比较法或个别比较法，指对库存的每一种存货的成本与可变现净值逐项进行比较，每项存货均取较低数确定期末的存货成本
分类比较法	也称类比法，指按存货类别的成本与可变现净值进行比较，每类存货取其较低数确定存货的期末成本
综合比较法	也称总额比较法，指按全部存货的总成本与可变现净值总额相比较，以较低数作为期末全部存货的成本

典例研习·9-13 教材例题

某企业有甲、乙两大类A、B、C、D四种存货，各种存货分别按三种计算方式确定期末存货的成本，如表所示：

单位：元

项目	成本	可变现净值	单项比较法	分类比较法	总额比较法
甲类存货	10 000	9 600	—	9 600	—
A存货	4 000	3 200	3 200	—	—
B存货	6 000	6 400	6 000	—	—
乙类存货	20 000	20 800	—	20 000	—
C存货	8 000	9 200	8 000	—	—
D存货	12 000	11 600	11 600	—	—
总计	30 000	30 400	28 800	29 600	30 000

由上表可知，单项比较法确定的期末存货成本最低，为28 800元；分类比较法次之，为29 600元；总额比较法最高，为30 000元。相应地，计提的存货跌价准备分别为1 200元、400元、0。

（四）存货计提存货跌价准备的判断

企业应当定期或者至少于每年年度终了对存货进行全面清查，如由于存货遭受毁损、全部或部分陈旧过时或销售价格低于成本等原因，使存货成本高于可变现净值的，应按可变现净值低于成本的差额，计提存货跌价准备。在资产负债表中，存货项目按照减去存货跌价准备的净额反映。

1. 存货可变现净值低于成本的情形

（1）该存货的市价持续下跌，并且在可预见的未来无回升的希望。

（2）因企业所提供的商品或劳务过时或消费者偏好改变而使市场的需求发生变化，导致市场价格逐渐下跌。

（3）企业使用该项原材料生产的产品的成本大于产品的销售价格。

（4）企业因产品更新换代，原有库存原材料已不适应新产品的需要，而该原材料的市场价格又低于其账面成本。

（5）其他足以证明该项存货实质上已经发生减值的情形。

典例研习·9-14 （2015年多项选择题）

下列项目中，表明存货发生减值的情况有（   ）。

A. 企业因为产品更新换代，原有库存原材料已不适应新产品的需要，而该原材料的市场价格高于其账面成本

B. 企业使用该项原材料生产的产品的成本大于产品的销售价格

C. 因企业所提供的商品或劳务过时，导致市场价格逐渐下跌

D. 该存货市价持续下跌，并且在可预见的未来无回升的希望

E. 原材料的计划成本小于实际成本

斯尔解析 本题考查存货的期末计量。原材料的市场价格高于其账面价值，此时原材料可以在市场上销售，并没有发生减值，选项A不当选；计划成本是企业预先制定，其比实际成本小并不表明发生了减值，选项E不当选。

本题答案 BCD

2. 存货可变现净值为零的情形

（1）已霉烂变质的存货。

（2）已过期且无转让价值的存货。

（3）生产中已不再需要，并且已无使用价值和转让价值的存货。

（4）其他足以证明已无使用价值和转让价值的存货。

典例研习·9-15 （2018年单项选择题）

下列情形中，表明存货可变现净值为零的是（   ）。

A. 存货已过期，但可降价销售

B. 因产品更新换代，使原有库存原材料市价低于其账面成本

C. 存货市价持续下降，但预计次年将会回升

D. 存货在生产中已不再需要，并且已无使用和转让价值

斯尔解析 本题考查存货的期末计量。存在下列情形之一的，表明存货的可变现净值为零：（1）已霉烂变质的存货；（2）已过期且无转让价值的存货；（3）生产中已不再需要，并且已无使用价值和转让价值的存货；（4）其他足以证明已无使用价值和转让价值的存货，选项D当选。

本题答案 D

典例研习·9-16 （教材例题）

假定甲公司 2021 年 12 月 31 日库存 W 型机器 12 台，成本（不含增值税）为 360 万元，单位成本为 30 万元。该批 W 型机器全部销售给乙公司。与乙公司签订的销售合同约定，2022 年 1 月 20 日，甲公司应按每台 30 万元的价格（不含增值税）向乙公司提供 W 型机器 12 台。

甲公司销售部门提供的资料表明，向长期客户——乙公司销售的 W 型机器的平均运杂费等销售费用为 0.12 万元/台；向其他客户销售 W 型机器的平均运杂费等销售费用为 0.1 万元/台。

2021 年 12 月 31 日，W 型机器的市场销售价格为 32 万元/台。

在该例中，能够证明 W 型机器的可变现净值的确凿证据是甲公司与乙公司签订的有关 W 型机器的销售合同、市场销售价格资料、账簿记录和甲公司销售部门提供的有关销售费用的资料等。根据该销售合同规定，库存的 12 台 W 型机器的销售价格全部由销售合同约定。

在这种情况下，W 型机器的可变现净值应以销售合同约定的价格 30 万元/台为基础确定。据此，W 型机器的可变现净值 =30×12-0.12×12=358.56（万元），低于 W 型机器的成本（360 万元），应按其差额 1.44 万元计提存货跌价准备（假定以前未对 W 型机器计提存货跌价准备）。如果 W 型机器的成本为 350 万元，则无须计提存货跌价准备。

典例研习·9-17 （2019 年单项选择题）

长江公司期末存货采用成本与可变现净值孰低法计量。2018 年 12 月 31 日，库存甲材料的账面价值（成本）为 90 万元，市场销售价格为 85 万元。甲材料可用于生产 2 台乙产品，每台市场销售价格为 75 万元，单位成本为 70 万元，预计销售费用每台为 2 万元。假设不考虑相关税费，甲材料之前未计提过减值准备，则长江公司 2018 年末甲材料应计提存货跌价准备（　　）万元。

A.5 B.10
C.6 D.0

斯尔解析 本题考查存货的期末计量。解题步骤列示如下：

先判断该甲材料是需要经过加工的存货；其次判断甲材料生产出来的乙产品是否需要计提存货跌价准备，乙产品的估计售价－预计销售费用 =75-2=73（万元），大于产品成本 70 万元，乙产品未发生减值。因此，甲材料未发生减值，不需要计提存货跌价准备，选项 D 当选。

本题答案 D

第二节 原材料的核算

一、原材料的核算内容及其方法

原材料,指企业在生产过程中,经加工改变其形态或性质并构成产品主要实体的各种原料及主要材料、辅助材料、外购半成品(外购件)、修理用备件(备品备件)、包装材料、燃料等。

企业原材料的日常核算,可以采用计划成本,也可以采用实际成本,由企业根据具体情况自行决定。原材料品种繁多、收发频繁的企业可以采用计划成本核算。

二、按实际成本计价的原材料核算(★)

基本原则:"原材料"科目核算的是原材料收、发、结存的实际成本。

(一)原材料的取得

情形	内容
发票账单与原材料同时到达	借:原材料 　　应交税费——应交增值税(进项税额) 贷:银行存款、应付票据、应付账款等
发票账单已到达、但原材料尚未到达	(1)发票账单到达时: 借:在途物资 　　应交税费——应交增值税(进项税额) 贷:银行存款等 其中,"在途物资"科目,核算企业购入的,货款已付但尚未到达或尚未验收入库的各种原材料的采购成本。 (2)原材料验收入库时: 借:原材料 贷:在途物资
原材料已验收入库,但尚未收到发票账单	(1)月末按暂估价入账。 借:原材料 贷:应付账款——暂估应付账款 (2)下月初做相反的会计分录,予以冲回,以便下月付款后按正常程序处理

提示:采购过程中的短缺和毁损的处理。

(1)定额内合理的途中损耗,计入材料的采购成本。

(2)能确定由供应单位、运输单位、保险公司或其他过失人赔偿的,应向有关单位或责任人索赔。

借：其他应收款
　　贷：在途物资

（3）凡尚待查明原因和需要报经批准才能转销处理的损失，应将其损失从"在途物资"科目转入"待处理财产损溢"科目，查明原因后再分别处理。

①属于应由供货单位、运输单位、保险公司或其他过失人负责赔偿的，将其损失从"待处理财产损溢"科目转入"其他应收款"科目。

②属于自然灾害造成的损失，应按扣除残料价值和保险公司赔偿后的净损失，从"待处理财产损溢"科目转入"营业外支出"科目。

③属于无法收回的其他损失，报经批准后，将其从"待处理财产损溢"科目转入"管理费用"科目。

（二）原材料的领用

按原材料的实际成本：

借：生产成本（生产车间生产产品领用）
　　制造费用（生产车间管理部门一般耗用）
　　销售费用（销售部门消耗）
　　管理费用（行政管理部门消耗）
　　在建工程（工程项目消耗）
　　研发支出（研发环节消耗）
　　委托加工物资（发出委托外单位加工领用）
　　贷：原材料

（三）原材料的出售

借：银行存款等
　　贷：其他业务收入
　　　　应交税费——应交增值税（销项税额）
借：其他业务成本
　　存货跌价准备
　　贷：原材料

三、按计划成本计价的原材料核算（★★）

（一）科目设置

核算科目	核算内容
材料采购	企业采用计划成本进行材料日常核算而购入材料的采购成本（实际成本）。采用计划成本核算的原材料采购业务，不管结算方式如何，一律通过"材料采购"科目核算
原材料	收发原材料的计划成本
材料成本差异	企业材料的实际成本与计划成本之间的差异

原材料采用计划成本核算，其本质上还是实际成本，只是将实际成本分为计划成本和材料成本差异。

材料成本差异必须根据规定的方法计算出分配率，按月进行分配，不得任意多摊、少摊或不摊，即将计划成本调整为实际成本。

（二）原材料收发的核算

情形		会计处理
（1）外购原材料		借：材料采购（实际成本） 　　应交税费——应交增值税（进项税额） 贷：银行存款等
（2）验收入库	实际成本＞计划成本	借：原材料（计划成本） 　　材料成本差异（超支差） 贷：材料采购（实际成本）
	实际成本＜计划成本	借：原材料（计划成本） 贷：材料采购（实际成本） 　　材料成本差异（节约差）
（3）生产领用		借：生产成本等 贷：原材料（计划成本）
（4）月末结转差异	超支差	借：生产成本等 贷：材料成本差异（结转超支差）
	节约差	借：材料成本差异（结转节约差） 贷：生产成本等

（三）材料成本差异的计算

发出存货应负担的成本差异，必须按月分摊，不得在季末或年末一次计算。发出存货应负担的成本差异，除委托外部加工发出存货可以按月初成本差异率计算外，都应使用当月的实际成本差异率；如果月初的成本差异率与本月成本差异率相差不大，也可按照月初的成本差异率计算。

项目	内容
材料成本差异额	实际成本－计划成本。 结果大于零，称为超支差（用正号表示）。 结果小于零，称为节约差（用负号表示）
月初材料成本差异率	$\dfrac{\text{月初结存材料成本差异}}{\text{月初结存材料计划成本}} \times 100\%$
本月发出材料应负担的成本差异额	发出材料的计划成本 × 材料成本差异率

续表

项目	内容	
本月材料成本差异率	$\dfrac{月初结存材料成本差异+本月收入材料成本差异总额}{月初结存材料计划成本+本月收入材料计划成本总额}$	×100%

提示：

（1）**本月收入存货的计划成本中，不包括暂估入账的存货的计划成本。**

（2）企业应按照存货的类别或品种，如原材料、包装物、低值易耗品等，对材料成本差异进行明细核算，不能使用一个综合差异率来分摊发出存货和库存存货应负担的材料成本差异。

典例研习·9-18　2019年单项选择题

甲公司原材料按计划成本法核算。2019年6月期初"原材料"借方余额为40 000元、"材料成本差异"科目贷方余额为300元，期初的"原材料"科目余额中含有5月末暂估入账的原材料计划成本10 000元。2019年6月份入库原材料的计划成本为50 000元，实际成本为49 500元。2019年6月份发出原材料的计划成本为45 000元。假设6月末暂估入账原材料为零，不考虑相关税费，则甲公司6月末库存原材料的实际成本为（　　）元。

A.44 550　　　　　　　　　　B.45 450
C.25 250　　　　　　　　　　D.34 650

斯尔解析 本题考查按计划成本计价的原材料核算。采用计划成本法计算材料成本差异率时，计划成本中，不包括暂估入账的存货的计划成本。材料成本差异的借方余额表示超支，差异为正；贷方余额表示节约，差异为负。材料成本差异率＝[-300+（49 500-50 000）]÷[（40 000-10 000）+50 000]＝-1%，月末原材料的实际成本＝[（40 000-10 000）+50 000-45 000]×（1-1%）＝34 650（元），选项D当选。

本题答案　D

（四）材料计划成本的调整

入库材料的计划成本应当尽可能接近实际成本。除特殊情况外，计划成本在年度内不得随意变更。

（1）调整减少计划成本时：

借：材料成本差异

　贷：原材料

（2）调整增加计划成本时：

借：原材料

　贷：材料成本差异

解题高手

命题角度 1：考查"材料成本差异"科目借方或贷方的核算内容。

方向	入库环节	月末结转环节	月末留存	调整计划成本
借方	超支差	节约差	超支差	调整减少额
贷方	节约差	超支差	节约差	调整增加额

命题角度 2：计算发出或结存原材料的实际成本。

无论是计算发出原材料的实际成本，还是计算结存原材料的实际成本，按以下步骤进行：

第一步，计算发出或结存原材料的计划成本。

第二步，计算材料成本差异率，超支时材料成本差异为正，节约时材料成本差异为负。

第三步，用第一步计算的原材料计划成本 ×（1+ 材料成本差异率），即为当期发出或结存原材料的实际成本。

典例研习·9-19 （2020年多项选择题）

原材料按计划成本计价时，"材料成本差异"账户的借方核算的内容有（　　）。

A. 调整库存材料计划成本时调整减少的计划成本

B. 入库材料的实际成本大于计划成本的差异

C. 结转的材料的实际成本大于计划成本的差异

D. 结转的材料的实际成本小于计划成本的差异

E. 入库材料的实际成本小于计划成本的差异

斯尔解析 本题考查按计划成本计价的原材料核算。调整库存材料计划成本时，调整减少的计划成本在借方核算，调整增加的计划成本在贷方核算，选项 A 当选。入库环节的超支差在借方核算，节约差在贷方核算，选项 B 当选、选项 E 不当选。结转环节的超支差在贷方核算，节约差在借方核算，选项 C 不当选、选项 D 当选。

本题答案 ABD

第三节 其他存货的核算

一、发出商品的核算

（1）对外销售已发出商品、但不满足《企业会计准则第 14 号——收入》规定的确认条件的情况，因而不能结转商品销售成本。

借：发出商品
　　贷：库存商品

（2）企业委托其他单位代销的商品，也在"发出商品"科目核算，对采用支付手续费方式委托其他单位代销的商品，企业也可以另设"委托代销商品"科目。

借：发出商品、委托代销商品
　　贷：库存商品

（3）发出商品如发生退回。

借：库存商品
　　贷：发出商品

二、周转材料的核算（★）

周转材料主要包括包装物和低值易耗品等，以及建筑企业的钢模板、木模板、脚手架和其他周转使用的材料等。

> **解题高手**
>
> **命题角度**：考查周转材料的核算范围。
>
> 周转材料主要包括包装物和低值易耗品等。
>
> （1）包装物是指为了包装本企业产成品和商品而储备的各种包装容器，如桶、箱、瓶、坛、袋等。
>
> 其范围包括：
>
> ①生产过程中用于包装产品作为产品组成部分的包装物。
>
> ②随同产品出售不单独计价的包装物。
>
> ③随同产品出售单独计价的包装物。
>
> ④出租或出借给购买单位使用的包装物。
>
> 常见易错易混点：
>
> ①各种包装材料，如纸、绳、铁丝、铁皮等，应在"原材料"科目内核算。
>
> ②计划上单独列作企业商品产品的自制包装物，应作为库存商品处理。
>
> （2）低值易耗品指不能作为固定资产的各种用具物品，如工具以及在经营过程中周转使用的容器等。

| 典例研习·9-20 | 2021年单项选择题

下列各项中，不属于周转材料的是（　　）。
A. 随同产品出售不单独计价的包装物
B. 随同产品出售单独计价的包装物
C. 出借给购买单位使用的包装物
D. 用于产品包装的各种包装材料

斯尔解析 本题考查周转材料的概念。周转材料包括包装物和低值易耗品，其中包装物包括：生产过程中用于包装产品作为产品组成部分的包装物；随同产品出售不单独计价的包装物；随同产品出售单独计价的包装物；出租或出借给购买单位使用的包装物，选项 ABC 不当选。企业的各种包装材料，如纸、绳、铁丝、铁皮等，应在"原材料"科目内核算，选项 D 当选。

本题答案 D

为了核算企业的周转材料，应设置"周转材料"科目，该科目应按周转材料的种类，分别在"在库""在用""摊销"明细科目进行明细核算。

（1）周转材料应当按照使用次数分次计入成本费用。

事项		会计处理
领用时		借：周转材料——在用（账面价值） 　贷：周转材料——在库
摊销时		按应摊销金额： 借：生产成本等 　贷：周转材料——摊销
报废	补提摊销额	借：生产成本等 　贷：周转材料——摊销
	报废残料价值	借：原材料等 　贷：生产成本等
转销全部已提摊销		借：周转材料——摊销 　贷：周转材料——在用

（2）周转材料金额较小时，可在领用时一次计入成本费用。为加强实物管理，应当在备查账簿上登记。

第九章 | 流动资产（二）

三、委托加工物资的核算（★）

事项	会计处理
发给外单位加工的物资	借：委托加工物资（实际成本） 　贷：原材料
支付加工费、运杂费	借：委托加工物资 　　应交税费——应交增值税（进项税额） 　贷：银行存款等
支付由受托方代收代缴的消费税：以不高于受托方的计税价格出售、用于非消费税项目	借：委托加工物资 　贷：银行存款等
支付由受托方代收代缴的消费税：以高于受托方的计税价格出售、用于连续生产应税消费品	借：应交税费——应交消费税 　贷：银行存款等
加工完成验收入库	借：原材料（剩余物资） 　　库存商品 　贷：委托加工物资

典例研习·9-21　教材例题改编

甲公司委托乙公司加工汽车外胎 20 个，发出材料的实际总成本为 4 000 元，加工费为 800 元，乙公司同类外胎的单位销售价格为 400 元。2022 年 11 月 20 日甲公司将外胎取回后当即投入整胎生产（加工费及乙公司代缴的消费税均未结算），生产出的整胎于 12 月 15 日全部售出，总售价为 40 000 元。轮胎的消费税税率为 10%。

甲公司委托加工外胎和销售整胎的消费税及相应的会计处理如下：

委托加工外胎的消费税 = 400 × 20 × 10% = 800（元）

销售整胎的消费税 = 40 000 × 10% = 4 000（元）

（1）发出材料、支付加工费用、计提消费税：

借：委托加工物资　　　　　　　　　　　　4 000
　贷：原材料　　　　　　　　　　　　　　　　　　4 000
借：委托加工物资　　　　　　　　　　　　　800
　贷：应付账款　　　　　　　　　　　　　　　　　　800
借：应交税费——应交消费税　　　　　　　　800
　贷：应付账款　　　　　　　　　　　　　　　　　　800

（2）委托加工的外胎提回时：

借：原材料　　　　　　　　　　　　　　　4 800
　贷：委托加工物资　　　　　　　　　　　　　　4 800

· 207 ·

（3）整胎销售时：

借：税金及附加　　　　　　　　　　　　　4 000
　　贷：应交税费——应交消费税　　　　　　　　　　4 000

（4）实际缴纳消费税时：

实际缴纳消费税税额 =4 000-800=3 200（元）

借：应交税费——应交消费税　　　　　　　3 200
　　贷：银行存款　　　　　　　　　　　　　　　　3 200

第四节　存货清查的核算

一、存货数量的确定方法

项目	实地盘存制	永续盘存制
含义	又称定期盘存制，企业平时只在账簿中登记存货的增加数，不记减少数，期末根据清点所得的实存数，计算本期存货的减少数	企业设置各种数量金额的存货明细账，根据有关凭证，逐日逐笔登记材料、产品、商品等的收发领退数量和金额，随时结出账面结存数量和金额
特点	（1）核算工作比较简便。 （2）不能随时反映各种物资的收发结存情况，不能随时结转成本，并把物资的自然和人为短缺数隐含在发出数量之内	（1）可以随时掌握各种存货的收发、结存情况，有利于存货管理。 （2）为了核对存货账面记录，永续盘存制亦要求进行存货的实物盘点。会计年度终了，应进行一次全面的盘点清查，并编制盘点表，保证账物相符，如有不符应查明原因并及时处理
适用性	仅适用于一些单位价值较低、自然损耗大、数量不稳定、进出频繁的特定货物	我国企业会计实务中，存货的数量核算一般采用永续盘存制

提示：不论采用何种方法，前后各期都应保持一致。

二、存货清查的账务处理（★★）

　　企业存货应当定期盘点，盘点结果如果与账面记录不符，应于期末前查明原因，并根据企业的管理权限，经股东大会或董事会，或经理（厂长）会议或类似机构批准后，在期末结账前处理完毕。

盘盈或盘亏的存货，如在期末结账前尚未经批准，应在对外提供财务报告时先按上述规定进行处理，并在财务报表附注中作出说明，如果期后批准处理的金额与已处理的金额不一致，应按其差额调整会计报表相关项目的年初数。

(一) 盘盈

盘盈的存货，虽然属于前期差错范畴，但是由于涉及金额通常较小，一般通过"待处理财产损溢"科目进行会计处理。按管理权限报经批准后冲减当期管理费用。

时点	账务处理
批准前	借：原材料、库存商品等 　　贷：待处理财产损溢
批准后	借：待处理财产损溢 　　贷：管理费用

(二) 盘亏或毁损

存货发生的盘亏或毁损，应通过"待处理财产损溢"科目进行核算。按管理权限报经批准后，分情况处理：

时点	账务处理
批准前	借：待处理财产损溢 　　贷：原材料、库存商品等 　　　　应交税费——应交增值税（进项税额转出） 提示：自然灾害导致的存货盘亏进项税额无须转出
批准后	借：库存现金（残料处置收入） 　　原材料（残料价值） 　　其他应收款（保险赔偿或过失人赔偿） 　　管理费用（管理原因造成的净损失） 　　营业外支出（自然灾害等非正常损失） 　　贷：待处理财产损溢

典例研习·9-22 〔2014年多项选择题〕

下列关于存货清查的会计处理中，正确的有（　　）。

A. 盘盈或盘亏的存货如在期末结账前尚未经批准，应在对外提供的财务报表中先按规定进行处理

B. 盘盈的存货经批准后应计入营业外收入

C. 因管理不善原因造成盘亏的存货扣除可以收回的保险和过失人赔偿后的净额计入管理费用

D. 因自然灾害造成非正常损失的存货应计入管理费用

E. 盘亏的存货应将其相应的增值税进项税额转出

斯尔解析 本题考查存货的清查。盘盈、盘亏的存货，应当在期末结账前处理完毕，如在期末结账前尚未经批准，应当在对外提供财务报告时先按规定进行处理，并在财务报表附注中作出说明，如果期后批准处理的金额与已处理的金额不一致，应按其差额调整会计报表相关项目的年初数，选项 A 当选。盘盈的存货经批准后应计入管理费用，而非营业外收入，选项 B 不当选。因管理不善导致存货盘亏净损失计入管理费用，选项 C 当选。因自然灾害造成非正常损失的存货应计入营业外支出，选项 D 不当选。企业盘亏的存货，如果是因为自然灾害等非正常原因造成的，其进项税额不需要转出，选项 E 不当选。

本题答案 AC

典例研习·9-23 2018 年单项选择题

长江公司系增值税一般纳税人，2017 年末盘亏一批原材料，该批原材料购入成本为 120 万元，购入时确认进项税额 20.4 万元。经查，盘亏系管理不善被盗所致，确认由相关责任人赔偿 20 万元。假定不考虑其他因素，确认的盘亏净损失对 2017 年度利润总额的影响金额为（　　）万元。

A.160.4　　　　　　　　　　B.140.4

C.100.8　　　　　　　　　　D.120.4

斯尔解析 本题考查存货的清查。因管理不善原因导致的存货盘亏，进项税额应作转出处理，确认的盘亏净损失对 2017 年度利润总额的影响金额 =120+20.4−20=120.4（万元），选项 D 当选。

本题答案 D

典例研习在线题库

至此，财务与会计的学习已经进行了 37%，继续加油呀！

37%

第十章 非流动资产（一）

> **学习提要**

重要程度： 重点章节

平均分值： 12分

考核题型： 各类题型均有涉及

本章提示： 本章重点内容为固定资产和无形资产的核算，其难度不高，但考查全面，因此学习时，大家需要重点注意对细节的把握。另外，为方便学习，本书在编写时将教材第十一章与投资性房地产相关内容移至本章讲解

第一节 固定资产的核算

一、固定资产的概念与确认

（一）固定资产的概念

固定资产是指同时具有下列特征的有形资产：

（1）为生产商品、提供劳务、出租或经营管理而持有的。

（2）使用年限超过一个会计年度。

提示：出租不包括作为投资性房地产核算的以租赁方式租出的建筑物。

（二）固定资产的确认

固定资产在同时满足以下两个条件时，才能加以确认：

（1）该固定资产包含的经济利益很可能流入企业。

（2）该固定资产的成本能够可靠地计量。

提示：

①对于企业的环保设备和安全设备等资产，虽然不能直接为企业带来经济利益，却有助于企业从相关资产获得经济利益，也应当确认为固定资产，但这类资产与相关资产的账面价值之和不能超过这两类资产可收回金额总额。

②对于固定资产的各个组成部分，各自具有不同的使用寿命或者以不同方式为企业提供经济利益，从而适用不同的折旧率或折旧方法的，应当单独确认为固定资产。

③企业购置计算机硬件所附带的、无法单独计价的软件，与所购置的计算机硬件一并作为固定资产。

④建筑企业为保证施工和管理正常进行而购建的各种临时设施，也在固定资产科目下核算。

二、固定资产的初始计量（★★）

固定资产应当按照成本进行初始计量，已入账的固定资产成本也被称为固定资产原值。固定资产的成本，是指企业购建某项固定资产达到预定可使用状态前所发生的一切合理、必要的支出。由于企业取得固定资产的途径和方式不同，其成本的确定也有所差异。

（一）外购取得的固定资产

（1）购入不需要安装的固定资产的成本，包括购买价款、相关税费、使固定资产达到预定可使用状态前所发生的可归属于该项资产的运输费、装卸费和专业人员服务费等。

借：固定资产

　　贷：银行存款等

（2）外购需要安装的固定资产，企业记入"在建工程"科目，达到预定可使用状态时，再转入"固定资产"科目。

①购入及安装时：

借：在建工程
　　贷：银行存款、应付职工薪酬等

②达到预定可使用状态时：

借：固定资产
　　贷：在建工程

（3）购入固定资产超过正常信用条件延期支付价款（如分期付款购买固定资产），实质上具有融资性质的，则应：

借：固定资产（在建工程）（按所购固定资产应付购买价款的现值）
　　未确认融资费用（差额）
　　贷：长期应付款（按应支付的金额）

（4）企业以一笔款项购入多项没有单独标价的固定资产，应当按照各项固定资产公允价值比例对总成本进行分配，分别确认各项固定资产的成本。

典例研习·10-1 2022年单项选择题

企业购入三项没有单独标价的不需要安装的固定资产A、B、C，实际支付的价款总额为100万元。其中固定资产A的公允价值为60万元，账面价值为55万元；固定资产B的公允价值为40万元，账面价值为30万元；固定资产C的公允价值为20万元，账面价值为15万元。则固定资产A的入账价值为（　　）万元。

A.60　　　　　　　　　　B.50
C.100　　　　　　　　　D.120

斯尔解析 本题考查固定资产的初始计量。以一笔款项购入多项没有单独标价的固定资产，应当按照各项固定资产公允价值比例对总成本进行分配，分别确定各项固定资产的成本。所以，固定资产A的入账价值 =100×60÷（60+40+20）=50（万元），选项B当选。

本题答案 B

（二）自行建造的固定资产

企业自行建造固定资产的核算，主要是通过设置"在建工程""工程物资"等科目进行，工程完工达到预定可使用状态时，再转入"固定资产"科目。

其中，"在建工程"科目用于核算企业基建、技改等在建工程发生的价值。"工程物资"科目用于核算企业为在建工程准备的各种物资的价值，包括工程用材料、尚未安装的设备以及为生产准备的工器具等。

1. 发包工程建造固定资产

企业以发包方式建造固定资产,其成本由建造该项固定资产达到预定可使用状态前所发生的必要支出构成。

情形	账务处理
按合同规定向承包企业预付工程款、备料款时	借：在建工程 　贷：银行存款等
将设备交付承包企业进行安装时	借：在建工程 　贷：工程物资
与承包企业办理工程价款结算时,按补付的工程款	借：在建工程 　贷：银行存款等

2. 自营方式建造固定资产

企业通过自营方式建造的固定资产,其入账价值应当按照该项资产达到预定可使用状态前所发生的必要支出确定,包括工程物资成本、人工成本、交纳的相关税费等。

情形	账务处理
领用工程物资时	借：在建工程 　贷：工程物资
领用原材料或库存商品时	借：在建工程 　贷：原材料、库存商品
在建工程应负担的职工薪酬	借：在建工程 　贷：应付职工薪酬
辅助生产部门为工程提供的水、电、设备安装、修理、运输等劳务	借：在建工程 　贷：生产成本等

3. 其他待摊支出

在建工程达到预定可使用状态前,发生的应由所建造固定资产共同负担的相关费用先通过"在建工程——待摊支出"科目核算。在建工程达到预定可使用状态时,计算分配待摊支出,转入"在建工程——某工程"。结转在建工程成本时,借记"固定资产"等科目,贷记"在建工程——某工程"科目。

情形	账务处理
在建工程发生的管理费、征地费、可行性研究费、临时设施费、公证费、监理费等,应计入在建工程成本	借：在建工程——待摊支出 　贷：银行存款等
在建工程发生的借款费用满足《企业会计准则第17号——借款费用》资本化条件的,应计入在建工程成本	借：在建工程——待摊支出 　贷：应付利息等

续表

情形	账务处理
建设期间发生的工程物资盘亏、报废及毁损，减去残料价值以及保险公司、责任人等赔款后的净损失，计入所建工程项目的成本	借：在建工程——待摊支出 　　贷：工程物资
建设期间发生的盘盈的工程物资或处置净收益，冲减所建工程项目的成本	借：工程物资 　　贷：在建工程——待摊支出
在建工程进行负荷联合试车发生的费用，计入所建工程项目的成本	借：在建工程——待摊支出 　　贷：银行存款、原材料等
在建工程完工已领出的剩余物资应办理退库手续	借：工程物资 　　贷：在建工程

4. 自然灾害造成的损失

由于自然灾害等原因造成的在建工程报废或毁损，减去残料价值和过失人或保险公司等赔款后的净损失计入营业外支出。

借：营业外支出
　　贷：在建工程

提示：

（1）固定资产达到预定可使用状态前产出的产品或副产品，首先分别确认为存货或其他相关资产；然后在对外销售时，相关的收入和成本分别进行会计处理，计入当期损益，不应将试运行销售相关收入抵销相关成本后的净额冲减固定资产成本。

（2）工程完工后发生的工程物资盘盈、盘亏、报废、毁损，计入当期损益，不计入固定资产成本。

（3）自行建造的固定资产，如果已达到预定可使用状态但尚未办理竣工决算手续的，可先按估计价值入账，待确定实际成本后再进行调整。

| 典例研习·10-2　2021年多项选择题

企业自行建造固定资产时，下列事项应借记"在建工程"科目的有（　　）。

A. 在建工程进行负荷联合试车发生的费用
B. 在建工程完工后已领出的剩余物资退库
C. 在建工程领用工程物资
D. 补付承包企业的工程款
E. 因自然灾害原因造成在建工程毁损

> 🔍 **斯尔解析** 本题考查固定资产的初始计量。在建工程进行负荷联合试车发生的费用，计入所建工程项目的成本，选项 A 当选。在建工程完工后已领出的剩余物资应办理退库手续，借记"工程物资"科目，贷记"在建工程"科目，选项 B 不当选。在建工程领用工程物资，借记"在建工程"科目，贷记"工程物资"科目，选项 C 当选。补付承包企业的工程款，借记"在建工程"科目，贷记"银行存款"科目，选项 D 当选。自然灾害等原因造成的在建工程报废或毁损，减去残料价值和过失人或保险公司等赔款后的净损失，借记"营业外支出——非常损失"科目，贷记"在建工程——建筑工程""在建工程——安装工程"等科目，选项 E 不当选。
>
> ▲ **本题答案** ACD

（三）投资者投入的固定资产

企业接受投资者投入的固定资产，按投资合同或协议约定的价值入账（合同或协议约定价值不公允的除外）。

借：固定资产
　　贷：实收资本、股本等

（四）存在弃置义务的固定资产

对存在弃置义务（报废清理费用不属于弃置费用）的固定资产。

情形	账务处理
取得固定资产时按预计弃置费用的现值	借：固定资产 　　贷：预计负债
在该项固定资产的使用寿命内，按弃置费用计算确定各期应负担的利息费用	借：财务费用 　　贷：预计负债
使用期满，实际支付弃置费用时	借：预计负债 　　贷：银行存款

提示：固定资产装修发生的装修费用满足固定资产确认条件的，也应借记"固定资产"等科目，贷记"银行存款"等科目。

解题高手

命题角度 1：考查影响固定资产成本的项目。

需要重点关注以下项目：

计入固定资产成本的项目	常见的干扰项目
弃置费用	报废清理费用
工程建设期间发生的工程物资盘亏、报废、毁损净损失	自然灾害导致的毁损净损失
	工程完工后工程物资的盘亏净损失
	工程物资的减值准备
满足资本化条件的借款费用	达到预定可使用状态后的借款费用

命题角度 2：自行建造固定资产过程中，需通过"在建工程——待摊支出"核算的内容。

主要包括：在建工程发生的管理费、征地费、可行性研究费、临时设施费、公证费、监理费、应负担的税费、满足资本化条件的借款费用、建设期间发生的工程物资盘亏净损失与盘盈净收益、在建工程进行负荷联合试车发生的费用。

三、固定资产的后续计量（★★★）

（一）固定资产的折旧

1. 固定资产折旧的性质

固定资产折旧是指在固定资产使用寿命内，按照确定的方法对应计折旧额进行的系统分摊。

其中：

应计折旧额 = 固定资产的原价 − 预计净残值

已计提减值准备的固定资产，还应当扣除已计提的固定资产减值准备累计金额。

从本质上讲，折旧是一种费用，是固定资产在使用过程中由于逐渐损耗而减少的那部分价值。

2. 影响固定资产折旧的基本因素

影响因素	含义
原值	企业计提固定资产折旧时的基数，即固定资产取得时的入账价值或原价
预计净残值	假定固定资产预计使用寿命已满并处于使用寿命终了时的预期状态，企业目前从该项资产处置中获得的扣除预计处置费用后的金额
使用寿命	企业使用固定资产的预计期间，或者该固定资产所能生产产品或提供劳务的数量

企业应当根据固定资产的性质和使用情况，合理确定固定资产的使用寿命和预计净残值。固定资产的使用寿命、预计净残值一经确定，不得随意变更。除非当企业按规定定期对固定资产的使用寿命进行复核时，发现固定资产的使用寿命的预期数与原先的估计数有重大差异，则应当调整固定资产折旧年限。

| 典例研习·10-3 【2020年多项选择题】

下列属于影响固定资产折旧的基本因素有（　　）。
A. 固定资产的使用寿命
B. 固定资产原值
C. 固定资产预计净残值
D. 固定资产减值准备金额
E. 固定资产折旧计提的方法

🔍**斯尔解析**　本题考查固定资产的折旧。影响固定资产折旧的基本因素主要包括固定资产的原值、固定资产的预计净残值和固定资产的使用寿命，选项 ABC 当选。

▲**本题答案**　ABC

---

3. 固定资产折旧的范围

（1）空间范围。

按照《企业会计准则第 4 号——固定资产》的规定，除下列情况外，企业应对所有固定资产计提折旧：

①已提足折旧仍继续使用的固定资产。

②按规定单独估价作为固定资产入账的土地。

提示：

a. 对已达到预定可使用状态的固定资产，无论是否交付使用，尚未办理竣工决算的，应当按照暂估价值确认为固定资产，并计提折旧；待办理了竣工决算手续后，再按实际成本调整原来的暂估价值，但不需要调整原已计提的折旧额。

b. 处于更新改造过程而停止使用的固定资产，符合固定资产确认条件的，应当转入在建工程，停止计提折旧；不符合固定资产确认条件的，不应转入在建工程，照提折旧。

c. 对符合固定资产确认条件的固定资产装修费用，应当在两次装修期间与固定资产剩余使用寿命两者中较短的期间内计提折旧。

d. 提前报废的固定资产，也不再补提折旧。

e. 闲置的固定资产，仍需计提折旧。

f. 划分为持有待售类别的固定资产，不再计提折旧。

| 典例研习·10-4 | 2019年单项选择题

下列固定资产中，应计提折旧的是（　　）。

A. 持有待售的固定资产

B. 按规定单独估价作为固定资产入账的土地

C. 未交付使用但已达到预定可使用状态的固定资产

D. 未提足折旧提前报废的设备

斯尔解析 本题考查固定资产的折旧。持有待售的固定资产不再计提折旧，选项 A 不当选。按规定单独估价作为固定资产入账的土地不计提折旧，选项 B 不当选。固定资产即使尚未交付使用，只要达到预定可使用状态就应计提折旧，选项 C 当选。未提足折旧提前报废的设备不再补提折旧，选项 D 不当选。

本题答案 C

（2）时间范围。

固定资产应当按月计提折旧。

对当月增加的固定资产，当月不提折旧，从下月起计提折旧。

对当月减少的固定资产，当月照提折旧，从下月起不提折旧。

4. 固定资产折旧的方法

企业可选用的折旧方法包括年限平均法、工作量法、双倍余额递减法和年数总和法等。

企业应当根据固定资产所含经济利益预期实现方式选择上述折旧方法，折旧方法一经确定，不得随意变更。

除非与固定资产有关的经济利益预期实现方式有重大改变的，应当改变固定资产折旧方法。折旧方法变更，应当在会计报表附注中予以说明。

（1）年限平均法。

年限平均法，又称直线法，是指将固定资产的应计折旧额均匀地分摊到固定资产预计使用寿命内的一种方法。

年折旧额 =（原价 − 预计净残值）÷ 预计使用年限

　　　　 = 原价 ×（1− 预计净残值率）÷ 预计使用年限

　　　　 = 原价 × 年折旧率

月折旧额 = 年折旧额 ÷ 12

典例研习·10-5 (模拟单项选择题)

甲公司有一台生产用机器设备,原价为 608 万元,预计使用 10 年,预计净残值为 8 万元,采用年限平均法计提折旧。不考虑其他因素,则该机器设备每月应计提的折旧金额为( )万元。

A.60　　　　　　　　　　　　B.40
C.20　　　　　　　　　　　　D.5

斯尔解析 本题考查固定资产的折旧。应计折旧额=原值－预计净残值=608-8=600(万元),年折旧额=应计折旧额÷预计使用年限=600÷10=60(万元),月折旧额=60÷12=5(万元),选项 D 当选。

本题答案 D

(2)工作量法。

工作量法,是根据固定资产在使用期间完成的总的工作量平均计算折旧的一种方法。计算公式为:

单位工作量折旧额=(固定资产原价－预计净残值)÷预计总工作量

月折旧额=当月实际完成工作量×单位工作量折旧额

典例研习·10-6 (模拟单项选择题)

甲公司的一台机器设备采用工作量法计提折旧,原价为 800 000 元,预计生产产品的产量为 4 000 000 个,预计净残值率为 5%,本月生产产品 40 000 个。不考虑其他因素,则该机器设备本月应计提的折旧金额为( )元。

A.7 600　　　　　　　　　　B.7 800
C.8 000　　　　　　　　　　D.8 400

斯尔解析 本题考查固定资产的折旧。该台机器设备的本月折旧额计算如下:单个产品折旧额=800 000×(1-5%)÷4 000 000=0.19(元/个),本月折旧额=40 000×0.19=7 600(元),选项 A 当选。

本题答案 A

(3)双倍余额递减法。

双倍余额递减法是加速折旧法的一种,是按直线法折旧率的两倍,乘以固定资产在每个会计期间的期初账面净值计算折旧的方法。

按双倍余额递减法计算折旧时,通常不考虑固定资产残值。但是在固定资产预计使用年限到期前两年转换为直线法。

阶段	含义
前期	按直线法折旧率的两倍，乘以固定资产在每个会计期间的期初账面净值计算折旧的方法
	在计算折旧率时通常不考虑固定资产残值
	直线折旧率＝（1/预计使用年限）×100%
	双倍直线折旧率＝（2/预计使用年限）×100%
最后2年	将固定资产净值扣除预计净残值后的余额平均分摊

典例研习·10-7 教材例题改编

甲公司对机械设备采用双倍余额递减法计提折旧，甲公司的某项设备原值为100万元，预计净残值率为5%，预计可使用年限为5年，不考虑其他因素。

双倍直线折旧率＝（2/5）×100%＝40%

预计净残值＝100×5%＝5（万元）

各年应计提折旧额计算如下表所示：

	年次	年初账面净值	折旧率	折旧额	期末账面净值
前期	1	100	40%	40	60
	2	60	40%	24	36
	3	36	40%	14.4	21.6
最后2年	4	21.6	—	8.3	13.3
	5	13.3	—	8.3	5

典例研习·10-8 2021年单项选择题

2020年6月5日甲公司以804万元购入X、Y和Z三台不需要安装的设备（均没有单独标价），其公允价值分别为280万元、360万元和260万元；同日甲公司支付可归属于X、Y和Z设备的运输费分别为1.8万元、2.4万元和2.8万元，并于当日将三台设备投入使用。甲公司对Y设备采用双倍余额递减法计提折旧，预计净残值为4万元，预计可使用年限为10年。则2020年度甲公司应计提Y设备的折旧额为（　　）万元。

A.36.24　　　　B.32.16　　　　C.32.40　　　　D.32.00

斯尔解析 本题考查固定资产的折旧。Y设备的入账价值＝360/（280+360+260）×804+2.4＝324（万元），2020年度甲公司应计提Y设备的折旧额＝（324×2/10）×6/12＝32.40（万元），选项C当选。

本题答案 C

（4）年数总和法。

年数总和法是以固定资产的原值减去预计净残值后的净额为基数，以一个逐年递减的分数为折旧率，计算各年固定资产折旧额的一种方法。

年折旧率 = 尚可使用年限 ÷ 预计使用年限的年数总和 × 100%

各年折旧率计算的过程中，分母是不变的，只有分子变化。

年折旧额 =（固定资产原值 − 预计净残值）× 年折旧率

| 典例研习·10-9 教材例题改编

甲公司购置设备一台，原值为100万元，预计净残值为10万元，预计可使用年限为3年，采用年数总和法计提折旧，不考虑其他因素。

预计使用年限的逐年数字总和 =3+2+1=6（年）

各年折旧率：第1年3/6；第2年2/6；第3年1/6。

各年折旧额：

第1年：（100−10）×3/6=45（万元）。

第2年：（100−10）×2/6=30（万元）。

第3年：（100−10）×1/6=15（万元）。

（5）固定资产使用寿命、预计净残值和折旧方法的复核。

企业至少应当于每年年度终了，对固定资产的使用寿命、预计净残值和折旧方法进行复核。使用寿命预计数与原先估计数有差异的，应当调整固定资产使用寿命。预计净残值预计数与原先估计数有差异的，应当调整预计净残值。与固定资产有关的经济利益预期实现方式有重大改变的，应当改变固定资产折旧方法。

固定资产使用寿命、预计净残值和折旧方法的改变按照会计估计变更的有关规定进行处理。

5. 固定资产折旧的账务处理

固定资产折旧通过"累计折旧"科目核算，并根据用途计入相关资产的成本或者当期损益。

借：制造费用（用于生产车间）
　　管理费用（用于行政管理部门）
　　销售费用（用于销售部门）
　　在建工程（用于工程建设）
　　研发支出（用于项目研发）
　　其他业务成本（用于经营租出）
　贷：累计折旧

（二）固定资产的后续支出

固定资产的后续支出是指固定资产使用期间发生的日常修理费、大修理费用、更新改造支出、房屋的装修费用等，在会计处理上应区分为资本化的后续支出和费用化的后续支出两种情况：

（1）符合固定资产确认条件的，应当计入固定资产成本，同时将被替换部分的账面价值扣除。

（2）不符合固定资产确认条件的，应当在发生时按受益对象计入当期损益或计入相关资产的成本。与存货的生产和加工相关的固定资产日常修理费用按存货成本确定原则进行处理；行政管理部门、企业专设的销售机构等发生的固定资产日常修理费用按照功能分类计入管理费用或销售费用。

固定资产日常修理费用，通常不符合固定资产确认条件，应当在发生时计入当期损益。

解题高手们

命题角度：计算改造完成后固定资产入账金额。

此类题目重点在于存在被替换部分的问题，请注意审题，如果题目中给定被替换部分的账面价值，直接从在建工程中扣减即可；如果给定被替换部分的账面原值，则需要计算被替换部分的账面价值，此处计算按照包含被替换部分的固定资产账面原值占固定资产账面原值的比例，计算出被替换部分的账面价值。例如，固定资产原值为1 000万元，已计提折旧300万元，被替换部分账面原值为200万元，则被替换部分的账面价值=200−200×300/1 000=140（万元）。需要说明的是，被替换部分的原值包括在固定资产原值中。

典例研习·10-10 〔2016年单项选择题〕

下列关于固定资产后续支出的表述中，正确的是（ ）。

A. 发生的更新改造支出应当资本化
B. 发生的装修费用支出应当费用化
C. 发生的日常修理费用通常应当费用化
D. 发生的大修理支出应当费用化

斯尔解析 本题考查固定资产的后续支出。固定资产发生的更新改造和大修理支出，如果满足资本化条件，则应予以资本化，如果不满足资本化条件，则应予以费用化，选项AD不当选。固定资产装修发生的装修费用满足固定资产确认条件的，应予以资本化，选项B不当选。固定资产日常修理费用，通常不符合固定资产确认条件，应当在发生时计入当期管理费用或销售费用，选项C当选。

本题答案 C

| 典例研习·10-11 2019年单项选择题

甲公司某项固定资产原值为500万元，预计使用年限为10年，已计提折旧200万元。现对该固定资产的某一主要部件进行更换，发生支出合计55万元，符合会计准则规定的固定资产确认条件，被更换部分的原值为80万元，则该固定资产更换部件后的入账价值是（　　）万元。

A.320　　　　B.310　　　　C.317　　　　D.307

斯尔解析 本题考查固定资产的后续支出。被更换部分的账面价值=80-80×200/500=48（万元）；更换后的入账价值=500-200+55-48=307（万元），选项D当选。

本题答案 D

四、固定资产的处置（★）

固定资产的处置包括固定资产的出售、报废和毁损、对外投资、非货币性资产交换、债务重组等。

（一）固定资产终止确认的条件

固定资产满足下列条件之一的，应当予以终止确认：

（1）该固定资产处于处置状态。

（2）该固定资产预期通过使用或处置不能产生经济利益。

（二）固定资产处置的账务处理

企业处置固定资产，应通过"固定资产清理"科目核算。企业出售、转让、报废固定资产或发生固定资产毁损，应当将处置收入扣除账面价值和相关税费后的金额计入当期损益。

固定资产的账面价值是固定资产成本扣减累计折旧和累计减值准备后的金额。

精准答疑

问题： 如何区分资产的账面余额、账面价值和账面净值？

解答： 资产的账面余额，是指某资产科目账面上的实际余额，不扣除相关备抵科目的账面余额（如相关减值准备）。

资产的账面价值，是指某资产科目的账面余额减去相关备抵科目后的余额。

资产的账面净值，专门针对固定资产和无形资产而言，是指固定资产（无形资产）扣除累计折旧（累计摊销）后的余额，但不扣除固定资产（无形资产）减值准备。

接下来通过举例说明，例如，固定资产（无形资产）原值为100万元，已计提折旧（摊销）20万元，已计提固定资产（无形资产）减值准备10万元，因此固定资产（无形资产）的账面余额为100万元，固定资产（无形资产）的账面净值=100-20=80（万元），固定资产（无形资产）的账面价值=100-20-10=70（万元）。

其具体会计处理一般经过如下步骤：

步骤	账务处理
固定资产转入清理	借：固定资产清理 　　累计折旧 　　固定资产减值准备 　贷：固定资产
发生清理费用	借：固定资产清理 　贷：银行存款
出售收入和残料的处理	借：银行存款 　　原材料 　贷：固定资产清理 　　　应交税费
保险赔偿的处理	借：银行存款 　　其他应收款 　贷：固定资产清理
清理完成后的净损失	借：资产处置损益（正常出售、转让损失） 　　营业外支出（因丧失使用功能、自然灾害发生毁损等原因而报废清理产生的损失） 　贷：固定资产清理
清理完成后的净收益	借：固定资产清理 　贷：资产处置损益（正常出售、转让收益） 　　　营业外收入（因丧失使用功能、自然灾害发生毁损等原因而报废清理产生的收益）

解题高手

命题角度：根据经济业务计算固定资产处置净损益及账务处理。

关于固定资产处置的净损益的计算可以按以下三步处理：

第一步：找收入。将固定资产出售收入、材料收入和保险公司赔偿等视作"收入"，记入"固定资产清理"科目的贷方。

第二步：找支出。将固定资产账面价值、清理费用等，视作"支出"，记入"固定资产清理"科目的借方。

第三步：算差额。用"收入"－"支出"即得到固定资产处置净损益。如果是正常出售转让产生的净损益计入资产处置损益，如果是因丧失使用功能、自然灾害毁损等原因产生的净损益计入营业外收支。

五、固定资产的清查（★）

企业应定期或至少于每年年末对固定资产进行清查盘点。

情况	账务处理	
	清查时	报批后
盘盈	按前期差错处理： 借：固定资产（重置成本） 　贷：以前年度损益调整	借：以前年度损益调整 　贷：盈余公积 　　　利润分配——未分配利润
盘亏	借：待处理财产损溢 　　累计折旧 　　固定资产减值准备 　贷：固定资产	借：其他应收款、营业外支出 　贷：待处理财产损溢

| 典例研习·10-12   2019年多项选择题

在固定资产清理过程中，下列各项影响固定资产清理净损益的有（　　）。

A. 毁损固定资产取得的赔款

B. 固定资产的弃置费用

C. 盘盈的固定资产的重置成本

D. 报废固定资产的原值和已计提的累计折旧

E. 转让厂房应交纳的土地增值税

斯尔解析 本题考查固定资产的处置。企业出售、转让、报废固定资产或发生固定资产毁损，应当将处置收入扣除账面价值和相关税费后的金额计入当期损益。毁损固定资产取得的赔款影响处置收入，选项 A 当选。固定资产的弃置费用、报废固定资产的原值和已计提的累计折旧影响处置时固定资产的账面价值，选项 BD 当选。盘盈固定资产，应按照其重置成本，借记"固定资产"，贷记"以前年度损益调整"，不影响"固定资产清理"科目，选项 C 不当选。转让厂房应交纳的土地增值税属于处置时的相关税费，选项 E 当选。

本题答案 ABDE

第二节　无形资产的核算

一、无形资产的概念（★）

无形资产是指企业拥有或者控制的没有实物形态的可辨认非货币性资产。

无形资产包括专利权、非专利技术、商标权、著作权、土地使用权、特许权、数据资源等。

满足下列条件之一时，才符合无形资产定义中的可辨认标准：

（1）能够从企业中分离或者划分出来，并能单独或者与相关合同、资产或负债一起，用于出售、转移、授权许可、租赁或者交换。

（2）源自于合同性权利或其他法定权利，无论这些权利是否可以从企业或者其他权利和义务中转移或者分离。

提示：

①企业自创商誉以及内部产生的品牌、报刊名，其成本难以计量，不应确认为无形资产。

②企业合并形成的商誉，其存在无法与企业自身分离，不具有可辨认性，不应确认为无形资产。

③客户基础、市场份额、客户关系和客户信赖等项目，企业无法对其控制，通常不确认为无形资产。

二、无形资产的初始计量（★★）

无形资产应当按照实际成本进行初始计量。应按照取得无形资产的不同来源分别计量，确定入账价值。

（一）外购取得的无形资产

外购无形资产的成本，包括购买价款、相关税费，以及直接归属于使该项资产达到预定用途所发生的其他支出，如使无形资产达到预定用途所发生的专业服务费等。

如果购买无形资产的价款超过正常信用条件延期支付，实质上具有融资性质的，应按所取得无形资产购买价款的现值入账。

数据资源中符合无形资产定义和确认条件的可直接归属于使该项无形资产达到预定用途所发生的数据脱敏、清洗、标注、整合、分析、可视化等加工过程所发生的有关支出，以及数据权属鉴证、质量评估、登记结算、安全管理等费用。 【新】

（二）自行研发的无形资产

企业自行进行的无形资产研究开发项目，区分为研究阶段与开发阶段。

阶段		发生时	期末（或达到预定用途时）
研究阶段		借：研发支出——费用化支出 　　贷：银行存款、累计折旧、 　　　　应付职工薪酬等	借：管理费用 　　贷：研发支出——费用化支出
开发阶段	不满足资本化条件		

续表

阶段	发生时	期末（或达到预定用途时）
开发阶段	满足资本化条件	借：研发支出——资本化支出 　贷：银行存款、累计折旧、 　　　应付职工薪酬等	（1）如果尚未研发完毕，需要将"研发支出——资本化支出"列报为资产负债表"开发支出"项目。 （2）研发完毕，将所有"研发支出——资本化支出"转入"无形资产"。 借：无形资产 　贷：研发支出——资本化支出

提示：如果无法可靠区分研究阶段和开发阶段的支出，应当将发生的研发支出全部费用化，计入当期损益（管理费用）。

（三）投资者投入的无形资产

按投资合同或协议价约定的价值确定，但合同或协议约定价值不公允的除外。

（四）接受政府补助取得的无形资产

企业接受政府补助取得的无形资产，应按照公允价值计量，公允价值不能可靠取得的，按照名义金额计量。

│典例研习·10-13　2018年单项选择题

下列关于内部研发无形资产的会计处理的表述中，错误的是（　　）。

A. 研究阶段发生的符合资本化条件的支出可以计入无形资产成本
B. 开发阶段发生的符合资本化条件的支出应计入无形资产成本
C. 研究阶段发生的支出应全部费用化
D. 开发阶段发生的未满足资本化条件的支出应计入当期损益

斯尔解析　本题考查无形资产的初始计量。研究阶段的支出应当费用化，计入当期损益，不会出现符合资本化条件的情形，选项A当选、选项C不当选。开发阶段的支出符合资本化条件的支出，计入无形资产成本，未满足资本化条件的支出计入当期损益，选项BD不当选。

▲本题答案　A

三、无形资产的摊销（★★）

（一）使用寿命不确定的无形资产

（1）不应摊销，但是至少每年进行一次减值测试。

（2）每个会计期间对其使用寿命进行复核，如果有证据表明其使用寿命是有限的，应按照使用寿命有限的无形资产进行处理。

(二)使用寿命有限的无形资产

使用寿命有限的无形资产,其应摊销金额应当在使用寿命内系统合理摊销。

(1)应摊销金额=成本-预计残值-减值准备。

通常使用寿命有限的无形资产残值应视为零,但下列情况除外:

①有第三方承诺在其使用寿命结束时购买该无形资产。

②可以根据活跃市场得到预计残值信息,并且该市场在无形资产使用寿命结束时可能存在。

(2)无形资产按月计提摊销,摊销期自可供使用时起,至不再作为无形资产确认时为止;当月增加的无形资产,当月开始摊销;当月减少的无形资产,当月不再摊销。

①来源于合同性权利或其他法定权利的无形资产,其使用寿命不应超过合同性权利或其他法定权利的期限(孰短原则)。

②到期时因续约等延续,且有证据表明企业续约不需要付出大额成本,续约期应当计入使用寿命。

(3)摊销方法应当反映与其有关的经济利益的预期实现方式。无法可靠确定预期实现方式的,采用直线法摊销。

(4)企业至少应当于每年年度终了对其使用寿命和摊销方法进行复核,无形资产的使用寿命及摊销方法与以前估计不同的,应当改变摊销期限和摊销方法。

(5)持有待售的无形资产不进行摊销。

(6)无形资产的摊销金额一般应确认为当期损益,计入管理费用。某项无形资产包含的经济利益通过所生产的产品或其他方式实现的,无形资产的摊销金额可以计入产品或其他资产成本。

借:管理费用
　　制造费用
　　其他业务成本
　贷:累计摊销

| 典例研习·10-14   2019年多项选择题

下列关于无形资产摊销会计处理的表述中,正确的有( )。

A. 企业无形资产摊销应当自无形资产可供使用时起,至不再作为无形资产确认时止

B. 不能为企业带来经济利益的无形资产,应将其账面价值全部摊销入管理费用

C. 企业内部研究开发项目研究阶段的支出应当资本化,并在使用寿命内摊销

D. 无形资产的摊销额应当全部计入当期损益

E. 使用寿命不确定的无形资产不应摊销

斯尔解析 本题考查无形资产的摊销。企业无形资产摊销应当自无形资产可供使用时起，至不再作为无形资产确认时止，选项 A 当选。不能为企业带来经济利益的无形资产应作报废处理，应当将其账面价值全部计入营业外支出，选项 B 不当选。企业自行研究开发无形资产，研究阶段的支出应该全部费用化，选项 C 不当选。无形资产的摊销金额一般应确认为当期损益，计入管理费用。某项无形资产包含的经济利益通过所生产的产品或其他方式实现的，无形资产的摊销金额可以计入产品或其他资产成本，选项 D 不当选。使用寿命不确定的无形资产不应摊销，选项 E 当选。

▲**本题答案** AE

| 典例研习·10-15 （2017年单项选择题）

甲公司自 2016 年初自行研发一项非专利技术，2017 年 7 月该项目达到预定用途形成无形资产并交付管理部门使用。2016 年在研发过程中发生材料费 220 万元、人工工资 60 万元以及其他费用 20 万元，其中符合资本化条件的支出为 240 万元。2017 年发生材料费 110 万元、人工工资 40 万元以及其他费用 30 万元，其中符合资本化条件的支出为 120 万元。该项无形资产的摊销期限为 5 年，预计净残值为零，按直线法摊销。该事项对甲公司 2017 年度损益的影响金额为（ ）万元。

A.156 B.132
C.192 D.96

斯尔解析 本题考查无形资产的摊销。2017 年研发支出当中费用化金额 =110+40+30-120=60（万元）；无形资产的入账价值 =240+120=360（万元）；2017 年该无形资产的摊销金额 =360÷5×6/12=36（万元）；该事项对甲公司 2017 年度损益的影响金额 =36+60=96（万元），选项 D 当选。

▲**本题答案** D

四、无形资产的处置（★★）

（一）出售

企业出售无形资产时，应将所取得的价款与该无形资产账面价值的差额作为资产处置利得或损失，记入"资产处置损益"科目。

| 典例研习·10-16 教材例题改编

(1) 2022年3月20日，甲公司（系增值税一般纳税人）购入一项专利权，取得的增值税专用发票上注明的专利权价款为120 000元，进项税额为7 200元，作为无形资产入账。

借：无形资产　　　　　　　　　　　　　　　　　　　　120 000
　　应交税费——应交增值税（进项税额）　　　　　　　　7 200
　　贷：银行存款　　　　　　　　　　　　　　　　　　　　　127 200

(2) 甲公司确定的摊销期限为10年，假定这项专利权的净残值为0，并按直线法摊销。

月摊销额＝120 000÷10÷12＝1 000（元）

借：管理费用　　　　　　　　　　　　　　　　　　　　1 000
　　贷：累计摊销　　　　　　　　　　　　　　　　　　　　　1 000

(3) 甲公司在购入该项专利权使用18个月后又将其所有权出售给其他单位，取得出售收入106 000元（其中，增值税额为6 000元），该项专利权未计提减值准备。

出售时已摊销额＝1 000×18＝18 000（元）

借：银行存款　　　　　　　　　　　　　　　　　　　　106 000
　　资产处置损益　　　　　　　　　　　　　　　　　　　2 000
　　累计摊销　　　　　　　　　　　　　　　　　　　　　18 000
　　贷：无形资产　　　　　　　　　　　　　　　　　　　　　120 000
　　　　应交税费——应交增值税（销项税额）　　　　　　　　6 000

（二）报废

无形资产预期不能为企业带来经济利益的，应当将该无形资产的账面价值予以转销。

借：累计摊销（原已计提的累计摊销）
　　无形资产减值准备（原已计提的减值准备）
　　营业外支出（差额）
　　贷：无形资产（账面余额）

| 典例研习·10-17 2021年单项选择题

甲公司系增值税一般纳税人，2017年1月1日购入一项管理用专利权，取得增值税专用发票上注明的价款为180 000元，进项税额为10 800元，作为无形资产核算。该项专利权的使用寿命为10年，预计净残值为零，按直线法摊销。2021年11月2日，因政策原因使得该项专利权无法再为公司带来经济利益，甲公司决定将其报废。上述业务使甲公司2021年度利润总额减少（　　）元。

A.109 500　　　　B.93 000　　　　C.108 000　　　　D.94 500

🔍 **斯尔解析** 本题考查无形资产的核算。2021年该无形资产的摊销金额 =180 000÷10÷12×10=15 000（元）。该无形资产报废时的账面价值 =180 000−180 000÷10÷12×（4×12+10）=93 000（元），上述业务使甲公司 2021 年度利润总额减少的金额 =15 000+93 000=108 000（元），选项 C 当选。

▲ **本题答案** C

第三节　固定资产、无形资产减值的核算

对于企业拥有的固定资产、无形资产、使用权资产和商誉等，应当在资产负债表日判断其是否存在可能发生减值的迹象；对于存在减值迹象的，应当进行减值测试，计算可收回金额，可收回金额低于账面价值的，应当按照可收回金额低于账面价值的金额，计提减值准备。

一、固定资产、无形资产等资产发生减值的判断（★）

存在下列迹象的，表明固定资产、无形资产等资产可能发生了减值：

（1）资产的市价当期大幅度下跌，其跌幅明显高于因时间的推移或者正常使用而预计的下跌。

（2）企业经营所处的经济、技术或者法律等环境，以及资产所处的市场在当期或者将在近期发生重大变化，从而对企业产生不利影响。

（3）市场利率或者其他市场投资报酬率在当期已经提高，从而影响企业计算资产预计未来现金流量现值的折现率，导致资产可收回金额大幅度降低。

（4）有证据表明资产已经陈旧过时或者其实体已经损坏。

（5）资产已经或者将被闲置、终止使用，或者计划提前处置。

（6）企业内部报告的证据表明资产的经济绩效已经低于或者将低于预期，如资产所创造的净现金流量或者实现的营业利润（或者亏损）远远低于（或者高于）预计金额等。

提示：

资产通常在存在减值迹象时才需进行减值测试，但下列资产除外（至少于每年年度终了进行减值测试）：

①因企业合并形成的商誉。

②使用寿命不确定的无形资产。

③尚未达到可使用状态的无形资产。

原理详解

上述这三类资产需要定期"体检"的原因

因企业合并所形成的商誉和使用寿命不确定的无形资产在后续计量中不再进行摊销，为了避免资产价值高估，应及时确认商誉和使用寿命不确定无形资产的减值损失，如实反映企业财务状况和经营成果；对于尚未达到可使用状态的无形资产，因其价值和产生的未来经济利益有较大的不确定性，所以也需要至少在每年年度终了进行减值测试。

典例研习·10-18（2020年多项选择题）

下列资产中，无论是否存在减值迹象，至少每年都应当进行减值测试的有（　　）。

A. 持有待售的处置组
B. 使用寿命不确定的非专利技术
C. 土地使用权
D. 企业合并所形成的商誉
E. 在建工程

斯尔解析 本题考查资产减值的核算。因企业合并所形成的商誉和使用寿命不确定的无形资产，无论是否存在减值迹象，至少每年都应当进行减值测试，选项 BD 当选。

本题答案 BD

二、资产可收回金额的计量（★★）

固定资产、无形资产等资产存在减值迹象的，应当估计其可收回金额。
资产可收回金额低于账面价值的，应当计提减值准备，确认减值损失。
借：资产减值损失
　　贷：××资产减值准备
资产的可收回金额应当根据资产的公允价值减去处置费用后的净额与资产预计未来现金流量的现值两者之间较高者确定。
提示：
在估计资产可收回金额时，应当遵循重要性原则，即：
以前报告期间的计算结果表明，资产可收回金额显著高于其账面价值，之后又没有消除这一差异的交易或者事项，资产负债表日可以不重新估计该资产的可收回金额。
以前报告期间的计算与分析表明，资产可收回金额相对于某种减值迹象反应不敏感，在本报告期间又发生了该减值迹象的，可以不因该减值迹象的出现而重新估计该资产的可收回金额。

（一）资产的公允价值减去处置费用后净额的确定

情形	确定方法
对于存在资产销售协议的	应当根据公平交易中销售协议价格减去可直接归属于该资产处置费用的金额确定
对于不存在销售协议但存在资产活跃市场的	应当按照该资产的市场价格减去处置费用后的金额确定。资产的市场价格通常应当根据资产的买方出价确定
在销售协议和资产活跃市场均不存在的情况下	应当以可获取的最佳信息为基础，估计资产的公允价值减去处置费用后的净额，该净额可以参考同行业类似资产的最近交易价格或者结果进行估计

其中，处置费用包括与资产处置有关的法律费用、相关税费、搬运费，以及为使资产达到可销售状态所发生的直接费用等。

（二）资产预计未来现金流量现值的确定

资产预计未来现金流量的现值，应当按照资产在持续使用过程中和最终处置时所产生的预计未来现金流量，选择恰当的折现率对其进行折现后的金额加以确定。

预计资产未来现金流量的现值，应当综合考虑资产的预计未来现金流量、使用寿命和折现率等因素。

1. 预计未来现金流量

情形	表述
基础	预计资产的未来现金流量，应当以资产的当前状况为基础。 （1）企业管理层应当在合理和有依据的基础上对资产剩余使用寿命内整个经济状况进行最佳估计。 （2）建立在预算或者预测基础上的预计现金流量最多涵盖 5 年，企业管理层如能证明更长的期间是合理的，可以涵盖更长的期间。 （3）在对预算或者预测期之后年份的现金流量进行预计时，所使用的增长率除了企业能够证明更高的增长率是合理的之外，不应当超过企业经营的产品、市场、所处的行业或者所在国家或者地区的长期平均增长率，或者该资产所处市场的长期平均增长率
内容	包括： （1）资产持续使用过程中预计产生的现金流入。 （2）为实现资产持续使用过程中产生的现金流入所必需的预计现金流出（包括为使资产达到预定可使用状态所发生的现金流出）。 （3）资产使用寿命结束时处置资产所收到或者支付的净现金流量。

情形	表述
内容	不包括： （1）将来可能会发生的、尚未作出承诺的重组事项。 （2）与资产改良有关的预计未来现金流量。 （3）筹资活动产生的现金流入或者流出以及与所得税收付有关的现金流量。 提示：企业已经承诺重组的，在确定资产的未来现金流量的现值时，预计的未来现金流入和流出数，应当反映重组所能节约的费用和由重组所带来的其他利益，以及因重组所导致的估计未来现金流出数
方法	通常应当根据资产未来每期最有可能产生的现金流量进行预测。 采用期望现金流量法更为合理的，应当采用期望现金流量法预计资产未来现金流量

2. 折现率

折现率是反映当前市场货币时间价值和资产特定风险的税前利率，是企业在购置或者投资资产时所要求的必要报酬率。

（1）估计资产未来现金流量现值，通常应当使用单一的折现率。但是如果资产未来现金流量的现值对未来不同期间的风险差异或者利率的期间结构反应敏感的，企业应当在未来各不同期间采用不同的折现率。

（2）折现率的确定通常应当以该资产的市场利率为依据。

（3）预计资产的未来现金流量涉及外币的，应当以该资产所产生的未来现金流量的结算货币为基础，按照该货币适用的折现率计算资产的现值；然后将该外币现值按照计算资产未来现金流量现值当日的即期汇率进行折算（先折现，再换算）。

典例研习·10-19 2019年单项选择题

下列关于资产的可收回金额的表述中正确的是（　　）。

A. 资产的可收回金额应当根据资产的公允价值减去处置费用后的净额与资产预计未来现金流量的现值两者之间较高者确定

B. 资产的可收回金额估计时无须遵循重要性原则

C. 当资产的可收回金额大于该项资产的账面价值时，原计提的资产减值准备应当转回

D. 对资产未来现金流量的预计应以经企业管理层批准的最近财务预算或者预测数据为基础，涵盖期间至少5年

斯尔解析 本题考查资产减值损失的账务处理。资产的可收回金额应当根据资产的公允价值减去处置费用后的净额与资产预计未来现金流量的现值两者之间较高者确定，选项A当选。在估计资产可收回金额时，应当遵循重要性原则，选项B不当选。固定资产、无形资产的资产减值损失一经确认，在以后会计期间不得转回，选项C不当选。建立在预算或者预测基础上的预计现金流量最多涵盖5年，企业管理层如能证明更长的期间是合理的，可以涵盖更长的期间，选项D不当选。

本题答案 A

三、资产减值损失的账务处理（★★★）

（1）资产的可收回金额低于其账面价值的，企业应当将资产的账面价值减记至可收回金额，减记的金额确认为资产减值损失，计入当期损益，同时计提相应的资产减值准备。

借：资产减值损失
　　贷：固定资产（无形资产）减值准备

（2）资产减值损失确认后，减值资产的折旧或者摊销费用应当在未来期间作相应调整。

（3）**资产减值损失一经确认，在以后会计期间不得转回。**

（4）处置资产时，应同时结转已计提的资产减值准备。

提示：

①有迹象表明一项资产可能发生减值的，企业应当以单项资产为基础估计其可收回金额。

②企业难以对单项资产的可收回金额进行估计的，应当以该资产所属的资产组为基础确定资产组的可收回金额。资产组是指企业可以认定的最小资产组合，其产生的现金流入应当基本上独立于其他资产或资产组产生的现金流入。

| 典例研习 · 10-20 （教材例题改编）

2015 年 1 月 1 日，甲公司以银行存款 120 万元外购取得 B 特许权这一无形资产。

根据相关约定，甲公司取得的 B 特许权预计可使用年限为 6 年，预计净残值为 0，B 特许权成本按直线法在 6 年内摊销。2016 年 12 月 31 日，由于与 B 特许权相关的经济因素发生不利变化，致使 B 特许权发生价值减损，甲公司据此估计其可收回金额为 35 万元。假设不考虑所得税及其他相关税费的影响，无形资产的预计使用年限保持不变。

根据上述资料，B 特许权取得后，在整个使用年限的会计分录如下（以万元为单位）：

摘要	账务处理
2015 年、2016 年摊销	借：管理费用　　　　　　　20 　　贷：累计摊销　　　　　　20
2016 年计提无形资产减值准备	减值准备 =120-20-20-35=45（万元） 借：资产减值损失　　　　　45 　　贷：无形资产减值准备　　45
2017—2020 年各年摊销 无形资产账面价值	借：管理费用　　　　　　8.75 　　贷：累计摊销　　　　　8.75
2020 年 12 月 31 日转销 "无形资产——B 特许权"科目和"无形资产减值准备——B 特许权减值准备"科目的余额	借：无形资产减值准备　　　45 　　累计摊销　　　　　　　75 　　贷：无形资产　　　　　120

典例研习·10-21 （2020年单项选择题）

2019年12月31日，甲公司对一项账面价值为70万元、已计提减值准备10万元的固定资产进行减值测试，确定其公允价值为60万元、处置费用为3万元；预计其未来现金流量的现值为55万元，则2019年12月31日，甲公司对该固定资产应计提资产减值准备为（　　）万元。

A.13　　　　　　　　　　　　B.15
C.3　　　　　　　　　　　　　D.5

斯尔解析 本题考查资产减值损失的账务处理。固定资产的可收回金额为公允价值减去处置费用后的净额57万元（60-3）与预计未来现金流量现值55万元中较高者57万元。故2019年12月31日该项固定资产应计提的资产减值准备=70-57=13（万元），选项A当选。

本题答案 A

解题高手

命题角度：根据经济业务，判断相关资产计提减值准备后是否可以转回。

此类题目请各位同学参考以下总结：

资产	会计处理	是否可以转回	会计处理
存货	借：资产减值损失 贷：存货跌价准备	√	借：存货跌价准备 贷：资产减值损失
应收款项	借：信用减值损失 贷：坏账准备	√	借：坏账准备 贷：信用减值损失
固定资产	借：资产减值损失 贷：固定资产减值准备	×	—
在建工程	借：资产减值损失 贷：固定资产减值准备	×	—
无形资产	借：资产减值损失 贷：无形资产减值准备	×	—
长期股权投资	借：资产减值损失 贷：长期股权投资减值准备	×	—
投资性房地产 （成本模式）	借：资产减值损失 贷：投资性房地产减值准备	×	—

第四节 投资性房地产的核算

一、投资性房地产范围（★）

投资性房地产是指为赚取租金或资本增值，或者两者兼有而持有的房地产，主要包括已出租的建筑物、已出租的土地使用权、持有并准备增值后转让的土地使用权。

项目		具体细节
建筑物		（1）企业拥有产权并以经营租赁方式出租的建筑物，包括自行建造或开发活动完成后用于出租的建筑物以及正在建造或开发过程中将来用于出租的建筑物。 （2）对企业持有以备经营出租的空置建筑物，如董事会或类似机构作出书面决议，明确表明将其用于经营出租且持有意图短期内不再发生变化的，即使尚未签订租赁协议，也应视为投资性房地产
土地使用权	已出租	企业通过出让或转让方式取得的、以经营租赁方式出租的土地使用权
	资本增值	企业取得的、准备增值后转让的土地使用权

提示：

（1）一项房地产，部分用于赚取租金或资本增值，部分用于生产商品、提供劳务或经营管理或者作为存货出售，用于赚取租金或资本增值的部分能够单独计量和出售的，可以确认为投资性房地产。

（2）企业将建筑物出租，按租赁协议向承租人提供的相关辅助服务在整个协议中不重大的，应当将该建筑物确认为投资性房地产。例如，企业将办公大楼出租并向承租人提供保安、维修等辅助服务。

解题高手

命题角度1：考核投资性房地产的核算范围。

(1) 自用房地产（不属于）。

(2) 作为存货的房地产（不属于）。

(3) 按国家有关规定认定的闲置土地（不属于）。

(4) 经营租赁方式租入再转租的建筑物（不属于）。

(5) 出租给本企业职工居住的自建宿舍楼等（不属于）。

(6) 不能单独计量和出售的、用于赚取租金或资本增值的部分（不属于）。

命题角度 2：考查土地使用权的处理。

处理方法	具体情况
确认为无形资产	企业取得的土地使用权通常应按取得价款和相关税费确认为无形资产
	用于自行开发建造厂房等地上建筑物时，土地使用权与地上建筑物分别进行摊销和提取折旧
计入房屋建筑物成本	房地产开发企业取得的土地使用权用于建造对外出售的房屋建筑物，相关的土地使用权应当计入所建造的房屋建筑物成本
确认为固定资产	企业外购房屋建筑物所支付的价款应当按照合理的方法在地上建筑物与土地使用权之间进行分配；难以合理分配的，应当全部作为固定资产处理
确认为投资性房地产	企业改变土地使用权的用途，停止自用土地使用权用于赚取租金或资本增值

典例研习·10-22 2014年多项选择题

下列各项资产可划分为投资性房地产核算的有（　　）。

A. 已出租的生产厂房

B. 按国家有关规定认定的闲置土地

C. 出租和自用共存的办公楼，能够单独计量的出租部分

D. 持有并准备增值后转让的土地使用权

E. 作为存货管理的商品房

斯尔解析 本题考查投资性房地产的核算范围。已经出租的生产厂房属于投资性房地产的核算范围，选项 A 当选。按照国家有关规定认定的闲置土地，不属于持有并准备增值后转让的土地使用权，不作为投资性房地产核算，选项 B 不当选。出租和自用共存的办公楼，能够单独计量的出租部分，可以按照投资性房地产核算，选项 C 当选。持有并准备增值后转让的土地使用权，选项 D 当选。作为存货管理的商品房属于企业的存货，不作为投资性房地产核算，选项 E 不当选。

本题答案 ACD

二、投资性房地产的初始计量

投资性房地产应当按照成本进行初始计量。

取得方式	解读
外购	包括购买价款、相关税费和可直接归属于该资产的其他支出
自行建造	由建造该项资产达到预定可使用状态前所发生的必要支出构成
其他方式	按照相关《企业会计准则》的规定确定

三、投资性房地产的后续计量（★★）

投资性房地产的后续计量模式分为成本模式和公允价值模式。

计量模式	相关事项
成本模式	参照固定资产、无形资产，计提折旧或摊销，存在减值的计提减值准备，已计提的减值不得转回
公允价值模式	有确凿证据表明投资性房地产的公允价值能够持续可靠取得的，可以对投资性房地产采用公允价值模式进行后续计量

成本模式和公允价值模式的对比：

情形	成本模式	公允价值模式
收取租金	其他业务收入	其他业务收入
折旧摊销	投资性房地产累计折旧（摊销）	不涉及
减值	投资性房地产减值准备	不涉及
公允价值变动	不涉及	公允价值变动损益

提示：

（1）采用公允价值模式进行后续计量的投资性房地产，应当同时满足下列条件：
①投资性房地产所在地有活跃的房地产交易市场。
②企业能够从活跃的房地产交易市场上取得同类或类似房地产的市场价格及其他相关信息，从而对投资性房地产的公允价值作出合理的估计。

（2）企业选择公允价值模式计量投资性房地产，应当对其所有投资性房地产采用公允价值模式进行后续计量，不得对一部分投资性房地产采用成本模式进行后续计量，对另一部分投资性房地产采用公允价值模式进行后续计量。

（3）企业对投资性房地产的计量模式一经确定，不得随意变更。成本模式转为公允价值模式的，应当作为会计政策变更处理。已采用公允价值模式计量的投资性房地产，不得从公允价值模式转为成本模式。

（一）成本模式后续计量

1. 与固定资产、无形资产对比

情形	固定资产	无形资产	成本模式
折旧摊销	累计折旧	累计摊销	投资性房地产累计折旧（摊销）
减值	固定资产减值准备	无形资产减值准备	投资性房地产减值准备
收取租金	其他业务收入	其他业务收入	其他业务收入

2. 具体账务处理

情形	账务处理
企业外购、自行建造取得投资性房地产	借：投资性房地产 　　贷：银行存款、在建工程等
计提折旧或进行摊销时	借：其他业务成本 　　贷：投资性房地产累计折旧（摊销）
计提减值准备时	借：资产减值损失 　　贷：投资性房地产减值准备
取得租金时	借：银行存款 　　贷：其他业务收入 　　　　应交税费——应交增值税（销项税额）

（二）公允价值模式后续计量

情形	账务处理
企业外购、自行建造取得投资性房地产	借：投资性房地产——成本 　　贷：银行存款、在建工程等
公允价值上升	借：投资性房地产——公允价值变动 　　贷：公允价值变动损益
公允价值下降	借：公允价值变动损益 　　贷：投资性房地产——公允价值变动
取得租金时	借：银行存款 　　贷：其他业务收入 　　　　应交税费——应交增值税（销项税额）

| 典例研习·10-23 | 2019年单项选择题

下列关于投资性房地产后续计量的表述中，错误的是（ ）。
A. 采用公允价值模式进行后续计量的投资性房地产，不应计提折旧或摊销
B. 已经计提减值准备的投资性房地产的价值又得以恢复的，应当在原计提范围内转回
C. 已采用公允价值模式进行后续计量的投资性房地产不允许再转为成本模式计量
D. 采用成本模式进行后续计量的投资性房地产，应当按月计提折旧或摊销

斯尔解析　本题考查投资性房地产的后续计量。采用成本模式进行后续计量的投资性房地产，需要按月计提折旧或摊销，但以公允价值模式进行后续计量的投资性房地产，不应计提折旧或摊销，选项AD不当选。以成本模式计量的投资性房地产计提的减值不可以转回，选项B当选。采用成本模式进行后续计量的投资性房地产，满足条件可以转为公允价值模式进行后续计量，但是已采用公允价值模式进行后续计量的投资性房地产，不得再转换为成本模式计量，选项C不当选。

本题答案　B

四、投资性房地产的转换（★★）

（一）投资性房地产转换的条件

企业有确凿证据表明房地产用途发生改变，满足下列条件之一的，应当将投资性房地产转换为其他资产或者将其他资产转换为投资性房地产：

（1）投资性房地产开始自用。
（2）作为存货的房地产，改为出租。
（3）自用土地使用权停止自用，用于赚取租金或资本增值。
（4）自用建筑物停止自用，改为出租。
（5）投资性房地产转换为存货。

（二）转换日的确定

情形	确定原则
投资性房地产开始自用	转换日是指房地产达到自用状态的日期
作为存货的房地产改为出租	转换日应当为租赁期开始日
自用建筑物或土地使用权停止自用改为出租	
自用土地使用权停止自用，改为用于资本增值	转换日是指停止自用，且该土地使用权能够单独计量和转让的日期
房地产开发企业将用于经营出租的房地产重新开发用于对外销售的，从投资性房地产转换为存货	转换日为租赁期届满、企业董事会或类似机构作出书面决议明确表明将其重新开发用于对外销售的日期

(三)成本模式下转换的账务处理

基本原则:按账面价值结转,不确认损益。

1. "非投资性房地产"之固定资产、无形资产与"成本模式进行后续计量的投资性房地产"之间的转换(一一对应)

固定资产、无形资产→投资性房地产	投资性房地产→固定资产、无形资产
借:投资性房地产 　　累计折旧、累计摊销 　　固定资产、无形资产减值准备 　贷:固定资产、无形资产 　　投资性房地产累计折旧(摊销) 　　投资性房地产减值准备	借:固定资产、无形资产 　　投资性房地产累计折旧(摊销) 　　投资性房地产减值准备 　贷:投资性房地产 　　累计折旧、累计摊销 　　固定资产、无形资产减值准备

2. "非投资性房地产"之存货与"成本模式进行后续计量的投资性房地产"之间的转换(账面结转)

存货→投资性房地产	投资性房地产→存货
借:投资性房地产 　　存货跌价准备 　贷:开发产品	借:开发产品 　　投资性房地产累计折旧(摊销) 　　投资性房地产减值准备 　贷:投资性房地产

精准答疑

问题: 如何区分开发产品和开发成本?

解答: 开发产品和开发成本均属于房地产开发企业的专属会计科目。

开发成本是指构成房地产商品售出条件的全部投入及包括分摊的配套设施费、环境绿化费和外管网等全部费用,类似于工业企业的生产成本;开发产品是指企业已经完成全部开发建设过程,并已验收合格,符合国家建设标准和设计要求,可以按照合同规定的条件移交订购单位,类似于工业企业的库存商品。

(四)公允价值模式下转换的账务处理

基本原则:按公允价值转换,借贷有差额,处理不相同。

非投资性房地产→投资性房地产	投资性房地产→非投资性房地产
借：投资性房地产——成本（公允价值） 　　　对应折旧、摊销、减值准备和存货跌价准备 　　公允价值变动损益（借方差额） 　贷：固定资产、无形资产、开发产品 　　　其他综合收益（贷方差额）	借：固定资产、无形资产、开发产品（公允价值） 　　公允价值变动损益（借方差额） 　贷：投资性房地产——成本 　　　　　　　　　——公允价值变动（或借方） 　　公允价值变动损益（贷方差额）

原理详解

转换日房地产的公允价值大于其原账面价值，将其差额计入其他综合收益，原理在于企业并未真正出售房地产以实现现金流入，仅仅是将房地产的用途作出了改变。

在我国实务中，假设转换前的房地产为固定资产，其账面价值通常反映依据历史成本计量的结果，价值较低，因此：

（1）转换为以公允价值计量的投资性房地产后，房地产的公允价值往往远超原账面价值，考虑到用途转换具备很强的人为性和操纵性，为防止企业利用上述转换而调节利润，我国企业会计准则规定该超额部分计入其他综合收益。

（2）相反地，如果转换日房地产的公允价值小于其原账面价值，将差额计入公允价值变动损益，这种方式将降低企业利润，符合谨慎性要求。

解题高手

命题角度：投资性房地产转换所对应的会计处理，需要注意转换方向的不同。

（1）如果自用资产转为投资性房地产，贷方差额记入"其他综合收益"科目。

（2）除（1）以外的其他情形均应记入"公允价值变动损益"科目。

此处易错易混点请参考下列总结：

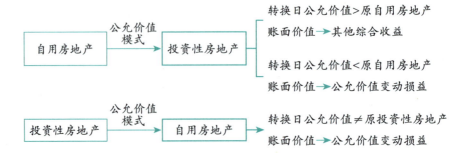

| 典例研习·10-24 2023年多项选择题

甲房地产公司2022年11月将其作为存货核算的商铺转换为采用公允价值模式计量的投资性房地产核算，转换日商铺的账面余额为1 300万元，已计提减值准备120万元，当日公允价值为1 580万元。不考虑其他因素，下列说法正确的有（　　）。

A. 增加"投资性房地产——公允价值变动"账户余额400万元
B. 减少"存货跌价准备"账户余额120万元
C. 增加"公允价值变动损益"账户余额400万元
D. 转出存货账面价值1 180万元
E. 增加"投资性房地产——成本"账户余额1 580万元

斯尔解析 本题考查投资性房地产的转换。转换日不确认"投资性房地产——公允价值变动"，选项A不当选。转换日公允价值大于账面价值的差额，计入其他综合收益，不计入公允价值变动损益，选项C不当选。会计分录为：

借：投资性房地产——成本　　　　　　　　1 580
　　存货跌价准备　　　　　　　　　　　　120
　　贷：开发产品　　　　　　　　　　　　　　1 300
　　　　其他综合收益　　　　　　　　　　　　400

选项BDE当选。

▲本题答案　BDE

五、投资性房地产的处置（★）

情形	成本模式	公允价值模式
收到价款	借：银行存款 　贷：其他业务收入 　　　应交税费——应交增值税（销项税额）	
结转成本	借：其他业务成本 　　投资性房地产累计折旧（摊销） 　　投资性房地产减值准备 　贷：投资性房地产	借：其他业务成本 　贷：投资性房地产——成本 　　　　　　　　　——公允价值变动 （或借方）
结转公允价值变动损益及其他综合收益	不涉及	（1）结转公允价值变动损益： 借：公允价值变动损益 　贷：其他业务收入（或作相反分录）

续表

情形	成本模式	公允价值模式
结转公允价值变动损益及其他综合收益	不涉及	(2) 结转其他综合收益： 借：其他综合收益 　贷：其他业务收入（或其他业务成本）

典例研习·10-25 教材例题

2020年1月2日，某房地产开发企业将一自用建筑物转为投资性房地产，并打算采用公允价值的计量模式。该建筑物的原值为220万元，累计计提折旧金额为20万元，已计提减值准备5万元，在转换日公允价值为250万元。不考虑相关税收问题。

借：投资性房地产——成本　　　　　　　　　　250
　　累计折旧　　　　　　　　　　　　　　　　20
　　固定资产减值准备　　　　　　　　　　　　5
　贷：固定资产　　　　　　　　　　　　　　　　　　220
　　　其他综合收益　　　　　　　　　　　　　　　　55

(1) 2020年12月31日该建筑物的公允价值为280万元。

借：投资性房地产——公允价值变动　　　　　　30
　贷：公允价值变动损益　　　　　　　　　　　　　30

(2) 2021年2月公司将该建筑物出售，实得款项为300万元，不考虑相关税收问题。

借：银行存款　　　　　　　　　　　　　　　　300
　贷：其他业务收入　　　　　　　　　　　　　　　300
借：其他业务成本　　　　　　　　　　　　　　280
　贷：投资性房地产——成本　　　　　　　　　　　250
　　　　　　　　　——公允价值变动　　　　　　　30

同时，将该项投资性房地产的公允价值变动和在转换日计入其他综合收益的金额转为其他业务收入（或其他业务成本）。

借：公允价值变动损益　　　　　　　　　　　　30
　　其他综合收益　　　　　　　　　　　　　　55
　贷：其他业务收入（或其他业务成本）　　　　　　85

解题高手

命题角度：根据经济业务判断投资性房地产是否影响损益。

投资性房地产相关业务对损益产生影响的具体总结如下表所示：

核算模式（阶段）			影响报表项目	对利润的影响
租金收入			营业收入	+
成本模式后续计量	计提折旧（摊销）		营业成本	−
	计提减值		资产减值损失	−
公允价值模式后续计量	期末公允价值变动		公允价值变动收益	±
公允价值模式投资性房地产转换	自用资产转为投资性房地产	贷方差额	其他综合收益	无影响
		借方差额	公允价值变动收益	−
	投资性房地产转为自用资产		公允价值变动收益	±
处置	处置价款		营业收入	+
	成本结转	成本模式	营业成本	−
		公允价值模式	营业成本	
			公允价值变动收益、营业收入	无影响
			其他综合收益、营业收入	+

典例研习·10-26 （2021年多项选择题）

投资性房地产采用成本模式进行后续计量，下列表述中正确的有（　　）。

A. 后续转为公允价值模式的，应作为会计估计变更处理
B. 当月增加的投资性房地产（建筑物）当月不计提折旧
C. 按期计提折旧或者进行摊销，应贷记"累计折旧（摊销）"科目
D. 已计提的减值准备待投资性房地产价值得以恢复时可予转回
E. 处置投资性房地产时，按其账面价值借记"其他业务成本"科目

> **斯尔解析** 本题考查投资性房地产的核算。投资性房地产采用成本模式进行后续计量，后续转为公允价值模式的，应作为会计政策变更处理，选项 A 不当选。采用成本模式进行后续计量的投资性房地产参照固定资产、无形资产计提折旧或摊销，当月增加的投资性房地产（建筑物），参照固定资产进行折旧，当月增加的固定资产当月不提折旧，选项 B 当选。投资性房地产按期计提折旧或进行摊销时，应贷记"投资性房地产累计折旧（摊销）"科目，选项 C 不当选。投资性房地产减值准备，一经计提，不得转回，选项 D 不当选。处置投资性房地产时，按其账面价值借记"其他业务成本"科目，选项 E 当选。
>
> **本题答案** BE

第五节　持有待售的非流动资产、处置组和终止经营

一、相关概念

（一）处置组

处置组，是指在一项交易中作为整体通过出售或其他方式一并处置的一组资产，以及在该交易中转让的与这些资产直接相关的负债。处置组所属的资产组或资产组组合按照《企业会计准则第 8 号——资产减值》分摊了企业合并中取得的商誉的，该处置组应当包含分摊至处置组的商誉。

（二）终止经营

终止经营是指企业满足下列条件之一的、能够单独区分的组成部分，且该组成部分已经处置或划分为持有待售类别：

（1）该组成部分代表一项独立的主要业务或一个单独的主要经营地区。

（2）该组成部分是拟对一项独立的主要业务或一个单独的主要经营地区进行处置的一项相关联计划的一部分。

（3）该组成部分是专为转售而取得的子公司。

二、持有待售的非流动资产或处置组的分类（★）

企业主要通过出售而非持续使用一项非流动资产或处置组收回其账面价值的，应当将其划分为持有待售类别。企业不应当将拟结束使用而非出售的非流动资产或处置组划分为持有待售类别。

1. 基本条件

非流动资产或处置组划分为持有待售类别，应当同时满足下列条件：

（1）根据类似交易中出售此类资产或处置组的惯例，在当前状况下即可立即出售。

（2）出售极可能发生，即企业已经就一项出售计划作出决议且获得确定的购买承诺，预计出售将在一年内完成。

2. 特殊规定

（1）对于企业专为转售而取得的非流动资产或处置组，在取得日满足"预计出售将在一年内完成"的规定条件，且短期（通常为3个月）内很可能满足持有待售类别的其他划分条件的，企业应当在取得日将其划分为持有待售类别。

（2）因企业无法控制的下列原因之一，导致非关联方之间的交易未能在一年内完成，且有充分证据表明企业仍然承诺出售非流动资产或处置组的，企业应当继续将非流动资产或处置组划分为持有待售类别。

情况	内容
意外设定条件	买方或其他方意外设定导致出售延期的条件，企业针对这些条件已经及时采取行动，且预计能够自设定导致出售延期的条件起一年内顺利化解延期因素
发生罕见情况	罕见情况主要指因不可抗力引发的情况、宏观经济形势发生急剧变化等不可控情况。 发生罕见情况，导致持有待售的非流动资产或处置组未能在一年内完成出售，企业在最初一年内已经针对这些新情况采取必要措施且重新满足了持有待售类别的划分条件

3. 转回

持有待售的非流动资产或处置组不再满足持有待售类别划分条件的，企业不应当继续将其划分为持有待售类别。

部分资产或负债从持有待售的处置组中移除后，处置组中剩余资产或负债新组成的处置组仍然满足持有待售类别划分条件的，企业应当将新组成的处置组划分为持有待售类别，否则应当将满足持有待售类别划分条件的非流动资产单独划分为持有待售类别。

典例研习·10-27 2018年多项选择题

企业将非流动资产或处置组划分为持有待售时，应满足的条件有（　　）。

A. 非流动资产或处置组拟结束使用

B. 出售极可能发生，预计将在一年内完成

C. 非流动资产或处置组已发生减值

D. 出售该资产应具有商业实质

E. 根据类似交易中出售此类资产或处置组的惯例，在当前状况下即可立即出售

🔍斯尔解析 本题考查持有待售的非流动资产或处置组的划分条件。非流动资产或处置组划分为持有待售类别，应当同时满足下列条件：（1）根据类似交易中出售此类资产或处置组的惯例，在当前状况下即可立即出售；（2）出售极可能发生，即企业已经就一项出售计划作出决议且获得确定的购买承诺，预计出售将在一年内完成，选项 BE 当选。

▲本题答案 BE

三、持有待售的非流动资产或处置组的计量（★★）

（一）划分为持有待售类别前

企业将非流动资产或处置组首次划分为持有待售类别前，应当按照相关会计准则规定计量非流动资产或处置组中各项资产和负债的账面价值。

（二）划分为持有待售类别时

（1）企业在将非流动资产或处置组划分为持有待售类别时，应将非流动资产或处置组中的资产的账面价值转入持有待售资产，同时将处置组中的负债的账面余额转入持有待售负债。

（2）企业在将非流动资产或处置组划分为持有待售类别时，其账面价值高于公允价值减去出售费用后的净额的，应当将账面价值减记至公允价值减去出售费用后的净额，减记的金额确认为资产减值损失，计入当期损益，同时计提持有待售资产减值准备。

（3）对于取得日划分为持有待售类别的非流动资产或处置组，企业应当在初始计量时比较假定其不划分为持有待售类别情况下的初始计量金额和公允价值减去出售费用后的净额，以两者孰低计量。

（4）对于持有待售的处置组确认的资产减值损失金额，应当先抵减处置组中商誉的账面价值，再根据处置组中适用准则计量规定的各项非流动资产账面价值所占比重，按比例抵减其账面价值。

（三）划分为持有待售类别后续资产负债表日

情形	计量方法
账面价值大于公允价值减去出售费用后的净额	确认资产减值损失，计提持有待售资产减值准备
已经计提减值准备，但公允价值减去出售费用的净额增加的	（1）以前减记的金额应当予以恢复，并在划分为持有待售类别后确认的资产减值损失金额内转回。 （2）已抵减的商誉账面价值，以及适用第 42 号准则计量规定的非流动资产在划分为持有待售类别前确认的资产减值损失不得转回。 （3）持有待售的处置组确认的资产减值损失后续转回金额，应当根据处置组中除商誉外适用第 42 号准则计量规定的各项非流动资产账面价值所占比重，按比例增加其账面价值

提示：持有待售的非流动资产不应计提折旧或摊销，但持有待售的处置组中负债的利息和其他费用应当继续予以确认。

| 典例研习·10-28　2021年单项选择题

下列关于持有待售的非流动资产或处置组的表述中，错误的是（　　）。

A. 对于持有待售的处置组确认的资产减值损失金额，应当先按处置组中各项非流动资产账面价值所占比重，按比例抵减其账面价值，再抵减处置组中商誉的账面价值

B. 持有待售的处置组中负债的利息和其他费用应当继续予以确认

C. 持有待售的非流动资产或处置组中的非流动资产不应计提折旧或摊销

D. 企业将非流动资产或处置组首次划分为持有待售类别前，应当按照会计准则规定计量非流动资产或处置组中各项资产和负债的账面价值

斯尔解析 本题考查持有待售的非流动资产或处置组的计量。划分为持有待售类别时，对于持有待售的处置组确认的资产减值损失金额，应当先抵减处置组中商誉的账面价值，再根据处置组中适用准则计量规定的各项非流动资产账面价值所占比重，按比例抵减其账面价值，选项A当选。持有待售的非流动资产不应计提折旧或摊销，但持有待售的处置组中负债的利息和其他费用应当继续予以确认，选项BC不当选。企业将非流动资产或处置组首次划分为持有待售类别前，应当按照相关会计准则规定计量非流动资产或处置组中各项资产和负债的账面价值，选项D不当选。

本题答案 A

（四）不再满足持有待售类别的划分条件时

非流动资产或处置组因不再满足持有待售类别划分条件而不再继续划分为持有待售类别或非流动资产从持有待售的处置组中移除时，应当按照以下两者孰低计量：

（1）划分为持有待售类别前的账面价值，按照假定不划分为持有待售类别情况下本应确认的折旧、摊销或减值等进行调整后的金额。

（2）可收回金额。

（五）终止确认时

企业终止确认持有待售的非流动资产或处置组时，应当将尚未确认的利得或损失计入当期损益。

| 典例研习·10-29 2020年单项选择题

受新冠肺炎疫情影响,甲公司2020年1月31日决定将账面原值为70万元,已计提累计折旧20万元(采用年限平均法计提折旧、每月计提折旧额1万元)的乙设备对外出售,划分为持有待售的非流动资产。随着国内疫情形势好转,甲公司2020年5月31日决定不再出售该设备,此时该设备的可收回金额为50万元。假设该设备一直没有计提减值准备,则2020年5月31日该设备作为固定资产的入账价值是(　　)万元。

A.44　　　　　　　　　　B.50
C.46　　　　　　　　　　D.48

🔍斯尔解析　本题考查持有待售的非流动资产或处置组的计量。非流动资产或处置组因不再满足持有待售类别的划分条件而不再继续划分为持有待售类别或非流动资产从持有待售的处置组中移除时,应当按照以下两者孰低计量:

(1)划分为持有待售类别前的账面价值,按照假定不划分为持有待售类别情况下本应确认的折旧、摊销或减值等进行调整后的金额。

(2)可收回金额。甲公司对乙设备按照假定不划分为持有待售类别情况下本应确认的折旧、摊销或减值等进行调整后的金额为46万元(70-20-4),可收回金额为50万元,二者孰低为46万元,即作为固定资产的入账价值是46万元,选项C当选。

🔺本题答案　C

典例研习在线题库 →

至此,财务与会计的学习已经进行了46%,继续加油呀!

46%

第十一章 非流动资产（二）

学习提要

重要程度： 重点章节

平均分值： 15分

考核题型： 各类题型均有涉及

本章提示： 本章重点内容为金融资产和长期股权投资的核算，其内容较多，难度较大，考试分值较高，学习时建议先理清整体框架，再研究具体细节

第一节 金融资产

一、金融资产的概念及分类（★）

（一）金融资产的概念

金融资产指企业持有的现金、其他方的权益工具以及符合下列条件之一的资产。

（1）从其他方收取现金或其他金融资产的合同权利（企业的应收账款、应收票据）。

（2）在潜在有利条件下，与其他方交换金融资产或金融负债的合同权利（看涨期权）。

（3）将来须用或可用企业自身权益工具进行结算的非衍生工具合同，且企业根据该合同将收到可变数量的自身权益工具。

（4）将来须用或可用企业自身权益工具进行结算的衍生工具合同，但以固定数量的自身权益工具交换固定金额的现金或其他金融资产的衍生工具合同除外。

（二）金融资产分类

企业应当根据其管理金融资产的业务模式和金融资产的合同现金流量特征，将金融资产划分为以下三类：

（1）以摊余成本计量的金融资产（以下简称"A类"）。

（2）以公允价值计量且其变动计入其他综合收益的金融资产（以下简称"B类"）。

（3）以公允价值计量且其变动计入当期损益的金融资产（以下简称"C类"）。

对金融资产的分类一经确定，不得随意变更，除非企业改变其管理金融资产的业务模式。

1. 分类标准

（1）合同现金流量特征。

金融资产的合同现金流量特征，是指金融工具合同约定的、反映相关金融资产经济特征的现金流量属性。根据合同现金流量特征，可以将金融资产分为两类：

①金融资产在特定日期产生的合同现金流量，仅为对本金和以未偿付本金金额为基础的利息的支付（以下简称"本金＋利息"）。

②不满足本金加利息的合同现金流量特征的金融资产。

（2）企业管理金融资产的业务模式。

企业管理金融资产的业务模式，是指企业如何管理其金融资产以产生现金流量。业务模式决定企业所管理金融资产现金流量的来源是收取合同现金流量、出售金融资产还是两者兼有。具体分为三类：

①以收取合同现金流量为目标的业务模式。

②以收取合同现金流量和出售金融资产为目标的业务模式。

③其他业务模式。

2. 常规分类

第一步		第二步	分类	核算科目举例
合同现金流量是否仅为"本金加利息"	是	收取"本金加利息"	A类	债权投资等
		收取"本金加利息"和出售	B类	其他债权投资
		其他	C类	交易性金融资产
	否	C类		

3. 特殊指定

（1）非交易性权益工具投资指定。

权益工具投资一般不符合本金加利息的合同现金流量特征，因此只能分类为以公允价值计量且其变动计入当期损益的金融资产。然而在初始确认时，企业可以将非交易性权益工具投资指定为以公允价值计量且其变动计入其他综合收益的金融资产（通过"其他权益工具投资"科目核算），并按规定确认股利收入。该指定一经作出，不得撤销。

（2）不能指定的情形。

企业在非同一控制下的企业合并中确认的或有对价构成金融资产的，该金融资产应当分类为以公允价值计量且其变动计入当期损益的金融资产，不得指定为以公允价值计量且其变动计入其他综合收益的金融资产。

（3）会计错配。

在初始确认时，如果能够消除或显著减少会计错配，企业可以将金融资产指定为以公允价值计量且其变动计入当期损益的金融资产。该指定一经作出，不得撤销。

典例研习·11-1 2018年多项选择题

企业根据金融资产的业务模式和合同现金流量的特征，可将金融资产划分为（ ）。

A. 以可变现净值计量的金融资产

B. 以重置成本计量的金融资产

C. 以摊余成本计量的金融资产

D. 以公允价值计量且其变动计入其他综合收益的金融资产

E. 以公允价值计量且其变动计入当期损益的金融资产

斯尔解析 本题考查金融资产的分类。企业根据其管理金融资产的业务模式和金融资产的合同现金流量特征，将金融资产分为以下三类：以摊余成本计量的金融资产；以公允价值计量且其变动计入其他综合收益的金融资产；以公允价值计量且其变动计入当期损益的金融资产，选项CDE当选。

本题答案 CDE

二、以公允价值计量且其变动计入当期损益的金融资产核算（★★★）

该类金融资产包括权益工具投资和债务工具投资。

核算科目：交易性金融资产。

该科目需要设置的二级明细科目包括：

科目名称	核算内容
交易性金融资产——成本	一般核算取得时的公允价值
交易性金融资产——公允价值变动	一般核算持有期间的公允价值变动

（一）初始计量

（1）按公允价值作为初始确认金额，相关交易费用计入当期损益（投资收益）。

（2）已到付息期但尚未领取的利息或已宣告发放但尚未发放的现金股利单独确认为应收项目。

借：交易性金融资产——成本（不含应收项目的公允价值）
  应收股利/应收利息
  投资收益（交易费用）
 贷：银行存款（实际支付的金额）

收到现金股利或利息时：

借：银行存款
 贷：应收股利/应收利息

| 典例研习·11-2 教材例题

甲公司于 2021 年 3 月 5 日以银行存款购入乙公司已宣告但尚未发放现金股利的股票 10 000 股，作为以公允价值计量且其变动计入当期损益的金融资产，每股成交价为 19.6 元，其中，0.4 元为已宣告但尚未发放的现金股利，股权登记日为 2021 年 3 月 10 日。另支付相关税费等交易费用 800 元。该企业应作如下会计分录：

(1) 3 月 5 日购入股票时：

借：交易性金融资产——成本　　　　192 000
  应收股利　　　　　　　　　　　　4 000
  投资收益　　　　　　　　　　　　　800
 贷：银行存款　　　　　　　　　　　　　　196 800

(2) 甲公司于 2021 年 4 月 10 日收到乙公司发放的现金股利。

借：银行存款　　　　　　　　　　　4 000
 贷：应收股利　　　　　　　　　　　　　　4 000

（二）后续计量

（1）资产负债表日按公允价值计量，公允价值的变动计入当期损益（公允价值变动损益）。

①公允价值高于其账面余额：

借：交易性金融资产——公允价值变动
　　贷：公允价值变动损益

②公允价值低于其账面余额：

借：公允价值变动损益
　　贷：交易性金融资产——公允价值变动

（2）持有期间取得的现金股利和利息。

①被投资单位宣告发放现金股利或确认应收利息时：

借：应收股利（按应收取的现金股利核算）
　　应收利息（根据面值和票面利率计算）
　　贷：投资收益

②收到现金股利或债券利息时：

借：银行存款
　　贷：应收股利/应收利息

（三）处置

将处置时的该金融资产的公允价值与账面余额之间的差额确认为投资收益。

借：银行存款（实际收到的金额）
　　贷：交易性金融资产——成本
　　　　　　　　　　——公允价值变动（或借方）
　　　　投资收益（差额，或借方）

解题高手

命题角度：考查交易性金融资产业务对利润总额的影响。

阶段	项目	科目
初始取得	交易费用	投资收益
持有期间	被投资单位宣告发放现金股利或确认应收利息	投资收益
	资产负债表日公允价值变动	公允价值变动损益
处置	公允价值与账面余额之间的差额	投资收益

典例研习·11-3 (2018年单项选择题)

甲公司2019年5月10日以每股25元的价格购入乙公司股票10万股,作为以公允价值计量且其变动计入当期损益的金融资产,另支付相关税费4 000元。2019年12月31日乙公司股票收盘价为30元。2020年4月8日收到乙公司2020年3月18日宣告派发的现金股利8万元,2020年8月28日甲公司以每股32元价格全部出售乙公司股票并收讫款项。甲公司该交易性金融资产自购入至出售累计影响利润总额( )元。

A.276 000   B.776 000
C.280 000   D.696 000

斯尔解析 本题考查交易性金融资产的核算。购入交易性金融资产入账成本=25×10=250(万元),相关税费4 000÷10 000=0.4(万元),应借记"投资收益"科目,2019年12月31日确认公允价值变动损益=30×10−250=50(万元),2020年4月8日收到现金股利8万元计入投资收益,2020年8月28日处置交易性金融资产计入投资收益=(32−30)×10=20(万元)。综上,上述交易累计影响利润总额=−0.4+50+8+20=77.6(万元)=776 000(元),选项B当选。

本题答案 B

典例研习·11-4 (2020年单项选择题)

2020年3月20日,甲公司从二级市场购入乙公司发行在外的普通股股票20万股,每股10元(包括已宣告但尚未发放的现金股利0.5元/股),另支付交易税费5万元,将其划分为以公允价值计量且其变动计入当期损益的金融资产,2020年6月30日该金融资产公允价值为218万元。2020年8月24日甲公司将持有的乙公司股票全部出售。取得价款226万元。则该交易性金融资产对甲公司2020年度利润总额的影响金额为( )万元。

A.23   B.36
C.31   D.28

斯尔解析 本题考查交易性金融资产的核算。会计分录如下:

(1) 2020年3月20日:

借:交易性金融资产——成本		190
应收股利	(0.5×20)	10
投资收益		5
贷:银行存款		205

(2) 2020年6月30日:

借:交易性金融资产——公允价值变动	(218−190)	28
贷:公允价值变动损益		28

（3）2020年8月24日：
借：银行存款　　　　　　　　　　　　　226
　　贷：交易性金融资产——成本　　　　　　　　190
　　　　　　　　　　——公允价值变动　　　　　28
　　　　投资收益　　　　　　　　　　　　　　　 8

该交易性金融资产对甲公司2020年度利润总额的影响金额=-5+28+8=31（万元），选项C当选。

▲本题答案　C

三、指定为以公允价值计量且其变动计入其他综合收益的金融资产核算（★★★）

该类金融资产主要包括权益工具投资。

核算科目：其他权益工具投资。

该科目下需要设置的二级明细科目如下：

科目名称	核算内容
其他权益工具投资——成本	一般核算取得时的公允价值
其他权益工具投资——公允价值变动	一般核算持有期间的公允价值变动

（一）初始计量

（1）按公允价值和交易费用之和作为初始入账金额。

（2）已宣告发放但尚未领取的现金股利单独确认为应收项目（应收股利）。

借：其他权益工具投资——成本（公允价值与交易费用之和）
　　应收股利
　　贷：银行存款等

收到现金股利时：

借：银行存款
　　贷：应收股利

（二）后续计量

（1）资产负债表日按公允价值计量，公允价值的变动计入其他综合收益。

①公允价值高于其账面余额。

借：其他权益工具投资——公允价值变动
　　贷：其他综合收益

②公允价值低于其账面余额。

借：其他综合收益
　　贷：其他权益工具投资——公允价值变动

（2）持有期间取得的现金股利和利息。

①持有期间被投资单位宣告发放现金股利时。

借：应收股利

  贷：投资收益

②收到现金股利时。

借：银行存款

  贷：应收股利

（三）出售

（1）出售所得的价款与其账面价值的差额计入留存收益。

借：银行存款

  贷：其他权益工具投资——成本

       ——公允价值变动（或借方）

    盈余公积（或借方）

    利润分配——未分配利润（或借方）

（2）将原直接计入其他综合收益的公允价值变动的累计额转出，计入留存收益。

借：其他综合收益

  贷：盈余公积

    利润分配——未分配利润

或作相反分录。

提示：

①交易性金融资产和其他权益工具投资，不需要计提减值准备。

②其他权益工具投资持有期间，除了获得的股利收入（明确作为投资成本部分收回的股利收入除外）计入当期损益（投资收益）外，其他相关的利得和损失（包括汇总损益），如与套期会计无关的，均应计入其他综合收益，且后续不得转入当期损益。

典例研习·11-5 教材例题

2019年5月6日，甲公司支付价款1016万元（含交易费用1万元和已宣告发放现金股利15万元），购入乙公司发行的股票200万股，占乙公司有表决权股份的0.5%。甲公司将其指定为以公允价值计量且其他变动计入其他综合收益的非交易性权益工具投资。

假定不考虑其他因素，甲公司的账务处理如下：

（1）2019年5月6日，购入股票。

借：其他权益工具投资——成本   1 001

  应收股利   15

  贷：银行存款   1 016

(2) 2019 年 5 月 10 日，甲公司收到乙公司发放的现金股利 15 万元。

借：银行存款　　　　　　　　　　　　　　15
　贷：应收股利　　　　　　　　　　　　　　　　　　15

(3) 2019 年 6 月 30 日，该股票市价为每股 5.2 元。

借：其他权益工具投资——公允价值变动　　39
　贷：其他综合收益　　　　　　　　　　　　　　　　39

(4) 2019 年 12 月 31 日，甲公司仍持有该股票，当日该股票市价为每股 5 元。

借：其他综合收益　　　　　　　　　　　　40
　贷：其他权益工具投资——公允价值变动　　　　　40

(5) 2020 年 5 月 9 日，乙公司宣告发放股利 4 000 万元。

借：应收股利　　　　　　　　　　　　　　20
　贷：投资收益　　　　　　　　　　　　　　　　　　20

(6) 2020 年 5 月 13 日，甲公司收到乙公司发放的现金股利。

借：银行存款　　　　　　　　　　　　　　20
　贷：应收股利　　　　　　　　　　　　　　　　　　20

(7) 2020 年 5 月 20 日，甲公司由于某特殊原因，以每股 4.9 元的价格将股票全部转让。

借：银行存款　　　　　　　　　　　　　　980
　　其他权益工具投资——公允价值变动　　1
　　盈余公积——法定盈余公积　　　　　　2
　　利润分配——未分配利润　　　　　　　18
　贷：其他权益工具投资——成本　　　　　　　　　1 001
借：盈余公积——法定盈余公积　　　　　　0.1
　　利润分配——未分配利润　　　　　　　0.9
　贷：其他综合收益　　　　　　　　　　　　　　　　1

典例研习·11-6　2019 年单项选择题

甲公司从二级市场购入乙公司发行在外的普通股股票 15 万股，指定为以公允价值计量且其变动计入其他综合收益的金融资产，支付的价款为 235 万元（其中包括已宣告但尚未发放的现金股利 1 元/股），另支付交易税费 5 万元。则甲公司该金融资产的入账价值为（　　）万元。

A.225　　　　　　　　　　B.220
C.240　　　　　　　　　　D.215

> **斯尔解析** 本题考查其他权益工具投资的核算。其他权益工具投资应当按照取得该金融资产的公允价值（不包含已宣告但尚未发放的现金股利）和相关交易费用之和作为初始确认金额。因此该金融资产的入账价值=235-1×15+5=225（万元），选项A当选。其会计分录为：
>
> 借：其他权益工具投资——成本　　　　　　　225
> 　　应收股利　　　　　　　　　　　　　　　15
> 　　贷：银行存款　　　　　　　　　　　　　　　　240
>
> ▲ **本题答案** A

四、以摊余成本计量的金融资产的核算（★★★）

该类金融资产主要包括债务工具投资。

核算科目：债权投资等。

该科目需要设置的二级明细科目包括：

科目名称	核算内容
债权投资——成本	一般核算债券的面值
债权投资——利息调整	一般核算债券面值与其摊余成本的差额
债权投资——应计利息	核算到期一次还本付息债券每期计提的利息

（一）初始计量

（1）以摊余成本计量的金融资产应当按取得时的公允价值（不包含已宣告但尚未发放的债券利息）和相关交易费用之和作为初始入账金额。

（2）交易费用。

交易费用是指可直接归属于购买、发行或处置金融工具的增量费用。

包括	不包括
支付给代理机构、咨询公司、券商、证券交易所、政府有关部门等的手续费、佣金、相关税费以及其他必要支出	债券溢价、折价、融资费用、内部管理成本和持有成本等与交易不直接相关的费用

（3）支付价款中包含的已到付息期但尚未领取的债券利息，应当单独确认为应收项目进行处理。

借：债权投资——成本（面值）
　　　　　　——应计利息（到期一次还本付息债券，实际支付价款中包含的利息）
　　应收利息（分期付息到期还本债券，已到付息期但尚未领取的利息）
　　贷：银行存款（实际支付的金额）
　　　　债权投资——利息调整（差额，或借方）

（二）后续计量

（1）企业应当采用实际利率法计算确认利息收入，计入投资收益。

实际利率法，是指计算金融资产或金融负债的摊余成本以及将利息收入或利息费用分摊计入各会计期间的方法。

①确认投资收益时。

借：应收利息/债权投资——应计利息（票面利息 = 面值 × 票面利率）

　　贷：投资收益（摊余成本 × 实际利率）

　　　　债权投资——利息调整（或借方，与购入时相反）

②收本、收息时。

借：银行存款

　　贷：应收利息/债权投资——应计利息

借：银行存款

　　贷：债权投资——成本

（2）资产负债表日以摊余成本进行后续计量。

以摊余成本计量的金融资产的摊余成本，是指以摊余成本计量的金融资产的初始确认金额经下列调整后的结果。

①扣除已偿还的本金。

②加上或减去采用实际利率法将该初始确认金额与到期日金额之间的差额进行摊销形成的累计摊销额。

③扣除累计计提的损失准备。

（3）债权投资的减值。

①资产负债表日，企业应当按照准则的规定，以预期信用损失为基础，对以摊余成本计量的金融资产进行减值会计处理并确认减值准备，同时将减值损失或减值利得计入当期损益。

会计分录：

借：信用减值损失

　　贷：债权投资减值准备

②已计提减值准备的以摊余成本计量的金融资产价值以后又得以恢复的，应在原已计提的减值准备金额内，按恢复增加的金额转回。

会计分录：

借：债权投资减值准备

　　贷：信用减值损失

（三）处置

应将所取得对价的公允价值与该投资账面价值之间的差额确认为投资收益。

借：银行存款（实际收到的金额）

　　债权投资减值准备

　　贷：债权投资——成本

　　　　　　　　——利息调整（或借方）

　　　　　　　　——应计利息

　　　　投资收益（或借方）

典例研习·11-7 （教材例题改编）

甲公司 2015 年 1 月 3 日购入乙公司 2015 年 1 月 1 日发行的 5 年期固定利率债券，该债券每年付息一次，最后一年偿还本金并支付最后一次利息，票面年利率为 12%，债券每张面值为 1 000 元，甲公司按每张 1 050 元（含交易费用）的溢价价格购入 800 张，票款以银行存款付讫。

（1）甲公司在 2015 年 1 月 3 日购入该债券时应编制如下会计分录：

借：债权投资——成本　　　　　　　　　　　800 000
　　　　　　——利息调整　　　　　　　　　 40 000
　　贷：银行存款　　　　　　　　　　　　　　　　　840 000

（2）甲公司投资乙公司债券发生的溢价采用实际利率法摊销，实际利率为 10.66%，并按年计算利息：

第 1 期期末，2015 年 12 月 31 日，确认投资收益时：

借：应收利息　　　　　　　　（800 000×12%）96 000
　　贷：债权投资——利息调整　　　　　　　　　　　6 456
　　　　投资收益　　　　　（840 000×10.66%）89 544

收到利息时：

借：银行存款　　　　　　　　　　　　　　　96 000
　　贷：应收利息　　　　　　　　　　　　　　　　　96 000

第 1 期期末摊余成本 =840 000−6 456=833 544（元）

第 2 期期末，2016 年 12 月 31 日，确认投资收益时：

借：应收利息　　　　　　　　（800 000×12%）96 000
　　贷：债权投资——利息调整　　　　　　　　　7 144.21
　　　　投资收益　　　　　（833 544×10.66%）88 855.79

收到利息时：

借：银行存款　　　　　　　　　　　　　　　96 000
　　贷：应收利息　　　　　　　　　　　　　　　　　96 000

第 2 期期末摊余成本 =833 544−7 144.21=826 399.79（元）

第 3 期期末，2017 年 12 月 31 日，确认投资收益时：

借：应收利息　　　　　　　　　　　　　　　96 000
　　贷：债权投资——利息调整　　　　　　　　　7 905.78
　　　　投资收益　　　　（826 399.79×10.66%）88 094.22

收到利息时：

借：银行存款　　　　　　　　　　　　　　　96 000
　　贷：应收利息　　　　　　　　　　　　　　　　　96 000

第 3 期期末摊余成本 =826 399.79−7 905.78=818 494.01（元）

第 4 期期末，2018 年 12 月 31 日，确认投资收益时：

借：应收利息　　　　　　　　　　　　　　96 000
　　贷：债权投资——利息调整　　　　　　　　　　　　8 748.54
　　　　投资收益　　　　　　　　（818 494.01×10.66%）87 251.46

收到利息时：

借：银行存款　　　　　　　　　　　　　　96 000
　　贷：应收利息　　　　　　　　　　　　　　　　　　96 000

第 4 期期末摊余成本 =818 494.01-8 748.54=809 745.47（元）

第 5 期期末，2019 年 12 月 31 日，确认投资收益时：

借：应收利息　　　　　　　　　　　　　　96 000
　　贷：债权投资——利息调整（先倒挤）　　　　　　　9 745.47
　　　　投资收益（后倒挤）　　　　　　　　　　　　86 254.53

债券到期收回债券本金和最后一期利息时：

借：银行存款　　　　　　　　　　　　　　896 000
　　贷：债权投资——成本　　　　　　　　　　　　　800 000
　　　　应收利息　　　　　　　　　　　　　　　　　96 000

（3）如果甲公司持有的乙公司债券在第 4 年即 2018 年 12 月 31 日，未提损失准备前债权投资的账面价值为 809 745.47 元，经检查该批债券已发生减值，预计到期只能收回本息 500 000 元。

甲公司 2018 年 12 月 31 日（第 4 期），计算应收利息后，应作如下处理：

预计未来现金流量现值 =500 000÷（1+10.66%）=451 834.45（元）

应计提损失准备 =809 745.47-451 834.45=357 911.02（元）

计提损失准备的会计处理：

借：信用减值损失　　　　　　　　　　　　357 911.02
　　贷：债权投资减值准备　　　　　　　　　　　　　357 911.02

第 4 期期末摊余成本 =809 745.47-357 911.02=451 834.45（元）

第 5 年年末

借：应收利息　　　　　　　　　　　　　　96 000
　　贷：投资收益　　　　　　　　（451 834.45×10.66%）48 165.55
　　　　债权投资——利息调整　　　　　　　　　　　47 834.45

实际收到本息 500 000 元时：

借：银行存款　　　　　　　　　　　　　　500 000
　　债权投资减值准备　　　　　　　　　　357 911.02
　　债权投资——利息调整　　　　　　　　38 088.98
　　贷：债权投资——成本　　　　　　　　　　　　　800 000
　　　　应收利息　　　　　　　　　　　　　　　　　96 000

解题高手

命题角度 1：根据经济业务计算债权投资的投资收益。

此类题目可以根据以下公式计算：

各期投资收益 = 期初摊余成本 × 实际利率

需要说明的是，如果是到期一次还本付息的债券，期初债券摊余成本中包括以前年度计提的利息。

命题角度 2：根据经济业务计算债权投资期末摊余成本。

此类题目可以根据以下公式计算：

各期债券投资摊余成本（账面余额）= 期初债券摊余成本（账面余额）×（1+ 实际利率）– 当年收到的利息（面值 × 票面利率）– 已计提的减值准备 – 已偿还的本金

需要说明的是，如果是到期一次还本付息的债券，在债券未到期前不存在当年收到的利息，即"当年收到的利息（面值 × 票面利率）"为 0。

典例研习·11-8 （2019 年单项选择题）

丙公司 2020 年 1 月 3 日从证券市场按每张 1 050 元（含交易费用）购入甲公司于 2020 年 1 月 1 日发行的期限为 5 年、面值为 1 000 元、票面年利率为 12% 的债券 800 张，款项以银行存款付讫。该债券每年付息一次、到期还本并支付最后一期利息。丙公司将其划分为以摊余成本计量的金融资产核算，假设实际年利率为 10.66%，则丙公司 2020 年末持有的该批债券的摊余成本为（　）元。

A.839 200　　　　　　　　B.828 480
C.832 659　　　　　　　　D.833 544

斯尔解析 本题考查债权投资的核算。丙公司 2020 年末持有的该批债券的摊余成本 =1 050×800×（1+10.66%）–1 000×800×12%=833 544（元），选项 D 当选。

本题答案 D

典例研习·11-9 （2022 年单项选择题）

甲公司 2020 年 1 月 1 日购入面值为 2 000 万元的债券，实际支付价款为 2 078.98 万元，另支付交易费用 10 万元。该债券的票面期限为 5 年，票面利率为 5%，实际利率为 4%，每年 12 月 31 日支付利息，到期一次还本，甲公司将其作为以摊余成本计量的金融资产核算。则 2021 年甲公司应确认的投资收益为（　）万元。

A.82.9　　　　　　　　　B.83.56
C.100　　　　　　　　　D.82.49

> **斯尔解析** 本题考查债权投资的核算。债权投资的初始入账金额 =2 078.98+10=2 088.98（万元）；2020年末债权投资的摊余成本 =2 088.98×（1+4%）-2 000×5%=2 072.54（万元）；2021年甲公司应确认的投资收益 =2 072.54×4% =82.9（万元），选项A当选。
>
> ▲本题答案　A

五、分类为以公允价值计量且其变动计入其他综合收益的金融资产核算（★★★）

该类金融资产主要包括债务工具投资。

核算科目：其他债权投资。

该科目需要设置的二级明细科目包括：

科目名称	核算内容
其他债权投资——成本	一般核算债券的面值
其他债权投资——利息调整	一般核算债券面值与其摊余成本的差额
其他债权投资——应计利息	核算到期一次还本付息债券每期计提的利息
其他债权投资——公允价值变动	一般核算持有期间的公允价值变动

（一）初始计量

（1）按公允价值（不包含已宣告但尚未发放的债券利息）和交易费用之和作为初始入账金额。

（2）支付价款中包含的已到付息期但尚未领取的债券利息，应当单独确认为应收项目进行处理。

借：其他债权投资——成本（面值）
　　　　　　　——应计利息
　　应收利息
　贷：银行存款
　　　其他债权投资——利息调整（或借方）

（二）后续计量

（1）企业应当采用实际利率法计算确认利息收入，计入投资收益。

①确认投资收益。

借：应收利息／其他债权投资——应计利息（面值×票面利率）
　　其他债权投资——利息调整（或贷方，与购入时相反）
　贷：投资收益（期初摊余成本×实际利率）

②收本、收息。

借：银行存款
　　贷：应收利息/其他债权投资——应计利息
借：银行存款
　　贷：其他债权投资——成本

（2）资产负债表日按公允价值计量，公允价值的变动计入其他综合收益。

①资产负债表日公允价值大于原账面余额：

借：其他债权投资——公允价值变动
　　贷：其他综合收益

②资产负债表日公允价值小于原账面余额：

借：其他综合收益
　　贷：其他债权投资——公允价值变动

（3）确认减值损失。

资产负债表日，企业应当按照准则的规定，以预期信用损失为基础，对分类为以公允价值计量且其变动计入其他综合收益的金融资产进行减值会计处理，并在其他综合收益中确认减值准备，同时将减值损失或减值利得计入当期损益（信用减值损失），且不应减少该金融资产在资产负债表中列示的账面价值。

计提减值准备时：

借：信用减值损失
　　贷：其他综合收益——信用减值准备

减值损失在满足条件时，可以转回。

（三）处置

（1）应将所取得对价的公允价值与该投资账面价值之间的差额确认为投资收益。

（2）之前计入其他综合收益的累计利得或损失应当从其他综合收益中转出，计入当期损益（投资收益）。

借：银行存款
　　贷：其他债权投资——成本
　　　　　　　　　　——利息调整（或借方）
　　　　　　　　　　——应计利息
　　　　　　　　　　——公允价值变动（或借方）
　　　　投资收益（或借方）

同时：

借：其他综合收益
　　贷：投资收益

或作相反分录。

提示：做题时要注意区分题目给出的是"分类为"还是"指定为"以公允价值计量且其变动计入其他综合收益的金融资产，千万不要一看到"计入其他综合收益"就判定其累计计入其他综合收益里的利得或损失不能转入当期损益。如果是"分类为",是债务工具投资,处置时,原计入其他综合收益的金额可以转入投资收益;如果是"指定为",是权益工具投资,处置时,原计入其他综合收益的金额不得转入损益,而是转入留存收益。

典例研习·11-10 〔教材例题改编〕

泰达公司2019年1月1日购入华发公司同日发行的3年期公司债券,票面金额为500万元,票面利率为4%,实际利率为3%,共支付价款514.122万元。利息每年支付,本金到期支付。初始确认时,泰达公司将该债券投资划分为其他债权投资。有关会计处理如下:

(1) 2019年1月1日购入时:

借:其他债权投资——成本　　　　　　5 000 000
　　　　　　　　　——利息调整　　　　141 220
　　贷:银行存款　　　　　　　　　　　　　　　　5 141 220

(2) 2019年12月31日,计算该债券的票面利息、实际利息收入以及利息调整金额,并作相应的账务处理:

票面应收利息 = 5 000 000 × 4% = 200 000(元)
实际利息收入 = 5 141 220 × 3% = 154 237(元)
利息调整金额 = 200 000 − 154 237 = 45 763(元)

借:应收利息　　　　　　　　　　　　200 000
　　贷:投资收益　　　　　　　　　　　　　　　　154 237
　　　　其他债权投资——利息调整　　　　　　　 45 763
借:银行存款　　　　　　　　　　　　200 000
　　贷:应收利息　　　　　　　　　　　　　　　　200 000

(3) 2019年12月31日,计算该债券的摊余成本、公允价值变动(债券市场价格为500.047万元):

年末摊余成本 = 5 141 220 − 45 763 = 5 095 457(元)
公允价值变动 = 5 000 470 − 5 095 457 = −94 987(元)

借:其他综合收益　　　　　　　　　　94 987
　　贷:其他债权投资——公允价值变动　　　　　　94 987

典例研习·11-11 〔2020年单项选择题〕

资产负债表日,以预期信用损失为基础,对以公允价值计量且其变动计入其他综合收益的金融资产进行减值会计处理,确认的减值损失应计入的会计科目是(　　)。

A. 营业外支出　　　　　　　　　　B. 其他债权投资
C. 资产减值损失　　　　　　　　　D. 信用减值损失

🔍 **斯尔解析** 本题考查其他债权投资的核算。对分类为以公允价值计量且其变动计入其他综合收益的金融资产进行减值会计处理并在其他综合收益中确认减值准备，同时将减值损失或减值利得计入当期损益（信用减值损失），且不应减少该金融资产在资产负债表中列示的账面价值，选项 D 当选。

⚠️ **陷阱提示** 对分类为以公允价值计量且其变动计入其他综合收益的金融资产满足条件时仍需要计提减值准备，并且将减值损失或减值利得计入当期损益（信用减值损失），是影响当期利润的，此外，减值损失不应减少该金融资产在资产负债表中列示的账面价值，因此不能计入其他债权投资，而应计入其他综合收益。

▲ **本题答案** D

解题高手 👍

命题角度：考查各类型金融资产的会计核算。

具体账务处理，可以参照下表对比掌握记忆：

阶段	项目	交易性金融资产	其他权益工具投资	债权投资	其他债权投资
初始取得	交易费用	投资收益	入账成本	入账成本	入账成本
	尚未发放利息或股利	应收项目	应收项目	应收项目	应收项目
持有期间	公允价值变动	公允价值变动损益	其他综合收益	不涉及	其他综合收益
	投资收益	收取利息或股利	收取股利	摊余成本×实际利率	摊余成本×实际利率
	应收利息	面值×票面利率	不涉及	面值×票面利率	面值×票面利率
	减值	不涉及	不涉及	债权投资减值准备	其他综合收益
处置	差额	投资收益	留存收益（其他综合收益转留存收益）	投资收益	投资收益（其他综合收益转投资收益）

六、金融资产的重分类（★★）

对于债务类工具投资，企业在改变其管理金融资产的业务模式时，应当按照规定对所有受影响的相关金融资产进行重分类。

（一）重分类为交易性金融资产

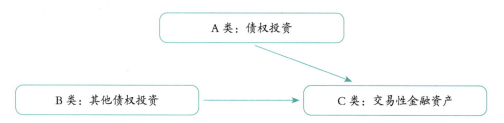

项目	A类→C类	B类→C类
基本原则	按照该资产在重分类日的公允价值进行计量	继续以公允价值计量
	原账面价值与公允价值之间的差额计入当期损益（公允价值变动损益）	之前计入其他综合收益的累计利得或损失转入当期损益（公允价值变动损益）

项目	账务处理
A类→C类	借：交易性金融资产（公允价值） 　　债权投资减值准备（终止确认原损失准备） 　贷：债权投资（原账面余额） 　　　公允价值变动损益（倒挤，或借方）
B类→C类	借：交易性金融资产（公允价值） 　贷：其他债权投资（公允价值） 借：公允价值变动损益 　贷：其他综合收益——其他债权投资公允价值变动 或作相反分录 存在减值准备的，应转回： 借：其他综合收益——信用减值准备 　贷：公允价值变动损益

（二）重分类为其他债权投资

项目	A类→B类	C类→B类
基本原则	按照该资产在重分类日的公允价值进行计量 原账面价值与公允价值之间的差额计入其他综合收益 该金融资产重分类不影响其实际利率和预期信用损失的计量	继续以公允价值计量，同时根据该金融资产在重分类日的公允价值确定其实际利率，并自重分类日起对该金融资产适用准则关于金融资产减值的相关规定

项目	账务处理
A类→B类	借：其他债权投资（公允价值） 　　债权投资减值准备（冲减原损失准备） 　贷：债权投资（原账面余额） 　　其他综合收益（倒挤，或借方）
C类→B类	借：其他债权投资（公允价值） 　贷：交易性金融资产（公允价值）

（三）重分类为债权投资

项目	B类→A类	C类→A类
基本原则	应当将之前计入其他综合收益的累计利得或损失转出，调整该金融资产在重分类日的公允价值，并以调整后的金额作为新的账面价值 即视同该金融资产一直以摊余成本计量	以其在重分类日的公允价值作为新的账面余额 应当根据该金融资产在重分类日的公允价值确定其实际利率

续表

项目	B类→A类	C类→A类
基本原则	该金融资产重分类不影响其实际利率和预期信用损失的计量	将重分类日视为初始确认日

项目	账务处理
B类→A类	借：债权投资——成本/利息调整/应计利息（账面余额） 　　其他综合收益——其他债权投资公允价值变动（或贷方） 　贷：其他债权投资——成本/利息调整/应计利息（账面余额） 　　　　　　　　——公允价值变动（或借方） 借：其他综合收益——信用减值准备 　贷：债权投资减值准备
C类→A类	借：债权投资（公允价值） 　贷：交易性金融资产（公允价值）

典例研习·11-12 （教材例题改编）

沿用"典例研习·11-10"的数据，如果泰达公司2020年1月1日将该债券重分类为以摊余成本计量的金融资产，调整后的金额为5 095 457元，则所作的账务处理为：

借：债权投资——成本　　　　　　　　　　5 000 000
　　　　　　——利息调整　　　　　　　　　　95 457
　　其他债权投资——公允价值变动　　　　　　94 987
　贷：其他债权投资——成本　　　　　　　　　　　　5 000 000
　　　　　　　　——利息调整　　　　　　　　　　　95 457
　　　其他综合收益　　　　　　　　　　　　　　　　94 987

如果泰达公司2020年1月1日将该债券重分类为以公允价值计量且其变动计入当期损益的金融资产，则所作的账务处理为：

借：交易性金融资产　　　　　　　　　　　5 000 470
　　其他债权投资——公允价值变动　　　　　　94 987
　贷：其他债权投资——成本　　　　　　　　　　　　5 000 000
　　　　　　　　——利息调整　　　　　　　　　　　95 457
借：公允价值变动损益　　　　　　　　　　　94 987
　贷：其他综合收益　　　　　　　　　　　　　　　　94 987

| 典例研习·11-13 2019年单项选择题

下列关于金融资产重分类的表述中,错误的是( )。

A. 以摊余成本计量的金融资产可以重分类为以公允价值计量且其变动计入其他综合收益的金融资产

B. 以摊余成本计量的金融资产可以重分类为以公允价值计量且其变动计入当期损益的金融资产

C. 以公允价值计量且其变动计入其他综合收益的金融资产可以重分类为以摊余成本计量的金融资产

D. 以公允价值计量且其变动计入当期损益的金融资产不可以重分类为以摊余成本计量的金融资产

斯尔解析 本题考查金融资产的重分类。以摊余成本计量的金融资产可以重分类为以公允价值计量且其变动计入当期损益的金融资产,或者重分类为以公允价值计量且其变动计入其他综合收益的金融资产,反之亦然,因此选项 D 当选。

▲本题答案 D

第二节　长期股权投资

一、长期股权投资核算范围

股权投资,又称权益性投资,指通过付出现金或非现金资产等取得被投资单位的股份或股权,享有一定比例的权益份额代表的资产。

股权投资可分为金融资产和长期股权投资。属于长期股权投资准则规范的股权投资,是根据投资方在获取投资以后,能够对被投资单位施加影响的程度来划分的,而不是根据持有投资的期限长短。

长期股权投资,是指投资方对被投资单位实施控制、重大影响的权益性投资,以及对其合营企业的权益性投资。

(1) 投资方能够对被投资单位实施控制的权益性投资,即对子公司投资。控制是指投资方拥有对被投资方的权力,通过参与被投资单位的相关活动而享有可变回报,并有能力运用对被投资单位的权力影响其回报金额。

(2) 投资方与其他合营方一同对被投资单位实施共同控制且对被投资单位净资产享有权利的权益性投资,即对合营企业投资。共同控制,是指按照相关约定对某项安排所共有的控制,并且该安排的相关活动必须经过分享控制权的参与方一致同意后才能决策。

（3）投资方对被投资单位具有重大影响的权益性投资，即对联营企业投资。重大影响，是指投资方对被投资单位的财务和经营政策有参与决策的权力，但并不能够控制或者与其他方一起共同控制这些政策的制定。实务中，较为常见的重大影响体现为在被投资单位的董事会或类似权力机构中派有代表，通过在被投资单位财务和经营决策制定过程中的发言权实施重大影响。

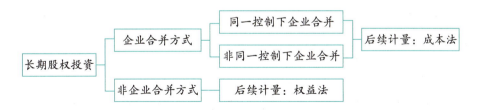

二、以非企业合并方式取得的长期股权投资的核算（★★★）

企业无论以何种方式取得长期股权投资，实际支付的价款或对价中包含的已宣告但尚未领取的现金股利或利润，应作为应收项目单独核算，不作为取得的长期股权投资的成本（下文不再单独强调）。

（一）初始计量

基本原则：

初始投资成本＝所支付对价的公允价值＋相关税费等直接相关费用

（1）支付现金取得长期股权投资，应当按照实际支付的购买价款作为初始投资成本。初始投资成本包括与取得长期股权投资直接相关的费用、税金及其他必要支出。

会计分录为：

借：长期股权投资——投资成本

　　应收股利（被投资单位已宣告但尚未发放的现金股利或利润）

　贷：银行存款等

> **典例研习·11-14** 教材例题
>
> 育新公司当年1月5日以每股1.4元的价格购入A公司每股面值为1元的股票400万股，占A公司总股本的40%，用银行存款实际支付价款565万元，其中包括已宣告发放但尚未支取的现金股利5万元。会计分录为：
>
> 借：长期股权投资——投资成本（A公司）　　560
> 　　　应收股利　　　　　　　　　　　　　　　5
> 　　贷：银行存款　　　　　　　　　　　　　　　　　565

（2）以发行权益性证券取得的长期股权投资，应当按照发行权益性证券的公允价值作为初始投资成本。

为发行权益性证券支付给有关证券承销机构等的手续费、佣金等与权益性证券发行直接相关的费用，不构成取得长期股权投资的成本。该部分费用应自权益性证券的溢价发行收入中扣除，溢价收入不足冲减的，应依次冲减盈余公积和未分配利润。

会计分录为：

①取得投资时：

借：长期股权投资——投资成本

　　应收股利（被投资单位已宣告但尚未发放的现金股利或利润）

　贷：股本（发行普通股的数量×每股面值）

　　　资本公积——股本溢价

②支付发行手续费、佣金时：

借：资本公积——股本溢价

　　盈余公积（如涉及）

　　利润分配——未分配利润（如涉及）

　贷：银行存款

（3）投资者投入的长期股权投资，应当按照投资合同或协议约定的价值作为初始投资成本，但合同或协议约定价值不公允的除外（即不公允时，以公允价值作为初始投资成本）。

| 典例研习 · 11-15 2015年综合分析题节选

2014年1月1日，黄山公司以发行普通股和一项作为固定资产核算的厂房为对价，从非关联方取得甲公司25%股权，对甲公司具有重大影响。黄山公司向甲公司原股东定向增发2 000万股普通股，每股面值为1元，每股公允价值为10元，同时支付承销商佣金、手续费等500万元，厂房账面价值为6 000万元，公允价值为10 000万元。

（1）2014年1月1日，黄山公司取得甲公司25%股权时，长期股权投资的初始投资成本为（　　）万元。

A.2 650　　　　　　　　　　B.30 000

C.30 500　　　　　　　　　　D.26 000

斯尔解析 本题考查以非企业合并方式取得的长期股权投资的初始计量。初始投资成本＝支付对价的公允价值＋相关税费＝10 000＋2 000×10＝30 000（万元），选项B当选。

会计分录：

借：固定资产清理　　　　　　　　　　　　6 000

　贷：固定资产　　　　　　　　　　　　　　　　6 000

借：长期股权投资　　　　　　　　　　　　30 000

　贷：股本　　　　　　　　　　　　　　　　　　2 000

　　　资本公积——股本溢价　　　　　　　　　　18 000

　　　固定资产清理　　　　　　　　　　　　　　6 000

　　　资产处置损益　　　　　　　　　　　　　　4 000

本题答案 B

(2) 2014年1月1日，黄山公司取得甲公司25%股权时，发行股票的承销佣金、手续费应计入（　　）。

A. 管理费用

B. 财务费用

C. 长期股权投资

D. 资本公积

斯尔解析 本题考查以发行权益性证券取得长期股权投资的核算。为发行权益性证券支付给有关证券承销机构等的手续费、佣金等与权益性证券发行直接相关的费用，不构成取得长期股权投资的成本。该部分费用应自权益性证券的溢价发行收入中扣除，溢价收入不足冲减的，应依次冲减盈余公积和未分配利润，选项D当选。会计分录：

借：资本公积——股本溢价　　　　　　　　　500

　　贷：银行存款　　　　　　　　　　　　　　　　500

本题答案 D

（二）后续计量

方法：权益法。

含义：权益法是指投资最初以初始投资成本计量，在投资持有期间根据投资方享有被投资单位所有者权益的份额的变动对投资的账面价值进行调整的方法。

会计科目的设置：

科目名称	核算内容
长期股权投资——投资成本	(1) 取得投资时的初始成本。 (2) 初始投资成本小于投资时应享有被投资单位可辨认净资产公允价值份额，对初始投资成本的调整。 (3) 处置时结转的成本
长期股权投资——损益调整	(1) 被投资单位实现净利润或发生净亏损。 (2) 被投资单位宣告发放现金股利或利润
长期股权投资——其他综合收益	被投资单位各交易事项引起的其他综合收益变动
长期股权投资——其他权益变动	被投资单位除净损益、其他综合收益以及利润分配以外所有者权益的其他变动

1. 初始投资成本的调整

指标1	关系	指标2	处理方法
初始投资成本	>	投资时应享有的被投资方可辨认净资产公允价值的份额	不调整已确认的初始投资成本
	<		调整初始投资成本，差额计入当期损益。 借：长期股权投资——投资成本 　贷：营业外收入

> **典例研习·11-16** 〔教材例题〕
>
> 华通公司于2019年6月1日以银行存款145万元投资华联公司普通股，占华联公司普通股的40%，华通公司按权益法核算对华联公司的投资。华联公司2019年5月31日经确认可辨认净资产的公允价值为335万元，则初始投资时，华通公司应享有华联公司可辨认净资产公允价值的份额为134万元（335×40%）。本例中，初始投资成本145万元大于应享有华联公司可辨认净资产公允价值的份额134万元，差额为11万元。
>
> 借：长期股权投资——投资成本　　　　145
> 　贷：银行存款　　　　　　　　　　　　　　145
>
> 如果华联公司2019年5月31日的可辨认净资产公允价值为400万元，华通公司对华联公司的初始投资成本、持股比例均不变，则华通公司2019年6月1日长期股权投资入账时的会计分录为：
>
> 借：长期股权投资——投资成本　　　　145
> 　贷：银行存款　　　　　　　　　　　　　　145
> 借：长期股权投资——投资成本　　　　15
> 　贷：营业外收入　　　　　　　　　　　　　15

> **解题高手**
>
> **命题角度：考查以非合并方式取得长期股权投资的入账金额。**
>
> 此类题目需认真审题，很多同学经常将初始投资成本和入账金额混为一谈，其实两者并不相同。
>
> （1）初始投资成本，需要以所支付对价的公允价值和相关税费为基础确定，不需要考虑投资时应享有被投资单位可辨认净资产公允价值的份额。
>
> （2）入账金额，需要在初始投资成本与投资时应享有被投资单位可辨认净资产公允价值的份额进行比较的基础上"选孰高"确定。

2. 投资损益的确认

投资企业取得长期股权投资后,应当按照应享有或应分担的被投资单位实现的净损益的份额,确认投资收益,并调整长期股权投资的账面价值。

当年确认的投资收益 = 取得投资后被投资方在该年实现的经调整后的净利润(简称为"调整后的净利润")× 持股比例

会计分录为:

借:长期股权投资——损益调整
　　贷:投资收益

其中,投资方在确认应享有被投资单位净收益的份额时,在被投资单位账面净利润的基础上,应考虑以下因素的影响:

(1)会计政策的影响。

被投资单位采用的会计政策及会计期间与投资方不一致的,应当按照投资方的会计政策及会计期间对被投资单位的财务报表进行调整,在此基础上确定被投资单位的损益。

(2)初始投资时点评估增值的影响。

被投资单位个别利润表中的净利润是以其持有的资产、负债账面价值和有关资产减值准备为基础持续计算的。

而在计算归属于投资方应享有的净损益时,应以投资时被投资单位有关资产、负债的公允价值为基础计算确定,从而产生了需要对被投资单位账面净利润进行调整的情况。计算公式为:

调整后的净利润 = 取得投资后被投资单位当年实现的账面利润 − 初始评估增值中在当年消耗的部分

|典例研习·11-17 教材例题改编

甲公司于 2021 年 1 月 1 日购入乙公司 30% 的股份,购买价款为 3 300 万元,并自取得投资之日起派人参与乙公司的财务和生产经营决策。取得投资当日,乙公司可辨认净资产公允价值为 9 000 万元,除下表所列项目外,乙公司其他资产、负债的公允价值与账面价值相同。

单位:万元

项目	账面原价	已提折旧或摊销	公允价值	乙公司预计使用年限	甲公司取得投资后剩余使用年限
存货	750	—	1 050	—	—
固定资产	1 800	360	2 400	20	16
无形资产	1 050	210	1 200	10	8
合计	3 600	570	4 650	—	—

假定乙公司于2021年实现净利润900万元，其中，在甲公司取得投资时的账面存货有80%对外出售。甲公司与乙公司的会计年度及采用的会计政策相同。固定资产、无形资产均按年限平均法（直线法）提取折旧或摊销，预计净残值均为零。假定甲、乙公司间未发生任何内部交易，且不考虑所得税影响。

斯尔解析 甲公司在确定其应享有的投资收益时，应在乙公司实现净利润的基础上，根据取得投资时乙公司有关资产的账面价值与其公允价值差额的影响进行调整：

存货评估增值 =1 050−750=300，其中，在2021年已消耗的部分 =300×80%=240（万元）。

固定资产评估增值 =2 400−（1 800−360）=960（万元），其中，在2021年已消耗的部分 =960÷16×1=60（万元）。

无形资产评估增值 =1 200−（1 050−210）=360（万元），其中，在2021年已消耗的部分 =360÷8×1=45（万元）。

提示：此处无须考虑固定资产当月增加当月不计提折旧，因为甲公司投资乙公司时，乙公司的固定资产已经存在，并不是当月新增，所以当年12个月均需要计提折旧。

调整后的净利润 =900−240−60−45=555（万元）

甲公司应享有份额 =555×30%=166.50（万元）

确认投资收益的账务处理如下：

借：长期股权投资——损益调整　　　　　　166.5
　　贷：投资收益　　　　　　　　　　　　　　　166.5

（3）未实现内部交易损益的调整。

①内部交易的类型。

类型	含义
顺流交易	投资方向被投资单位出售资产
逆流交易	被投资单位向投资方出售资产

②调整方法。

调整后的净利润＝取得投资后被投资单位当年实现的账面利润－取得投资后当年产生的内部交易损益＋当年实现的内部交易损益

典例研习·11-18 教材例题改编

甲公司于2018年1月取得乙公司20%有表决权股份，能够对乙公司施加重大影响。假定甲公司取得该项投资时，乙公司各项可辨认资产、负债的公允价值与其账面价值相同。

2018年8月，乙公司将其成本为300万元的某商品以700万元的价格出售给甲公司，甲公司将取得的商品作为存货。

至2018年末资产负债表日，甲公司仍未对外出售该存货。乙公司2018年实现的净利润为3 000万元。假定不考虑所得税因素。

（1）2018年甲、乙公司产生的内部交易损益=700-300=400（万元）。

由于截至2018年末资产负债表日，甲公司仍未对外出售该存货，因此2018年实现的内部交易损益=0（万元）。

2018年乙公司调整后的净利润=3 000-400+0=2 600（万元）

甲公司应确认的投资收益=2 600×20%=520（万元）

借：长期股权投资——损益调整　　　　　　　　　520
　　贷：投资收益　　　　　　　　　　　　　　　　　　520

（2）2019年，假定甲公司将该商品以700万元的价格向外部独立第三方出售，乙公司2019年实现的净利润为3 000万元。

2019年甲、乙公司产生的内部交易损益=0（万元）

2019年甲公司将2018年内部交易的商品全部对外出售，因此2019年实现的内部交易损益=400（万元）。

2018年乙公司调整后的净利润=3 000-0+400=3 400（万元）

甲公司应确认的投资收益=3 400×20%=680（万元）

借：长期股权投资——损益调整　　　　　　　　　680
　　贷：投资收益　　　　　　　　　　　　　　　　　　680

【延伸】

（1）假设2018年，甲公司将上述存货向外部独立第三方出售60%，乙公司实现净利润3 000万元。

乙公司2018年调整后的净利润=3 000-400+400×60%=2 840（万元）

甲公司应确认的投资收益=2 840×20%=568（万元）

借：长期股权投资——损益调整　　　　　　　　　568
　　贷：投资收益　　　　　　　　　　　　　　　　　　568

（2）假设2019年，甲公司将剩余存货全部出售给外部第三方，乙公司实现净利润3 000万元。

乙公司2019年调整后的净利润=3 000-0+400×40%=3 160（万元）

甲公司应确认的投资收益=3 160×20%=632（万元）

借：长期股权投资——损益调整　　　　　　　　　632
　　贷：投资收益　　　　　　　　　　　　　　　　　　632

| 典例研习·11-19 | 教材例题 |

甲公司持有乙公司有表决权股份的 30%，能够对乙公司生产经营施加重大影响。

2019 年 11 月，甲公司将其账面价值为 600 万元的商品以 900 万元的价格出售给乙公司，乙公司将取得的商品作为管理用固定资产核算，预计其使用寿命为 10 年、净残值为 0。假定甲公司取得该项投资时，乙公司各项可辨认资产、负债的公允价值与其账面价值相同，两者在以前期间未发生过内部交易。

乙公司 2019 年实现净利润 1 000 万元。假定不考虑所得税影响。

2019 年甲、乙公司产生的内部交易损益 =900−600=300（万元）

2019 年实现的内部交易损益 =300÷10÷12×1=2.5（万元）

乙公司 2019 年调整后的净利润 =1 000−300+2.5=702.5（万元）

甲公司应确认的投资收益 =702.5×30%=210.75（万元）

借：长期股权投资——损益调整　　　　　　　210.75
　　贷：投资收益　　　　　　　　　　　　　　　　　　210.75

3. 取得现金股利或利润的处理

投资方按照被投资单位宣告分派的利润或现金股利计算应享有的部分，相应减少长期股权投资的账面价值。

借：应收股利
　　贷：长期股权投资——损益调整

| 典例研习·11-20 | 教材例题改编 |

甲公司持有 A 公司有表决权股份的 40%，采用权益法核算。若 A 公司上年实现净利润 120 万元，当年 1 月 20 日宣告发放现金股利 80 万元。不考虑其他因素。

（1）根据 A 公司上年度实现净利润，计算确定投资收益为 48 万元（120×40%），并调整长期股权投资账户。

借：长期股权投资——损益调整　　　　　　　48
　　贷：投资收益　　　　　　　　　　　　　　　　　　48

（2）当年 1 月 20 日，当 A 公司宣告发放现金股利时，计算应收股利为 32 万元（80×40%）。

借：应收股利　　　　　　　　　　　　　　　32
　　贷：长期股权投资——损益调整　　　　　　　　　　32

4. 投资企业在被投资单位发生净亏损的处理

在确认应分担被投资单位发生的亏损时，应当按照以下顺序进行处理：

第一，冲减长期股权投资的账面价值。

第二，冲减长期应收项目的账面价值。

第三，在进行上述处理后，按照投资合同或协议约定企业仍承担额外义务的，应按预计承担的义务确认预计负债，计入当期投资损失。

第四，应在账外备查簿登记。

被投资单位以后实现净利润的，按与上述相反的顺序处理，恢复确认收益分享额。

| 典例研习·11-21 | 2019 年单项选择题 |

甲公司持有乙公司 30% 的股权，采用权益法核算。2017 年 12 月 31 日该项长期股权投资的账面价值为 1 600 万元。此外，甲公司还有一笔应收乙公司的长期债权 500 万元，该项债权没有明确的清收计划，且在可预见的未来期间不准备收回。乙公司 2018 年发生净亏损 6 000 万元。假设取得投资时被投资单位各项资产和负债的公允价值等于账面价值，双方采用的会计政策、会计期间相同，且投资双方未发生任何内部交易，乙公司无其他所有者权益变动的事项。则甲公司 2018 年末对该项长期股权投资应确认投资损失（　　）万元。

A.1 600　　　　　　　　　　B.1 800
C.2 100　　　　　　　　　　D.2 040

斯尔解析 本题考查长期股权投资后续计量的权益法。甲公司应承担的投资损失额 =6 000×30% =1 800（万元），小于长期股权投资和长期应收款的合计数 2 100 万元（即 1 600+500），因此可以确认投资损失 1 800 万元，选项 B 当选。

借：投资收益　　　　　　　　　　　　　　　　1 800
　　贷：长期股权投资——损益调整　　　　　　　1 600
　　　　长期应收款　　　　　　　　　　　　　　 200

本题答案 B

5. 被投资单位的其他综合收益变动的核算

在权益法核算下，被投资单位确认的其他综合收益及其变动，也会影响被投资单位所有者权益总额，进而影响投资企业应享有被投资单位所有者权益的份额。因此当被投资单位其他综合收益发生变动时，投资企业应当按照归属于本企业的部分，相应调整长期股权投资的账面价值，同时增加或减少其他综合收益。

借：长期股权投资——其他综合收益
　　贷：其他综合收益
或作相反分录。

6. 被投资单位除净损益、其他综合收益和利润分配以外所有者权益其他变动的处理

如被投资单位增资扩股、被投资单位资产评估等原因而增加资本溢价或股本溢价，投资单位按照持股比例计算应享有或应承担的份额，调整长期股权投资的账面价值，同时计入资本公积（其他资本公积），并在备查簿中登记。

借：长期股权投资——其他权益变动
　　贷：资本公积——其他资本公积
或作相反分录。

7. 股票股利的处理

被投资单位分派的股票股利，投资企业不作账务处理。

但为了反映收到股票股利的情况，投资企业应于除权日在备查簿中登记所增加的股数，以表明每股投资成本的减少，部分处置该项收到股票股利的投资时，应按投资成本与全部股份计算的平均每股成本，结转处置部分的成本。

8. 被投资单位编制合并财务报表情况下的处理

在持有投资期间，被投资单位编制合并财务报表的，应当以合并财务报表中净利润、其他综合收益和其他所有者权益变动中归属于被投资单位的金额为基础进行会计处理。

| 典例研习·11-22 教材例题

华联公司2017年1月2日以土地使用权向运通公司投资，占运通公司有表决权股份的40%，其初始投资成本与应享有的运通公司可辨认净资产的公允价值份额相等。华联公司投资时，该项土地使用权的入账成本为130万元；账面价值和公允价值相等，均为110万元；已累计摊销20万元，未计提减值准备，假设不考虑相关税费。2017年运通公司全年实现净利润60万元；2018年2月宣告分派现金股利40万元；2018年运通公司全年净亏损300万元；2019年运通公司全年实现净利润80万元。投资合同约定，如果运通公司发生亏损，华联公司无须承担额外损失义务。

根据上述资料，华联公司对运通公司投资的有关会计处理如下：

2017年1月2日，投资时：
借：长期股权投资——投资成本　　　　　　　　110
　　累计摊销——土地使用权　　　　　　　　　 20
　　贷：无形资产——土地使用权　　　　　　　　　　　130

2017年12月31日，根据运通公司实现的净利润，华联公司确认投资收益时：
借：长期股权投资——损益调整　　　　　　　　 24
　　贷：投资收益　　　　　　　　　　　　　　　　　　24

2018年运通公司宣告分派现金股利时：

借：应收股利　　　　　　　　　　　　　　　　　　　　16
　贷：长期股权投资——损益调整　　　　　　　　　　　　　　　16

宣告分派现金股利后，华联公司"长期股权投资"科目的账面余额为118万元。

2018年12月31日，运通公司全年净亏损300万元，华联公司按持股比例计算应承担的亏损额为120万元（300×40%），但因对运通公司"长期股权投资"科目的账面余额为118万元，而长期股权投资的账面价值只能减记至零为限，未确认的亏损分担额为2万元（120−118），该部分未确认的亏损分担额，应在备查簿中进行登记。

借：投资收益　　　　　　　　　　　　　　　　　　　　118
　贷：长期股权投资——损益调整　　　　　　　　　　　　　　　118

2019年12月31日，因运通公司实现净利润80万元，按持股比例计算华联公司可享有32万元，按规定可享有的投资收益首先应当减去以前未确认的亏损分担额2万元，差额部分30万元，才可恢复长期股权投资的账面价值。

借：长期股权投资——损益调整　　　　　　　　　　　　30
　贷：投资收益　　　　　　　　　　　　　　　　　　　　　　30

（三）减值的核算

投资方应当按照《企业会计准则第8号——资产减值》规定对长期股权投资进行减值测试，可收回金额低于长期股权投资账面价值的，应当计提减值准备。长期股权投资的减值准备在提取以后，不得转回。

借：资产减值损失
　贷：长期股权投资减值准备

（四）处置的核算

企业将所持有的对被投资单位的股权全部或部分对外出售时，应相应结转与所售股权相对应的长期股权投资的账面价值，出售所得价款与处置长期股权投资账面价值之间的差额，应确认为处置损益（投资收益）。

原权益法核算的相关其他综合收益应当在终止采用权益法核算时采用与被投资单位直接处置相关资产或负债相同的基础进行会计处理，因被投资方除净损益、其他综合收益和利润分配以外的其他所有者权益变动而确认的资本公积，应当在终止采用权益法核算时全部转入当期投资收益。会计分录：

借：银行存款
　　长期股权投资减值准备
　贷：长期股权投资——投资成本
　　　　　　　　　——损益调整（或借方）
　　　　　　　　　——其他综合收益（或借方）
　　　　　　　　　——其他权益变动（或借方）
　　投资收益（差额，或借方）

借：资本公积——其他资本公积
　　其他综合收益（可转损益部分）
　　其他综合收益（不可转损益部分）
　贷：投资收益
　　　盈余公积、利润分配——未分配利润
或作相反分录。

典例研习·11-23 （教材例题）

甲公司拥有乙公司有表决权股份的30%，对乙公司有重大影响。当年12月30日，甲公司出售乙公司的全部股权，所得价款2 300万元存入银行。截至当年年底，该项长期股权投资的账面价值为2 000万元，其中投资成本为1 500万元（假定投资成本即计税基础），损益调整为400万元，其他综合收益为100万元（按比例享有的乙公司自用房地产转换为投资性房地产时确认的其他综合收益），其他权益变动为200万元，长期股权投资减值准备为200万元。

假设不考虑相关税费，则甲公司应作如下会计处理：

借：银行存款　　　　　　　　　　　　　　　　　2 300
　　长期股权投资减值准备　　　　　　　　　　　　200
　贷：长期股权投资——投资成本（乙公司）　　　　　　1 500
　　　　　　　　　　——损益调整（乙公司）　　　　　　400
　　　　　　　　　　——其他综合收益（乙公司）　　　　100
　　　　　　　　　　——其他权益变动（乙公司）　　　　200
　　　投资收益　　　　　　　　　　　　　　　　　　　　300

同时将原记入"其他综合收益""资本公积——其他资本公积"科目的金额转入投资收益。

借：其他综合收益　　　　　　　　　　　　　　　　100
　　资本公积——其他资本公积　　　　　　　　　　　200
　贷：投资收益　　　　　　　　　　　　　　　　　　　　300

典例研习·11-24 （2023年多项选择题）

甲公司于2022年1月1日以银行存款3 760万元购买乙公司40%股权，对乙公司具有重大影响，另支付相关税费20万元。当日，乙公司可辨认净资产的公允价值为10 000万元，账面价值为8 000万元，差额为管理部门的一项无形资产所致，甲公司预计该项无形资产剩余使用寿命为20年，预计净残值为零，采用直线法进行摊销。2022年甲公司向乙公司销售产品产生的未实现内部交易损益为450万元，乙公司当年实现净利润1 800万元，乙公司将自用房地产转为公允价值模式计量的投资性房地产时计入其他综合收益的金额为

450万元。2023年1月2日,甲公司以4 900万元的价格将持有乙公司的股权全部转让。不考虑其他因素,甲公司下列会计处理正确的有(   )。

A.2022年1月1日取得长期股权投资的初始投资成本为4 000万元
B.2022年12月31日长期股权投资的账面价值为4 460万元
C.2022年度因该长期股权投资确认的投资收益为540万元
D.2023年1月2日转让长期股权投资确认的投资收益为400万元
E.2022年度应确认的其他综合收益为180万元

斯尔解析 本题考查长期股权投资处置的核算。

长期股权投资的初始投资成本 =3 760+20=3 780(万元),选项A不当选。相关会计分录为:

2022年1月1日:
借:长期股权投资——投资成本   3 780
    贷:银行存款   3 780

初始投资成本小于应享有乙公司可辨认净资产公允价值的份额 =10 000×40% =4 000(万元),差额应调整长期股权投资的账面价值。相关会计分录为:

借:长期股权投资——投资成本   220
    贷:营业外收入   (4 000-3 780)220

2022年12月31日:

乙公司调整后的净利润 =1 800-(10 000-8 000)÷20-450=1 250(万元),甲公司应确认的投资收益 =1 250×40% =500(万元),选项C不当选。相关会计分录为:

借:长期股权投资——损益调整   500
    贷:投资收益   500

甲公司应确认的其他综合收益额 =450×40% =180(万元),选项E当选。相关会计分录为:

借:长期股权投资——其他综合收益   180
    贷:其他综合收益   180

2022年12月31日长期股权投资的账面价值 =4 000+500+180=4 680(万元),选项B不当选。

2023年1月2日,转让长期股权投资确认的投资收益 =4 900-4 680+180=400(万元),选项D当选。相关会计分录为:

借:银行存款   4 900
    贷:长期股权投资——投资成本   4 000
                    ——损益调整   500
                    ——其他综合收益   180
        投资收益   220
借:其他综合收益   180
    贷:投资收益   180

本题答案 DE

三、以企业合并方式取得的长期股权投资的核算（★★★）

企业合并，指将两个或者两个以上单独的企业（主体）合并形成一个报告主体的交易或事项。

类型	含义
同一控制下的企业合并	参与合并的企业在合并前后均受同一方或相同的多方最终控制且该控制并非暂时性
非同一控制下的企业合并	参与合并的各方在合并前后不受同一方或相同的多方最终控制

（一）初始计量

1. 非同一控制下企业合并形成的长期股权投资

基本原则：初始投资成本＝所支付对价的公允价值。本质上为市场化购买。

（1）非同一控制下的企业合并中，购买方应当按照确定的企业合并成本作为长期股权投资的初始投资成本。

企业合并成本包括购买方付出的资产、发生或承担的负债、发行的权益性工具或债务性工具的公允价值之和。

（2）购买方为进行企业合并而支付的审计费用、评估费用、法律服务费用等中介费用以及其他相关管理费用，应当于发生时计入当期损益（管理费用）。

提示：不管是同一控制下企业合并还是非同一控制下企业合并，审计、评估、法律服务等中介费用都计入当期损益，不计入初始投资成本。

（3）购买方作为合并对价发行的债务性工具所支付的手续费、佣金计入负债初始确认金额；发行权益性证券发生的手续费、佣金等计入权益性工具的初始确认金额（冲减资本公积，资本公积不足冲减的，冲减留存收益）。

（4）以固定资产、无形资产作为合并对价的，公允价值与账面价值差额计入资产处置损益。

（5）以存货作为合并对价的，一般应按公允价值确认主营业务收入，结转主营业务成本。

（6）以投资性房地产作为合并对价的，一般以其公允价值确认其他业务收入，结转其他业务成本。

| 典例研习·11-25 教材例题

2021年7月1日，A公司定向向B公司原股东发行本公司股票200万股（每股面值为1元，当前市价每股为5.5元，不考虑股票发行费用）取得B公司90%的股权，取得该部分股权后能够控制B公司的生产经营决策。为核实B公司的资产价值，A公司聘请资产评估机构对B公司的资产进行评估，支付评估费用30万元。

若本例中A公司与B公司在合并前不存在任何关联方关系，应作为非同一控制下的企业合并处理。

A公司对于合并形成的对B公司的长期股权投资，应进行的账务处理为：

借：管理费用　　　　　　　　　　　　　　　　　30
　　贷：银行存款　　　　　　　　　　　　　　　　　　30
借：长期股权投资　　　　　　　　　　　　　　1 100
　　贷：股本　　　　　　　　　　　　　　　　　　　200
　　　　资本公积——股本溢价　　　　　　　　　　　900

2. 同一控制下企业合并形成的长期股权投资

合并方通过交易取得对被合并方的长期股权投资即应按照通过该项交易取得的被合并方账面净资产的份额确认。

初始投资成本＝被合并方所有者权益在最终控制方合并财务报表中的账面价值的份额＋最终控制方在合并报表中确认的商誉

会计分录为：

借：长期股权投资（被合并方在最终控制方合并财务报表中净资产的账面价值份额＋最终控制方收购被合并方时形成的商誉）
　　贷：付出资产的账面价值
　　　　承担债务的账面价值
　　　　发行权益性证券的账面价值
借方差额：资本公积——资本溢价或股本溢价、盈余公积、利润分配——未分配利润
贷方差额：资本公积——资本溢价或股本溢价
借：管理费用（支付的直接相关费用）
　　贷：银行存款

初始投资成本与支付的现金、转让的非现金资产以及所承担债务账面价值（含应缴纳的增值税）、发行股份的面值总额之间的差额，应当调整资本公积（资本溢价或股本溢价）；资本公积（资本溢价或股本溢价）的余额不足冲减的，调整留存收益。

| 典例研习 · 11-26　教材例题改编

P、Q两公司同为S集团控制下的全资子公司，两公司在合并前采用相同的会计政策，假设2021年6月30日P公司通过定向发行1 000万股普通股（每股面值为1元、市价为11元）作为合并对价，交换Q公司发行在外的全部股份，从而取得Q公司100%的股权，合并后Q公司仍维持其独立法人资格继续经营。不考虑合并费用。合并日，Q公司所有者权益的总额（即在S集团合并财务报表中的账面价值）为6 000万元。因Q公司在合并后维持其独立法人资格继续经营，则P公司在合并日应确认对Q公司的长期股权投资。初始投资成本为应享有Q公司在S公司合并财务报表中的净资产账面价值的份额。

其成本为合并日享有 Q 公司账面所有者权益的份额，账务处理为：

借：长期股权投资　　　　　　　　　　　　　　6 000
　　贷：股本　　　　　　　　　　　　　　　　　　　1 000
　　　　资本公积——股本溢价　　　　　　　　　　　5 000

解题高手

命题角度：考查长期股权投资的初始计量。

同学们可以通过汇总内容，对比记忆：

类型		初始投资成本
联营、合营企业		初始投资成本 = 所支付对价的公允价值 + 相关税费
子公司	非同控	初始投资成本 = 所支付对价的公允价值
	同控	初始投资成本 = 被合并方所有者权益在最终控制方合并财务报表中的账面价值的份额 + 原母公司在合并财务报表中确认的商誉

类型		审计、评估、法律服务等中介费用	发行证券的手续费、佣金	已宣告但尚未领取的现金股利
金融资产	交易性金融资产	投资收益	权益工具：冲减"资本公积——股本溢价"，不足冲减的，冲减留存收益。债务工具：记入"应付债券——利息调整"	单独作为应收项目
	其他	计入成本		
联营、合营企业		计入成本		
子公司	非同控	管理费用		
	同控			

典例研习·11-27　2019 年单项选择题

非同一控制下的企业合并，购买方作为合并对价发行的权益工具发生的佣金、手续费等交易费用，应计入（　　）。

A. 当期损益

B. 长期股权投资初始确认成本

C. 其他综合收益

D. 权益工具的初始确认金额

斯尔解析 本题考查以企业合并方式取得的长期股权投资的初始计量。非同一控制下的企业合并，购买方作为合并对价发行的权益工具发生的佣金、手续费，应当冲减资本公积（资本溢价或股本溢价），资本公积不足冲减的，依次冲减盈余公积和未分配利润，即计入权益工具的初始确认金额，发行债务工具发生的佣金、手续费计入利息调整，也是计入债务工具的初始确认金额，选项 D 当选。

本题答案 D

典例研习·11-28 2015 年多项选择题

关于取得长期股权投资的会计处理，下列说法正确的有（　　）。

A. 企业合并时，与发行债券相关的交易费用，计入债券初始确认金额

B. 非同一控制下一次性交易实现的企业合并，长期股权投资初始投资成本以付出合并对价的公允价值为基础确定

C. 同一控制下企业合并，合并方的评估咨询费计入管理费用

D. 企业合并时与发行权益性证券相关的交易费用，在权益性证券发行溢价不足以抵减的，应冲减合并方资本公积

E. 以发行权益性证券直接取得长期股权投资的，按发行的权益性证券公允价值作为初始投资成本

斯尔解析 本题考查以企业合并方式取得长期股权投资的初始计量。企业合并时，与发行权益工具和债务工具相关的交易费用，应计入权益工具或债务工具的初始确认金额，选项 A 当选。非同一控制下一次性交易实现的企业合并，长期股权投资初始投资成本以付出合并对价的公允价值为基础确定，选项 B 当选。对于同一控制下企业合并，合并方的评估咨询费应计入管理费用，选项 C 当选。发行溢价不足冲减的，应冲减留存收益，而非资本公积，选项 D 不当选。若取得长期股权投资时形成的是同一控制下企业合并，则初始投资成本取决于被投资方所有者权益账面价值的份额，并不是发行的权益证券公允价值，选项 E 不当选。

本题答案 ABC

（二）后续计量

方法：成本法。

含义：成本法，是指投资按初始投资成本计价的方法。

具体账务处理：

（1）初始投资时，长期股权投资按照初始投资成本计量，除追加投资和收回投资外，不得调整长期股权投资的账面价值。

（2）持有期间，投资企业应当按照享有被投资单位宣告发放的现金股利或利润，确认为当期投资收益。

借：应收股利
　　贷：投资收益

（3）子公司将未分配利润或盈余公积转增股本（实收资本），且未向投资方提供等值现金股利或利润的选择权时，投资方并没有获得收取现金股利或利润的权力，该项交易通常属于子公司自身权益结构的重分类，投资方不应确认相应的投资收益。

| 典例研习·11-29 2013年单项选择题

甲公司2012年12月30日出资8 000万元取得乙公司70%的股权，作为长期股权投资核算，并按准则规定采用成本法核算。2013年1月15日乙公司宣告发放现金股利500万元，则甲公司应将其应收的现金股利计入（　　）。

A. 长期股权投资——投资成本
B. 营业外收入
C. 长期股权投资——损益调整
D. 投资收益

斯尔解析　本题考查长期股权投资后续计量的成本法。长期股权投资成本法下，对于应收取的现金股利应该确认为投资收益，选项D当选。

本题答案　D

（三）减值的核算

投资方应当按照《企业会计准则第8号——资产减值》规定对长期股权投资进行减值测试，可收回金额低于长期股权投资账面价值的，应当计提减值准备。长期股权投资的减值准备在提取以后，不得转回。

借：资产减值损失
　　贷：长期股权投资减值准备

（四）处置的核算

企业将所持有的对被投资单位的股权全部或部分对外出售时，应相应结转与所售股权相对应的长期股权投资的账面价值，出售所得价款与处置长期股权投资账面价值之间的差额，应确认为处置损益（投资收益）。会计分录：

借：银行存款等
　　长期股权投资减值准备
　　贷：长期股权投资
　　　　投资收益（差额，或借方）

第十一章 非流动资产（二）

四、长期股权投资核算方法的转换（★★★）

因增资导致	因减资导致
公允价值计量→长期股权投资权益法	长期股权投资权益法→公允价值计量
公允价值计量→长期股权投资成本法	长期股权投资成本法→公允价值计量
长期股权投资权益法→长期股权投资成本法	长期股权投资成本法→长期股权投资权益法

（一）公允价值计量→长期股权投资权益法（相当于先卖后买）

1. 计算初始投资成本（公允＋公允）

转换后长期股权投资初始投资成本为转换日原股权的公允价值与新增投资支付对价的公允价值之和。

原股权投资类型	账务处理
交易性金融资产	借：长期股权投资——投资成本 　　贷：银行存款等 　　　　交易性金融资产 　　　　投资收益（或借方）
其他权益工具投资	借：长期股权投资——投资成本 　　贷：银行存款等 　　　　其他权益工具投资 　　　　盈余公积（或借方） 　　　　利润分配——未分配利润（或借方） 借：其他综合收益 　　贷：盈余公积 　　　　利润分配——未分配利润 或作相反分录

2. 对初始投资成本的调整

指标1	关系	指标2	处理方法
初始投资成本	＞	追加投资时应享有的被投资方可辨认净资产公允价值的份额	不调整已确认的初始投资成本
	＜		调整初始投资成本，差额计入当期损益。 借：长期股权投资——投资成本 　　贷：营业外收入

典例研习·11-30 教材例题

2019年2月，A公司以600万元现金自非关联方处取得B公司10%的股权。A公司将其指定为以公允价值计量且其变动计入其他综合收益的金融资产。

2020年1月2日，A公司又以1 200万元的现金自另一非关联方处取得B公司12%的股权，相关手续于当日完成。当日，B公司可辨认净资产公允价值总额为8 000万元，A公司对B公司的以公允价值计量且其变动计入其他综合收益的金融资产的账面价值（等于公允价值）为1 000万元，计入其他综合收益的累计公允价值变动为400万元。

取得该部分股权后，按照B公司章程规定，A公司能够对B公司施加重大影响，对该项股权投资转为采用权益法核算。不考虑相关税费等其他因素影响。

本例中，2020年1月2日，A公司原持有10%股权的公允价值为1 000万元，为取得新增投资而支付对价的公允价值为1 200万元，因此，A公司对B公司22%股权的初始投资成本为2 200万元。

A公司对B公司新持股比例为22%，应享有B公司可辨认净资产公允价值的份额为1 760万元（8 000×22%）。由于初始投资成本（2 200万元）大于应享有B公司可辨认净资产公允价值的份额（1 760万元），因此，A公司无须调整长期股权投资的成本。

2020年1月2日，A公司确认对B公司的长期股权投资时，作如下会计处理：

借：长期股权投资——投资成本　　　　　　　　　2 200
　　贷：其他权益工具投资　　　　　　　　　　　　　　　1 000
　　　　银行存款　　　　　　　　　　　　　　　　　　　1 200
借：其他综合收益　　　　　　　　　　　　　　　　400
　　贷：盈余公积　　　　　　　　　　　　　（400×10%）40
　　　　利润分配——未分配利润　　　　　　（400×90%）360

（二）公允价值计量→长期股权投资成本法（非同控，相当于先卖后买）

原股权投资类型	账务处理
交易性金融资产	借：长期股权投资 　贷：银行存款等 　　　交易性金融资产 　　　投资收益（或借方）
其他权益工具投资	借：长期股权投资 　贷：银行存款等 　　　其他权益工具投资 　　　盈余公积（或借方） 　　　利润分配——未分配利润（或借方）

原股权投资类型	账务处理
其他权益工具投资	借：其他综合收益 　　贷：盈余公积 　　　　利润分配——未分配利润 　　或作相反分录

（三）长期股权投资权益法→长期股权投资成本法（非同控）

购买日，长期股权投资初始投资成本＝购买日之前所持被购买方股权投资的账面价值＋购买日新增投资成本（原账面＋新公允）。

需要说明的是，购买日之前因权益法形成的"其他综合收益"或"资本公积——其他资本公积"暂不作处理，待处置该项投资时将与其相关的其他综合收益或其他资本公积采用与被投资单位直接处置相关资产或负债相同的基础进行会计处理。

会计分录为：

借：长期股权投资
　贷：长期股权投资——投资成本
　　　　　　　　——损益调整（或借方）
　　　　　　　　——其他综合收益（或借方）
　　　　　　　　——其他权益变动（或借方）
　　　银行存款等

原理详解

原投资作为长期股权投资核算，因增资导致能够对被投资单位实施控制，长期股权投资由权益法转为成本法核算，为保证历史成本计量属性不变，所以，长期股权投资入账金额沿用原投资的账面价值，即原长期股权投资的账面价值与新增投资成本之和作为其初始投资成本。

典例研习·11-31 教材例题

甲公司 2019 年 1 月 1 日对乙公司投资，占乙公司注册资本的 20%。甲公司采用权益法对乙公司进行核算。至 2019 年 12 月 31 日，甲公司对乙公司投资的账面价值为 300 万元，其中，投资成本为 200 万元（假定投资成本即计税基础），其他综合收益为 100 万元。

2020 年 1 月 5 日，甲公司又用银行存款对乙公司追加投资 600 万元，取得乙公司 40% 的股权。至此，甲公司持有乙公司 60% 的股份，改为成本法核算。2020 年 3 月 1 日，乙公司宣布分派 2019 年度的现金股利 80 万元。

(1) 将权益法下长期股权投资的账面价值，加上新增投资成本转为成本法下的初始投资成本。

借：长期股权投资　　　　　　　　　　　　　　　　900
　　贷：长期股权投资——投资成本　　　　　　　　　　200
　　　　　　　　　　——其他综合收益　　　　　　　　100
　　　　银行存款　　　　　　　　　　　　　　　　　　600

原确认的其他综合收益100万元，不作会计处理。

(2) 乙公司宣布分派现金股利时：

借：应收股利　　　　　　　　　　　　　(80×60%) 48
　　贷：投资收益　　　　　　　　　　　　　　　　　　48

提示：通过多次交换交易，分步取得股权最终形成同一控制下控股合并，不属于"一揽子"交易。

（1）取得控制权日，应当以持股比例计算的合并日应享有被合并方所有者权益在最终控制方合并财务报表中的账面价值的份额作为该项投资的初始投资成本。

（2）初始投资成本与其合并前股权投资账面价值加上合并日进一步取得股份新支付对价的账面价值之和的差额，调整资本公积（资本溢价或股本溢价），资本公积（资本溢价或股本溢价）的余额不足冲减的，冲减留存收益。

（3）合并日之前持有的股权投资，因采用权益法核算或按《企业会计准则第22号——金融工具确认和计量》规定核算而确认的其他综合收益，暂不进行会计处理，直至处置该项投资时采用与被投资单位直接处置相关资产或负债相同的基础进行会计处理；因采用权益法核算而确认的被投资单位净资产中除净损益、利润分配和其他综合收益以外的所有者权益其他变动，暂不进行会计处理，直至处置该项投资时转入当期损益。

（四）长期股权投资权益法→公允价值计量（相当于先卖后买）

处理步骤	账务处理
处置部分	借：银行存款 　　贷：长期股权投资（处置部分的账面价值） 　　　　投资收益（或借方）
剩余部分	借：其他权益工具投资/交易性金融资产（公允价值） 　　贷：长期股权投资（剩余部分的账面价值） 　　　　投资收益（或借方）

续表

处理步骤	账务处理
原采用权益法核算的其他综合收益应当在终止采用权益法核算时，按其全额采用与被投资单位直接处置相关资产或负债相同的基础进行会计处理；"资本公积——其他资本公积"全部转投资收益	借：其他综合收益 　　资本公积——其他资本公积 　贷：投资收益 　　盈余公积 　　利润分配——未分配利润

典例研习·11-32（教材例题）

甲公司持有乙公司30%的有表决权股份，能够对乙公司施加重大影响，对该股权投资采用权益法核算。

当年10月，甲公司将该项投资中的50%出售给非关联方，取得价款1 800万元。相关手续于当日完成，甲公司无法再对乙公司施加重大影响，将剩余股权投资转为以公允价值计量且其变动计入其他综合收益的金融资产。

出售时，该项长期股权投资的账面价值为3 200万元，其中投资成本为2 600万元，损益调整为300万元，其他综合收益为200万元（可重分类进损益），除净损益、其他综合收益和利润分配外的其他所有者权益变动为100万元。

剩余股权的公允价值为1 800万元。不考虑相关税费等其他因素影响。则甲公司应作如下会计处理：

（1）确认有关股权投资的处置损益。

借：银行存款　　　　　　　　　　　　　　1 800
　贷：长期股权投资　　　　　　　　　　　　　　1 600
　　　投资收益　　　　　　　　　　　　　　　　　200

（2）由于终止采用权益法核算，将原确认的相关其他综合收益全部转入当期损益。

借：其他综合收益　　　　　　　　　　　　200
　贷：投资收益　　　　　　　　　　　　　　　　　200

（3）由于终止采用权益法核算，将原计入资本公积的其他所有者权益变动全部转入当期损益。

借：资本公积——其他资本公积　　　　　　100
　贷：投资收益　　　　　　　　　　　　　　　　　100

（4）剩余股权投资转为其他权益工具投资，当天公允价值为1 800万元，账面价值为1 600万元，两者差异计入当期投资收益。

借：其他权益工具投资　　　　　　　　　　1 800
　贷：长期股权投资　　　　　　　　　　　　　　1 600
　　　投资收益　　　　　　　　　　　　　　　　　200

（五）长期股权投资成本法→公允价值计量（相当于先卖后买）

项目	账务处理
处置部分	借：银行存款 　　贷：长期股权投资（处置部分的账面价值） 　　　　投资收益（或借方）
剩余部分	借：其他权益工具投资／交易性金融资产（公允价值） 　　贷：长期股权投资（剩余部分的账面价值） 　　　　投资收益（或借方）

| 典例研习·11-33 〔教材例题〕

甲公司持有乙公司 60% 的有表决权股份，采用成本法核算。当年 10 月，甲公司将该项投资中的 80% 出售给非关联方，取得价款 800 万元。甲公司将剩余股权投资转为交易性金融资产。

出售时，该项长期股权投资的账面价值为 800 万元，剩余股权投资的公允价值为 200 万元。不考虑相关税费等其他因素影响。

（1）确认有关股权投资的处置损益。

借：银行存款　　　　　　　　　　　　　　　　800
　　贷：长期股权投资　　　　　　　　　　　　　640
　　　　投资收益　　　　　　　　　　　　　　　160

（2）剩余股权投资转为交易性金融资产，两者差异应计入当期投资收益。

借：交易性金融资产　　　　　　　　　　　　　200
　　贷：长期股权投资　　　　　　　　　　　　　160
　　　　投资收益　　　　　　　　　　　　　　　 40

（六）长期股权投资成本法→长期股权投资权益法

项目	账务处理
处置部分	借：银行存款 　　贷：长期股权投资（处置部分的账面价值） 　　　　投资收益（或借方）
剩余部分	按照权益法追溯调整： （1）投资时点：初始投资成本的调整。 （2）持有期间： ①被投资单位实现的净损益。 ②被投资单位已宣告发放的现金股利和利润。

续表

项目	账务处理
剩余部分	③被投资单位其他综合收益发生变动。 ④被投资单位其他所有者权益变动

提示：

①剩余的长期股权投资初始投资成本大于按照剩余持股比例计算原投资时应享有被投资单位可辨认净资产公允价值份额的差额，属于投资作价中体现的商誉部分，不调整长期股权投资的账面价值；初始投资成本小于原投资时应享有被投资单位可辨认净资产公允价值份额的差额，在调整长期股权投资成本的同时，应调整留存收益（若处置日与投资日在同一会计年度，则调整营业外收入）。

②被投资单位实现净损益如果不是处置当年的，则在进行追溯调整时需要将"投资收益"科目替换成盈余公积和利润分配。

剩余部分追溯调整的处理方法：

①初始投资成本的调整。

成本法（原）	借：长期股权投资 　贷：银行存款等
权益法（果）	借：长期股权投资——投资成本 　贷：银行存款等 　　　营业外收入（如有）
调整分录 （如需调整）	借：长期股权投资——投资成本 　贷：营业外收入（当年） 　　　盈余公积（以前年度） 　　　利润分配——未分配利润（以前年度）

②被投资单位实现净损益时。

成本法（原）	不作处理
权益法（果）	借：长期股权投资——损益调整 　贷：投资收益 亏损作相反分录
调整分录 （如需调整）	借：长期股权投资——损益调整 　贷：投资收益（当年） 　　　盈余公积（以前年度） 　　　利润分配——未分配利润（以前年度） 亏损作相反分录

③被投资单位已宣告发放的现金股利和利润。

成本法（原）	借：应收股利 　　贷：投资收益
权益法（果）	借：应收股利 　　贷：长期股权投资——损益调整
调整分录 （如需调整）	借：投资收益（当年） 　　盈余公积（以前年度） 　　利润分配——未分配利润（以前年度） 　　贷：长期股权投资——损益调整

④被投资单位其他综合收益发生变动。

成本法（原）	不作处理
权益法（果）	借：长期股权投资——其他综合收益 　　贷：其他综合收益 或作相反分录
调整分录 （如需调整）	借：长期股权投资——其他综合收益 　　贷：其他综合收益 或作相反分录

⑤被投资单位其他所有者权益变动。

成本法（原）	不作处理
权益法（果）	借：长期股权投资——其他权益变动 　　贷：资本公积——其他资本公积 或作相反分录
调整分录 （如需调整）	借：长期股权投资——其他权益变动 　　贷：资本公积——其他资本公积 或作相反分录

| 典例研习·11-34　教材例题

A公司原持有B公司60%的股权，能够对B公司实施控制。2019年11月6日，A公司对B公司的长期股权投资的账面价值为600万元，未计提减值准备，A公司将其持有的对B公司长期股权投资中的1/3出售给非关联方，取得价款360万元，当日被投资单位可辨认净资产公允价值总额为1600万元。相关手续于当日完成，A公司不再对B公司实施控制，但具有重大影响。

A公司原取得B公司60%股权时，B公司可辨认净资产公允价值总额为900万元（假定公允价值与账面价值相同）。自A公司取得对B公司长期股权投资后至部分处置投资前，B公司实现净利润500万元。其中，自A公司取得投资日至2019年初实现净利润400万元。

假定B公司一直未进行利润分配。除所实现净损益外，B公司未发生其他计入所有者权益的交易或事项。A公司按净利润的10%提取盈余公积。不考虑相关税费等其他因素影响。

（1）确认长期股权投资处置损益。

借：银行存款　　　　　　　　　　　　　　　　360
　　贷：长期股权投资　　　　　　　　　　　　　　　200
　　　　投资收益　　　　　　　　　　　　　　　　　160

（2）调整长期股权投资账面价值。

剩余长期股权投资的账面价值为400万元；原投资时应享有被投资单位可辨认净资产公允价值份额为360万元（900×40%）；两者之间的差额为商誉，该部分商誉的价值不需要对长期股权投资的成本进行调整。

（3）处置投资以后按照持股比例计算享有被投资单位自购买日至处置投资日期初之间实现的净损益为160万元（400×40%），应调整增加长期股权投资的账面价值，同时调整留存收益。

处置期初至处置日之间实现的净损益为40万元（100×40%），应调整增加长期股权投资的账面价值，同时计入当期投资收益。

借：长期股权投资——损益调整　　　　　　　　200
　　贷：盈余公积　　　　　　　　　　　　　　　　　16
　　　　利润分配——未分配利润　　　　　　　　　144
　　　　投资收益　　　　　　　　　　　　　　　　　40

| 典例研习·11-35　2019年单项选择题

甲公司持有乙公司70%有表决权股份，可以实施控制并采用成本法核算。2019年6月3日，甲公司出售该项投资的90%并取得价款6 000万元，相关手续已于当日办妥；甲公司将持有的剩余股份转为以公允价值计量且其变动计入当期损益的金融资产核算。出售时该项长期股权投资账面价值为3 000万元，剩余股权投资的公允价值为1 000万元。假设不考虑相关税费，甲公司当月应确认的投资收益为（　　）万元。

　　A.4 000　　　　　　　　　　　　B.3 300
　　C.3 000　　　　　　　　　　　　D.6 000

🅢 **斯尔解析** 本题考查长期股权投资核算方法的转换。本题中，甲公司对乙公司股权投资的核算方式，从长期股权投资成本法转为公允价值计量，相当于先卖后买，应确认的投资收益=（6 000+1 000）-3 000=4 000（万元），选项A当选。会计分录如下：

借：银行存款　　　　　　　　　　　　　　　6 000
　　交易性金融资产　　　　　　　　　　　　1 000
　贷：长期股权投资　　　　　　　　　　　　　3 000
　　　投资收益　　　　　　　　　　　　　　　4 000

▲ **本题答案** A

第三节　非货币性资产交换

一、概述（★）

（一）非货币性资产交换的概念

货币性资产，是指企业持有的货币资金和收取固定或可确定金额的货币资金的权利。包括：库存现金、银行存款、以摊余成本计量的应收账款、应收票据、其他应收款等。

非货币性资产，是指货币性资产以外的资产，该类资产在将来为企业带来的经济利益不固定或不可确定。包括：固定资产、存货、无形资产、投资性房地产以及各类长期股权投资等。

非货币性资产交换，是指企业主要以固定资产、无形资产、投资性房地产和长期股权投资等非货币性资产进行的交换。该交换不涉及或只涉及少量的货币性资产（即补价）。

（二）非货币性资产交换计量基础的选择

非货币性资产交换同时满足下列条件的，应当以公允价值为基础计量：

（1）该项交换具有商业实质。

（2）换入资产或换出资产的公允价值能够可靠地计量。

不满足上述条件其中任何一个的，应当以账面价值为基础计量。

提示：

满足下列条件之一的非货币性资产交换具有商业实质：

①换入资产的未来现金流量在风险、时间分布或金额方面与换出资产显著不同。

②使用换入资产所产生的预计未来现金流量现值与继续使用换出资产不同，且其差额与换入资产和换出资产的公允价值相比是重大的。

二、以公允价值为基础计量的非货币性资产交换（★★）

基本原则：非货币性资产交换具有商业实质且公允价值能够可靠计量的，应当以换出资产的公允价值为基础计量，但有确凿证据表明换入资产的公允价值比换出资产的公允价值更加可靠的除外。

（一）单项资产的交换

计量基础	确定换入资产的成本	确定换出资产的损益
以换出资产公允价值为基础	换出资产公允价值 + 支付价款 – 收到价款 + 销项税 – 进项税 + 应支付的相关税费	换出资产的公允价值与换出资产账面价值之间的差额计入当期损益
换入资产公允价值更加可靠的	换入资产公允价值 + 应支付的相关税费	（换入资产的公允价值 + 收到的补价 – 支付的补价）与换出资产账面价值之间的差额计入当期损益

关于交换损益，视换出资产不同而有所区别，具体包括：

（1）换出资产为固定资产、在建工程、无形资产的，换出资产公允价值和换出资产账面价值的差额，计入资产处置损益。

（2）换出资产为长期股权投资的，换出资产公允价值和换出资产账面价值的差额，计入投资收益。涉及资本公积、可转损益的其他综合收益还需转入当期损益。

（3）换出资产为投资性房地产的，按换出资产公允价值或换入资产公允价值确认其他业务收入，按换出资产的账面价值结转其他业务成本，二者之间的差额计入当期损益，原持有期间计入公允价值变动损益和其他综合收益的也需要进行相应结转。

典例研习·11-36 2015年单项选择题

长江公司以其拥有的专利权与华山公司交换生产设备一台，该交换具有商业实质。专利权的账面价值为300万元（未计提减值准备），公允价值和计税价格均为420万元，适用的增值税税率为6%。设备的账面原价为600万元，已计提折旧170万元，已计提减值准备30万元，公允价值和计税基础均为400万元，适用增值税税率为13%。在资产交换过程中，华山公司收到长江公司支付的银行存款6.8万元。假设华山公司和长江公司分别向对方开具增值税专用发票。则华山公司换入的专利权入账价值为（　　）万元。

A.420 B.436
C.425 D.441

斯尔解析 本题考查非货币性资产交换。华山公司换入的专利权入账价值 = 换出资产公允价值 + 支付价款 – 收到价款 + 销项税额 – 进项税额 + 应支付的相关税费 = 400 – 6.8 + 400×13% – 420×6% = 420（万元），选项A当选。

账务处理：

借：固定资产清理	400	
累计折旧	170	
固定资产减值准备	30	
贷：固定资产		600
借：无形资产	420	
应交税费——应交增值税（进项税额）	25.2	
银行存款	6.8	
贷：固定资产清理		400
应交税费——应交增值税（销项税额）		52

长江公司换入设备的入账价值 =420+420×6%+6.8−400×13%=400（万元）

借：固定资产	400	
应交税费——应交增值税（进项税额）	52	
贷：无形资产		300
资产处置损益		120
应交税费——应交增值税（销项税额）		25.2
银行存款		6.8

本题答案 A

典例研习·11-37（2020年单项选择题）

以公允价值为基础计量的非货币性资产交换中，涉及补价且没有确凿证据表明换入资产的公允价值更加可靠的情况下，下列会计处理错误的是（ ）。

A. 收到补价的，换出资产的公允价值与其账面价值的差额计入当期损益

B. 收到补价的，以换入资产的公允价值减去收到补价的公允价值，加上应支付的相关税费，作为换入资产的成本

C. 支付补价的，换出资产的公允价值与其账面价值的差额计入当期损益

D. 支付补价的，以换出资产的公允价值加上支付补价的公允价值和应支付的相关税费，作为换入资产的成本

斯尔解析 本题考查非货币性资产交换。收到补价的，以换出资产的公允价值为基础计量的，应当以换出资产的公允价值减去收到补价的公允价值，加上应支付的相关税费，作为换入资产的成本，换出资产的公允价值与其账面价值之间的差额计入当期损益，选项B当选。

本题答案 B

（二）多项资产的交换

对于同时换入的多项资产，按照换入的金融资产以外的各项换入资产公允价值相对比例，将换出资产公允价值总额（涉及补价的，加上支付补价的公允价值或减去收到补价的公允价值）扣除换入金融资产公允价值后的净额进行分摊，以分摊至各项换入资产的金额，加上应支付的相关税费，作为各项换入资产的成本进行初始计量。

对于同时换出的多项资产，将各项换出资产的公允价值与其账面价值之间的差额，在各项换出资产终止确认时计入当期损益。

有确凿证据表明换入资产的公允价值更加可靠的，以各项换入资产的公允价值和应支付的相关税费作为各项换入资产的初始计量金额。

三、以账面价值为基础计量的非货币性资产交换（★★）

基本原则：非货币性资产交换不具有商业实质，或虽然具有商业实质，但换入资产和换出资产的公允价值均不能够可靠地计量，应当以换出资产的账面价值和应支付的相关税费作为换入资产的成本，无论是否支付补价，均不确认损益。

（1）换入资产的初始计量金额＝换出资产的账面价值＋销项税＋支付补价的账面价值－收到补价的公允价值－进项税＋应计入换入资产成本的相关税费。

（2）对于同时换入的多项资产，按照各项换入资产的公允价值的相对比例，将换出资产的账面价值总额（涉及补价的，加上支付补价的账面价值或减去收到补价的公允价值）分摊至各项换入资产，加上应支付的相关税费，作为各项换入资产的初始计量金额。

换入资产的公允价值不能够可靠计量的，可以按照各项换入资产的原账面价值的相对比例或其他合理的比例对换出资产的账面价值进行分摊。

典例研习·11-38 〖2017年单项选择题〗

2017年5月，甲公司用一项账面余额为250万元、累计摊销为110万元、公允价值为200万元的无形资产，与乙公司交换一台设备，该生产设备账面原值为200万元、累计折旧为60万元、公允价值为160万元。甲公司发生设备运输费5万元，设备安装费10万元，收到乙公司支付的补价40万元。假定该项资产交换不具有商业实质，不考虑增值税及其他相关税费，则甲公司换入该设备的入账价值为（　　）万元。

A.115　　　　　　　　　　B.135
C.165　　　　　　　　　　D.175

斯尔解析 本题考查非货币性资产交换。因该项资产交换不具有商业实质，应当以账面价值为基础核算。甲公司换入该设备的入账价值＝换出资产的账面价值（250－110）－收到的补价（40）＋为换入资产发生的相关税费（15）=115（万元），选项A当选。

本题答案 A

典例研习在线题库

至此,财务与会计的学习已经进行了58%,继续加油呀!

58%

第十二章 流动负债

学习提要

重要程度：次重点章节

平均分值：6分

考核题型：单项选择题、多项选择题

本章提示：本章重点内容为应交税费、应付职工薪酬和金融负债的核算，其难度较高，但考点相对比较固定，学习时，可以抓大放小

第一节　应付账款和应付票据的核算

一、应付账款

应付账款是指因购买材料、商品或接受劳务、服务供应等而发生的债务。这是买卖双方在购销活动中，由于取得物资与支付货款在时间上不一致而产生的负债。

（1）应付账款一般按应付金额入账，而不按到期应付金额的现值入账。

（2）如果购入的资产在形成一笔应付账款时是带有现金折扣的，应付账款入账金额按发票上记载的应付金额的总值（即不扣除折扣）确定。现金折扣实际获得时，冲减财务费用。

（3）无法支付的应付款项直接转入营业外收入。

二、应付票据

应付票据是指企业购买材料、商品和接受劳务供应等而开出、承兑的商业汇票，包括商业承兑汇票和银行承兑汇票。

第二节　应交税费的核算

企业作为商品生产和经营者，必须按照国家规定履行纳税义务，对其经营所得依法缴纳各种税费。这些应缴的税费应按照税法的规定进行确认、计提，在尚未缴纳之前暂时留在企业，形成一项负债。

"应交税费"科目核算的税费项目包括增值税、消费税、资源税、环境保护税、土地增值税、城市维护建设税、房产税、城镇土地使用税、车船税、教育费附加、企业所得税、个人所得税等。

不通过"应交税费"科目核算的税费，包括印花税、耕地占用税以及车辆购置税。

一、增值税（★★）

（一）一般纳税人

```
                    ┌── 应交增值税
                    ├── 未交增值税
                    ├── 预交增值税
                    ├── 简易计税
                    ├── 待抵扣进项税额
          应交税费──┤── 待认证进项税额
                    ├── 待转销项税额
                    ├── 代扣代交增值税
                    ├── 增值税留抵税额
                    └── 转让金融商品应交增值税
```

（1）"应交税费——应交增值税"明细科目。

借方专栏	贷方专栏
进项税额	销项税额
已交税金	进项税额转出
减免税款	出口退税
出口抵减内销产品应纳税额	转出多交增值税
销项税额抵减	—
转出未交增值税	—

| 典例研习·12-1　2019年多项选择题

下列属于"应交税费——应交增值税"明细科目借方专栏的有（　　）。

A. 已交税金
B. 出口退税
C. 进项税额转出
D. 销项税额抵减
E. 减免税款

> **斯尔解析** 本题考查增值税的核算。"应交增值税"明细科目借方专栏包括：①进项税额；②已交税金；③减免税款；④出口抵减内销产品应纳税额；⑤销项税额抵减；⑥转出未交增值税，选项ADE当选。贷方专栏包括：①销项税额；②进项税额转出；③出口退税；④转出多交增值税，选项BC不当选。
>
> ▲**本题答案** ADE

①应交税费——应交增值税（进项税额）。

记录企业购入货物、加工修理修配劳务、服务、无形资产或不动产而支付或负担的、按规定准予从当期销项税额中抵扣的增值税额。

提示：企业购进货物、加工修理修配劳务、服务、无形资产或不动产，其进项税额按规定不得从销项税额中抵扣的，取得增值税专用发票时，应全额计入相关资产成本或费用。

②应交税费——应交增值税（销项税额）。

记录企业销售货物、加工修理修配劳务、服务、无形资产或不动产应收取的增值税额。

典例研习·12-2 （教材例题改编）

甲公司（增值税一般纳税人）购入原材料一批，采用实际成本核算，已认证的增值税专用发票上注明的原材料价款为600万元，增值税税额为78万元。货款已经支付，材料已到达并验收入库。甲公司当期销售产品不含税收入为1 200万元，货款尚未收到。假如该产品适用增值税税率为13%，不缴纳消费税。

甲公司应作如下会计分录：

借：原材料　　　　　　　　　　　　　　　　　　600
　　应交税费——应交增值税（进项税额）　　　　78
　　　贷：银行存款　　　　　　　　　　　　　　　　　678

销项税额 =1 200×13%=156（万元）

借：应收账款　　　　　　　　　　　　　　　　1 356
　　　贷：主营业务收入　　　　　　　　　　　　　　1 200
　　　　　应交税费——应交增值税（销项税额）　　　156

③应交税费——应交增值税（进项税额转出）。

a.记录企业已抵扣进项税额的购进货物、加工修理修配劳务、服务、无形资产或不动产，以及在产品、产成品、不动产在建工程所耗用的购进货物、加工修理修配劳务、服务，发生税法规定的非正常损失以及其他原因（如取得异常增值税扣税凭证）而不得从销项税额中抵扣、按规定应予转出的进项税额。

| 典例研习·12-3 教材例题

甲公司（增值税一般纳税人）购入一批材料，增值税专用发票上注明的增值税税额为15.6万元，材料价款为120万元。材料已入库，货款已经支付（假设该企业材料采用实际成本进行核算）。材料入库后，该公司将该批材料的一半用于职工集体福利项目。

材料入库：
借：原材料　　　　　　　　　　　　　　　　　　120
　　应交税费——应交增值税（进项税额）　　　　15.6
　　贷：银行存款　　　　　　　　　　　　　　　　　　135.6
职工福利领用材料：
借：应付职工薪酬——非货币性福利　　　　　　　67.8
　　贷：应交税费——应交增值税（进项税额转出）　　　7.8
　　　　原材料　　　　　　　　　　　　　　　　　　　60

b. 原不得抵扣且未抵扣进项税额的固定资产、无形资产等，因改变用途等用于允许抵扣进项税额的应税项目的，应按允许抵扣的进项税额调整。

借：应交税费——应交增值税（进项税额）
　贷：固定资产等

固定资产、无形资产等经上述调整后，应按调整后的账面价值在剩余尚可使用寿命内计提折旧或摊销。

c. 实行"免、抵、退"办法的一般纳税人出口货物劳务服务，在货物劳务服务出口销售后结转销售成本时，按规定计算的当期不得免征和抵扣税额。

借：主营业务成本
　贷：应交税费——应交增值税（进项税额转出）

d. 未实行"免、抵、退"办法的一般纳税人出口货物劳务服务，退税额低于购进时取得的增值税专用发票上的增值税额的差额。

借：主营业务成本
　贷：应交税费——应交增值税（进项税额转出）

④应交税费——应交增值税（已交税金）。

记录一般纳税人当月已缴纳的应交增值税税额。

⑤应交税费——应交增值税（销项税额抵减）。

记录一般纳税人按照现行增值税纳税制度规定，因扣减销售额而减少的销项税额。

⑥应交税费——应交增值税（减免税款）。

记录企业按现行增值税制度规定准予减免的增值税税额。

情形一：对于当期直接减免的增值税，借记"应交税费——应交增值税（减免税款）"，贷记"其他收益"科目。

小微企业在取得销售收入时,应当按照税法的规定计算应缴增值税,并确认为应缴税费,在达到增值税制度规定的免征增值税条件时,将有关应缴增值税转入"其他收益"科目。

情形二:企业初次购买增值税税控系统专用设备支付的费用以及缴纳的技术维护费允许在增值税应纳税额中全额抵减。

典例研习·12-4 （教材例题）

甲公司为增值税一般纳税人,初次购买数台增值税税控系统专用设备作为固定资产核算,取得增值税专用发票上注明的价款为38 000元,增值税税额为4 940元,价款和税款以银行存款支付。

取得设备,支付价款和税款时:
借:固定资产　　　　　　　　　　　　　42 940
　　贷:银行存款　　　　　　　　　　　　　　　42 940
按规定抵减增值税应纳税额时:
借:应交税费——应交增值税(减免税款)　　42 940
　　贷:管理费用　　　　　　　　　　　　　　　42 940

典例研习·12-5 （2020年多项选择题）

下列各项中,一般纳税人应通过"应交税费——应交增值税(减免税款)"科目核算的有（　　）。

A. 当期收到的出口退税额
B. 取得退还的增量增值税留抵税额
C. 当期直接减免的增值税额
D. 加计抵减额抵减的应纳增值税额
E. 初次购买增值税税控系统专用设备支付的费用,按规定抵减的应纳增值税额

【斯尔解析】本题考查增值税的核算。企业对于当期直接减免的增值税,借记"应交税费——应交增值税(减免税款)"科目,贷记"其他收益"科目,选项C当选。企业初次购买增值税税控系统专用设备支付的费用以及缴纳的技术维护费允许在增值税应纳税额中全额抵减的,按规定抵减的增值税应纳税额,借记"应交税费——应交增值税(减免税款)"科目,贷记"管理费用"等科目,选项E当选。

▲本题答案　CE

⑦应交税费——应交增值税(出口退税)。
记录企业出口货物等按规定计算的应收出口退税额。
借:应收出口退税款
　　贷:应交税费——应交增值税(出口退税)

⑧应交税费——应交增值税（出口抵减内销产品应纳税额）。

记录企业实行"免、抵、退"办法按规定的退税率计算的出口货物进项税抵减内销产品应纳税额的数额。

对按规定计算的当期免抵税额（即按规定计算的当期抵减的内销产品应纳税额）：

借：应交税费——应交增值税（出口抵减内销产品应纳税额）

　　贷：应交税费——应交增值税（出口退税）

⑨应交税费——应交增值税（转出未交增值税）。

记录企业月度终了转出当月应缴未缴的增值税税额。

借：应交税费——应交增值税（转出未交增值税）

　　贷：应交税费——未交增值税

⑩应交税费——应交增值税（转出多交增值税）。

记录一般纳税人月度终了转出当月多缴的增值税税额。

借：应交税费——未交增值税

　　贷：应交税费——应交增值税（转出多交增值税）

（2）应交税费——未交增值税。

借方发生额，反映企业月终从"应交增值税"或"预交增值税"明细科目转入的多缴或预缴的增值税额和次月上缴的上月应缴未缴的增值税额；贷方发生额，反映企业月终转入的当月发生的应缴未缴的增值税额；期末借方余额反映多缴的增值税额，贷方余额反映未缴的增值税额。

①缴纳以前期间未缴增值税的账务处理。企业缴纳以前期间未缴的增值税，借记"应交税费——未交增值税"科目，贷记"银行存款"科目。

②符合规定可以用加计抵减额抵减应纳税额的，实际缴纳增值税时，借记"应交税费——未交增值税"或"应交税费——应交增值税（已交税金）"科目，贷记"银行存款""其他收益"科目。

（3）应交税费——预交增值税。

核算企业转让不动产、提供不动产经营租赁服务、提供建筑服务、采用预收款方式销售自行开发的房地产项目等，以及其他按规定应预缴的增值税税额。

企业预缴增值税时：

借：应交税费——预交增值税

　　贷：银行存款

月末，企业应将"预交增值税"明细科目余额转入"未交增值税"明细科目。

（4）应交税费——待抵扣进项税额。

核算企业已取得增值税扣税凭证，按规定准予以后期间从销项税额中抵扣的进项税额。如实行纳税辅导期管理的一般纳税人取得的尚未交叉稽核比对的增值税扣税凭证上注明或计算的进项税额。

①一般纳税人纳税辅导期内取得增值税扣税凭证后，借记"应交税费——待抵扣进项税额"科目，贷记相关科目。

②交叉稽核比对无误后：

借：应交税费——应交增值税（进项税额）

　　贷：应交税费——待抵扣进项税额

③经核实不得抵扣的进项税额，红字借记"应交税费——待抵扣进项税额"科目，红字贷记相关科目。

（5）应交税费——待认证进项税额。

核算企业由于未经税务机关认证而不得从当期销项税额中抵扣的进项税额。

包括：一般纳税人已取得增值税扣税凭证、按规定准予从销项税额中抵扣，但尚未经税务机关认证的进项税额；一般纳税人已申请稽核但尚未取得稽核相符结果的海关缴款书进项税额。

该明细科目也可用于核算纳税人尚未进行用途确认的进项税额。

借：原材料等

　　应交税费——待认证进项税额

　　贷：应付账款等

经认证后准予抵扣时：

借：应交税费——应交增值税（进项税额）

　　贷：应交税费——待认证进项税额

（6）应交税费——待转销项税额。

核算企业销售货物、加工修理修配劳务、服务、无形资产或不动产，已确认相关收入（或利得）但尚未发生增值税纳税义务而需于以后期间确认为销项税额的增值税额。

提示：按照增值税制度确认增值税纳税义务发生时点早于按照国家统一的会计制度确认收入或利得的时点的，应将应纳增值税额，借记"应收账款"等科目，贷记"应交税费——应交增值税（销项税额）"科目或"应交税费——简易计税"科目。

（7）应交税费——增值税留抵税额。

核算兼有销售服务、无形资产或者不动产的原增值税一般纳税人，截至纳入营改增试点之日前的增值税期末留抵税额按规定不得从销售服务、无形资产或不动产的销项税额中抵扣的增值税留抵税额。

纳入营改增试点当月月初，原增值税一般纳税人应按不得从销售服务、无形资产或不动产的销项税额中抵扣的增值税留抵税额：

借：应交税费——增值税留抵税额

　　贷：应交税费——应交增值税（进项税额转出）

待以后期间允许抵扣时，按允许抵扣的金额：

借：应交税费——应交增值税（进项税额）

　　贷：应交税费——增值税留抵税额

（8）应交税费——简易计税。

核算企业采用简易计税方法发生的增值税计提、扣减、预缴、缴纳等业务。

（9）应交税费——转让金融商品应交增值税。

核算企业转让金融商品发生的增值税额。

金融商品转让按规定以盈亏相抵后的余额作为销售额的账务处理。金融商品实际转让月末：
①如产生转让收益：
借：投资收益
　　贷：应交税费——转让金融商品应交增值税
②如产生转让损失，则按可结转下月抵扣税额：
借：应交税费——转让金融商品应交增值税
　　贷：投资收益
③缴纳增值税时：
借：应交税费——转让金融商品应交增值税
　　贷：银行存款
④年末，本科目如有借方余额：
借：投资收益
　　贷：应交税费——转让金融商品应交增值税

（10）应交税费——代扣代交增值税。
核算企业购进在境内未设经营机构的境外单位或个人在境内的应税行为代扣代缴的增值税。

典例研习·12-6　【2018年多项选择题】

下列关于增值税会计核算的表述中，正确的有（　　）。

A."应交税费——应交增值税（转出未交增值税）"记录企业月终转出当月应缴未缴的增值税额

B."应交税费——应交增值税（减免税款）"记录企业按照规定准予减免的增值税额

C."应交税费——应交增值税（已交税金）"记录企业当月已缴纳的增值税额

D."应交税费——预交增值税"核算企业转让不动产、提供不动产经营租赁服务、提供建筑服务、采用预收款方式销售自行开发的房地产项目等，以及其他按规定应缴纳的增值税额

E."应交税费——未交增值税"期末借方余额反映未缴的增值税额，贷方余额反映多缴的增值税额

斯尔解析　本题考查增值税的核算。"应交税费——应交增值税（转出未交增值税）"记录企业月终转出当月应缴未缴的增值税额，选项A当选。"应交税费——应交增值税（减免税款）"记录企业按照规定准予减免的增值税额，选项B当选。"应交税费——应交增值税（已交税金）"记录企业当月已缴纳的增值税额，选项C当选。"应交税费——预交增值税"核算企业转让不动产、提供不动产经营租赁服务、提供建筑服务、采用预收款方式销售自行开发的房地产项目等，以及其他按规定应缴纳的增值税额，选项D当选。"应交税费——未交增值税"期末借方余额为多缴增值税，贷方余额为未缴增值税，选项E不当选。

本题答案　ABCD

（二）小规模纳税人的账务处理

小规模纳税人只需在"应交税费"科目下设置"应交增值税"明细科目，不需要设置除"转让金融商品应交增值税""代扣代交增值税"外的明细科目，且在"应交增值税"明细科目中不需要设置任何专栏。

（1）小规模纳税人购买物资、服务、无形资产或不动产，取得的增值税专用发票上注明的增值税额应直接计入相关成本费用或资产，不通过"应交税费——应交增值税"科目核算。

（2）小规模纳税人的销售、视同销售等业务发生的应纳增值税额记入"应交税费——应交增值税"科目。

（3）小规模纳税人发生增值税代扣代缴义务的账务处理、从事金融商品转让的账务处理，与一般纳税人的处理相同。

典例研习·12-7（教材例题）

甲公司为小规模纳税人，本期购入原材料，采用实际成本核算，按照增值税发票上记载的原材料成本为100万元，支付的增值税税额为13万元，甲公司开出商业承兑汇票，材料已验收入库；本期销售产品，含税价格为90万元，货款尚未收到。征收率为3%。根据上述经济业务，甲公司应作如下会计分录：

（1）购进货物：

借：原材料　　　　　　　　　　　　　　　　113
　　贷：应付票据　　　　　　　　　　　　　　　　113

（2）销售货物：

不含税价格 =90÷（1+3%）=87.38（万元）

应交增值税 =87.38×3%=2.62（万元）

借：应收账款　　　　　　　　　　　　　　　　90
　　贷：主营业务收入　　　　　　　　　　　　　　87.38
　　　　应交税费——应交增值税　　　　　　　　　 2.62

（3）上缴本月应纳增值税2.62万元时：

借：应交税费——应交增值税　　　　　　　　　2.62
　　贷：银行存款　　　　　　　　　　　　　　　　2.62

典例研习·12-8（2021年单项选择题）

下列关于小规模纳税人增值税业务的账务处理中，正确的是（　　）。

A. 缴纳增值税时，应通过"应交税费——已交税金"科目核算

B. 购买物资时取得的增值税专用发票上注明的增值税税额，应通过"应交税费——应交增值税"科目核算

C. 发生视同销售业务应纳的增值税额,应通过"应交税费——应交增值税"科目核算

D. 初次购买增值税税控系统专用设备支付的费用允许在应纳税额中全额抵减的,应将抵减的增值税应纳税额通过"应交税费——应交增值税(减免税款)"科目核算

斯尔解析 本题考查小规模纳税人的处理。小规模纳税人缴纳增值税时通过"应交税费——应交增值税"科目核算,选项 A 不当选。小规模纳税人即使取得增值税专用发票也不允许抵扣,应计入购入资产成本,选项 B 不当选。视同销售业务应纳的增值税额通过"应交税费——应交增值税"科目核算,选项 C 当选。初次购买增值税税控系统专用设备支付的费用允许在应纳税额中全额抵减的,应将抵减的增值税应纳税额通过"应交税费——应交增值税"科目核算,选项 D 不当选。

本题答案 C

二、消费税(★)

(一)产品销售的账务处理

企业销售产品按规定计算出应缴纳的消费税,借记"税金及附加"等科目,贷记"应交税费——应交消费税"科目。

> **典例研习·12-9** 教材例题
>
> 甲公司(增值税一般纳税人)当月销售摩托车 10 辆,每辆售价为 1.5 万元(不含增值税),货款尚未收到,摩托车每辆成本为 0.5 万元。适用的消费税税率为 10%。
>
> 应向购买方收取的增值税税额 =1.5×10×13%=1.95(万元)
>
> 应交消费税 =1.5×10×10%=1.5(万元)
>
> 借:应收账款　　　　　　　　　　　　　16.95
> 　　贷:主营业务收入　　　　　　　　　　　　　　15
> 　　　　应交税费——应交增值税(销项税额)　　　1.95
> 借:主营业务成本　　　　　　　　　　　 5
> 　　贷:库存商品　　　　　　　　　　　　　　　　5
> 借:税金及附加　　　　　　　　　　　　 1.5
> 　　贷:应交税费——应交消费税　　　　　　　　　1.5

(二)将自产应税消费品用于非货币性资产交换、债务重组、在建工程、非应税项目、非生产机构、管理部门、提供劳务以及用于馈赠、赞助、集资、广告、样品等方面的账务处理

企业对按规定计算的应缴消费税:

借:固定资产、在建工程、营业外支出、管理费用、销售费用等
　　贷:应交税费——应交消费税

| 典例研习·12-10 教材例题

某汽车制造企业（增值税一般纳税人）将自产的一辆汽车用于赞助活动，同类汽车销售价格为 20 万元，该汽车成本为 14 万元，适用的消费税税率为 5%，增值税税率为 13%。

企业应作如下会计处理：

应交消费税 =20×5%=1（万元）

应交增值税 =20×13%=2.6（万元）

借：营业外支出　　　　　　　　　　　　　　　　　17.6
　　贷：库存商品　　　　　　　　　　　　　　　　　14
　　　　应交税费——应交消费税　　　　　　　　　　 1
　　　　　　　——应交增值税（销项税额）　　　　　 2.6

（三）包装物销售的会计处理

（1）企业随同产品出售但单独计价的包装物，按规定应缴纳的消费税。

借：税金及附加
　　贷：应交税费——应交消费税

（2）企业收取的除啤酒、黄酒以外酒类产品的包装物押金，按规定应缴纳的消费税。

借：其他应付款
　　贷：应交税费——应交消费税

（3）企业逾期未收回包装物不再退还的包装物押金和已收取 1 年以上的包装物押金，按规定应缴纳的消费税。

借：税金及附加等
　　贷：应交税费——应交消费税

（四）委托加工应税消费品的会计处理

情形		账务处理
收回后内部使用	用于连续生产应税消费品	借：应交税费——应交消费税 　　贷：银行存款
	用于非消费税项目	借：委托加工物资 　　贷：银行存款
收回后对外出售	以高于受托方的计税价格出售	借：应交税费——应交消费税 　　贷：银行存款
	以不高于受托方的计税价格出售	借：委托加工物资 　　贷：银行存款

典例研习·12-11 （教材例题）

黄河公司委托外单位加工材料（非金银首饰）一批，原材料价款为 40 000 元，加工费用为 20 000 元，收到普通发票一张，由受托方代收代缴的消费税为 3 000 元，材料已经加工完毕入库，加工费用已经支付。

（1）如果委托方黄河公司收回加工后的材料用于继续生产应税消费品：

借：委托加工物资	40 000
贷：原材料	40 000
借：委托加工物资	20 000
应交税费——应交消费税	3 000
贷：银行存款	23 000
借：原材料	60 000
贷：委托加工物资	60 000

（2）如果委托方黄河公司收回加工后的材料以不高于受托方的计税价格直接对外销售：

借：委托加工物资	40 000
贷：原材料	40 000
借：委托加工物资	23 000
贷：银行存款	23 000
借：原材料	63 000
贷：委托加工物资	63 000

典例研习·12-12 （2018 年单项选择题）

委托方将委托加工应税消费品收回后用于非消费税项目，则委托方应将受托方代收代缴的消费税计入（ ）。

A. 其他业务成本

B. 应交税费——应交消费税

C. 收回的委托加工物资的成本

D. 管理费用

斯尔解析 本题考查消费税的核算。委托加工物资收回后以不高于受托方的计税价格出售的，以及用于非消费税项目的，应将受托方代收代缴的消费税计入委托加工物资成本，选项 C 当选。

本题答案 C

（五）外购应税消费品的会计处理

外购（含进口）应税消费品用于生产应税消费品，按所含税额，借记"应交税费——应交消费税"科目，贷记"银行存款"等科目；用于其他方面或直接对外销售的，不得抵扣，计入其成本。

三、其他税费（★）

（一）资源税

情形	账务处理
正常销售	借：税金及附加 　　贷：应交税费——应交资源税
自产自用	借：生产成本、制造费用等 　　贷：应交税费——应交资源税
收购未缴税矿产品	借：材料采购等 　　贷：银行存款等（按实际支付的收购款） 　　　　应交税费——应交资源税（按代扣代缴的资源税）

> **典例研习·12-13** 教材例题
>
> 甲公司将自己开采的煤炭4万吨用于产品加工，每吨应交资源税为5元，甲公司应作如下会计处理：
> 借：生产成本　　　　　　　　　　　　　　　　　　　　20
> 　　贷：应交税费——应交资源税　　　　　　　　　　　　　　20

（二）土地增值税

（1）房地产开发企业销售房地产应缴纳的土地增值税。
借：税金及附加
　　贷：应交税费——应交土地增值税

（2）企业转让土地使用权应缴的土地增值税，若土地使用权连同地上建筑物及其他附着物一并在"固定资产"科目或"在建工程"等科目核算的：
借：固定资产清理、在建工程
　　贷：应交税费——应交土地增值税

若土地使用权在"无形资产"科目核算的：
借：银行存款
　　累计摊销
　　无形资产减值准备
　　贷：应交税费——应交土地增值税
　　　　无形资产
　　　　资产处置损益（倒挤差额，或借方）

（三）房产税、城镇土地使用税、环境保护税、车船税、城市维护建设税、教育费附加

借：税金及附加
　　贷：应交税费

（四）按规定计算应代扣代缴的职工个人所得税

借：应付职工薪酬
　　贷：应交税费——应交个人所得税

（五）缴纳的印花税

借：税金及附加
　　贷：银行存款

（六）按规定缴纳的耕地占用税

借：在建工程
　　贷：银行存款

（七）购置应税车辆，按规定缴纳的车辆购置税

借：固定资产
　　贷：银行存款

典例研习·12-14　2016年多项选择题

企业缴纳的下列税金中，不需要通过"应交税费"科目核算的有（　　）。

A. 车辆购置税

B. 耕地占用税

C. 房产税

D. 车船税

E. 城市维护建设税

斯尔解析　本题考查应交税费的核算。不通过"应交税费"科目核算的税金有印花税、耕地占用税和车辆购置税，选项AB当选。

本题答案　AB

解题高手

命题角度：哪些税金构成相关资产成本？

（1）增值税，一般纳税人购入资产支付的增值税（取得增值税专用发票）通常不构成资产入账成本，小规模纳税人购入资产支付的增值税计入资产入账成本。

（2）消费税，委托加工物资收回后以不高于受托方的计税价格直接对外出售，构成收回委托加工物资成本，销售自产应税消费品计入当期损益，进口应税消费品不是用于生产应税消费品的计入资产成本。

（3）进口关税、耕地占用税以及车辆购置税构成资产入账成本。

（4）车船税、房产税、城镇土地使用税、印花税、土地增值税计入当期损益，不构成相关资产成本。

第三节 应付职工薪酬的核算

一、职工薪酬的内容（★）

职工薪酬，是指企业为获得职工提供的服务或解除劳动关系而给予的各种形式的报酬或补偿。职工薪酬包括短期薪酬、离职后福利、辞退福利和其他长期职工福利。企业提供给职工配偶、子女、受赡养人、已故员工遗属及其他受益人等的福利，也属于职工薪酬。

这里所指的职工主要包括：

（1）与企业订立劳动合同的所有人员，含全职、兼职和临时职工。

（2）虽未与企业订立劳动合同、但由企业正式任命的人员，如董事会成员、监事会成员等。

（3）在企业的计划和控制下，虽未与企业订立劳动合同或未由企业正式任命，但向企业所提供服务与职工所提供服务类似的人员，包括通过企业与劳务中介公司签订用工合同而向企业提供服务的人员。

（一）短期薪酬

短期薪酬，是指企业在职工提供相关服务的年度报告期间结束后 12 个月内需要全部予以支付的职工薪酬，因解除与职工的劳动关系给予的补偿除外（属于辞退福利）。

具体包括：职工工资、奖金、津贴和补贴，职工福利费（生活困难补助、防暑降温费等），医疗保险费，生育保险费，工伤保险费，住房公积金，工会经费和职工教育经费，短期带薪缺勤，短期利润分享计划，非货币性福利以及其他短期薪酬。

（二）离职后福利

离职后福利是指企业为获得职工提供的服务而在职工退休或与企业解除劳动关系后，提供的各种形式的报酬和福利，短期薪酬和辞退福利除外。

离职后福利包括退休福利（如养老保险和一次性的退休支付）及其他离职后福利（如离职后失业保险和离职后医疗保障）。

（三）辞退福利

辞退福利是指企业在职工劳动合同到期之前解除与职工的劳动关系，或者为鼓励职工自愿接受裁减而给予职工的补偿。

辞退福利主要包括以下内容：

（1）在职工劳动合同尚未到期前，不论职工本人是否愿意，企业决定解除与职工的劳动关系而给予的补偿。

（2）在职工劳动合同尚未到期前，为鼓励职工自愿接受裁减而给予的补偿，职工有权利选择继续在职或接受补偿离职。

辞退福利通常采取解除劳动关系时一次性支付补偿的方式，也采取在职工不再为企业带来经济利益后，将职工工资支付到辞退后未来某一期间的方式。

第十二章 流动负债

（四）其他长期职工福利

其他长期职工福利是指除短期薪酬、离职后福利、辞退福利之外所有的职工薪酬，包括长期带薪缺勤、长期残疾福利、长期利润分享计划等。

> **典例研习·12-15** 【2019年单项选择题】
>
> 下列不属于职工薪酬核算范围的是（ ）。
> A. 支付给外聘大学教授因提供培训而发生的讲课费
> B. 支付给退休职工的养老金
> C. 支付给未与企业签订劳务合同的董事相应薪酬
> D. 支付给与劳务中介公司签订用工合同为企业提供劳务的人员相应福利
>
> 【斯尔解析】本题考查职工薪酬的内容。注意，本题考查不属于职工薪酬核算范围的事项。支付给外聘大学教授因提供培训而发生的讲课费，属于企业发生的培训费用，通常直接计入当期损益，不属于职工薪酬核算范围，选项A当选。
>
> 【本题答案】A

二、职工薪酬的确认和计量（★★）

（一）短期薪酬

短期薪酬可分为货币性短期薪酬、非货币性短期薪酬、带薪缺勤、利润分享计划等。

1. 货币性短期薪酬

（1）企业发生的职工工资、津贴和补贴等短期薪酬，应当根据职工提供服务情况和工资标准等计算应计入职工薪酬的工资总额，并按照受益对象计入当期损益或相关资产成本。

借：生产成本（生产车间工人）
　　制造费用（生产车间管理人员）
　　管理费用（行政管理人员）
　　销售费用（销售人员）
　　在建工程（工程建设人员）
　　研发支出（研发人员）
　贷：应付职工薪酬

（2）企业为职工缴纳的医疗保险费、工伤保险费、生育保险费等社会保险费和住房公积金，以及按规定提取的工会经费和职工教育经费，应当在职工为其提供服务的会计期间，根据规定的计提基础和计提比例计算确定相应的职工薪酬金额，并确认相应负债，按照受益对象，计入当期损益或相关资产成本。

提示：

①企业代扣代缴的应由职工个人负担的医疗保险费、养老保险费、住房公积金通过"其他应付款"科目核算。

②对企业按国家规定需要缴纳的残疾人就业保障金，不通过"应付职工薪酬"科目核算，缴纳时直接记入"管理费用"科目。企业超比例安排残疾人就业或者为安排残疾人就业做出显著成绩，按规定收到的奖励，记入"其他收益"科目；企业未按规定缴纳残疾人就业保障金，按规定缴纳的滞纳金，记入"营业外支出"科目。

| 典例研习·12-16 教材例题

华丰公司某年4月应付工资总额为100 000元。其中：生产部门直接生产人员工资40 000元，生产部门管理人员工资15 000元；管理部门人员工资21 000元；销售部门人员工资10 000元；建造厂房人员工资6 000元；内部开发存货管理系统人员工资8 000元。

该公司发生职工福利费2 000元，其中：生产部门直接生产人员福利费800元，生产部门管理人员福利费300元；管理部门人员福利费420元；销售部门人员福利费200元；建造厂房人员福利费120元；内部开发存货管理系统人员福利费160元。

当年4月30日，华丰公司按照职工工资总额的10%分别计提医疗保险费和住房公积金，按工资总额的2%和2.5%计提工会经费和职工教育经费。另外，应由公司代扣代缴职工个人应负担的住房公积金为10 000元，个人所得税为1 500元。假定华丰公司的存货管理系统已经处于开发阶段，并符合资本化标准。当月发生的职工薪酬费用已在下月月初支付。

华丰公司当年4月确认应付职工薪酬时应作如下会计处理：

（1）工资分配进成本、费用时：

借：生产成本　　　　　　　　　　　　40 000
　　制造费用　　　　　　　　　　　　15 000
　　管理费用　　　　　　　　　　　　21 000
　　销售费用　　　　　　　　　　　　10 000
　　在建工程　　　　　　　　　　　　 6 000
　　研发支出——资本化支出　　　　　 8 000
　　贷：应付职工薪酬——工资　　　　　　　　　100 000

（2）发生职工福利费时：

借：生产成本　　　　　　　　　　　　 800
　　制造费用　　　　　　　　　　　　 300
　　管理费用　　　　　　　　　　　　 420
　　销售费用　　　　　　　　　　　　 200
　　在建工程　　　　　　　　　　　　 120
　　研发支出——资本化支出　　　　　 160
　　贷：应付职工薪酬——职工福利　　　　　　 2 000

(3) 按工资总额 10% 分别计算应缴纳的医疗保险费和住房公积金时：

借：生产成本　　　　　　　　　　　　　8 000
　　制造费用　　　　　　　　　　　　　3 000
　　管理费用　　　　　　　　　　　　　4 200
　　销售费用　　　　　　　　　　　　　2 000
　　在建工程　　　　　　　　　　　　　1 200
　　研发支出——资本化支出　　　　　　1 600
　　贷：应付职工薪酬——医疗保险费　　　　　　10 000
　　　　　　　　　　——住房公积金　　　　　　10 000

(4) 按工资总额 2% 和 2.5% 分别计提工会经费和职工教育经费时：

借：生产成本　　　　　　　　　　　　　1 800
　　制造费用　　　　　　　　　　　　　675
　　管理费用　　　　　　　　　　　　　945
　　销售费用　　　　　　　　　　　　　450
　　在建工程　　　　　　　　　　　　　270
　　研发支出——资本化支出　　　　　　360
　　贷：应付职工薪酬——工会经费　　　　　　　2 000
　　　　　　　　　　——职工教育经费　　　　　2 500

(5) 代扣代缴职工个人应负担的住房公积金和个人所得税时：

借：应付职工薪酬——工资　　　　　　11 500
　　贷：其他应付款——应付住房公积金　　　　10 000
　　　　应交税费——应交个人所得税　　　　　1 500

2. 非货币性短期薪酬

（1）以自产产品作为福利发放给职工。

基本原则：**按照该产品的公允价值和相关税费，计入职工薪酬和相应的成本费用中，并确认主营业务收入，同时结转成本。**

| 典例研习·12-17　教材例题

豫丰公司是一家食品加工企业，有职工 100 名，其中生产工人 70 名，管理人员 30 名。该公司以其生产的大礼包食品作为福利发放给职工，每人 1 份。该大礼包的单位成本为 240 元，单位售价（公允价格）为 300 元，适用的增值税税率为 13%。则该公司应作如下会计处理：

发放非货币性福利时：

借：应付职工薪酬——非货币性福利　　　33 900
　　贷：主营业务收入　　　　　　　　　　　　30 000
　　　　应交税费——应交增值税（销项税额）　3 900

```
借：主营业务成本                    24 000
    贷：库存商品                               24 000
```

分配非货币性福利时：

本月应提取的非货币性福利＝300×100×（1+13%）=33 900（元）

其中：

生产工人非货币性福利＝300×70×（1+13%）=23 730（元）

管理人员非货币性福利＝300×30×（1+13%）=10 170（元）

```
借：生产成本                        23 730
    管理费用                        10 170
    贷：应付职工薪酬——非货币性福利          33 900
```

（2）以外购商品作为福利发放给职工。

基本原则：按照该商品的公允价值和相关税费，计量应计入成本费用的职工薪酬金额。

（3）将拥有的资产无偿提供给职工使用。

基本原则：企业拥有的资产按照每期的折旧确认应付职工薪酬，并计入相关的成本费用。

（4）将租赁的资产无偿提供给职工使用。

基本原则：按照每期应支付的租金确认应付职工薪酬，并计入相关的成本费用。

提示：难以认定受益对象的非货币性福利，全部直接计入当期管理费用和应付职工薪酬。

典例研习·12-18 教材例题

华丰公司有部门经理5人，公司为每人免费提供公司名下的轿车1辆；副总经理以上3人，公司为每人提供租赁的高级公寓1套。这些资产的所有权不转移，只提供使用权。假定每辆轿车每月计提折旧3 000元，每套公寓每月的租金是4 000元。

则华丰公司每月应作如下会计处理：

每月应提取非货币性职工薪酬＝3 000×5+4 000×3=27 000（元）

```
借：管理费用                        27 000
    贷：应付职工薪酬——非货币性福利          27 000
借：应付职工薪酬——非货币性福利      27 000
    贷：累计折旧                            15 000
        其他应付款                          12 000
```

（5）向职工提供企业支付补贴的商品或服务。

企业有时以低于企业取得资产或服务成本的价格向职工提供资产或服务，比如以低于成本的价格向职工出售住房、以低于企业支付的价格向职工提供医疗保健服务等，企业应将这类补贴确认为应付职工薪酬。以提供包含补贴的住房为例,企业在出售住房等资产时,应当将此类资产的公允价值与其内部售价之间的差额(即相当于企业补贴的金额)分别情况处理:

核算时点	在购买商品协议中规定了最低服务年限,且职工提前离开需要退回部分差价	未规定购得商品后的最低服务年限
购入住房时	借:固定资产等 贷:银行存款	
向职工出售住房时	借:银行存款(职工支付的金额) 　　长期待摊费用(差额) 贷:固定资产(账面原值)	借:银行存款 　　应付职工薪酬 贷:固定资产 借:管理费用等 贷:应付职工薪酬
摊销长期待摊费用时	借:应付职工薪酬——非货币性福利 贷:长期待摊费用 借:管理费用等 贷:应付职工薪酬——非货币性福利	—

3. 带薪缺勤

维度	累积带薪缺勤	非累积带薪缺勤
含义	带薪权利可以结转下期的带薪缺勤,本期尚未用完的带薪缺勤权利可以在未来期间使用	带薪权利不能结转下期的带薪缺勤,本期尚未用完的带薪缺勤权利将予以取消,并且职工离开企业时也无权获得现金支付
处理原则	在职工提供服务从而增加了其未来享有的带薪缺勤权利时,以累积未行使权利而增加的预期支付金额,确认与累积带薪缺勤相关的职工薪酬	由于职工提供服务本身不能增加其能够享受的福利金额,企业在职工未缺勤时不应当计提相关费用和负债。企业应在职工缺勤时确认职工享有的带薪权利,即视同职工出勤确认的相关资产成本或当期费用

| 典例研习·12-19 （教材例题）

黄河公司某年 5 月有 2 名销售人员放弃 15 天的婚假,假设平均每名职工每个工作日工资为 200 元,月工资为 6 000 元。该公司实行非累积带薪缺勤货币补偿制度,补偿金额为放弃带薪休假期间平均日工资的 2 倍,则黄河公司应作如下会计处理:

借:销售费用　　　　　　　　　　　　　　　　　　　24 000
　　贷:应付职工薪酬——工资　　　　　　　　　　　　12 000
　　　　　　　　　　——非累积带薪缺勤　　　　　　　12 000

实际补偿时一般随工资同时支付：

借：应付职工薪酬——工资　　　　　　　　　　12 000
　　　　　　　——非累积带薪缺勤　　　　　　12 000
　　贷：银行存款　　　　　　　　　　　　　　　　　　24 000

4. 短期利润分享计划

一般是按照企业净利润的一定比例确定享受的福利，但仍是由于职工提供服务而产生的，不是由企业与所有者之间的交易而产生的，因此企业应当将短期利润分享计划作为费用处理（按受益对象进行分担，或根据相关《企业会计准则》，作为资产成本的一部分），**不能作为净利润的分配。**

典例研习·12-20 （教材例题）

利欣公司为了鼓励本公司高级管理人员为其提供服务，制订了短期利润分享计划。该计划规定，在实行短期利润分享计划的年度，管理人员只要在公司工作满一整年即可获得奖金。假定当年没有管理人员离开公司，公司应支付的奖金总额为当年净利润的4%，并于当年年末以银行存款支付。公司当年净利润为1 500万元。则利欣公司当年12月31日应作如下会计处理：

借：管理费用　　　　　　　　　　　　　　　　60
　　贷：应付职工薪酬——利润分享计划　　　　　　　　60
借：应付职工薪酬——利润分享计划　　　　　　60
　　贷：银行存款　　　　　　　　　　　　　　　　　　60

典例研习·12-21 （2017年单项选择题）

长江公司2016年初制定并实施一项短期利润分享计划，以激励公司管理层更好地提供服务。该计划规定，长江公司全年净利润指标为3 000万元。如果在公司管理层努力下完成的净利润超过3 000万元，公司管理层可以分享超过3 000万元净利润部分的20%作为额外报酬。长江公司2016年度实现净利润3 500元。假定不考虑离职等其他情形。则长江公司2016年12月31日因该项短期利润分享计划应计入管理费用的金额是（　　）万元。

A.0　　　　　　　　　　　　　　B.100
C.600　　　　　　　　　　　　　D.700

斯尔解析　本题考查利润分享计划的核算。长江公司2016年12月31日因该项短期利润分享计划应计入管理费用的金额=（3 500-3 000）×20%=100（万元），选项B当选。

本题答案 B

（二）离职后福利

企业应当按照承担的风险和义务情况，将离职后福利计划分类为设定提存计划和设定受益计划。设定提存计划，是指向独立的基金缴存固定费用（如企业缴纳的养老保险、失业保险等）后，企业不再承担进一步支付义务的离职后福利计划；设定受益计划，是指除设定提存计划以外的离职后福利计划。

维度	设定提存计划	设定受益计划
企业义务	企业向一个独立实体支付确定的金额，不再负担进一步的支付义务，如养老保险和失业保险	企业向独立基金缴费金额要以满足未来养老金给付义务的顺利进行为限，负有进一步支付义务
风险承担	相关的风险完全由职工个人承担	相关的风险由企业承担
精算利得和损失	不存在	计入其他综合收益

（三）辞退福利

企业应当严格按照辞退计划条款的规定，根据拟解除劳动关系的职工数量、每一职位的辞退补偿标准等确认应付职工薪酬。

借：管理费用
　　贷：应付职工薪酬

三、以现金结算的股份支付（★★）

（一）基本概念

股份支付是"以股份为基础的支付"的简称，指企业为获取职工和其他方提供服务而授予权益工具或者承担以权益工具为基础确定的负债的交易。股份支付分为以权益结算的股份支付和以现金结算的股份支付。

以现金结算的股份支付，是指企业为获取服务承担以股份或其他权益工具（仅指企业自身权益工具）为基础计算确定的交付现金或其他资产义务的交易。

（二）账务处理

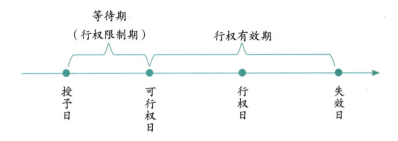

时间	账务处理
授予日	（1）立即可行权的现金结算的股份支付，会计分录为： 借：管理费用等 　　贷：应付职工薪酬 按授予日以企业承担负债的公允价值计入相关成本或费用，相应增加负债。 （2）除了立即可行权的股份支付外，在授予日均不作会计处理
等待期的每个资产负债表日	以对可行权权益工具数量的最佳估计为基础，按照企业承担负债的公允价值金额，将当期取得的服务计入成本或费用和相应的负债，会计分录为： 借：管理费用等 　　贷：应付职工薪酬 当期确认的成本费用＝截至当期期末累计成本费用－以前期间累计已确认的成本费用 累计成本费用＝预计可行权权益工具数量×资产负债表日金融工具公允价值×已过等待期÷全部等待期
行权日	根据行权所支付的现金： 借：应付职工薪酬 　　贷：银行存款（实际支付的现金）
可行权日之后	不再确认由换入服务引起的成本费用增加，但应当在相关负债结算前的每个资产负债表日以及结算日，对负债的公允价值重新计量，其变动计入当期损益（公允价值变动损益），会计分录为： 借或贷：公允价值变动损益 　　贷或借：应付职工薪酬

典例研习·12-22 教材例题

2024年11月，B公司董事会批准了一项股份支付协议。协议规定，2025年1月1日，B公司为其200名中层以上管理人员每人授予100份现金股票增值权，这些管理人员必须在该公司连续服务3年，即可自2027年12月31日起根据股价的增长幅度行权获得现金。该股票增值权应在2029年12月31日之前行使完毕。

B公司估计，每份该股票增值权在负债结算之前每一个资产负债表日的公允价值，如下表所示（单位：元）：

年份	公允价值
2025	14
2026	15

（1）第 1 年有 20 名管理人员离开 B 公司，B 公司估计 3 年中还将有 15 名管理人员离开。

第 1 年确认的管理费用 =（200−35）×100×14×1÷3=77 000（元）

借：管理费用　　　　　　　　　　　　　　77 000
　　贷：应付职工薪酬　　　　　　　　　　　　　　77 000

（2）第 2 年又有 10 名管理人员离开 B 公司，公司估计还将有 10 名管理人员离开。

第 2 年确认的管理费用 =（200−40）×100×15×2÷3−77 000=83 000（元）

借：管理费用　　　　　　　　　　　　　　83 000
　　贷：应付职工薪酬　　　　　　　　　　　　　　83 000

B 公司估计，每份该股票增值权在结算日的公允价值和可行权后的每份股票增值权现金支出额，如下表所示（单位：元）：

年份	公允价值	现金支出额
2027	18	16
2028	21	20
2029	—	25

（3）第 3 年又有 15 名管理人员离开 B 公司，本年有 70 人行使了股票增值权。

由于 70 人行使股票增值权，共支付现金 =70×100×16=112 000（元）

借：应付职工薪酬　　　　　　　　　　　　112 000
　　贷：银行存款　　　　　　　　　　　　　　　112 000

第 3 年确认的管理费用 =（200−45−70）×100×18−（160 000−112 000）=153 000−48 000=105 000（元）

借：管理费用　　　　　　　　　　　　　　105 000
　　贷：应付职工薪酬　　　　　　　　　　　　　　105 000

（4）第 4 年有 50 人行使了股票增值权。

由于 50 人行使股票增值权，共支付现金 =50×100×20=100 000（元）

借：应付职工薪酬　　　　　　　　　　　　100 000
　　贷：银行存款　　　　　　　　　　　　　　　100 000

第 4 年年末应付职工薪酬公允价值引起的变动 =（200−45−120）×100×21−（153 000−100 000）=73 500−53 000=20 500（元）

借：公允价值变动损益　　　　　　　　　　20 500
　　贷：应付职工薪酬　　　　　　　　　　　　　　20 500

（5）第 5 年有 35 人行使了股票增值权。

由于 35 人行使股票增值权，共支付现金 =35×100×25=87 500（元）

借：应付职工薪酬　　　　　　　　　　　87 500
　　贷：银行存款　　　　　　　　　　　　　　　87 500

第 5 年年末应付职工薪酬公允价值引起的变动 =0-（73 500-87 500）=14 000（元）

借：公允价值变动损益　　　　　　　　　14 000
　　贷：应付职工薪酬　　　　　　　　　　　　　14 000

在等待期内或等待期结束后，企业修改以现金结算的股份支付协议中的条款和条件，使其成为以权益结算的股份支付的，在修改日，企业应当按照所授予权益工具当日的公允价值计量以权益结算的股份支付，将已取得的服务计入资本公积，同时终止确认以现金结算的股份支付在修改日已确认的负债，两者之间的差额计入当期损益。如果由于修改延长或缩短了等待期，企业应当按照修改后的等待期进行上述会计处理（无须考虑不利修改的有关会计处理规定）。 新

如果企业取消一项以现金结算的股份支付，授予一项以权益结算的股份支付，并在授予权益工具日认定其是用来替代已取消的以现金结算的股份支付（因未满足可行权条件而被取消的除外）的，仍应按照上述规定进行会计处理。 新

典例研习·12-23　教材例题改编

承【典例研习12-22】，如果 2026 年 12 月 31 日 B 公司将向中层以上管理人员授予的每人 100 份现金股票增值权修改为授予 100 股股票期权，这些管理人员从 2027 年 1 月 1 日起若在公司连续服务 2 年，即可以每股 5 元购买 100 股公司股票。每份期权在 2026 年 12 月 31 日的公允价值为 16 元。且公司估计尚未离职的管理人员都将在服务期限内提供服务。假设尚未离职的管理人员都在 2028 年 12 月 31 日行权，股份面值为 1 元。假定不考虑其他因素。

（1）2026 年 12 月 31 日，公司应作会计处理：

借：管理费用　　　　　　　　　　　　　59 000
　　应付职工薪酬　　　　　　　　　　　77 000
　　贷：资本公积——其他资本公积　　　　　　　136 000

（2）2027 年 12 月 31 日和 2028 年 12 月 31 日，公司应分别确认管理费用和其他资本公积的金额 =（200-20-10）×100×16×1/4=68 000（元）。

（3）2028 年 12 月 31 日，管理人员行权时，公司应作会计处理：

借：银行存款　　　　　　　　　　　　　85 000
　　资本公积——其他资本公积　　　　　272 000
　　贷：股本　　　　　　　　　　　　　　　　　17 000
　　　　资本公积——股本溢价　　　　　　　　　340 000

典例研习·12-24 2017年单项选择题

以现金结算的股份支付在可行权日之后，相关负债的公允价值在资产负债表日的变动应计入（　　）。

A. 管理费用
B. 资本公积
C. 公允价值变动损益
D. 其他综合收益

斯尔解析 本题考查以现金结算的股份支付。企业在可行权日之后不再确认由换入服务引起的成本费用增加，但应当在相关负债结算前的每个资产负债表日以及结算日，对负债的公允价值重新计量，其变动计入当期损益（公允价值变动损益），选项 C 当选。

本题答案 C

第四节　其他流动负债的核算

一、短期借款

短期借款是指企业向银行或其他金融机构等借入的期限在 1 年以下（含 1 年）的各种款项。短期借款应当按照借款本金和确定的利率按期计提利息，并计入当期损益。

二、受托代销商品款

代销商品款是指企业接受代销商品的价款（包括代销国外商品的价款）。

企业收到受托代销商品时：

借：受托代销商品
　　贷：受托代销商品款

三、以公允价值计量且其变动计入当期损益的金融负债（★）

（一）金融负债与非金融负债

金融负债是指企业符合下列条件之一的负债。

（1）向其他方交付现金或其他金融资产的合同义务。

（2）在潜在不利条件下，与其他方交换金融资产或金融负债的合同义务。

（3）将来须用或可用企业自身权益工具进行结算的非衍生工具合同，且企业根据该合同将交付可变数量的自身权益工具。

（4）将来须用或可用企业自身权益工具进行结算的衍生工具合同，但以固定数量的自身权益工具交换固定金额的现金或其他金融资产的衍生工具合同除外。常见项目举例：

项目	举例
金融负债	短期借款、应付票据、应付账款、应付债券、长期借款
非金融负债	预收账款、预计负债、专项应付款、递延收益、递延所得税负债、应交税费

提示：

①企业对所有金融负债均不得进行重分类。

②在非同一控制下的企业合并中，企业作为购买方确认的或有对价形成金融负债的，该金融负债应当按照以公允价值计量且其变动计入当期损益的金融负债进行会计处理。

③在初始确认时，为了提供更相关的会计信息，企业可以将金融负债指定为以公允价值计量且其变动计入当期损益的金融负债，但该指定应当满足下列条件之一：

a. 能够消除或显著减少会计错配。

b. 根据正式书面文件载明的企业风险管理或投资策略，以公允价值为基础对金融负债组合或金融资产和金融负债组合进行管理和业绩评价，并在企业内部以此为基础向关键管理人员报告。该指定一经作出，不得撤销。

④被指定为以公允价值计量且其变动计入当期损益的金融负债的，其所产生的利得或损失应当按照下列规定进行处理：

a. 由企业自身信用风险变动引起的该金融负债公允价值的变动金额，应当计入其他综合收益。

b. 该金融负债的其他公允价值变动计入当期损益。

（二）交易性金融负债的计量

1. 企业承担交易性金融负债时

借：银行存款等（按实际收到的金额）
    投资收益（按发生的交易费用）
  贷：交易性金融负债——本金（按公允价值）

2. 资产负债表日按交易性金融负债票面利率计算的利息

借：投资收益
  贷：应付利息

3. 资产负债表日公允价值变动

交易性金融负债的公允价值高于其账面余额的差额：

借：公允价值变动损益/其他综合收益
  贷：交易性金融负债

公允价值低于其账面余额的差额，作相反的会计分录。

4. 处置交易性金融负债时

借：交易性金融负债（按账面余额）
  贷：银行存款（按实际支付的金额）
    投资收益（按差额，或借方）

同时，按该项交易性金融负债的公允价值变动，借记或贷记"公允价值变动损益"科目，贷记或借记"投资收益"科目。之前计入其他综合收益的累计利得或损失应当从其他综合收益中转入留存收益。

| 典例研习·12-25 2018年单项选择题

下列关于金融负债的表述正确的是（　　）。

A. 预计负债、递延所得税负债均属于金融负债

B. 将来以固定数量的自身权益工具交换固定金额的现金的合同应确认为金融负债

C. 将来须用或可用企业自身权益工具进行结算的非衍生工具合同，且企业根据该合同将交付可变数量的自身权益工具的负债为金融负债

D. 在满足特定条件时，企业可以对金融负债进行重分类

斯尔解析　本题考查金融负债的核算。将来须用或可用企业自身权益工具进行结算的非衍生工具合同，且企业根据该合同将交付可变数量的自身权益工具的负债为金融负债，选项C当选。预计负债、递延所得税负债均属于非金融负债，选项A不当选。以固定数量的自身权益工具交换固定金额的现金的合同属于权益工具，选项B不当选。企业对所有金融负债均不得进行重分类，选项D不当选。

本题答案　C

四、应付利息和应付股利

（一）应付利息

核算企业按照合同约定应支付的各类利息。

（二）应付股利

核算企业分配的现金股利或利润。

企业根据股东大会或类似机构审议批准的利润分配方案确定分配给投资者的现金股利或利润。借记"利润分配"，贷记"应付股利"。

企业董事会或类似机构通过的利润分配方案中拟分配的现金股利或利润，不作账务处理，但应在附注中披露。

五、其他应付款（★）

其他应付款，是指除了应付票据、应付账款、应交税费、短期借款、预收账款、应付职工薪酬、交易性金融负债、应付利息、应付股利、长期应付款等以外的其他各项应付、暂收其他单位或个人的款项，主要包括：

（1）应付经营租入固定资产和包装物的租金（含预付的租金）。

（2）存入保证金（如收取的包装物押金等）。

（3）应付、暂收所属单位、个人的款项。

（4）应付的各种赔款、罚款。

| 典例研习·12-26 (教材例题)

黄河公司出租包装物，收到押金5 000元，存入银行。出租期满，对方单位退回包装物，黄河公司退回押金。

（1）黄河公司收到押金时：

借：银行存款　　　　　　　　　　　　5 000
　　贷：其他应付款　　　　　　　　　　　　　5 000

（2）黄河公司退回押金时：

借：其他应付款　　　　　　　　　　　　5 000
　　贷：银行存款　　　　　　　　　　　　　　5 000

| 典例研习·12-27 (2018年单项选择题)

下列交易或事项，不通过"其他应付款"科目核算的是（　　）。

A. 企业收取的各种暂收款项

B. 存出保证金

C. 预付经营租入包装物租金

D. 出租固定资产收取的押金

斯尔解析　本题考查其他应付款的核算。注意，本题考查不通过"其他应付款"科目核算的交易或事项。存出保证金应通过"其他应收款"科目核算，选项B当选。

本题答案　B

典例研习在线题库

至此，财务与会计的学习已经进行了66%，继续加油呀！

66%

第十三章 非流动负债

学习提要

重要程度：重点章节

平均分值：15分

考核题型：各类题型均有涉及

本章提示：本章内容较多，重点内容包括借款费用、可转换公司债券、预计负债、债务重组等，其难度较大，但在考试中主要考查各模块的基础知识，因此学习时，应优先掌握基础内容

第一节 借款费用

一、借款费用的概念和内容

借款费用是指企业因借入资金所付出的代价。

包括	不包括
（1）因借款发生的利息。 （2）因借款而发生的折价或溢价的摊销。 （3）因外币借款而发生的汇兑差额。 （4）因借款而发生的辅助费用，如借款过程中发生的手续费、佣金	（1）折价或溢价本身。 （2）发行权益性证券的佣金、手续费

典例研习·13-1 模拟单项选择题

下列各项中，不属于借款费用的是（　　）。

A. 发行股票支付的承销商佣金及手续费
B. 因借款而发生的折价或溢价的摊销
C. 以咨询费的名义向银行支付的借款利息
D. 外币借款发生的汇兑收益

斯尔解析　本题考查借款费用的范围。发行股票支付的承销商佣金及手续费属于权益性融资费用，在发生时应冲减"资本公积——股本溢价"，溢价不足冲减的冲减留存收益，不属于借款费用，选项 A 当选。因借款而发生的折价或溢价的摊销属于借款费用，而折价或溢价本身不属于借款费用，选项 B 不当选。各项形式的借款利息均属于借款费用，包括以咨询费的名义向银行支付的借款利息，选项 C 不当选。因外币借款而发生的汇兑差额属于借款费用，选项 D 不当选。

本题答案　A

二、借款费用资本化的范围

（一）借款范围

应予资本化的借款范围包括专门借款和一般借款。其中专门借款，是指为购建或者生产符合资本化条件的资产而专门借入的款项，通常签订有标明该用途的借款合同；一般借款是指除专门借款之外的借款。

(二)资产范围

借款费用应予资本化的资产范围是符合资本化条件的资产,指需要经过相当长时间的购建或者生产活动才能达到预定可使用或者可销售状态的固定资产、投资性房地产和存货等资产。

其中"相当长时间",是指为资产的构建或者生产所必需的时间,通常为1年以上(含1年)。购入即可使用的资产,或者购入后需要安装但所需安装时间较短的资产,或者需要建造或生产但建造或生产时间较短的资产,均不属于符合资本化条件的资产。

提示:

(1)企业已经单独入账的土地使用权,在用于自行开发建造厂房等建筑物时,由于土地使用权在取得时通常已达到预定使用状态,因此该土地使用权不满足"符合资本化条件的资产"的定义。

(2)不满足资本化条件的借款费用,应在发生时计入当期损益。

三、借款费用资本化的期间(★★)

(一)开始资本化的时点

借款费用必须同时满足以下三个条件(即三者孰晚),才能允许开始资本化。

条件	解读
资产支出已经发生	支付现金、转移非现金资产和承担带息债务
借款费用已经发生	借入专门借款或占用一般借款
为使资产达到预定可使用或者可销售状态所必要的购建或者生产活动已经开始	实体建造或生产工作已经开始。不包括仅仅持有资产但没有发生为改变资产形态而进行实质上的建造或者生产活动的情况

(二)借款费用暂停资本化

同时满足下列条件的,借款费用暂停资本化:

(1)符合资本化条件的资产在购建或生产过程中发生非正常中断。

(2)中断时间连续超过3个月。

类别	概念	示例
正常中断	仅限于因购建或者生产符合资本化条件的资产达到预定可使用或者可销售状态所必要的程序,或者事先可预见的不可抗力因素导致的中断	(1)必要的安全检查。 (2)东北冰冻季节。 (3)南方梅雨季节等

续表

类别	概念	示例
非正常中断	由于企业管理决策上的原因或者其他不可预见的原因等所导致的中断	(1) 企业因与施工方发生了质量纠纷。 (2) 工程、生产用料没有及时供应。 (3) 资金周转发生了困难。 (4) 施工、生产发生了安全事故。 (5) 发生了劳动纠纷

提示：在借款费用资本化暂停期间发生的借款费用应当确认为费用，计入当期损益，直至资产的购建或者生产活动重新开始。

（三）借款费用资本化的停止

购建或者生产符合资本化条件的资产达到预定可使用或者可销售状态时，借款费用应当停止资本化。具体可从以下几个方面进行判断：

（1）符合资本化条件的资产的实体建造（包括安装）或者生产活动已经全部完成或者实质上已经完成。

（2）所购建或者生产的符合资本化条件的资产与设计要求、合同规定或者生产要求相符或者基本相符，即使有极个别与设计、合同或者生产要求不相符的地方，也不影响其正常使用或者销售。

（3）继续发生在所购建或生产的符合资本化条件的资产上的支出金额很少或者几乎不再发生。

提示：

如果构建或者生产的符合资本化条件的资产各部分分别完工：

情形	处理原则
每部分在其他部分继续建造过程中可供使用或者可对外销售，且为使该部分资产达到预定可使用或可销售状态所必要的购建或者生产活动实质上已经完成的	停止与该部分资产相关的借款费用的资本化
必须等到整体完工后才可使用或者才可对外销售的	应当在该资产整体完工时停止借款费用的资本化

解题高手

命题角度：考查借款费用资本化开始、暂停和停止的条件。

时点	注意事项
开始时点	三个条件同时满足："该花的花了""该借的借了""该建的建了"
暂停条件	第一，发生非正常中断，正常中断不需要暂停资本化。 第二，非正常中断连续超过3个月，而非累计超过3个月
停止条件	资产达到预定可使用或者可销售状态

典例研习·13-2 2020年单项选择题

下列关于借款费用暂停或停止的表述中，正确的是（ ）。

A. 购建的固定资产各部分分别完工，虽该部分必须等到整体完工后才能使用，但这部分资产发生的借款费用应停止资本化

B. 购建的固定资产部分已达到预定可使用状态，且该部分可独立提供使用，应待整体完工后方可停止借款费用资本化

C. 购建固定资产过程中发生正常中断，且中断时间连续超过3个月，应当暂停借款费用资本化

D. 购建固定资产过程中发生非正常中断，且中断时间连续超过3个月，应当暂停借款费用资本化

斯尔解析 本题考查借款费用资本化的期间。购建的固定资产的各部分分别完工，但必须等到整体完工后才可使用或者才可使用或可对外销售的，应当在该资产整体完工时停止借款费用的资本化，选项A不当选。购建的固定资产部分已经达到预定可使用状态，且该部分可独立提供使用，应当停止与该部分资产相关的借款费用的资本化，选项B不当选。购建或者生产过程中发生了正常中断，无须暂停资本化，选项C不当选。购建或者生产过程中发生了非正常中断，且中断时间连续超过3个月的，应当暂停借款费用的资本化，选项D当选。

本题答案 D

四、借款费用的账务处理（★★）

（一）处理原则

情形		处理原则
符合资本化条件的		计入相关资产成本，如在建工程、制造费用、研发支出等
不符合资本化条件的	筹建期间	计入管理费用
	经营期间	计入财务费用

（二）特殊事项

项目		处理原则
汇兑差额	外币专门借款本金及利息产生的	资本化期间的，计入相关资产成本
		非资本化期间的，计入当期损益
	外币一般借款本金及利息产生的	全部计入当期损益
辅助费用	专门借款和一般借款发生的	达到预定可使用或可销售状态前发生的，计入相关资产成本
		达到预定可使用或可销售状态后发生的，计入当期损益

(三)金额的计算

1. 专门借款

专门借款利息费用资本化金额 = 资本化期间专门借款的利息费用 − 尚未动用资金的存款利息收入或暂时性投资取得的投资收益

> **典例研习·13-3** 〔教材例题〕
>
> ABC公司于2021年1月1日正式动工兴建一幢办公楼,工期预计为1年零6个月,工程采用出包方式,分别于2021年1月1日、2021年7月1日和2022年1月1日支付工程进度款。
>
> ABC公司为建造办公楼于2021年1月1日专门借款2 000万元,借款期限为3年,年利率为6%。另外在2021年7月1日又专门借款4 000万元,借款期限为5年,年利率为7%。借款利息按年支付(如无特别说明,本章例题中名义利率与实际利率均相同)。
>
> 闲置借款资金均用于固定收益债券短期投资,该短期投资月收益率为0.5%。办公楼于2022年6月30日完工,达到预定可使用状态。ABC公司为建造该办公楼的支出金额如下表所示。
>
> 单位:万元
>
> | 日期 | 每期资产支出金额 | 累计资产支出金额 | 闲置借款资金用于短期投资金额 |
> |---|---|---|---|
> | 2021年1月1日 | 1 500 | 1 500 | 500 |
> | 2021年7月1日 | 2 500 | 4 000 | 2 000 |
> | 2022年1月1日 | 1 500 | 5 500 | 500 |
>
> (1) 借款费用资本化期间为2021年1月1日—2022年6月30日。
>
> (2) 2021年专门借款发生的利息金额 = 2 000×6%+4 000×7%×6÷12 = 260(万元)。
>
> 2021年闲置资金收益 = 500×0.5%×6+2 000×0.5%×6 = 75(万元)
>
> 2021年的利息资本化金额 = 260−75 = 185(万元)
>
> 2021年12月31日:
>
> 借:在建工程　　　　　　　　　　　　　　　　185
>
> 　　应收利息(或银行存款)　　　　　　　　　 75
>
> 　　贷:应付利息　　　　　　　　　　　　　　　　260
>
> (3) 2022年1月1日—6月30日专门借款发生的利息金额 = 2 000×6%×6÷12+4 000×7%×6÷12 = 200(万元)。
>
> 2022年1月1日—6月30日闲置资金收益 = 500×0.5%×6 = 15(万元)
>
> 2022年的利息资本化金额 = 200−15 = 185(万元)

2022年6月30日：
借：在建工程　　　　　　　　　　　　　　185
　　应收利息（或银行存款）　　　　　　　 15
　贷：应付利息　　　　　　　　　　　　　　　　200

2. 一般借款

一般借款费用利息资本化金额 = 累计资产支出超过专门借款部分的资产支出加权平均数 × 所占用一般借款的资本化率

资产支出的加权平均数

$$= \sum 每笔资金支出的金额 \times \frac{该笔支出在当期所占用的天数}{当期天数}$$

所占用一般借款的资本化率

$$= \frac{所占用一般借款当期实际发生的利息之和}{所占用一般借款本金加权平均数}$$

所占用一般借款本金加权平均数

$$= \sum 所占用每一笔一般借款本金 \times \frac{该笔一般借款在当期所占用的天数}{当期天数}$$

解题高手

命题角度：根据资料计算一般借款利息资本化金额。

计算一般借款利息资本化金额的规律是"占用多少，多少资本化，占用多长时间，多长时间资本化"，此规律需要结合练习进行分析掌握。同时，资本化率的本质是利率，当企业存在两笔或两笔以上一般借款时，企业会计准则默认企业无法区分实际使用的是哪笔一般借款，所以，需要计算加权平均利率。同学们都清楚，利息 = 本金 × 利率，所以，利率 = 利息 ÷ 本金。根据这个原则，一般借款资本化率的分子是占用一般借款当期实际发生的利息，分母是一般借款的本金加权平均数。

典例研习·13-4　（教材例题改编）

ABC 公司于 2021 年 1 月 1 日正式动工兴建一幢办公楼，工期预计为 1 年零 6 个月，工程采用出包方式，分别于 2021 年 1 月 1 日、2021 年 7 月 1 日和 2022 年 1 月 1 日支付工程进度款 1 500 万元、2 500 万元、1 500 万元。假定 ABC 公司建造办公楼没有专门借款，占用的都是一般借款。

ABC 公司为建造办公楼占用的一般借款有两笔，如下：

（1）向 A 银行长期贷款 2 000 万元，期限为 2019 年 12 月 31 日至 2022 年 12 月 31 日，年利率为 6%，按年支付利息。

(2) 发行公司债券 1 亿元，于 2019 年 1 月 1 日发行，期限为 5 年，年利率为 8%，按年支付利息。

假定两笔一般借款除了用于办公楼建设外，没有用于其他符合资本化条件的资产购建或者生产活动。假定全年按 360 天计算。

斯尔解析　(1) 计算累计资产支出加权平均数：

2021 年累计资产支出加权平均数 = 1 500+2 500×180÷360=2 750（万元）

2022 年累计资产支出加权平均数 =（4 000+1 500）×180÷360=2 750（万元）

(2) 计算所占用一般借款资本化率：

一般借款资本化率（年）=（2 000×6%+10 000×8%）÷（2 000+10 000）=7.67%

(3) 计算每期利息资本化金额：

2021 年为建造办公楼的利息资本化金额 = 2 750×7.67%=210.93（万元）

2022 年为建造办公楼的利息资本化金额 = 2 750×7.67%=210.93（万元）

2021 年实际发生的一般借款利息费用 = 2 000×6%+10 000×8%=920（万元）

2022 年 1 月 1 日—6 月 30 日实际发生的一般借款利息费用 = 2 000×6%×180÷360+10 000×8%×180÷360=460（万元）

(4) 根据上述计算结果，账务处理如下：

2021 年 12 月 31 日：

借：在建工程　　　　　　　　　　210.93
　　财务费用　　　　　　　　　　709.07
　　贷：应付利息　　　　　　　　　　　　920

2022 年 6 月 30 日：

借：在建工程　　　　　　　　　　210.93
　　财务费用　　　　　　　　　　249.07
　　贷：应付利息　　　　　　　　　　　　460

典例研习·13-5　2020 年单项选择题

甲公司 2019 年 1 月 1 日开始建造一栋办公楼，工期预计为 2 年，工程采用出包方式。该工程占用的两笔一般借款：一是 2019 年 1 月 1 日，向乙银行取得的长期借款 500 万元，期限为 2 年，年利率为 6%，分期付息到期还本；二是 2019 年 7 月 1 日，向丙银行取得的长期借款 1000 万元，期限为 3 年，年利率为 8%，分期付息到期还本。假设不考虑其他因素，则甲公司 2019 年该工程占用一般借款的资本化率是（　　）。

A.7.5%　　　　　　B.7.3%　　　　　　C.7.0%　　　　　　D.7.8%

斯尔解析　本题考查借款费用的计算。2019 年一般借款的资本化率 =（500×6%+1 000×8%×6÷12）÷（500+1 000×6÷12）=7%，选项 C 当选。

本题答案　C

精准答疑

问题： 既有专门借款又有一般借款时如何计算利息资本化的金额？

解答： 在专门借款和一般借款同时存在时按以下步骤计算：

第一步：确定专门借款和一般借款的金额，先使用专门借款，专门借款不足部分使用一般借款（建议画图）。

第二步：计算专门借款利息资本化金额，为从开始资本化时点至停止资本化时点（需要扣除暂停资本化期间）期间的利息扣除专门借款闲置资金收益后的余额。闲置资金收益单独确认为应收利息（或银行存款）。

第三步：计算一般借款利息资本化金额，需要说明的是，一般借款需要计算累计资产支出加权平均数，如果存在两笔以上一般借款的还需要计算资本化率，特别强调的是一般借款无须考虑闲置资金收益的问题。

第四步：将专门借款利息资本化金额加上一般借款利息资本化金额，合计计入在建工程等。

第五步：计算费用化利息金额（此金额可以通过借贷平衡关系倒挤）。

第二节 应付债券

一、公司债券

（一）债券的发行方式

公司债券的发行方式有三种，即面值发行、溢价发行和折价发行。溢价发行或折价发行是发行债券企业在债券存续期间内，对利息费用的一种调整。

发行方式	判断标准	解读
溢价发行	发行价格＞面值	溢价是企业以后各期多付利息而事先得到的补偿
面值发行	发行价格＝面值	平价发行
折价发行	发行价格＜面值	折价是企业以后各期少付利息而预先给予投资者的补偿

（二）账务处理

1. 发行债券

借：银行存款（按实际收到的款项）
　　贷：应付债券——面值（按债券面值）
　　　　　　　　——利息调整（按差额，或借方）

债券的发行费用应计入应付债券的初始确认金额，反映在"应付债券——利息调整"明细账中。

2. 期末按照实际利率法确认利息费用

借：财务费用、在建工程等（按期初摊余成本 × 实际利率）
　　贷：应付利息（分期付息债券利息）
　　　　应付债券——应计利息（到期一次还本付息债券利息）（按面值 × 票面利率）
　　　　应付债券——利息调整（按差额，或借方）

3. 到期归还本金和利息

借：应付债券——面值
　　　　　　——应计利息（到期一次付息）
　　应付利息（分期付息，最后一期的利息）
　　贷：银行存款

典例研习·13-6　教材例题

某公司于2016年1月1日折价发行了5年期面值为1250万元的公司债券，发行价格为1000万元，票面利率为4.72%，实际利率为10%，按年付息，到期一次还本（交易费用略）。假定公司发行债券募集的资金专门用于建造一条生产线，生产线从2016年1月1日开始建设，于2018年底完工，达到预定可使用状态。根据上述经济业务，公司应作如下会计处理（计算结果保留整数）：

（1）2016年1月1日发行债券时：

借：银行存款　　　　　　　　　　　　　　　　1 000
　　应付债券——利息调整　　　　　　　　　　　250
　　贷：应付债券——面值　　　　　　　　　　　　　　1 250

（2）计算利息费用：

公司每年应支付的利息 =1 250×4.72%=59（万元）

2016年12月31日：

借：在建工程　　　（期初摊余成本1 000×10%）100
　　贷：应付利息　　　　　　（面值1 250×4.72%）59
　　　　应付债券——利息调整　　　　　　　　　　41

2016年12月31日应付债券的摊余成本 =1 000×（1+10%）−59=1 041（万元）

2017年12月31日：

借：在建工程　　　（期初摊余成本1 041×10%）104
　　贷：应付利息　　　　　　　　　　　　　　　　59
　　　　应付债券——利息调整　　　　　　　　　　45

2017年12月31日应付债券的摊余成本 =1 041×（1+10%）−59=1 086（万元）

2018年12月31日：

借：在建工程　　　　　　　　（期初摊余成本1 086×10%）109
　　贷：应付利息　　　　　　　　　　　　　　　　　　　59
　　　　应付债券——利息调整　　　　　　　　　　　　　50

2018年12月31日应付债券的摊余成本=1 086×（1+10%）−59=1 136（万元）

2019年12月31日：

借：财务费用　　　　　　　　（期初摊余成本1 136×10%）114
　　贷：应付利息　　　　　　　　　　　　　　　　　　　59
　　　　应付债券——利息调整　　　　　　　　　　　　　55

2019年12月31日应付债券的摊余成本=1 136×（1+10%）−59=1 191（万元）

2020年12月31日：

借：财务费用　　　　　　　　　　　　　　　　（后倒挤）118
　　贷：应付利息　　　　　　　　　　　　　　　　　　　59
　　　　应付债券——利息调整　　　　　　　　　（先倒挤）59

（3）2020年12月31日到期偿还本金：

借：应付债券——面值　　　　　　　　　　　　　　　1 250
　　贷：银行存款　　　　　　　　　　　　　　　　　　1 250

二、可转换公司债券（★★）

（一）发行时

（1）可转换公司债券，属于复合金融工具，对发行方而言，既有负债性质，又有权益性质，应在初始确认时将其包含的负债成分和权益成分进行分拆，将负债成分确认为应付债券，将权益成分确认为其他权益工具。

（2）在进行分拆时，应当先对负债成分的未来现金流量进行折现确定负债成分的初始入账价值，再按发行价格总额扣除负债成分初始确认金额后的金额确定权益成分的初始入账价值。

（3）发行可转换公司债券发生的交易费用，应当在负债成分和权益成分之间按照各自的相对公允价值进行分摊。

借：银行存款
　　贷：应付债券——可转换公司债券（面值）
　　　　　　　　——可转换公司债券（利息调整）（差额，或借方）
　　　　其他权益工具

（二）后续转股前

可转换公司债券在转换为股份前，其所包含的负债成分，应当比照一般长期债券处理：

借：财务费用等（按期初摊余成本 × 实际利率）
　　应付债券——可转换公司债券（利息调整）（差额，或贷方）
　　贷：应付利息（按面值 × 票面利率）

（三）转换股份时

借：应付债券——可转换公司债券（面值）
　　　　　　——可转换公司债券（利息调整）
　　应付利息（如有）
　　其他权益工具
　　贷：股本（面值）
　　　　资本公积——股本溢价（差额）

典例研习·13-7 教材例题

甲公司经批准于 2020 年 1 月 1 日按面值发行 5 年期分期付息一次还本的可转换公司债券 2 亿元，款项已收存银行，债券票面年利率为 6%。债券发行 1 年后可转换为普通股股票，初始转股价为每股 10 元，股票面值为每股 1 元。债券持有人若在当期付息前转换股票的，应按债券面值和应付利息之和除以转股价，计算转股的股份数。

假定 2021 年 1 月 1 日债券持有人在 2020 年利息支付前将持有的可转换公司债券全部转换为普通股股票，甲公司发行可转换公司债券时二级市场上与之类似的没有附带转换权的债券市场利率为 9%。已知（P/A, 9%, 5）=3.8897，（P/F, 9%, 5）=0.6499。甲公司的账务处理如下：

（1）2020 年 1 月 1 日按面值发行。

负债成分的初始入账价值 =20 000×0.6499+20 000×6%×3.8897=17 665.64（万元）

权益成分的初始入账价值 =20 000（发行价格总额）–17 665.64=2 334.36（万元）

借：银行存款　　　　　　　　　　　　　200 000 000
　　应付债券——可转换公司债券（利息调整）　23 343 600
　　贷：应付债券——可转换公司债券（面值）　　　200 000 000
　　　　其他权益工具　　　　　　　　　　　　　　23 343 600

（2）2020 年 12 月 31 日确认利息费用。

借：财务费用　　　　　（176 656 400×9%）15 899 076
　　贷：应付利息（面值 × 票面利率）　　　　　12 000 000
　　　　应付债券——可转换公司债券（利息调整）　3 899 076

（3）2021 年 1 月 1 日债券持有人行使转换权。

转换的股份数 =（200 000 000+12 000 000）÷10=21 200 000（股）

借：应付债券——可转换公司债券（面值） 200 000 000
　　应付利息 12 000 000
　　其他权益工具 23 343 600
　贷：股本 21 200 000
　　　应付债券——可转换公司债券（利息调整）
　　　　　　　　　　　　　　　（23 343 600-3 899 076）19 444 524
　　　资本公积——股本溢价 （倒挤）194 699 076

典例研习·13-8 （2020年单项选择题）

下列关于可转换公司债券的表述中，错误的是（　　）。

A. 发行时发生的交易费用，应在负债成分和权益成分之间进行分摊

B. 初始计量时其权益成分的公允价值应计入资本公积

C. 初始计量时应先确定负债成分的公允价值

D. 转换时，应终止确认负债成分，并将其确认为权益

斯尔解析 本题考查可转换公司债券的核算。发行可转换公司债券发生的交易费用，应当在负债成分和权益成分之间按照各自的相对公允价值进行分摊，选项A不当选。初始计量时其权益成分的公允价值应确认为其他权益工具，选项B当选。初始计量时应先确定负债成分的公允价值，再按发行价格总额扣除负债成分初始确认金额后的金额确定权益成分的初始入账价值，选项C不当选。转换时，应终止确认负债成分，并将其确认为权益，选项D不当选。

本题答案 B

典例研习·13-9 （2019年单项选择题）

甲公司2018年1月1日按面值发行5年期分期付息、一次还本的可转换公司债券2 000万元，款项已存入银行，债券票面利率为6%。债券发行1年后可转换为普通股股票，初始转股价为每股10元，股票面值为每股1元。同期二级市场上与之类似的没有附带转股权的债券市场利率为9%。则甲公司2018年12月31日因该可转换公司债券应确认利息费用为（　　）元。[已知(P/A, 9%, 5)=3.8897，(P/F, 9%, 5)=0.6499]

A.1 585 936.3　　B.1 589 907.6　　C.1 655 136.4　　D.1 609 636.5

斯尔解析 本题考查可转换公司债券的核算。该可转换公司债券的负债成分公允价值=2 000×6%×(P/A, 9%, 5)+2 000×(P/F, 9%, 5)=120×3.8897+2 000×0.6499=1 766.564（万元），2018年应确认的利息费用=1 766.564×9%=158.99076（万元），选项B当选。

本题答案 B

第三节 长期借款

长期借款，是指企业从银行或其他金融机构借入的期限在1年以上（不含1年）的各项借款。

（一）借入时
借：银行存款
　　长期借款——利息调整（倒挤）
　贷：长期借款——本金

（二）资产负债表日
借：在建工程、研发支出、财务费用、制造费用等
　贷：应付利息
　　　长期借款——利息调整

（三）归还长期借款本金
借：长期借款——本金
　贷：银行存款

第四节 长期应付款

长期应付款是指除长期借款、应付债券和租赁负债以外的其他各种长期应付款项，包括以分期付款方式购入固定资产和无形资产发生的应付款项等。

（一）分期付款购买资产
借：固定资产等（按购买价款的现值）
　　未确认融资费用（按差额）
　贷：长期应付款（按尚未支付的金额）
　　　银行存款（购买时支付的金额）

（二）按期支付价款时
借：长期应付款
　贷：银行存款

（三）当期利息费用的确认
借：在建工程、财务费用（期初摊余成本 × 实际利率）
　贷：未确认融资费用

| 典例研习·13-10 | 教材例题

某公司 2018 年 1 月 1 日以分期付款方式购入一台设备，总价款为 150 万元，购货合同约定购买之日首付 60 万元，以后每年年末支付 30 万元，分 3 年于 2020 年 12 月 31 日全部付清，假设银行同期贷款利率为 10%。[$(P/A, 10\%, 3) = 2.4869$]

根据上述经济业务，公司应作会计处理如下：

（1）2018 年 1 月 1 日购入时：

分期应付款的应付本金 = 每期分期付款 30 万元的年金现值 = 300 000 × $(P/A, 10\%, 3)$ = 300 000 × 2.4869 = 746 070（元）

总价款的现值 = 600 000 + 746 070 = 1 346 070（元）

未确认融资费用 = 1 500 000 − 1 346 070 = 153 930（元）

借：固定资产　　　　　　　　　　　　　1 346 070
　　未确认融资费用　　　　　　　　　　　153 930
　　贷：长期应付款　　　　　　　　　　　　　　　　900 000
　　　　银行存款　　　　　　　　　　　　　　　　　600 000

（2）按期支付价款、分摊未确认融资费用。

2018 年 12 月 31 日，支付第一期应付款：

借：长期应付款　　　　　　　　　　　　300 000
　　贷：银行存款　　　　　　　　　　　　　　　　　300 000

借：财务费用　　　　　（746 070 × 10%）74 607
　　贷：未确认融资费用　　　　　　　　　　　　　　74 607

2018 年末摊余成本 = 746 070 × (1 + 10%) − 300 000 = 520 677（元）

2019 年 12 月 31 日，支付第二期应付款：

借：长期应付款　　　　　　　　　　　　300 000
　　贷：银行存款　　　　　　　　　　　　　　　　　300 000

借：财务费用　　　　　（520 677 × 10%）52 067.70
　　贷：未确认融资费用　　　　　　　　　　　　　52 067.70

2019 年末摊余成本 = 520 677 × (1 + 10%) − 300 000 = 272 744.70（元）

2020 年 12 月 31 日，支付第三期应付款：

借：长期应付款　　　　　　　　　　　　300 000
　　贷：银行存款　　　　　　　　　　　　　　　　　300 000

借：财务费用　　（153 930 − 74 607 − 52 067.7）27 255.30
　　贷：未确认融资费用　　　　　　　　　　　　　27 255.30

| 典例研习 · 13-11 | 2015年多项选择题 |

下列各项，不通过"长期应付款"核算的有（　　）。

A. 付款期限超过一年的辞退福利
B. 以分期付款方式购入无形资产的应付款项
C. 应支付的存入保证金
D. 应支付的5年期银行借款
E. 付款期限超过一年的材料采购款

斯尔解析 本题考查长期应付款的核算。辞退福利通过应付职工薪酬核算，选项A当选。应支付的存入保证金，通过其他应付款核算，选项C当选。应支付的5年期银行借款，通过长期借款核算，选项D当选。付款期限超过一年的材料采购款，在应付账款核算，选项E当选。

本题答案 ACDE

第五节　预计负债

一、或有事项及其特征

或有事项，是指过去的交易或者事项形成的，其结果须由某些未来事项的发生或不发生才能决定的不确定事项。常见的或有事项主要包括：未决诉讼或仲裁、债务担保、产品质量保证（含产品安全保证）、承诺、亏损合同、重组义务、环境污染整治、修改其他债务条件方式的债务重组等。

或有事项与不确定性联系在一起，但在会计处理过程中存在的不确定性并不都形成或有事项，如固定资产折旧，虽然存在固定资产使用年限和残值等不确定性，但由于固定资产的原价本身是确定的，其价值最终转移到产品中去也是确定的，因而固定资产折旧不是或有事项。其他的如固定资产大修理、正常维护等，计提存货跌价准备、资产减值准备、金融工具减值准备等，均不属于或有事项。或有事项具有以下基本特征：

（1）由过去交易或事项形成，是指或有事项的现存状况是过去交易或事项引起的客观存在。未来可能发生的自然灾害、交通事故、经营亏损等，不属于或有事项。

（2）结果具有不确定性，是指或有事项的结果是否发生具有不确定性，或者或有事项的结果预计将会发生，但发生的具体时间或金额具有不确定性。

（3）由未来事项决定，是指或有事项的结果只能由未来不确定事项的发生或不发生才能决定。

| 典例研习·13-12 2023年多项选择题

下列各项中，属于或有事项的有（   ）。
A. 根据预计的使用年限和残值计提固定资产折旧
B. 已签订的待执行合同预计变为亏损合同
C. 年末存在尚未判决的诉讼案件
D. 因受市场环境影响，企业预计未来可能发生经营亏损
E. 为非关联方提供借款担保

斯尔解析　本题考查或有事项的含义。或有事项是指过去的交易或者事项形成的，其结果须由某些未来事项的发生或不发生才能决定的不确定事项。固定资产折旧，虽然存在固定资产使用年限和残值等不确定性，但由于固定资产的原价本身是确定的，其价值最终转移到相关成本费用中也是确定的，因而固定资产折旧不是或有事项，选项 A 不当选。因受市场环境影响，企业预计未来可能发生经营亏损，不是由过去的交易或事项形成的，所以不属于或有事项，选项 D 不当选。

本题答案　BCE

二、预计负债的确认和计量（★★）

（一）预计负债的确认

与或有事项有关的义务同时满足以下三个条件的，应确认为预计负债：
（1）或有事项产生的义务是企业的现时义务（而非潜在义务）。
（2）履行该义务很可能（可能性超过 50%）导致经济利益的流出。
（3）该义务的金额能够可靠地计量。

| 典例研习·13-13　2014年多项选择题

根据或有事项准则的规定，或有事项确认为预计负债应同时满足的条件有（   ）。
A. 该义务是企业承担的现时义务
B. 履行该义务有可能导致经济利益流入企业
C. 流出的经济利益预期很可能得到补偿
D. 履行该义务很可能导致经济利益流出企业
E. 该义务的金额能够可靠计量

斯尔解析　本题考查预计负债的确认条件。根据规定，与或有事项相关的义务同时满足下列三个条件的，应当确认为预计负债：
①该义务是企业承担的现时义务。
②履行该义务很可能导致经济利益流出企业。
③该义务的金额能够可靠地计量，选项 ADE 当选。

本题答案　ADE

（二）预计负债的初始计量

预计负债应当按照履行相关现时义务，所需支出的最佳估计数进行初始计量。

所需支出的特征		计算方法
连续区间且等概率		取该区间的中间值
非连续区间	涉及单个项目的	取最可能发生的金额
	涉及多个项目的	按照各种可能结果及其概率加权计算

当企业清偿预计负债所需支出全部或部分预期由第三方补偿的，补偿金额只有在基本确定能够收到时才能作为资产单独确认，而且确认的补偿金额不应当超过预计负债的账面价值，并且不能作为预计负债的扣减进行处理。

（三）预计负债的后续计量

企业应当在资产负债表日对预计负债的账面价值进行复核。有确凿证据表明该账面价值不能真实反映当前最佳估计数的，应当按照当前最佳估计数对该账面价值进行调整，调整金额计入当期损益。但属于会计差错的，应当按差错更正进行处理。

| 典例研习·13-14 （2020 年单项选择题）

2019 年 12 月 1 日，甲公司为乙公司提供债务担保，因乙公司违约，乙公司和甲公司共同被提起诉讼，要求偿还债务 100 万元，年末，法院尚未作出判决。甲公司预计该诉讼很可能败诉。需承担连带担保责任，估计代偿金额为 80 万元，甲公司若履行连带担保责任，确定可以从第三方获得补偿 50 万元，并取得了相关证明，则甲公司 2019 年末对该或有事项会计处理正确的是（   ）。

A. 确认预计负债 80 万元、确认资产 0 元
B. 确认预计负债 80 万元、确认资产 50 万元
C. 确认预计负债 100 万元、确认资产 50 万元
D. 确认预计负债 30 万元、确认资产 0 元

斯尔解析 本题考查预计负债的计量。预计负债应当按照履行相关现时义务，所需支出的最佳估计数进行初始计量，因此该预计负债应当按照估计的代偿金额 80 万元，进行初始计量；同时，企业预期从第三方获得的补偿，在基本确定可以收到时，应作为资产单独确认，不能作为预计负债的扣减进行处理，选项 B 当选。

▲本题答案 B

三、预计负债的账务处理（★★）

（一）产品质量保证

产品质量保证是企业为了树立信誉、扩大销售、提高市场竞争能力所采取的对于出售的产品附有的各种各样的质量保证，如对售出产品实行"三包"，即包退、包换和包修等措施。

（1）产品出售时：

借：销售费用——产品质量保证
　　贷：预计负债——产品质量保证

（2）实际发生保修费用时：

借：预计负债——产品质量保证
　　贷：银行存款

（3）产品保修期结束，应将"预计负债"余额冲销，不留余额。

典例研习·13-15　2021年单项选择题

甲公司2020年度产品销售收入为6 000万元。根据产品质量保证合同条款规定，产品售出1年内发生质量问题的，公司将负责免费修理。根据以往经验，出现较小的质量问题发生的修理费用预计为销售收入的3%；出现较大的质量问题发生的维修费用预计为销售收入的5%。2020年度出售的产品中估计86%不会出现质量问题，10%将发生较小的质量问题，4%将发生较大的质量问题。甲公司2020年度因上述产品质量保证应确认预计负债为（　　）万元。

A.18　　　　　　　　　　B.12

C.0　　　　　　　　　　D.30

斯尔解析　本题考查预计负债的计量。甲公司2020年度因产品质量保证应确认预计负债金额=86%×0+10%×6 000×3%+4%×6 000×5%=30（万元），选项D当选。

本题答案　D

（二）未决诉讼

如果未决诉讼引起的相关义务符合预计负债确认条件、预计败诉的可能性属于"很可能"、要发生的诉讼等费用也能可靠预计，则企业应将预计要发生的支出确认为预计负债：

借：营业外支出、管理费用等
　　贷：预计负债——未决诉讼

因败诉实际支付诉讼等费用时：

借：预计负债——未决诉讼
　　贷：银行存款等

| 典例研习 · 13-16 教材例题

2021年11月20日，华通公司从A银行取得一笔信用贷款5 000万元，期限为一年，年利率为7.2%。2021年11月20日，华通公司的贷款（本金和利息）到期。华通公司具有还款能力，但因与A银行之间存在其他经济纠纷，而未按时归还A银行的贷款。A银行遂与华通公司协商，但未达成协议，于2022年12月20日向法院提起诉讼。

截至2022年12月31日，法院尚未对A银行提起的诉讼进行审理。2022年12月31日，华通公司对此诉讼案件进行分析，认为如无特殊情况，本公司很可能败诉，为此不仅要偿还贷款本息，还需要支付罚息和承担诉讼费等费用。假设华通公司预计将要支付的罚息、诉讼费等费用估计为50万～60万元，其中包括对方支付的诉讼费5万元，则华通公司在2022年12月31日应确认的负债为55万元〔（50+60）÷2〕。

借：管理费用——诉讼费　　　　　　　　　　　　　　5
　　营业外支出——罚息支出　　　　　　　　　　　　50
　贷：预计负债——预计未决诉讼损失　　　　　　　　　　55

（三）对外担保事项

1. 担保涉及诉讼的情况

诉讼情况	处理方法
法院尚未判决的	若败诉的可能性大于胜诉的可能性，且损失金额能够合理估计的，应在资产负债表日根据预计损失金额确认为预计负债，计入当期营业外支出
企业已被判决败诉的	应按照法院判决的应承担的损失金额，确认为负债，计入当期营业外支出
已判决败诉，企业正在上诉的	根据已有判决结果合理估计可能产生的损失金额，确认为预计负债，计入当期营业外支出

2. 实际发生的诉讼损失与已计提的相关预计负债有差额的

前期资产负债表日	差额处理方法
无法合理确定损失，而未确认预计负债的	在该项损失实际发生的当期，直接计入当期营业外支出
根据当期情况，合理预计了预计负债的	直接计入当期营业外支出或营业外收入
应合理估计而未合理估计的	视为滥用会计估计，按照差错更正的方法进行处理

| 典例研习·13-17 | 2015年单项选择题

企业因下列担保事项涉及诉讼情况的表述，正确的是（ ）。

A. 法院尚未判决，而且企业败诉可能性大于胜诉可能性，但如果损失金额不能合理估计，则不应确认预计负债

B. 企业已被判决败诉，但正在上诉的，不应确认预计负债

C. 法院尚未判决，但企业估计败诉的可能性大于胜诉的可能性，应将对外担保额确认为预计负债

D. 因法院尚未判决，企业无必要确认负债

斯尔解析 本题考查对外担保事项的核算。法院尚未判决的诉讼，若败诉的可能性大于胜诉的可能性，且损失金额能够合理估计的，应在资产负债表日根据预计损失金额确认为预计负债，若损失金额不能合理估计，则不应确认预计负债，选项 A 当选，选项 CD 不当选。企业已被判决败诉，但正在上诉的，应根据已有判决结果合理估计可能产生的损失金额，确认为预计负债，选项 B 不当选。

▲本题答案 A

（四）待执行合同变为亏损合同事项

1. 基本概念

（1）待执行合同，指合同各方尚未履行任何合同义务，或部分履行了同等义务的合同。

（2）亏损合同，指履行合同义务不可避免发生的成本超过预期经济利益的合同。

需要说明的是，待执行合同不属于或有事项，但待执行合同变为亏损合同的，应作为或有事项，该亏损合同产生的义务满足预计负债确认条件的，应当确认为预计负债。

2. 亏损合同的会计处理

企业需要按以下情况进行会计处理：

第一，如果与亏损合同相关的义务不需支付任何补偿即可撤销，企业通常就不存在现时义务，不应确认预计负债。

第二，如果与亏损合同相关的义务不可撤销，企业就存在了现时义务，同时满足该义务很可能导致经济利益流出企业且金额能够可靠地计量的，应当确认预计负债。预计负债的计量，应当反映退出该合同的最低净成本，即履行该合同的成本与未能履行该合同而发生的补偿或处罚两者之间的较低者。

第三，待执行合同变成亏损合同时，合同存在标的资产的，应当先对标的资产进行减值测试并按规定确认减值损失，如预计亏损超过该减值损失，应将超过部分确认为预计负债。合同不存在标的资产的，亏损合同相关义务满足预计负债确认条件时，应当全部确认为预计负债。

| 典例研习·13-18 | 2019年单项选择题

2018年12月1日，甲公司与乙公司签订一份销售合同：2019年1月12日向乙公司提供产品100台，每台不含税销售价格为800元。2018年12月31日，由于原材料市场价格上涨，甲公司已生产出的100台产品，每台成本为810元。如果甲公司继续履约该合同，考虑销售费用和相关税费后预计亏损2 000元，则甲公司因该亏损合同应确认预计负债为（　　）元。

A.1 000　　　　　　　　　　B.2 000
C.3 000　　　　　　　　　　D.0

斯尔解析 本题考查亏损合同的核算。继续履行该合同预计亏损2 000元，标的资产的成本=810×100=81 000（元），则对标的资产计提减值2 000元，不需要确认预计负债，选项D当选。

本题答案 D

（五）重组事项

重组是指企业制定和控制的，将显著改变企业组织形式、经营范围或经营方式的计划实施行为。

1. 重组事项的范围

（1）出售或终止企业的部分业务。

（2）对企业的组织结构进行较大调整。

（3）关闭企业的部分营业场所，或将营业活动由一个国家或地区迁移到其他国家或地区。

2. 重组义务的条件

同时存在下列情况时，表明企业承担了重组义务：

（1）有详细、正式的重组计划，包括重组涉及的业务、主要地点、需要补偿的职工人数及其岗位性质、预计重组支出、计划实施时间等。

（2）该重组计划已对外公告，重组计划已开始实施，或已向受其影响的各方通告了该计划的主要内容，从而使各方形成了对该企业将实施重组的合理预期。

企业承担的重组义务满足预计负债确认条件的，应当确认为预计负债，并计入当期营业外支出。

3. 重组义务的计量

企业应当按照与重组有关的直接支出确定预计负债金额，计入当期损益。

直接支出是企业重组必须承担的直接支出，比如员工的遣散费、不再使用的厂房的租赁撤销费，不包括留用职工岗前培训、市场推广、新系统和营销网络投入等支出。

企业在计量预计负债时不应当考虑预期处置相关资产的利得或损失，即使资产的出售构成重组的一部分也是如此。这些利得或损失应当单独确认。

| 典例研习·13-19 2021年多项选择题

下列关于预计负债的会计处理中，正确的有（　　）。

A.企业承担的重组义务满足预计负债确认条件的，应将留用职工岗前培训、市场推广等与重组相关的支出确认为预计负债

B.因某产品质量保证而确认的预计负债，当企业不再生产该产品时，应在产品质量保证期内将"预计负债——产品质量保证"账户余额予以冲销

C.企业当期实际发生的担保诉讼损失金额与上期合理预计的相关预计负债之间的差额，直接计入当期营业外收入或营业外支出

D.待执行合同变成了亏损合同，产生的义务满足预计负债确认条件的，应按履行该合同的成本与未能履行该合同而发生的处罚两者较高者计量预计负债

E.针对特定批次产品确认的预计负债，在保修期结束时，应将"预计负债——产品质量保证"账户余额冲销

斯尔解析 本题考查预计负债的核算。留用职工岗前培训、市场推广等不属于与重组相关的直接支出，不确认预计负债，选项 A 不当选。因某产品质量保证而确认的预计负债，当企业不再生产该产品时，应在相应的产品质量保证期满后将"预计负债——产品质量保证"账户余额予以冲销，不留余额，选项 B 不当选。实际发生的诉讼损失与已计提的相关预计负债有差额的，若根据当期情况，合理预计了预计负债的，差额直接计入当期营业外支出或营业外收入，选项 C 当选。预计负债的计量应当反映了退出该合同的最低净成本，即履行该合同的成本与未能履行该合同而发生的补偿或处罚两者之中的较低者，选项 D 不当选。针对特定批次产品确认的预计负债，产品保修期结束，应将"预计负债"余额冲销，不留余额，选项 E 当选。

本题答案 CE

第六节　租赁负债

一、基本概念

租赁是指在一定期间内，出租人将资产的使用权让与承租人以获取对价的合同。

（一）租赁期开始日

租赁期开始日是指出租人提供租赁资产使其可供承租人使用的起始日期。

（二）租赁期

租赁期是指承租人有权使用租赁资产且不可撤销的期间。确定租赁期，不仅应考虑不可

撤销的租赁期间,如果承租人合理确定将行使续租选择权或终止租赁选择权,租赁期应包含不可撤销租赁期间、续租选择权涵盖期间和终止租赁选择权涵盖期间。

(三)租赁的处理原则

在租赁期开始日,承租人应当对租赁确认使用权资产和租赁负债。

对于在租赁期开始日,租赁期不超过12个月的短期租赁以及单项租赁资产为全新资产时价值较低的低价值资产租赁,承租人可以选择不确认使用权资产和租赁负债。作出该选择的,承租人应当将短期租赁和低价值资产租赁的租赁付款额,在租赁期内各个期间按照直线法或其他系统合理的方法计入相关资产成本或当期损益。

提示:包含购买选择权的租赁即使租赁期不超过12个月,也不属于短期租赁。

(四)会计科目

科目	核算内容
租赁负债	核算承租人尚未支付的租赁付款额的现值
使用权资产	核算承租人持有的使用权资产的原价
使用权资产累计折旧	核算使用权资产的累计折旧
使用权资产减值准备	核算使用权资产的减值准备

二、租赁负债与使用权资产的初始计量(★)

(一)租赁负债

租赁负债应当按照租赁期开始日尚未支付的租赁付款额的现值进行初始计量。

1. 租赁付款额

租赁付款额,是指承租人向出租人支付的与在租赁期内使用租赁资产的权利相关的款项。主要包括:

(1)固定付款额及实质固定付款额,存在租赁激励的,扣除租赁激励相关金额。

(2)取决于指数或比率的可变租赁付款额。

(3)购买选择权的行权价格,前提是承租人合理确定将行使该选择权。

(4)行使终止租赁选择权需支付的款项,前提是租赁期反映出承租人将行使终止租赁选择权。

(5)根据承租人提供的担保余值预计应支付的款项。

其中,①实质固定付款额,是指在形式上可能包含变量但实质上无法避免的付款额;②租赁激励,是指出租人为达成租赁向承租人提供的优惠,包括出租人向承租人支付的与租赁有关的款项、出租人为承租人偿付或承担的成本等;③仅取决于指数或比率的可变租赁付款额,包括消费者价格指数挂钩的款项、与基准利率挂钩的款项和为反映市场租金率变化而变动的款项等,纳入租赁负债的初始计量中;除此之外,其他可变租赁付款额均不纳入租赁负债的初始计量中;④担保余值,是指与出租人无关的一方向出租人提供担保,保证在租赁结束时租赁资产的价值至少为某指定的金额。

> **原理详解**
>
> 取决于指数或比率的可变租赁付款额需要计入租赁负债初始确认金额中,其原因在于其满足负债的定义和确认条件,即相关经济利益很可能流出企业。上述列举的相关指数或比率是永远存在的,不会因为企业的生产经营决策而消失,是企业在租赁期开始日就已经承担的现时义务。非指数或比率的可变租赁付款额与企业自身的生产经营决策密切相关,在租赁期开始日不满足负债的定义和确认条件,在发生时计入当期损益。

2. 折现率

在计算租赁付款额的现值时,承租人应当采用租赁内含利率作为折现率,无法确定租赁内含利率的,应当采用承租人增量借款利率作为折现率。

(1)租赁内含利率。

租赁内含利率,是指使出租人的租赁收款额的现值与未担保余值的现值之和等于租赁资产公允价值与出租人的初始直接费用之和的利率。

未担保余值,是指租赁资产余值中,出租人无法保证能够实现或仅由与出租人有关的一方予以担保的部分。

初始直接费用,是指为达成租赁所发生的增量成本。增量成本是指若企业不取得该租赁,则不会发生的成本,例如,佣金、印花税等。需要说明的是,无论是否实际取得租赁都会发生的支出,不属于初始直接费用,例如,为评估是否签订租赁而发生的差旅费、法律费用等,此类费用应当在发生时计入当期损益。

(2)承租人增量借款利率。

承租人增量借款利率,是指承租人在类似经济环境下为获得与使用权资产价值接近的资产,在类似期间以类似抵押条件借入资金须支付的利率。

| 典例研习・13-20 | 〔2021年单项选择题〕

在租赁期开始日,下列项目不属于租赁付款额范围的是( )。

A. 根据出租人提供的担保余值预计应支付的款项
B. 取决于指数或比率的可变租赁付款额
C. 固定付款额及实质固定付款额
D. 行使终止租赁选择权需支付的款项

斯尔解析 本题考查租赁付款额。租赁付款额包括以下五项:

(1)固定付款额及实质固定付款额,存在租赁激励的,扣除租赁激励相关金额。

(2)取决于指数或比率的可变租赁付款额,该款项在初始计量时根据租赁期开始日的指数或比率确定。

(3)购买选择权的行权价格,前提是承租人合理确定将行使该选择权。

（4）行使终止租赁选择权需支付的款项，前提是租赁期反映出承租人将行使终止租赁选择权。

（5）根据承租人提供的担保余值预计应支付的款项。

综上所述，选项 A 当选。

本题答案 A

（二）使用权资产

使用权资产应当按照成本进行初始计量，其成本包括：

（1）租赁负债的初始计量金额。

（2）在租赁期开始日或之前支付的租赁付款额，存在租赁激励的，扣除已享受的租赁激励相关金额。

（3）承租人发生的初始直接费用（手续费、佣金）。

（4）承租人为拆卸及移除租赁资产、复原租赁资产所在场地或将租赁资产恢复至租赁条款约定状态预计将发生的成本。

提示：

①在租赁期开始日或之前，承租人按租赁合同约定向出租人支付的租赁保证金属于合同履约保证金，承租人应单独作为应收款项核算。

②承租人发生的租赁资产改良支出不属于使用权资产，应当计入长期待摊费用，导致的预计复原支出计入使用权资产。

③承租人在租赁期开始前就发生了与标的资产相关的经济业务或事项，应适用于其他相关准则（如固定资产准则）进行会计处理。

账务处理：

借：使用权资产（按成本）

　　租赁负债——未确认融资费用（按租赁付款额与其现值的差额）

　贷：租赁负债——租赁付款额（按尚未支付的租赁付款额）

　　　银行存款（发生的初始直接费用）

　　　预付账款（租赁期开始日之前支付的租赁付款额）

　　　预计负债（恢复场地等成本的现值）

| 典例研习·13-21　2020年多项选择题

根据《企业会计准则第21号——租赁》规定，下列影响使用权资产的成本的有（　　）。

A. 租赁负债的初始计量金额

B. 承租资产的公允价值

C. 承租人发生的初始直接费用

D. 在租赁期开始日或之前支付的租赁付款额

E. 租赁激励

斯尔解析 本题考查使用权资产成本的初始计量。使用权资产的成本包括：①租赁负债的初始计量金额；②在租赁期开始日或之前支付的租赁付款额，存在租赁激励的，应扣除已享受的租赁激励相关金额；③承租人发生的初始直接费用；④承租人为拆卸及移除租赁资产、复原租赁资产所在场地或将租赁资产恢复至租赁条款约定状态预计将发生的成本，选项 ACDE 当选。

本题答案 ACDE

三、租赁负债与使用权资产的后续计量（★）

（一）租赁负债

（1）按照固定的周期性利率计算租赁负债在租赁期内各期间的利息费用时：

借：财务费用——利息费用/在建工程

　　贷：租赁负债——未确认融资费用

（2）支付租赁付款额时：

借：租赁负债——租赁付款额

　　贷：银行存款

提示：

①未纳入租赁负债计量的可变租赁付款额，即并非取决于指数或比率的可变租赁付款额，应当在实际发生时计入当期损益，但按照《企业会计准则第 1 号——存货》等其他准则规定应当计入相关资产成本的，从其规定。

②无论租赁资产本身是否达到企业计划用途，使用权资产于租赁期开始日便达到预定可使用状态，租赁负债相关利息费用不应资本化计入使用权资产。

（二）使用权资产

在租赁期开始日后，承租人应当采用成本模式对使用权资产进行后续计量，即以成本减累计折旧及累计减值损失计量使用权资产。

1. 计提折旧

（1）折旧期间。

情形	处理方法
承租人能够合理确定租赁期届满时取得租赁资产所有权的	应当在租赁资产剩余使用寿命内计提折旧
无法合理确定租赁期届满时能够取得租赁资产所有权的	应当在租赁期与租赁资产剩余使用寿命两者孰短的期间内计提折旧
如果使用权资产的剩余使用寿命短于租赁期和租赁资产剩余使用寿命	应当在使用权资产的剩余使用寿命内计提折旧

计提的折旧金额应根据使用权资产的用途,计入相关资产的成本或者当期损益。

(2)账务处理。

借:管理费用等
　　贷:使用权资产累计折旧

2. 计提减值

在租赁期开始日后,承租人应当按照《企业会计准则第8号——资产减值》的规定,确定使用权资产是否发生减值,并对已识别的减值损失进行会计处理。会计分录为:

借:资产减值损失
　　贷:使用权资产减值准备

使用权资产减值准备一经计提,不得转回。承租人应当按照扣除减值损失之后的使用权资产的账面价值,进行后续折旧。

| 典例研习 · 13-22 (教材例题)

承租人甲公司就某栋建筑物的某一层楼与出租人乙公司签订了为期10年的租赁协议,并拥有5年的续租选择权。有关资料如下:

(1)初始租赁期内的不含税租金为每年50 000元,续租期间为每年55 000元,所有款项应于每年年初支付;

(2)租赁期间若甲公司年销售额超过10 000 000元,当年应再支付按销售额的1‰计算的租金,于当年年底支付;

(3)为获得该项租赁,甲公司发生的初始直接费用为20 000元,其中,15 000元为向该楼层前任租户支付的款项,5 000元为向促成此租赁交易的房地产中介支付的佣金;

(4)作为对甲公司的激励,乙公司同意补偿甲公司5 000元的佣金;

(5)在租赁期开始日,甲公司评估后认为,不能合理确定将行使续租选择权,因此,将租赁期确定为10年;

(6)甲公司无法确定租赁内含利率,其增量借款利率为每年5%,该利率反映的是甲公司以类似抵押条件借入期限为10年、与使用权资产等值的相同币种的借款而必须支付的利率。为简化处理,假设不考虑相关税费影响。

承租人甲公司的处理如下:

第一步,计算租赁期开始日租赁付款额的现值,并确认租赁负债和使用权资产。

在租赁期开始日,由于可变租赁付款额与未来的销售额挂钩,而并非取决于指数或比率的,因此不应被纳入租赁负债的初始计量中。

在租赁期开始日,甲公司支付第1年的租金50 000元,并以剩余9年租金(每年50 000元)按5%的年利率折现后的现值计量租赁负债。

剩余9期租赁付款额 =50 000×9=450 000(元)

租赁负债 = 剩余9期租赁付款额的现值 =50 000×(P/A,5%,9)=355 391(元)

未确认融资费用＝剩余 9 期租赁付款额－剩余 9 期租赁付款额的现值＝450 000－355 391=94 609（元）

在租赁期开始日，甲公司使用权资产的初始成本＝355 391+50 000+20 000－5 000=420 391（元）。

（1）确认使用权资产和租赁负债：

借：使用权资产 405 391
　　租赁负债——未确认融资费用 94 609
　　贷：租赁负债——租赁付款额 450 000
　　　　银行存款 50 000

（2）将初始直接费用计入使用权资产的初始成本：

借：使用权资产 20 000
　　贷：银行存款 20 000

（3）将已收的租赁激励相关金额从使用权资产入账价值中扣除：

借：银行存款 5 000
　　贷：使用权资产 5 000

第二步，计算租赁负债在租赁期内各期间的利息费用，按期支付租赁付款额 50 000 元。

第 1 年的利息费用 =355 391×5%=17 769.55（元）

第 2 年的利息费用 =（355 391－50 000+17 769.55）×5%=16 158.03（元）

依此类推。

第 1 年年末确认利息费用：

借：财务费用 17 769.55
　　贷：租赁负债——未确认融资费用 17 769.55

第 2 年年初支付租金：

借：租赁负债——租赁付款额 50 000
　　贷：银行存款 50 000

第 2 年年末确认利息费用：

借：财务费用 16 158.03
　　贷：租赁负债——未确认融资费用 16 158.03

第 3 年年初支付租金：

借：租赁负债——租赁付款额 50 000
　　贷：银行存款 50 000

第三步，确认是否发生可变租赁付款额。

若第 3 年公司的年销售额为 12 000 000 元，则当年年底应当支付的可变租赁付款额为 12 000 000×1‰ =12 000（元）。

借：营业成本（或销售费用） 12 000
　　贷：银行存款等 12 000

四、重新计量

在租赁期开始日后,当发生下列情形时,承租人应当按照变动后的租赁付款额的现值重新计量租赁负债,并相应调整使用权资产的账面价值。

(一)不需要修订折现率的变动

(1)实质固定付款额发生变动。

(2)担保余值预计的应付金额发生变动。

(3)用于确定租赁付款额的指数或比率(浮动利率除外)发生变动。

(二)需要修订折现率的变动

(1)发生承租人可控范围内的重大事件或变化,且影响承租人是否合理确定将行使续租选择权或终止租赁选择权的,承租人应当对其是否合理确定将行使相应选择权进行重新评估。

(2)发生承租人可控范围内的重大事件或变化,且影响承租人是否合理确定将行使购买选择权的,承租人应当对其是否合理确定将行使购买选择权进行重新评估。

上述两种情形下,评估结果发生变化的,承租人在计算变动后租赁付款额的现值时,应当采用剩余租赁期间的租赁内含利率作为折现率;无法确定剩余租赁期间的租赁内含利率的,应当采用重估的承租人增量借款利率作为折现率。

(3)在租赁期开始日后,因浮动利率的变动而导致未来租赁付款额发生变动的,承租人应当按照变动后的租赁付款额的现值重新计量租赁负债。在该情形下,承租人应采用反映利率变动的修订后的折现率折现。

五、租赁变更

租赁变更是指原合同条款之外的租赁范围、租赁对价、租赁期限的变更,包括增加或终止一项或多项租赁资产的使用权,延长或缩短合同规定的租赁期等。

(1)租赁发生变更且同时符合下列条件的,承租人应当将该租赁变更作为一项单独租赁进行会计处理。

①该租赁变更通过增加一项或多项租赁资产的使用权而扩大了租赁范围(加量)。

②增加的对价与租赁范围扩大部分的单独价格按该合同情况调整后的金额相当(加价)。

(2)租赁合同变更导致租赁期缩短至1年以内的,不得改按短期租赁进行简化处理或追溯调整。

(3)企业在租赁到期前直接购买租赁资产的,因已导致租赁终止,应将使用权资产和租赁负债的账面价值的差额调整固定资产初始确认成本。

六、出租人的会计处理(★)

(一)出租人的租赁分类

在租赁开始日,出租人应当将租赁分为融资租赁和经营租赁。租赁开始日后,除非发生租赁变更,出租人无须对租赁的分类进行重新评估。

一项租赁属于融资租赁还是经营租赁取决于交易的实质,而不是合同的形式。

如果一项租赁实质上转移了与租赁资产所有权有关的几乎全部风险和报酬,出租人应当将该项租赁分类为融资租赁。

出租人应当将除融资租赁以外的其他租赁分类为经营租赁。

（二）融资租赁

1. 租赁期开始日

出租人应当对融资租赁确认应收融资租赁款，并终止确认融资租赁资产。

出租人对应收融资租赁款进行初始计量时，应当以租赁投资净额作为应收融资租赁款的入账价值。

租赁投资净额为未担保余值和租赁期开始日尚未收到的租赁收款额按照租赁内含利率折现的现值之和。

借：应收融资租赁款——租赁收款额（按尚未收到的租赁收款额）

　　　　　　　　——未担保余值（按预计租赁期结束时的未担保余值）

　　银行存款（按已收取的租赁款）

　贷：融资租赁资产（租出资产的账面价值）

　　　资产处置损益（租出资产的公允价值与账面价值的差额，或借方）

　　　银行存款（初始直接费用）

　　　应收融资租赁款——未实现融资收益（按差额）

2. 租赁开始日后

（1）按照固定的周期性利率计算并确认租赁期内各个期间的利息收入：

借：应收融资租赁款——未实现融资收益

　贷：租赁收入——利息收入/其他业务收入等

（2）收取各期租金时：

借：银行存款

　贷：应收融资租赁款——租赁收款额

（3）出租人确认未计入租赁收款额的可变租赁付款额时：

借：银行存款等

　贷：租赁收入——可变租赁付款额

（4）出租人根据规定确认应收融资租赁款（租赁收款额）发生减值的，应按应收融资租赁款（租赁收款额）的预期信用损失应当计提的金额：

借：信用减值损失

　贷：应收融资租赁款减值准备

转回已计提的减值准备时：

借：应收融资租赁款减值准备

　贷：信用减值损失

（三）经营租赁

1. 租金的处理

在租赁期内各个期间，出租人应采用直线法或者其他系统合理的方法将经营租赁的租赁收款额确认为租金收入。如果其他系统合理的方法能够更好地反映因使用租赁资产所产生经济利益的消耗模式的，则出租人应采用该方法。

2. 出租人对经营租赁提供激励措施

出租人提供免租期的，整个租赁期内，按直线法或其他合理的方法进行分配，免租期内应当确认租金收入。

出租人承担了承租人某些费用的，出租人应将该费用自租金收入总额中扣除，按扣除后的租金收入余额在租赁期内进行分配。

3. 初始直接费用

出租人发生的与经营租赁有关的初始直接费用应当资本化至租赁标的资产的成本，在租赁期内按照与租金收入相同的确认基础分期计入当期损益。

4. 折旧和减值

对于经营租赁资产中的固定资产，出租人应当采用类似资产的折旧政策计提折旧；对于其他经营租赁资产，应当根据该资产适用的企业会计准则，采用系统合理的方法进行摊销。

出租人应当按照规定，确定经营租赁资产是否发生减值，并对已识别的减值损失进行会计处理。

5. 可变租赁付款额

出租人取得的与经营租赁有关的可变租赁付款额，如果是与指数或比率挂钩的，应在租赁期开始日计入租赁收款额；除此之外的，应当在实际发生时计入当期损益。

6. 经营租赁的变更

经营租赁发生变更的，出租人应自变更生效日开始，将其作为一项新的租赁进行会计处理，与变更前租赁有关的预收或应收租赁收款额视为新租赁的收款额。

典例研习·13-23　（2021年多项选择题）

下列关于出租人对经营租赁的会计处理正确的有（　　）。

A. 租赁期内只能采用直线法将租赁收款额确认为租金收入
B. 发生的与经营租赁有关的初始直接费用直接计入当期损益
C. 应采用类似资产的折旧政策对租赁的固定资产计提折旧
D. 对已识别的减值损失应计提资产减值准备
E. 为承租人提供如承担某些费用的激励措施时，应将该费用自租金收入总额中扣除

斯尔解析　本题考查经营租赁。在租赁期内各个期间，出租人应采用直线法或者其他系统合理的方法将经营租赁的租赁收款额确认为租金收入，如果其他系统合理的方法能够更好地反映因使用租赁资产所产生经济利益的消耗模式的，则出租人应采用该方法，不是只能采用直线法，选项A不当选。出租人发生的与经营租赁有关的初始直接费用应当资本化至租赁标的资产的成本，选项B不当选。对于经营租赁资产中的固定资产，出租人应当采用类似资产的折旧政策计提折旧，选项C当选。出租人应当按照规定，确定经营租赁资产是否发生减值，并对已识别的减值损失进行会计处理，选项D当选。出租人承担了承租人某些费用的，出租人应将该费用自租金收入总额中扣除，按扣除后的租金收入余额在租赁期内进行分配，选项E当选。

本题答案　CDE

七、转租赁

转租情况下，原租赁合同和转租赁合同通常都是单独协商的，交易对手也是不同的企业，租赁准则要求转租出租人对原租赁合同和转租赁合同分别根据承租人和出租人会计处理要求，进行会计处理。

原租赁为短期租赁，且转租出租人作为承租人已按照租赁准则采用简化会计处理方法的，应将转租赁分类为经营租赁。

八、售后租回交易

若企业（卖方兼承租人）将资产转让给其他企业（买方兼出租人），并从买方兼出租人租回该项资产，则卖方兼承租人和买方兼出租人均应按照售后租回交易的规定进行会计处理。企业应当按照《企业会计准则第14号——收入》的规定，评估确定售后租回交易中的资产转让是否属于销售，并区别进行会计处理。

（一）售后租回交易中的资产转让属于销售

（1）卖方兼承租人应当按原资产账面价值中与租回获得的使用权有关的部分，计量售后租回所形成的使用权资产，并仅就转让至买方兼出租人的权利确认相关利得或损失。

（2）买方兼出租人根据其他适用的《企业会计准则》对资产购买进行会计处理，并根据租赁准则对资产出租进行会计处理。

（3）如果销售对价的公允价值与资产的公允价值不同，或者出租人未按市场价格收取租金，企业应当进行以下调整：

①销售对价低于市场价格的款项作为预付租金进行会计处理。

②销售对价高于市场价格的款项作为买方兼出租人向卖方兼承租人提供的额外融资进行会计处理。

（4）承租人按照公允价值调整相关销售利得或损失，出租人按市场价格调整租金收入。

在进行上述调整时，企业应当按以下二者中较易确定者进行：

①销售对价的公允价值与资产的公允价值的差异。

②合同付款额的现值与按市场租金计算的付款额的现值的差异。

卖方兼承租人在对售后租回所形成的租赁负债进行后续计量时，确定租赁付款额或变更后租赁付款额的方式不得导致其确认与租回所获得的使用权有关的利得或损失；但租赁变更导致租赁范围缩小或租赁期缩短的，仍应当按照准则的有关规定将部分终止或完全终止租赁的相关利得或损失计入当期损益。 !新

（二）售后租回交易中的资产转让不属于销售

（1）卖方兼承租人不终止确认所转让的资产，而应当将收到的现金作为金融负债，并按照《企业会计准则第22号——金融工具确认和计量》进行会计处理。

（2）买方兼出租人不确认被转让资产，而应当将支付的现金作为金融资产，并按照《企业会计准则第22号——金融工具确认和计量》进行会计处理。

| 典例研习·13-24　教材例题改编

2023年1月1日，甲公司（卖方兼承租人）以1 800 000元的价格向乙公司（买方兼出租人）转让一栋建筑物，转让前该建筑物的账面原值为2 100 000元，累计折旧为1 100 000元，未计提减值准备。同日，甲公司与乙公司签订合同，取得该建筑物5年的使用权（全部剩余使用年限为20年），作为其总部管理人员的办公场所，年租金包括50 000元的固定租赁付款额和非取决于指数或比率的可变租赁付款额，均于每年年末支付。甲公司转让该建筑物符合销售成立的条件。该建筑物转让当日的公允价值为1 800 000元。甲公司无法确定租赁内含利率，在租赁期开始日，甲公司的增量借款年利率为3%。2023年12月31日实际支付租金99 321元。

甲公司根据会计准则和相关解释规定制定了相关会计政策：对于包含非取决于指数或比率的可变租赁付款额的售后租回交易，采用在租赁期开始日合理估计的各期预期租赁付款额（包含固定和可变租赁付款额）的现值占转让当日该资产公允价值的比例或者其他合理方法（如按市场租金、租回建筑面积占比、租回期间占比等）确定租回所保留的权利占比。

假设甲公司在租赁期开始日能够合理估计上述售后租回交易租赁期内各期预期租赁付款额，具体情况如下表所示。

甲公司预期租赁付款额

单位：元

支付日期	租赁付款额
2023年12月31日	95 902
2024年12月31日	98 124
2025年12月31日	99 243
2026年12月31日	100 101
2027年12月31日	98 121
合计	491 491

甲公司采用直线法对使用权资产计提折旧。假设不考虑相关税费和其他因素。

分析：

本例中，甲公司（卖方兼承租人）转让该建筑物符合销售成立的条件。初始计量时，应当按原资产账面价值中与租回获得的使用权有关的部分，计量售后租回所形成的使用权资产，并仅就转让至出租人的权利确认相关利得或损失；后续计量时，在租赁期开始日后，应当按照租赁准则的规定对售后租回所形成的使用权资产进行后续计量，并对售后租回所形成的租赁负债进行后续计量。

在对售后租回所形成的租赁负债进行后续计量时，确定租赁付款额或变更后租赁付款额的方式不得导致其确认与租回所获得的使用权有关的利得或损失（因租赁变更导致租赁范围缩小或租赁期缩短而部分终止或完全终止租赁的相关利得或损失除外）。为此，甲公司需以租赁期开始日合理估计的各期租赁付款额的现值占转让当日该资产公允价值的比例或其他合理方法确定租回所保留的权利占比。

会计处理：

（1）2023年1月1日，甲公司的账务处理如下：

第一步，计算租赁付款额的现值。

租赁付款额的现值＝95 902×（P/F，3%，1）＋98 124×（P/F，3%，2）＋99 243×（P/F，3%，3）＋100 101×（P/F，3%，4）＋98 121×（P/F，3%，5）＝450 000（元）

第二步，确定售后租回所形成的使用权资产的初始计量金额。

租回所保留的权利占比＝租赁付款额的现值/转让当日该建筑物的公允价值＝450 000÷1 800 000＝25%

转让当日该建筑物的账面价值＝2 100 000－1 100 000＝1 000 000（元）

使用权资产初始计量金额＝转让当日该建筑物的账面价值×租回所保留的权利占比＝1 000 000×25%＝250 000（元）

第三步，计算与转让至乙公司的权利相关的利得。

与转让至乙公司的权利相关的利得＝转让该建筑物的全部利得－与该建筑物使用权相关的利得＝（1 800 000－1 000 000）－（1 800 000－1 000 000）×25%＝600 000（元）

第四步，计算未确认融资费用。

未确认融资费用＝5年租赁付款额－5年租赁付款额的现值＝491 491－450 000＝41 491（元）

第五步，会计分录：

借：固定资产清理	1 000 000
累计折旧	1 100 000
贷：固定资产	2 100 000
借：银行存款	1 800 000
使用权资产	250 000
租赁负债——未确认融资费用	41 491
贷：固定资产清理	1 000 000
租赁负债——租赁付款额	491 491
资产处置损益	600 000

（2）2023年12月31日，甲公司的账务处理如下：

①计提使用权资产折旧。

使用权资产本期折旧额＝250 000÷5＝50 000（元）

借：管理费用	50 000
贷：使用权资产累计折旧	50 000

②确认租赁负债的利息。

租赁负债的利息＝450 000×3%＝13 500（元）

借：财务费用——利息费用	13 500
贷：租赁负债——未确认融资费用	13 500

③确认本期实际支付的租金，并按租赁期开始日已纳入租赁负债初始计量的当期租赁付款额减少租赁负债的账面金额，两者的差额计入当期损益。

2×23年12月31日，甲公司实际支付租金99 321元，与已纳入租赁负债初始计量的当期租赁付款额（即租赁期开始日估计的当期预期租赁付款额）95 902元的差额为3 419元，计入当期损益。

借：租赁负债——租赁付款额　　　　　　　　95 902
　　管理费用　　　　　　　　　　　　　　　3 419
　贷：银行存款　　　　　　　　　　　　　　　　　99 321

假如，甲公司在租赁期开始日不能合理估计该售后租回交易租赁期内各期预期租赁付款额，但能采用其他合理方法确定租回所保留的权利占比为25%。在该情形下，甲公司根据租回所保留的权利占比确定相关使用权资产和租赁负债的初始计量金额，并结合折现率确定等额的各期租赁付款额。

2023年1月1日，甲公司的账务处理如下：

第一步，根据租回所保留的权利占比确定售后租回所形成的使用权资产的初始计量金额。

转让当日该建筑物的账面价值 =2 100 000−1 100 000=1 000 000（元）

使用权资产 = 转让当日该建筑物的账面价值 × 租回所保留的权利占比 =1 000 000×25%=250 000（元）

第二步，计算与转让至乙公司的权利相关的利得。

与转让至乙公司的权利相关的利得 = 转让该建筑物的全部利得 − 与该建筑物使用权相关的利得 =（1 800 000−1 000 000）−（1 800 000−1 000 000）×25%=600 000（元）

第三步，根据租回所保留的权利占比确定售后租回所形成的租赁负债的初始计量金额。

租赁付款额的现值 =1 800 000×25%=450 000（元）

第四步，根据租赁付款额的现值和增量借款利率确定售后租回租赁期内各期等额的租赁付款额。

各期租赁付款额 =450 000/(P/A，3%，5)=98 260（元）

第五步，计算未确认融资费用。

未确认融资费用 =5年租赁付款额 −5年租赁付款额的现值 =491 300−450 000= 41 300（元）

第六步，会计分录：

借：固定资产清理　　　　　　　　　　　　1 000 000
　　累计折旧　　　　　　　　　　　　　　1 100 000
　贷：固定资产　　　　　　　　　　　　　　　　2 100 000
借：银行存款　　　　　　　　　　　　　　1 800 000
　　使用权资产　　　　　　　　　　　　　　250 000
　　租赁负债——未确认融资费用　　　　　　 41 300
　贷：固定资产清理　　　　　　　　　　　　　1 000 000
　　　租赁负债——租赁付款额　　　　　　　　 491 300
　　　资产处置损益　　　　　　　　　　　　　　600 000

第七节 债务重组

一、债务重组的概念和方式（★）

（一）债务重组的概念

债务重组是指在不改变交易对手方的情况下，经债权人和债务人协定或法院裁定，就清偿债务的时间、金额或方式等重新达成协议的交易。

原准则：强调债务人发生财务困难、债权人必须作出让步才可以。

新准则：无论何种原因导致债务人未按原定条件偿还债务，也无论债权人是否同意债务人以低于债务的金额偿还债务，只要债权人和债务人就债务条款重新达成了协议，就属于债务重组。例如，债权人在减免债务人部分债务本金的同时提高剩余债务的利息，或者债权人同意债务人用等值库存商品抵偿到期债务。

提示：债务重组涉及的债权和债务是指《企业会计准则第22号——金融工具确认和计量》规范的金融工具。对合同资产、合同负债、预计负债等进行的交易安排，不属于债务重组准则规范的范围。

（二）债务重组方式

债务重组一般包括下列方式，或下列一种以上方式的组合：

（1）债务人以资产清偿债务。

（2）债务人将债务转为权益工具。

（3）修改其他条款（采用调整债务本金、改变债务利息、变更还款期限等方式修改债权和债务的其他条款，经修改其他条款后的债权和债务分别形成重组债权和重组债务）。

（4）组合方式，是采用三种方式中一种以上方式的组合清偿债务的债务重组方式。

二、债务重组的会计处理（★★）

（一）以资产清偿债务

1. 以金融资产清偿债务

（1）债权人的账务处理。

债权人受让包括现金在内的单项或多项金融资产的，应按照《企业会计准则第22号——金融工具确认和计量》的规定进行确认和计量，即受让的金融资产初始确认时应当以其公允价值计量。金融资产确认金额与债权终止确认日账面价值之间的差额，记入当期损益"投资收益"科目。

借：银行存款/其他债权投资/其他权益工具投资/交易性金融资产等（公允价值）

　　投资收益（债权账面价值与金融资产公允价值的差额）

　　坏账准备

贷：应收账款等

提示：

①对于终止确认的分类为以公允价值计量且其变动计入其他综合收益的债权，之前计入其他综合收益的累计利得或损失应当从其他综合收益中转出，记入"投资收益"科目（下同）。

②交易性金融资产初始取得时发生的交易费用，也应计入投资收益。

（2）债务人的账务处理。

债务的账面价值与偿债金融资产账面价值的差额，记入当期损益"投资收益"科目。

借：应付账款等
　　贷：银行存款/其他债权投资/交易性金融资产等
　　　　投资收益

提示：

①债务人用于偿债的金融资产已计提减值准备，一并结转减值准备。

②偿债资产为其他债权投资的，持有期间确认的累计利得或损失转出至损益，记入"投资收益"科目。

③偿债资产为其他权益工具投资的，持有期间确认的累计利得或损失转出至留存收益，记入"盈余公积"和"利润分配——未分配利润"科目。

典例研习·13-25 教材例题

2021年2月10日，光明公司销售一批材料给长江公司，含税价格为234 000元。

3月20日，长江公司无法按合同规定偿还债务，经双方协议，光明公司同意减免长江公司40 000元债务，余额用银行存款立即偿清。光明公司已对该债权计提了1 000元坏账准备。

（1）光明公司（债权人）应作如下账务处理：

借：银行存款　　　　　　　　　　　　194 000
　　投资收益　　　　　　　　　　　　 39 000
　　坏账准备　　　　　　　　　　　　　1 000
　　贷：应收账款　　　　　　　　　　　　　　234 000

（2）长江公司（债务人）应作如下账务处理：

借：应付账款　　　　　　　　　　　　234 000
　　贷：银行存款　　　　　　　　　　　　　　194 000
　　　　投资收益　　　　　　　　　　　　　　 40 000

2. 以非金融资产偿还债务

（1）债权人的账务处理。

债权人初始确认受让的金融资产以外的资产时，应当按照成本计量。

存货、固定资产等非金融资产的成本＝放弃债权的公允价值＋相关税费等放弃债权的公允价值与账面价值之间的差额，应当计入当期损益（投资收益）。如果债权人与债务人之间的债务重组是在公平交易的市场环境中达成的交易，放弃债权的公允价值通常与受让资产的公允价值相等，且通常不高于放弃债权的账面余额。账务处理为：

借：原材料 / 长期股权投资 / 投资性房地产 / 固定资产 / 无形资产
　　应交税费——应交增值税（进项税额）
　　坏账准备
　　投资收益（放弃债权的公允价值与账面价值之间的差额）
　贷：应收账款等

（2）债务人的会计处理。

债务人以单项或多项非金融资产清偿债务，或者以包括金融资产和非金融资产在内的多项资产清偿债务的，不需要区分资产处置损益和债务重组损益，也不需要区分不同资产的处置损益，而应将所清偿债务账面价值与转让资产账面价值之间的差额，计入当期损益（其他收益）。偿债资产已计提减值准备的，应结转已计提的减值准备。

借：应付账款等（账面余额）
　　累计摊销
　　存货跌价准备 / 无形资产减值准备
　贷：库存商品 / 无形资产等
　　　应交税费——应交增值税（销项税额）
　　　其他收益——债务重组收益

典例研习·13-26 （教材例题）

2020年6月18日，甲公司（债权人）向乙公司（债务人）销售一批商品，应收乙公司款项的入账金额为95万元。甲公司将该应收款项分类为以摊余成本计量的金融资产，乙公司将该应付账款分类为以摊余成本计量的金融负债。2020年10月18日，双方签订债务重组合同，乙公司以一项作为无形资产核算的非专利技术偿还该欠款。

该无形资产的账面余额为100万元，累计摊销额为10万元，已计提减值准备2万元。10月22日，双方办理完成该无形资产转让手续，甲公司支付评估费用4万元，作为无形资产核算。当日，甲公司应收款项的公允价值为87万元，已计提坏账准备7万元，乙公司应付款项的账面价值仍为95万元。假设不考虑相关税费。

（1）甲公司（债权人）的会计处理。

2020年10月22日，甲公司取得该无形资产的成本为债权公允价值87万元与评估费用4万元，合计91万元。

借：无形资产　　　　　　　　　　　91
　　坏账准备　　　　　　　　　　　　7
　　投资收益　　　　　　　　　　　　1
　贷：应收账款　　　　　　　　　　95
　　　银行存款　　　　　　　　　　　4

(2) 乙公司（债务人）的会计处理。

借：应付账款　　　　　　　　　　　　　　95
　　累计摊销　　　　　　　　　　　　　　10
　　无形资产减值准备　　　　　　　　　　 2
　　贷：无形资产　　　　　　　　　　　　　　　　100
　　　　其他收益——债务重组收益　　　　　　　　 7

3. 债权人受让多项资产

债权人受让多项资产的（金融资产和非金融资产），债权人按以下步骤处理：

第一步，应当按照《企业会计准则第 22 号——金融工具确认和计量》的规定确认和计量受让的金融资产。

第二步，按照受让的金融资产以外的各项资产在债务重组合同生效日的公允价值比例，对放弃债权在合同生效日的公允价值扣除受让金融资产当日公允价值后的净额进行分配，并以此为基础分别确定各项资产的成本。

放弃债权的公允价值与账面价值之间的差额，应当记入当期损益"投资收益"科目。

典例研习·13-27 （教材例题）

2021 年 11 月 5 日，甲公司向乙公司赊购一批材料，含税价为 234 万元。2022 年 9 月 10 日，甲公司因发生财务困难，无法按合同约定偿还债务，双方协商进行债务重组。乙公司同意甲公司用其生产的商品、作为固定资产核算的机器设备和一项债券投资抵偿欠款。当日，该债权的公允价值为 210 万元，甲公司用于抵债的商品市价（不含增值税）为 90 万元，用于抵债设备的公允价值为 75 万元，用于抵债的债券投资市价为 23.55 万元。

抵债资产于 2022 年 9 月 20 日转让完毕，甲公司发生设备运输费用 0.65 万元，乙公司发生设备安装费用 1.5 万元。

乙公司以摊余成本计量该项债权。2022 年 9 月 20 日，乙公司对该债权已计提坏账准备 19 万元，债券投资市价为 21 万元。乙公司将受让的商品、设备和债券投资分别作为低值易耗品、固定资产和以公允价值计量且其变动计入当期损益的金融资产核算。

甲公司以摊余成本计量该项债务。2022 年 9 月 20 日，甲公司用于抵债的商品成本为 70 万元；抵债设备的账面原价为 150 万元，累计折旧为 40 万元，已计提减值准备 18 万元；甲公司以摊余成本计量用于抵债的债券投资，债券票面价值总额为 15 万元，票面利率与实际利率一致，按年计息，假定甲公司尚未对债券确认利息收入。当日，该项债务的账面价值仍为 234 万元。

甲、乙公司均为增值税一般纳税人，适用增值税税率为 13%，按规定，该项交易中商品和设备的计税价格分别为 90 万元和 75 万元，并开具相应的增值税专用发票。不考虑其他相关税费。

（1）乙公司（债权人）的会计处理。

低值易耗品可抵扣增值税 =90×13%=11.7（万元）

设备可抵扣增值税 =75×13%=9.75（万元）

债务重组合同生效日为 9 月 10 日，低值易耗品和固定资产的成本应当以其公允价值比例（90：75）对放弃债权公允价值扣除受让金融资产公允价值后的净额进行分配后的金额为基础确定。

低值易耗品的成本 =90÷（90+75）×（210-23.55-11.7-9.75）=90（万元）

固定资产的成本 =75÷（90+75）×（210-23.55-11.7-9.75）=75（万元）

2022 年 9 月 20 日，乙公司的账务处理如下：

①处理债务重组事项。

借：低值易耗品　　　　　　　　　　　　90
　　在建工程——在安装设备　　　　　　75
　　应交税费——应交增值税（进项税额）21.45
　　交易性金融资产　　　　　　　　　　21
　　坏账准备　　　　　　　　　　　　　19
　　投资收益　　　　　　　　　　　　　7.55
　　贷：应收账款——甲公司　　　　　　　　　　234

②支付安装费用。

借：在建工程——在安装设备　　　　　　1.5
　　贷：银行存款　　　　　　　　　　　　　　　1.5

③安装完毕达到可使用状态。

借：固定资产　　　　　　　　　　　　　76.5
　　贷：在建工程——在安装设备　　　　　　　　76.5

（2）甲公司（债务人）的会计处理。

甲公司 9 月 20 日的账务处理如下：

借：固定资产清理　　　　　　　　　　　92
　　累计折旧　　　　　　　　　　　　　40
　　固定资产减值准备　　　　　　　　　18
　　贷：固定资产　　　　　　　　　　　　　　　150

借：固定资产清理　　　　　　　　　　　0.65
　　贷：银行存款　　　　　　　　　　　　　　　0.65

借：应付账款　　　　　　　　　　　　　234
　　贷：固定资产清理　　　　　　　　　　　　　92.65
　　　　库存商品　　　　　　　　　　　　　　　70
　　　　应交税费——应交增值税（销项税额）　　21.45
　　　　债权投资　　　　　　　　　　　　　　　15
　　　　其他收益——债务重组收益　　　　　　　34.9

| 典例研习·13-28 2021年单项选择题

债务重组中债务人以存货清偿债务的,所清偿债务的账面价值与存货账面价值之间的差额记入的会计科目为（　　）。

A. 其他收益　　　　　　　　　　　B. 营业外收入
C. 主营业务收入　　　　　　　　　D. 投资收益

斯尔解析　本题考查债务重组。债务人以非金融资产（如存货）清偿债务的,所清偿债务账面价值与存货账面价值之间的差额,记入"其他收益"科目,选项A当选。

本题答案　A

（二）将债务转为权益工具

1. 债权人

借：长期股权投资
　　交易性金融资产、其他权益工具投资等
　　投资收益（差额）
　　坏账准备
　贷：应收账款等

2. 债务人

债务人初始确认权益工具时,应当按照权益工具的公允价值计量,权益工具的公允价值不能可靠计量的,应当按照所清偿债务的公允价值计量。所清偿债务账面价值与权益工具确认金额之间的差额,应当计入"投资收益"科目。债务人因发行权益工具而支出的相关税费等,应当依次冲减资本溢价、盈余公积、未分配利润等。

借：应付账款等（账面价值）
　贷：股本/实收资本
　　　资本公积——股本溢价/资本溢价（权益工具的公允价值与股本差额）
　　　投资收益（差额）

| 典例研习·13-29 教材例题

2020年2月10日,甲公司（债务人）从乙公司（债权人）买一批材料,约定6个月后甲公司应结清款项100万元（假定无重大融资成分）。乙公司将该应收款项分类为以公允价值计量且其变动计入当期损益的金融资产；甲公司将该应付款项分类为以摊余成本计量的金融负债。

2020年8月12日,甲公司因无法支付货款与乙公司协商进行债务重组,双方商定乙公司将该债权转为对甲公司的股权投资。

2020年10月20日，乙公司办结了对甲公司的增资手续，甲公司和乙公司分别支付手续费等相关费用1.5万元和1.2万元。债转股后甲公司总股本为100万元，乙公司持有的抵债股权占甲公司总股本的25%，对甲公司具有重大影响，甲公司股权公允价值不能可靠计量。甲公司应付款项的账面价值仍为100万元。

2020年3月31日，应收款项和应付款项的公允价值均为100万元。

2020年6月30日，应收款项和应付款项的公允价值均为85万元。

2020年8月12日，应收款项和应付款项的公允价值均为76万元。

2020年10月20日，应收款项和应付款项的公允价值仍为76万元。

假定不考虑其他相关税费。

（1）乙公司（债权人）的会计处理。

① 6月30日

借：公允价值变动损益　　　　　　　　　　15
　　贷：交易性金融资产——公允价值变动　　　　　　15

② 8月12日

借：公允价值变动损益　　　　　　　　　　9
　　贷：交易性金融资产——公允价值变动　　　　　　9

③ 10月20日，乙公司对甲公司长期股权投资的成本为应收款项公允价值76万元与相关税费1.2万元的合计77.2万元。

借：长期股权投资——甲公司　　　　　　77.2
　　交易性金融资产——公允价值变动　　24
　　贷：交易性金融资产——成本　　　　　　　　　100
　　　　银行存款　　　　　　　　　　　　　　　　1.2

（2）甲公司（债务人）的会计处理。

10月20日，由于甲公司股权的公允价值不能可靠计量，初始确认权益工具公允价值时应当按照所清偿债务的公允价值76万元计量，并扣除因发行权益工具支出的相关税费1.5万元。

甲公司的账务处理如下：

借：应付账款　　　　　　　　　　　　　100
　　贷：实收资本　　　　　　　　　　　　　　　　25
　　　　资本公积——资本溢价　　　　　　　　　　49.5
　　　　银行存款　　　　　　　　　　　　　　　　1.5
　　　　投资收益　　　　　　　　　　　　　　　　24

(三)修改其他条款

1. 导致债权债务终止确认的

债权人	债务人
按照修改后的条款以公允价值初始计量重组债权	应当按照公允价值计量重组债务
重组债权的确认金额与债权终止确认日账面价值之间的差额,记入"投资收益"科目	终止确认的债务账面价值与重组债务确认金额之间的差额,记入"投资收益"科目
借:应收账款——重组债权 　　投资收益(差额,或贷方) 　　坏账准备 　贷:应收账款等	借:应付账款等 　贷:应付账款——重组债权 　　　投资收益(差额,或借方)

2. 未导致债权债务终止确认

债权人	债务人
债权人应当根据其分类,继续以摊余成本、以公允价值计量且其变动计入其他综合收益,或者以公允价值计量且其变动计入当期损益进行后续计量	债务人应当根据其分类,继续以摊余成本、以公允价值计量且其变动计入当期损益或其他适当方法进行后续计量
对于以摊余成本计量的债权,债权人应当根据重新议定合同的现金流量变化情况,重新计算该重组债权的账面余额,并将相关利得或损失记入"投资收益"科目	对于以摊余成本计量的债务,债务人应当根据重新议定合同的现金流量变化情况,重新计算该重组债务的账面价值,并将相关利得或损失记入"投资收益"科目

> **典例研习·13-30** (教材例题)
>
> 2020年12月31日海星公司(债务人)应付昌河公司(债权人)票据的账面余额为208 000元,其中,8 000元为累计未付的利息,票面年利率为8%。
>
> 由于海星公司连年亏损,资金困难,不能偿付应于2021年12月31日前支付的应付票据。经双方协商,于2021年1月1日进行债务重组。昌河公司同意将债务本金减至160 000元,免去债务人2020年12月31日前所欠的全部利息;将利率从8%降低到5%,并将债务到期日延长至2022年12月31日,利息按年支付。
>
> 假设昌河公司已对该项债权计提坏账准备52 000元,现行类似债权资产市场折现率为5%。根据上述资料,债务重组后债务的公允价值为160 000元。
>
> (1)昌河公司(债权人)应作如下账务处理:
>
> 债务重组日原债权应终止确认。

借：应收账款——海星公司（重组债权）	160 000	
坏账准备	52 000	
贷：应收票据		208 000
投资收益		4 000

（2）海星公司（债务人）应作如下账务处理：

债务重组日原债务应终止确认。

借：应付票据	208 000	
贷：应付账款——昌河公司（重组债务）		160 000
投资收益		48 000

（四）组合方式

1. 债权人

（1）债权人应当按照修改后的条款，以公允价值确认和计量受让的金融资产和重组债权，按照受让的金融资产以外的各项资产在债务重组合同生效日的公允价值比例，对放弃债权在合同生效日的公允价值扣除受让金融资产和重组债权当日公允价值后的净额进行分配，并以此为基础分别确定各项资产的成本。

（2）放弃债权的公允价值与账面价值之间的差额，记入"投资收益"科目。

2. 债务人

（1）以组合方式进行债务重组的，债务人应当按照前述的规定确认和计量权益工具和重组债务。

（2）所清偿债务的账面价值与转让资产的账面价值以及权益工具和重组债务的确认金额之和的差额，记入"其他收益——债务重组收益"或"投资收益"（仅涉及金融工具时）科目。

| 典例研习·13-31 　2021年多项选择题

下列属于债务人以组合方式清偿债务的债务重组方式有（　　）。

A. 以现金偿还部分债务，同时将剩余债务展期

B. 以机器设备偿还部分债务，剩余债务转为资本

C. 以一项同时包含金融负债成分和权益工具成分的复合金融工具替换原债务

D. 修改债务本金、利息及还款期限条款

E. 破产清算期间以其厂房偿还部分债务，剩余债务于破产清算终结日豁免

斯尔解析 本题考查债务重组。

组合方式，是采用债务人以资产清偿债务、债务人将债务转为权益工具、修改其他条款（采用调整债务本金、改变债务利息、变更还款期限等方式修改债权和债务的其他条款，经修改其他条款后的债权和债务分别形成重组债权和重组债务）三种方式中一种以上方式的组合清偿债务的债务重组方式。

以现金偿还债务，属于以资产清偿债务，将剩余债务展期，属于修改其他条款，同时采用两种方式偿还债务，选项 A 当选。以机器设备偿还部分债务，属于以资产清偿债务，剩余债务转为资本，债务人将债务转为权益工具，同时采用两种方式偿还债务，选项 B 当选。以一项同时包含金融负债成分和权益工具成分的复合金融工具替换原债务，不属于组合方式清偿债务，选项 C 不当选。修改债务本金、利息及还款期限条款，属于修改其他条款，选项 D 不当选。破产清算期间以其厂房偿还部分债务，剩余债务于破产清算终结日豁免，属于破产清算，选项 E 不当选。

本题答案 AB

典例研习在线题库

至此，财务与会计的学习已经进行了 76%，继续加油呀！

76%

第十四章 所有者权益

学习提要

重要程度：次重点章节

平均分值：4分

考核题型：单项选择题、多项选择题

本章提示：本章内容相对比较晦涩，但重要性比较低，学习时可抓大放小，把握重点内容

第一节　金融负债和权益工具的区分

一、金融负债和权益工具的区分的总体要求（★）

1. 权益工具的概念

权益工具，是指能证明拥有某个企业在扣除所有负债后的资产中的剩余权益的合同。

金融负债	权益工具
金融负债是指企业符合下列条件之一的金融工具： （1）向其他方交付现金或其他金融资产的合同义务。 （2）在潜在不利条件下，与其他方交换金融资产或金融负债的合同义务。 （3）将来须用或可用企业自身权益工具进行结算的非衍生工具合同，且企业根据该合同将交付可变数量的自身权益工具。 （4）将来须用或可用企业自身权益工具进行结算的衍生工具合同，但以固定数量的自身权益工具交换固定金额的现金或其他金融资产的衍生工具合同除外	在同时满足下列条件的情况下，企业应将发行的金融工具分类为权益工具： （1）该金融工具应当不包括交付现金或其他金融资产给其他方，或在潜在不利条件下与其他方交换金融资产或金融负债的合同义务。 （2）将来须用或可用企业自身权益工具结算该金融工具。 如为非衍生工具，该金融工具应当不包括交付可变数量的自身权益工具进行结算的合同义务。 如为衍生工具，企业只能通过以固定数量的自身权益工具交换固定金额的现金或其他金融资产结算该金融工具

2. 区分金融负债和权益工具需考虑的因素

（1）合同所反映的经济实质。

在判断一项金融工具是否应划分为金融负债或权益工具时，应当以相关合同条款及其所反映的经济实质而非仅以法律形式为依据。

（2）工具的特征。

有些金融工具可能既有权益工具的特征，又有金融负债的特征。因此，企业应当全面细致地分析此类金融工具各组成部分的合同条款。

二、金融负债和权益工具区分的基本原则（★）

（一）是否存在无条件地避免交付现金或其他金融资产的合同义务

如果企业不能无条件地避免以交付现金或其他金融资产来履行一项合同义务，则该合同义务符合金融负债的定义。

判断一项金融工具是划分为权益工具还是金融负债，不受下列因素的影响：

（1）以前实施分配的情况。

（2）未来实施分配的意向。

（3）相关金融工具如果没有发放股利对发行方普通股的价格可能产生的负面影响。

（4）发行方各种储备（即未分配利润等可供分配的权益）的金额。

（5）发行方对一段期间内的损益的预期。

（6）发行方是否有能力影响其当期损益。

（二）以自身权益工具结算的金融工具

对于以企业自身权益工具结算的金融工具，其分类需要考虑所交付的自身权益工具的数量是可变的还是固定的。

1. 基于自身权益工具的非衍生工具

如果发行方未来有义务交付可变数量的自身权益工具进行结算，则该非衍生工具是金融负债。

否则，该非衍生工具是权益工具。

| 典例研习 · 14-1 （教材例题）

甲公司与乙公司签订的合同约定，甲公司以100万元等值的自身权益工具偿还所欠乙公司债务。

本例中，甲公司需偿还的负债金额100万元是固定的，但甲公司需交付的自身权益工具的数量随着其权益工具市场价格的变动而变动。在这种情况下，甲公司发行的该金融工具应当划分为金融负债。

2. 基于自身权益工具的衍生工具

如果发行方只能通过以固定数量的自身权益工具交换固定金额的现金或其他金融资产进行结算（即"固定换固定"原则），则该衍生工具是权益工具。

否则，该衍生工具不应当确认为权益工具。

| 典例研习 · 14-2 （2019年单项选择题）

判断一项金融工具是划分为权益工具还是金融负债，应考虑的基本原则是（　　）。

A. 未来实施分配的意向

B. 发行方对一段时期内的损益的预期

C. 发行方未分配利润等可供分配的权益的金额

D. 是否存在无条件地避免交付现金或其他金融资产的合同义务

> 🔍 **斯尔解析** 本题考查金融负债和权益工具的区分。金融负债和权益工具区分的基本原则：是否存在无条件地避免交付现金或其他金融资产的合同义务；是否通过交付固定数量的自身权益工具结算，选项 D 当选。
>
> ▲本题答案 D

三、金融负债和权益工具区分的特殊问题分析

（一）以外币计价的配股权、期权或认股权证

如果企业的某项合同是通过固定金额的外币交换固定数量的自身权益工具进行结算，由于固定金额的外币代表的是以企业记账本位币计价的可变金额，因此不符合"固定换固定"原则。

但是，对以外币计价的配股权、期权或认股权证提供了一个例外情况：企业对全部现有同类别非衍生自身权益工具的持有方同比例发行配股权、期权或认股权证，使之有权按比例以固定金额的任何货币交换固定数量的该企业自身权益工具的，该类配股权、期权或认股权证应当分类为权益工具。

> **| 典例研习·14-3** 教材例题
>
> 一家在多地上市的企业，向其所有的现有普通股股东提供每持有 2 股股份可购买其 1 股普通股的权利（配股比例为 2 股配 1 股），配股价格为配股当日股价的 70%。由于该企业在多地上市，受到各地区当地的法规限制，配股权行权价的币种需与当地货币一致。
>
> 本例中，由于企业对全部现有同类别非衍生自身权益工具的持有方同比例发行配股权，该配股权应当分类为权益工具。

（二）或有结算条款

附有或有结算条款的金融工具，指是否通过交付现金或其他金融资产进行结算，或者是否以其他导致该金融工具成为金融负债的方式进行结算，需要由发行方和持有方均不能控制的未来不确定事项（如股价指数、消费价格指数变动，利率或税法变动，发行方未来收入、净收益或债务权益比率等）的发生或不发生（或发行方和持有方均不能控制的未来不确定事项的结果）来确定的金融工具。

对于附有或有结算条款的金融工具，发行方不能无条件地避免交付现金、其他金融资产或以其他导致该工具成为金融负债的方式进行结算的，应当分类为金融负债。

（三）结算选择权

对于存在结算选择权的衍生工具（例如，合同规定发行方或持有方能选择以现金净额或以发行股份交换现金等方式进行结算的衍生工具），发行方应当将其确认为金融资产或金融负债，但所有可供选择的结算方式均表明该衍生工具应当确认为权益工具的除外。

（四）金融负债和权益工具之间的重分类

由于发行的金融工具原合同条款约定的条件或事项随着时间的推移或经济环境的改变而发生变化，可能会导致已发行金融工具（含特殊金融工具）的重分类。发行方原分类为权益工具的金融工具，自不再被分类为权益工具之日起，发行方应当将其重分类为金融负债，以重分类日该工具的公允价值计量，重分类日权益工具的账面价值和金融负债的公允价值之间的差额确认为权益。发行方原分类为金融负债的金融工具，自不再被分类为金融负债之日起，发行方应当将其重分类为权益工具，以重分类日金融负债的账面价值计量。

（五）复合金融工具

企业所发行的非衍生工具可能同时包含金融负债成分和权益工具成分。对于复合金融工具，发行方应于初始确认时将各组成部分分别分类为金融负债或权益工具。

典例研习·14-4 2018年单项选择题

下列关于权益工具的表述正确的是（　　）。

A. 将来须用或可用企业自身权益工具进行结算的非衍生工具合同，且企业根据该合同将交付可变数量的自身权益工具的应确认为权益工具

B. 将来以固定数量的自身权益工具交换固定金额的现金或其他金融资产的衍生工具应确认为权益工具

C. 如果企业不能无条件地避免以交付现金或其他金融资产来履行一项合同义务，则该合同义务符合权益工具的定义

D. 发行方在潜在不利条件下，具有与其他方交换金融资产或金融负债的合同义务，则该金融工具应分类为权益工具

斯尔解析 本题考查权益工具的概念。将来须用或可用企业自身权益工具进行结算的非衍生工具合同，且企业根据该合同将交付可变数量的自身权益工具的应确认为金融负债，选项A不当选。将来以固定数量的自身权益工具交换固定金额的现金或其他金融资产的衍生工具应确认为权益工具，选项B当选。如果企业不能无条件地避免以交付现金或其他金融资产来履行一项合同义务，则该合同义务符合金融负债的定义，选项C不当选。发行方在潜在不利条件下，具有与其他方交换金融资产或金融负债的合同义务，则该金融工具应分类为金融负债，选项D不当选。

本题答案 B

第二节 实收资本

一、实收资本概述

实收资本是投资者投入资本形成法定资本的价值,所有者向企业投入的资本,在一般情况下无须偿还,可以长期周转使用。

二、实收资本增加的账务处理(★)

(一)企业增加资本的一般途径

途径	账务处理
所有者 (包括原企业所有者和 新投资者)投入	借:银行存款等 　　应交税费——应交增值税(进项税额) 贷:实收资本(或股本) 　　资本公积——资本(股本)溢价
资本公积转为实收 资本(或股本)	借:资本公积——资本(股本)溢价 贷:实收资本(或股本)
盈余公积转为实收 资本(或股本)	借:盈余公积 贷:实收资本(或股本)

提示:股份有限公司发行股票支付的手续费、佣金等发行费用,属于溢价发行的,应从发行股票的溢价中抵扣;股票发行没有溢价或溢价金额不足冲减的部分,应依次冲减盈余公积和未分配利润。

(二)企业增加资本的其他途径

途径	账务处理
股份有限公司发放股票股利	借:利润分配 贷:股本
可转换公司债券持有人 行使转换权利	借:应付债券 　　其他权益工具 贷:股本 　　资本公积——股本溢价
企业将重组债务转为股本	借:应付账款 贷:股本 　　资本公积——股本 　　投资收益

续表

途径	账务处理
以权益结算的股份支付行权	借：资本公积——其他资本公积 　　贷：股本 　　　　资本公积——股本溢价

三、实收资本减少的账务处理（★）

（一）一般企业和有限责任公司

按法定程序报经批准减少注册资本的：

借：实收资本
　　贷：银行存款等

（二）股份有限公司

情形	账务处理	
第一步： 回购库存股	借：库存股（实际支付的金额） 　　贷：银行存款	
第二步： 注销库存股	回购价等于回购股份对应的股本时	借：股本 　　贷：库存股
	回购价大于回购股份对应的股本时	借：股本 　　　资本公积——股本溢价 　　　盈余公积 　　　利润分配——未分配利润 　　贷：库存股
	回购价小于回购股份对应的股本时	借：股本 　　贷：库存股 　　　　资本公积——股本溢价

| 典例研习·14-5 　2022年单项选择题

甲公司截至2021年12月31日发行在外的股票共1000万股，股票面值为1元，"资本公积——股本溢价"科目余额为9000万元，"盈余公积"科目余额为50万元，"未分配利润"贷方余额为500万元。经股东大会批准，甲公司以银行存款回购本公司股票500万股并注销。假定甲公司按照每股20元回购股票。甲公司按照10%计提盈余公积。甲公司注销库存股时冲减留存收益的金额是（　　）万元。

A.0　　　　　B.1 000　　　　C.500　　　　D.450

🔍 **斯尔解析** 本题考查实收资本减少的会计处理。甲公司注销库存股时应冲减留存收益的金额=（500×20）-500-9 000=500（万元），选项C当选。

该业务涉及的会计分录如下所示：

借：库存股　　　　　　　　　　　（500×20）10 000
　　贷：银行存款　　　　　　　　　　　　　　　10 000
借：股本　　　　　　　　　　　　　　　　500
　　资本公积——股本溢价　　　　　　　　9 000
　　盈余公积　　　　　　　　　　　　　　50
　　利润分配——未分配利润　　　　　　　450
　　贷：库存股　　　　　　　　　　　　　　　　10 000

▲ 本题答案 　C

第三节　其他权益工具

一、科目设置

企业应在所有者权益类科目中设置"其他权益工具"科目，核算企业发行的除普通股以外的归类为权益工具的各种金融工具。

二、账务处理（★）

（一）发行方发行的金融工具归类为权益工具的

1. 发行

借：银行存款（按实际收到的金额）
　　贷：其他权益工具

企业发行金融工具，如分类为权益工具，其发生的手续费、佣金等交易费用，应当从权益（其他权益工具）中扣除。

2. 分派股利或利息

对于归类为权益工具的金融工具，无论其名称中是否包含"债"，其利息支出或股利分配都应当作为发行企业的利润分配。

借：利润分配
　　贷：应付股利

（二）发行方发行的金融工具为复合金融工具的

借：银行存款（按实际收到的金额）

  贷：应付债券（按负债成分的公允价值）

    其他权益工具（按实际收到的金额扣除负债成分的公允价值后的金额）

发行复合金融工具发生的交易费用，应当在负债成分和权益成分之间按照各自占总发行价款的比例进行分摊。

（三）权益工具与金融负债的重分类

由于发行的金融工具原合同条款约定的条件或事项随着时间的推移或经济环境的改变而发生变化，导致**原归类为权益工具的金融工具可能重分类为金融负债，原归类为金融负债的金融工具也可能重分类为权益工具**。

1. 权益工具重分类为金融负债

借：其他权益工具（账面价值）

  贷：应付债券（公允价值）

    资本公积——资本（股本）溢价（差额，或借方）

如果资本公积不够冲减的，依次冲减盈余公积和未分配利润。

发行方以重分类日的实际利率作为应付债券后续计量利息调整等的基础。

2. 金融负债重分类为权益工具

借：应付债券（账面价值）

  贷：其他权益工具（按金融负债的账面价值）

> **原理详解**
>
> 上述重分类可以从负债和权益定义角度进行思考。负债是未来需要清偿的，很显然将权益重分类为负债，在重分类日需要按权益的公允价值计量未来需要偿还的金额；而权益无须在未来清偿（分配利润不属于清偿），所以，将负债重分类为权益，在重分类日按负债的账面价值进行计量。

（四）发行方赎回其他权益工具的

第一步：赎回。

借：库存股——其他权益工具（按赎回价格）

  贷：银行存款

第二步：注销。

借：其他权益工具（账面价值）

  资本公积——股本溢价（差额，或贷方）

  贷：库存股——其他权益工具

如果资本公积不够冲减的，依次冲减盈余公积和未分配利润。

提示：
如果发行方赎回金融负债的：
借：应付债券（账面价值）
　　贷：银行存款（赎回价格）
　　　　财务费用（差额，或借方）

| 典例研习·14-6 2021年单项选择题

发行方按合同条款约定赎回所发行的分类为金融负债的金融工具，赎回日该工具的账面价值与赎回价格的差额应记入的会计科目是（　　）。

A. 公允价值变动损益
B. 财务费用
C. 其他综合收益
D. 资本公积

斯尔解析　本题考查的是金融负债的核算。发行方按合同条款约定赎回所发行的分类为金融负债的金融工具，按该工具赎回日的账面价值，借记"应付债券"等科目，按赎回价格，贷记"银行存款"等科目，差额记入"财务费用"科目，选项B当选。

本题答案　B

第四节　资本公积

一、资本（股本）溢价

资本（或股本）溢价是指企业收到投资者的超出其在企业注册资本（或股本）中所占份额的部分，形成资本（或股本）溢价的原因有溢价发行股票、投资者超额缴入资本等。

二、其他资本公积

其他资本公积，是指除资本溢价（或股本溢价）项目以外所形成的资本公积。

（一）以权益结算的股份支付

1. 等待期

借：管理费用等
　　贷：资本公积——其他资本公积

2.行权日

借：银行存款
　　资本公积——其他资本公积
　贷：股本
　　　资本公积——股本溢价

（二）采用权益法核算的长期股权投资

长期股权投资采用权益法核算的，被投资单位除净损益、其他综合收益和利润分配以外的所有者权益的其他变动。

借：长期股权投资——其他权益变动
　贷：资本公积——其他资本公积

当处置采用权益法核算的长期股权投资时，应当将原计入资本公积（其他资本公积）的相关金额转入投资收益。

借：资本公积——其他资本公积
　贷：投资收益

或作相反分录。

提示：根据规定，资本公积的用途主要是用来转增资本（或股本）。但对于其他资本公积项目，在相关资产处置之前，不能用于转增资本或股本。

第五节　其他综合收益

其他综合收益，是指企业根据《企业会计准则》规定未在当期损益中确认的各项利得和损失。包括以后会计期间不能重分类进损益的其他综合收益和以后会计期间满足规定条件时将重分类进损益的其他综合收益两类。

一、以后会计期间不能重分类进损益的其他综合收益项目（★★）

（1）重新计量设定受益计划净负债或净资产导致的变动。

（2）在初始确认时，企业可以将非交易性权益工具指定为以公允价值计量且其变动计入其他综合收益的金融资产，该指定后不得撤销，即当该类非交易性权益工具终止确认时原计入其他综合收益的公允价值变动损益不得重分类进损益。

（3）指定为以公允价值计量且其变动计入当期损益的金融负债，由于企业自身信用风险变动引起的该金融负债公允价值的变动计入其他综合收益的金额。

（4）由于被投资方出现上述情况，投资方按照权益法调整长期股权投资账面价值确认的其他综合收益。

二、以后会计期间有满足规定条件时将重分类进损益的其他综合收益项目（★★）

（1）分类为以公允价值计量且其变动计入其他综合收益的金融资产（其他债权投资），持有期间的公允价值变动。

（2）分类为以公允价值计量且其变动计入其他综合收益的金融资产，计提的信用减值准备。

（3）按照金融工具准则规定，对金融资产重分类按规定可以将原计入其他综合收益的利得或损失转入当期损益的部分。

（4）权益法下因被投资方可以重分类进损益的其他综合收益变动而确认的金额。

（5）非投资性房地产转换为公允价值模式下的投资性房地产的贷方差额。

（6）现金流量套期工具产生的利得或损失中属于有效套期的部分。

（7）外币财务报表折算差额。

典例研习·14-7 （2023年多项选择题）

下列各项中，应列示在利润表"其他综合收益的税后净额"内容下的"不能重分类进损益的其他综合收益"的有（ ）。

A. 企业自身信用风险公允价值变动

B. 重新计量设定受益计划变动额

C. 金融资产重分类计入其他综合收益的金额

D. 外币财务报表折算差额

E. 现金流量套期储备

斯尔解析 本题考查其他综合收益的核算。以后会计期间不能重分类进损益的其他综合收益项目，主要包括：（1）重新计量设定受益计划净负债或净资产导致的变动；（2）在初始确认时，企业可以将非交易性权益工具指定为以公允价值计量且其变动计入其他综合收益的金融资产，该指定后不得撤销，即当该类非交易性权益工具终止确认时原计入其他综合收益的公允价值变动损益不得重分类进损益；（3）指定为以公允价值计量且其变动计入当期损益的金融负债，由于企业自身信用风险变动引起的该金融负债公允价值的变动计入其他综合收益的金额；（4）由于被投资方出现上述情况，投资方按照权益法调整长期股权投资账面价值确认的其他综合收益，选项AB当选。

本题答案 AB

典例研习·14-8 （2021年单项选择题）

下列经济业务应通过"其他综合收益"科目核算的是（ ）。

A. 注销库存股

B. 公司收到控股股东现金捐赠

C.以摊余成本计量的金融资产重分类为以公允价值计量且其变动计入其他综合收益的金融资产，重分类日该金融资产的公允价值与其账面价值之间的差额

D.债权人与债务人在债务重组前后均受同一方控制，且债务重组的实质是债务人接受了权益性投入

【斯尔解析】本题考查其他综合收益的核算。以摊余成本计量的金融资产重分类为以公允价值计量且其变动计入其他综合收益的金融资产，重分类日该金融资产的公允价值与其账面价值之间的差额，选项C当选。注销库存股影响的是股本、资本公积和留存收益，选项A不当选。公司收到控股股东的现金捐赠，影响资本公积，选项B不当选。债权人与债务人在债务重组前后均受同一方控制，且债务重组的实质是债务人接受了权益性投入，属于权益性交易，影响资本公积，选项D不当选。

【本题答案】C

第六节　留存收益

留存收益，是指企业从历年实现的利润中提取或形成的留存于企业的内部积累。

它是从企业经营所得的净利润中积累而形成的，也属于所有者权益，但不同于实收资本和资本公积，其区别在于，实收资本和资本公积来源于企业的资本投入，而留存收益则来源于企业资本增值。留存收益主要包括盈余公积和未分配利润。

一、盈余公积（★）

（一）盈余公积的组成部分

组成	解读
法定盈余公积	企业按照法律规定的比例从净利润中提取的盈余公积。按照规定，有限责任公司和股份有限公司应按照净利润的10%提取法定公积金，计提的法定盈余公积累计额达到注册资本的50%以上时，可以不再提取。如果存在未弥补亏损，在提取法定公积金之前，应当先用当年利润弥补亏损
任意盈余公积	企业经股东大会或类似机构批准按照规定的比例从净利润中提取的盈余公积。任意盈余公积的提取比例由企业自行确定，国家有关法规不作强制规定

账务处理：
借：利润分配——提取法定盈余公积
　　　　　　——提取任意盈余公积
　贷：盈余公积——法定盈余公积
　　　　　　——任意盈余公积

（二）盈余公积的用途

企业提取盈余公积可以用于弥补亏损、转增资本（股本）、扩大企业生产经营。

1. 弥补亏损

企业发生经营亏损的弥补方式主要有四种：

（1）用以后年度税前利润弥补，按规定企业亏损在规定期限（现行制度规定为5年）内可由税前利润弥补。

（2）用以后年度税后利润弥补，即指超过税前利润弥补期的剩余亏损额应由税后利润弥补。

（3）用盈余公积弥补，用盈余公积弥补亏损应当由董事会提议，股东大会批准，或者由类似的机构批准。

账务处理：

借：盈余公积

　　贷：利润分配——盈余公积补亏

（4）用资本公积金弥补。如使用盈余公积仍不能弥补的可以按照规定使用资本公积金。新

2. 转增资本（股本）

经股东大会决议，可将盈余公积转增资本。按规定，用盈余公积转增资本时，转增后留存的盈余公积不得少于转增前公司注册资本的25%。

账务处理：

借：盈余公积

　　贷：股本

　　　　资本公积——股本溢价

典例研习·14-9 2020年多项选择题改编

下列关于资本公积和盈余公积的表述中正确的有（　　）。

A. 盈余公积转增资本（股本）时，转增后留存的盈余公积不得少于转增前注册资本的50%

B. 盈余公积可以用来弥补亏损

C. 盈余公积可以用来派送新股

D. "资本公积——资本（股本）溢价"可以直接用来转增资本（股本）

E. 公司计提的法定盈余公积累计达到注册资本的50%以上时，可以不再提取

斯尔解析　本题考查资本公积和盈余公积的核算。按规定，用盈余公积转增资本时，转增后留存的盈余公积不得少于转增前公司注册资本的25%，选项A不当选，选项BCDE当选。

本题答案　BCDE

二、未分配利润（★）

（一）分配股利或利润的会计处理

（1）经股东大会或类似机构决议，分配给股东或投资者的现金股利或利润：

借：利润分配——应付现金股利

　　贷：应付股利

（2）经股东大会或类似机构决议，分配给股东或投资者的股票股利，应在办理增资手续后：

借：利润分配——转作股本的股利

　　贷：股本

（二）期末结转的会计处理

（1）企业期末结转利润时，应将各损益类科目的余额转入"本年利润"科目，结平各损益类科目。

借：收入类科目

　　贷：本年利润

借：本年利润

　　贷：费用类科目

结转后"本年利润"的贷方余额为当期实现的净利润，借方余额为当期发生的净亏损。

（2）将本年实现的净利润或净亏损转入"未分配利润"明细科目。

借：本年利润

　　贷：利润分配——未分配利润

（净亏损作相反分录）

（3）同时，将"利润分配"科目所属的其他明细科目的余额，转入"未分配利润"明细科目。

借：利润分配——未分配利润

　　贷：利润分配——提取法定盈余公积

　　　　　　　　——提取任意盈余公积

借：利润分配——未分配利润

　　贷：利润分配——应付现金股利或利润

　　　　　　　　——转作股本的股利

结转后："未分配利润"明细科目的贷方余额，就是未分配利润的金额；如出现借方余额，则表示未弥补亏损的金额。

"利润分配"科目所属的除"未分配利润"以外的其他明细科目应无余额。

（三）弥补亏损的会计处理

由于未弥补亏损形成的时间长短不同等原因，以前年度未弥补亏损的，有的可以以当年实现的税前利润弥补，有的则需用税后利润弥补。

以当年实现的利润弥补以前年度结转的未弥补亏损，不需要进行专门的会计处理。

| 典例研习·14-10 2017年多项选择题

对下列各项业务进行会计处理时，能引起企业资产和所有者权益同时变化的有（ ）。

A. 财产清查中发现的固定资产盘盈
B. 收到委托代理出口应税消费品而退回的消费税
C. 在权益法下被投资企业的外币非货币性金融资产形成的汇兑差额
D. 购进原材料一批，并以银行存款作为对价支付
E. 受托代销一批商品

斯尔解析　本题考查所有者权益的核算。固定资产盘盈通过以前年度损益调整核算，然后转入留存收益，增加固定资产和留存收益，选项A当选。收到委托代理出口应税消费品而退回的消费税，增加银行存款，减少应收补贴款（出口退税），不影响所有者权益，选项B不当选。如果涉及其他权益工具投资的汇兑差额需要计入其他综合收益，此情况会引起资产和所有者权益的变动，选项C当选。购进原材料一批，并以银行存款作为对价支付，增加原材料和减少银行存款，不涉及所有者权益的变动，选项D不当选。受托代销一批商品涉及受托代销商品和受托代销商品款一增一减，不涉及所有者权益的变动，选项E不当选。

本题答案　AC

第十五章 收入、费用、利润和产品成本

学习提要

重要程度： 重点章节

平均分值： 15分

考核题型： 各类题型均有涉及

本章提示： 本章重点内容为收入的核算，其难度较高，学习时，可以先梳理框架，然后再研究具体细节，对于其中晦涩的理论内容，建议结合案例辅助理解

考点精讲

第一节 收　入

一、收入的概念

收入，是指企业在日常活动中形成的、会导致所有者权益增加的、与所有者投入资本无关的经济利益的总流入。

日常活动，是指企业为完成其经营目标所从事的经常性活动以及与之相关的其他活动。

提示：

（1）企业对外出租资产收取的租金、进行债权投资收取的利息、进行股权投资取得的现金股利、保险合同取得的保费收入等，不执行收入准则。

（2）企业以存货换取客户的存货、固定资产、无形资产以及长期股权投资等执行收入准则。其他非货币性资产交换，按照非货币性资产交换准则进行会计处理。

（3）企业代第三方收取的款项，如增值税销项税款、代收利息等，应当作为负债处理，不应当确认为收入。

二、收入确认和计量的"五步法"模型（★★★）

第一步：识别与客户订立的合同

第二步：识别合同中的单项履约义务

第三步：确定交易价格

第四步：将交易价格分摊至各单项履约义务

第五步：履行各单项履约义务时确认收入

其中，第一步、第二步和第五步主要与收入的确认有关，第三步和第四步主要与收入的计量有关。

（一）识别与客户订立的合同

合同是指双方或多方之间订立有法律约束力的权利义务的协议。合同有书面形式、口头形式以及其他形式。

合同的存在是企业确认客户合同收入的前提,企业与客户之间的合同一经签订,企业即享有从客户取得与转让商品或提供服务对价的权利,同时负有向客户转让商品或提供服务(以下简称转让商品)的履约义务。

1. 收入确认的前提条件

当企业与客户之间的合同同时满足下列条件时,企业应当在客户取得相关商品控制权时确认收入,即合同需具备的要件包括:

(1)合同各方已批准该合同并承诺将履行各自义务。

(2)该合同明确了合同各方与所转让商品相关的权利和义务。

(3)该合同有明确的与所转让商品相关的支付条款。

(4)该合同具有商业实质,即履行该合同将改变企业未来现金流量的风险、时间分布或金额。

(5)企业因向客户转让商品而有权取得的对价很可能收回。

2. 未满足标准的合同的会计处理

(1)对于不能同时满足上述收入确认的五个条件的合同,企业只有在不再负有向客户转让商品的剩余义务(如合同已经取消或完成),且已向客户收取的对价无须退回时,才能将已收取的对价确认为收入;否则,应当将已收取的对价作为负债(合同负债)进行会计处理。

其中,合同负债,是指企业已收或应收客户对价而应向客户转让商品的义务。如企业在转让承诺的商品前已收取的款项。

(2)没有商业实质的非货币性资产交换,不确认收入。

3. 收入确认的原则

企业应当在履行了合同中的履约义务,即在客户取得相关商品控制权时确认收入。

控制权,是指能够主导该商品的使用并从中获得几乎全部的经济利益,也包括有能力阻止其他方主导该商品的使用并从中获得经济利益。

| 典例研习 · 15-1　教材例题

某供电公司与客户签订 2 年的供电合同,合同约定:供电公司自 2021 年 1 月 1 日起每月向客户供电,并在月末收取电费,合同签订日向客户一次收取入网费 10 万元,合同期限为 2 年,并预期能够取得 2 年的全部电费收入。

客户从 2021 年 7 月起未支付电费,根据地方政府规定,不能立即停止供电,需要先履行催交程序。经催告后仍不缴费的,则可自首次欠费后的第 5 个月起停止供电。

本例中的合同在合同开始日满足合同成立的 5 个条件,直到 2021 年 7 月出现了新情况,即客户停止缴费。但是供电公司经评估后认为仍很可能取得对价,故此时仍满足合同成立的条件,仍可继续确认供电收入,但同时需要考虑计提应收账款的坏账准备。

2021年9月，客户已持续2个月未缴费，供电公司经评估后认为不是很可能收回对价，此时已不满足合同成立的条件，不能继续确认供电收入。虽然供电公司收取的一次入网费未摊销部分无须退还，但根据地方政府规定，供电公司仍负有向客户转让商品的剩余履约义务（持续到12月），所以此时不能将未摊销的入网费确认为收入，而应继续作为负债处理。

2021年12月，供电公司已不再负有向客户转让商品的剩余履约义务，供电公司收取的一次入网费未摊销部分也无须退还，所以，此时可将未摊销的入网费确认为收入。

4. 合同合并

企业与同一客户（或该客户的关联方）同时订立或在相近时间内先后订立的两份或多份合同，在满足下列条件之一时，应当合并为一份合同进行会计处理：

（1）该两份或多份合同基于同一商业目的而订立并构成一揽子交易。
（2）该两份或多份合同中的一份合同的对价金额取决于其他合同的定价或履行情况。
（3）该两份或多份合同中所承诺的商品（或每份合同中所承诺的部分商品）构成单项履约义务。

| 典例研习·15-2 （教材例题改编）

2022年1月15日，甲公司与乙公司签订专用设备销售合同，合同价格为4 500万元，协议约定，乙公司在签订合同2日内向甲公司付款，甲公司在收到货款次日向乙公司发货。2022年1月17日，甲公司与乙公司签订专用设备保养合同，合同价格为100万元，合同期限为3年，市场上类似的专用设备保养服务费为每年150万元。

斯尔解析 甲公司与乙公司在相近时间签订的两份合同中，一份合同的对价金额取决于其他合同的定价，即专用设备保养合同的定价取决于专用设备销售合同的定价，甲公司应将专用设备销售合同和提供专用设备保养合同合并为一份合同进行会计处理。

5. 合同变更

合同变更，是指经合同各方批准对原合同范围或价格作出的变更。

增加了可明确区分的商品及合同价款，新增合同价款反映了新增商品单独售价的 —是→ 变更部分作为单独的合同处理

↓否

已转让部分与未转让部分能够明确区分的 —是→ 终止原合同，原合同未履约部分与合同变更部分合并为新合同

↓否

将合同变更部分作为原合同的组成部分

| 典例研习·15-3 模拟单项选择题

20×7年2月1日，甲公司与乙公司签订了一项总额为20 000万元的固定造价合同，在乙公司自有土地上为乙公司建造一栋办公楼。截至20×7年12月20日止，甲公司累计已发生成本6 500万元，20×7年12月25日，经协商，合同双方同意变更合同范围，附加装修办公楼的服务内容，合同价格相应增加3 400万元，假定上述新增合同价款不能反映装修服务的单独售价。不考虑其他因素，下列各项关于上述合同变更会计处理的表述中，正确的是（　　）。

A. 合同变更部分作为单独合同进行会计处理

B. 合同变更部分作为单项履约义务于完成装修时确认收入

C. 原合同未履约部分与合同变更部分作为新合同进行会计处理

D. 合同变更部分作为原合同组成部分进行会计处理

斯尔解析　本题考查的是合同变更的会计处理。新增合同价款不能反映新增商品的单独售价，并且在合同变更日已转让商品与未转让商品之间不可明确区分（建造服务），应当将该合同变更部分作为原合同的组成部分，在合同变更日重新计算履约进度，并调整当期收入和相应成本等，选项D当选。

▲本题答案　D

（二）识别合同中的单项履约义务

1. 基本概念

合同开始日，企业应当对合同进行评估，识别该合同包含的各单项履约义务。

履约义务，是指合同中企业向客户转让可明确区分商品的承诺。

提示：企业为履行合同而开展的初始活动，通常不构成履约义务，除非该活动向客户转让了承诺的商品。

2. 是否为单项履约义务的判断标准

下列情况下，企业应当将向客户转让商品的承诺作为单项履约义务：

（1）企业向客户转让可明确区分商品（或者商品的组合）的承诺。

（2）企业向客户转让一系列实质相同且转让模式相同的、可明确区分商品的承诺。例如，保洁服务、物业管理服务等。

其中，转让模式相同，是指每一项可明确区分商品均满足在某一时段内履行履约义务的条件，且采用相同方法确定其履约进度（如每天为客户提供保洁服务的长期劳务合同）。

3. 是否可明确区分的判断标准

企业向客户承诺的商品同时满足下列两项条件的，应当作为可明确区分的商品：

企业确定了商品本身能够明确区分后,还应当在合同层面继续评估转让该商品的承诺是否与合同中其他承诺彼此之间可明确区分。

下列情形通常表明企业向客户转让商品的承诺与合同中的其他承诺不可单独区分:

(1)企业需提供重大的服务以将该商品与合同中承诺的其他商品进行整合,形成合同约定的某个或某些组合产出转让给客户。

例如,甲公司为乙公司建造写字楼的合同中,甲公司向乙公司提供的砖头、水泥、人工等都能够使客户获益。但是,在该合同下,甲公司对乙公司承诺的是为其建造一栋写字楼,而并非提供这些砖头、水泥和人工等,甲公司需提供重大的服务将这些商品或服务进行整合,以形成合同约定的一项组合产出(即写字楼)转让给乙公司。因此,在该合同中,砖头、水泥和人工等商品或服务彼此之间不能单独区分。

(2)该商品将对合同中承诺的其他商品予以重大修改或定制。

例如,甲公司承诺向A公司提供其开发的一款现有软件,并提供安装服务,虽然该软件无须更新或没有技术支持也可直接使用,但是企业在安装过程中需要在该软件现有基础上对其进行定制化的重大修改,以使其能够与A公司现有的信息系统相兼容。此时,转让软件的承诺与提供定制化重大修改的承诺在合同层面是不可明确区分的。

(3)该商品与合同中承诺的其他商品具有高度关联性。

例如,甲公司承诺为乙公司设计一种新产品并负责生产10个样品,甲公司在生产和测试样品的过程中需要对产品的设计进行不断修正,导致已生产的样品均可能需要不同程度的返工。此时,甲公司提供的设计服务和生产样品的服务是不断交替反复进行的,二者高度关联,因此,在合同层面是不可明确区分的。

4.运输是否构成单项履约义务的判断

在企业向客户销售商品的同时,约定企业需要将商品运送至客户指定的地点的情况下,企业需要根据相关商品的控制权转移时点判断该运输活动是否构成单项履约义务。

通常情况下,控制权转移给客户之前发生的运输活动不构成单项履约义务,而只是企业为了履行合同而从事的活动,相关成本应当作为合同履约成本;相反,控制权转移给客户之后发生的运输活动则可能表明企业向客户提供了一项运输服务,企业应当考虑该项服务是否构成单项履约义务。

例如,甲公司与乙公司签订合同,向其销售一批产品,并负责将该批产品运送至乙公司指定的地点,甲公司承担相关的运输费用。假定销售该产品属于在某一时点履行的履约义务,且控制权在送达乙公司指定地点时转移给乙公司。

本例中，甲公司向乙公司销售产品，并负责运输。该批产品在送达乙公司指定地点时，控制权转移给乙公司。由于甲公司的运输活动是在产品的控制权转移给客户之前发生的，因此不构成单项履约义务，而是甲公司为履行合同发生的必要活动。

（三）确定交易价格

交易价格，是指企业因向客户转让商品而预期有权收取的对价金额。

企业代第三方收取的款项（如增值税销项税额）以及企业预期将退还给客户的款项（如质量保证金），应当作为负债进行会计处理，不计入交易价格。

需要说明的是，合同标价并不一定代表交易价格，企业应当根据合同条款，并结合以往的习惯做法等确定交易价格。所以，在确定交易价格时，需要考虑合同中存在的可变对价、重大融资成分、非现金对价、应付客户对价等情况。

1. 可变对价

如果合同中存在折扣、返利、货款抵扣、价格折让、绩效激励或类似条款的，均可能导致交易价格有所不同，使合同中存在可变对价。

合同中存在可变对价的，企业应当按照期望值或最可能发生金额确定可变对价的最佳估计数。其中，期望值是指各种可能的对价金额按概率加权平均数，最可能发生金额是指各种可能的对价金额中单一最有可能发生的金额。

企业按照期望值或最可能发生金额确定可变对价金额之后，计入交易价格的可变对价金额还应该满足限制条件，即包含可变对价的交易价格，应当不超过在相关不确定性消除时，累计已确认的收入极可能不会发生重大转回的金额。

| 典例研习·15-4 【2021年单项选择题】

甲公司与乙公司2020年6月签订固定造价合同，为乙公司建造一栋厂房，合同价款为600万元。合同约定，该项工程的完工日期为2020年12月31日，如果甲公司提前完工，每提前一天，合同价款将增加2万元；相反，每推迟一天，合同价款将减少2万元。甲公司预计各种结果可能发生的概率如下：提前4天的概率为40%，提前2天的概率为30%，按期完工的概率为20%，延期2天的概率为10%。假定不考虑相关税费，甲公司按照期望值估计可变对价，最终确定的该合同的交易价格为（　　）万元。

A.484　　　　　　　　　　B.608
C.604　　　　　　　　　　D.600

斯尔解析 本题考查交易价格的计算。最终确定的该合同的交易价格＝（600+8）×40%+（600+4）×30%+600×20%+（600-4）×10%=604（万元），选项C当选。

▲本题答案 C

2. 重大融资成分

合同中存在重大融资成分的，企业应当按照假定客户在取得商品控制权时，即以现金支付的应付金额（即现销价格）确定交易价格。

交易价格与合同承诺的对价金额之间的差额，应当在合同期间内采用实际利率法摊销。

如果在合同开始日，企业预计客户取得商品控制权与客户支付价款间隔不超过一年的，可以不考虑合同中存在的重大融资成分。

企业采用分期收款方式销售商品时，如果延期收取的货款具有融资性质，其实是企业向购货方提供的一种信贷。在满足收入确认条件时，企业应当按照应收的合同或协议价款的公允价值确定收入的金额。应收的合同或协议价款的公允价值，通常应当按照其未来现金流量现值或商品现销价格计算确定。

应收的合同或协议价款与其公允价值之间的差额确认为未实现的融资收益，应当在合同或协议期间内，按照应收款项的摊余成本和实际利率计算确定的金额进行摊销，作为财务费用的抵减处理。

典例研习·15-5 教材例题改编

2019年1月1日，甲公司采用分期收款方式向乙公司销售一套大型设备，合同约定的销售价格为2 000万元，分5次于每年12月31日等额收取。该大型设备的成本为1 560万元。在现销方式下，该大型设备的销售价格为1 600万元，实际利率为7.93%。假定甲公司发出商品时，其有关的增值税纳税义务尚未发生；在合同约定的收款日期，发生有关的增值税纳税义务，增值税税率为13%。

根据本例的资料，甲公司应当确认的销售商品收入金额为1 600万元。

（1）2019年1月1日，销售实现时：

借：长期应收款　　　　　　　　　　　　2 000
　　贷：主营业务收入　　　　　　　　　　　　1 600
　　　　未实现融资收益　　　　　　　　　　　 400
借：主营业务成本　　　　　　　　　　　1 560
　　贷：库存商品　　　　　　　　　　　　　　1 560

（2）2019年12月31日，收取货款和增值税税额时：

借：银行存款　　　　　　　　　　　　　 452
　　贷：长期应收款　　　　　　　　　　　　　 400
　　　　应交税费——应交增值税（销项税额）　　52

（3）2019年12月31日，甲确认利息收益时：

借：未实现融资收益　　　　（1 600×7.93%）126.88
　　贷：财务费用　　　　　　　　　　　　　　126.88

典例研习·15-6 〔教材例题〕

2022年1月1日，甲公司与乙公司签订合同，向其销售一批产品。合同约定，该批产品将于2年之后交货。合同中包含两种可供选择的付款方式，即乙公司可以在2年后交付产品时支付449.44万元，或者在合同签订时支付400万元。乙公司选择在合同签订时支付货款。该批产品的控制权在交货时转移。2022年1月1日，甲公司收到乙公司支付的货款。上述价格均不包含增值税，且假定不考虑相关税费影响。

本例中，按照上述付款方式计算的内含利率为6%，假定融资费用不符合借款费用资本化的要求。考虑到乙公司付款时间和产品交付时间之间的间隔以及现行市场利率水平，甲公司认为该合同包含重大融资成分，在确定交易价格时，应当对合同承诺的对价金额进行调整，以反映该重大融资成分的影响。甲公司的账务处理为：

（1）2022年1月1日收到货款：

借：银行存款　　　　　　　　　　　　　　400
　　未确认融资费用　　　　　　　　　　　49.44
　　贷：合同负债　　　　　　　　　　　　　　　449.44

（2）2022年12月31日确认融资成分的影响：

借：财务费用——利息支出　　　　（400×6%）24
　　贷：未确认融资费用　　　　　　　　　　　　24

（3）2023年12月31日交付产品：

借：财务费用——利息支出　　　（424×6%）25.44
　　贷：未确认融资费用　　　　　　　　　　　　25.44
借：合同负债　　　　　　　　　　　　449.44
　　贷：主营业务收入　　　　　　　　　　　　449.44

3. 非现金对价

客户支付非现金对价的，企业应当按照非现金对价的公允价值确定交易价格。

非现金对价的公允价值不能合理估计的，企业应当参照其承诺向客户转让商品的单独售价间接确定交易价格。

4. 应付客户对价

应付客户对价的会计处理包括以下四种情况：

情形	会计处理
自客户取得其他可明确区分商品	作为采购处理，无须冲减交易价格
应付客户对价超过向客户取得可明确区分商品公允价值	超过金额应当冲减交易价格
向客户取得的可明确区分商品公允价值不能合理估计	应付客户对价全额冲减交易价格
其他情况	应付对价冲减交易价格

在将应付客户对价冲减交易价格处理时，企业应当在确认相关收入与支付（或承诺支付）客户对价二者孰晚的时点冲减当期收入。

| 典例研习·15-7 教材例题

甲公司签订一项合同，向大型连锁零售店乙公司销售商品，合同期限为1年。乙公司承诺，在合同期限内以约定价格购买至少价值1 500万元的产品。

合同约定，甲公司需在合同开始时向乙公司支付150万元的不可退回款项，用于乙公司更改货架以使其适合放置甲公司产品。

甲公司支付乙公司的款项并非为获取单独可区分商品，因为甲公司不享有改造货架的任何控制权，因此，甲公司支付的款项应作为后续商品销售收入的抵减项。

根据合同约定，乙公司承诺购货总价为1 500万元，因此，甲公司支付的150万元相当于给予了每项商品10%的折扣。甲公司在确认商品销售收入时，可按10%的折扣计量收入金额。

（四）将交易价格分摊至单项履约义务

合同中包含两项或多项履约义务的，企业应当在合同开始日，按照各单项履约义务所承诺商品的单独售价的相对比例，将交易价格分摊至各单项履约义务。

企业不得因合同开始日之后单独售价的变动而重新分摊交易价格。

1. 分摊方法

单独售价无法直接观察的，可以采用以下方法估计单独售价。

方法	解读
市场调整法	企业根据某商品或类似商品的市场售价，考虑本企业的成本和毛利等进行适当调整后确定其单独售价的方法
成本加成法	企业根据某商品的预计成本加上其合理毛利后的价格，确定其单独售价的方法
余值法	企业根据合同交易价格减去合同中其他商品可观察的单独售价后的余值，确定某商品单独售价的方法

| 典例研习·15-8 教材例题

2020年3月1日，甲公司与客户签订合同，向其销售A、B两项商品，A商品的单独售价为6 000元；B商品的单独售价为24 000元，合同价款为25 000元。合同约定，A商品于合同开始日交付，B商品在一个月之后交付，只有当两项商品全部交付之后，甲公司才有权收取25 000元的合同对价。假定A商品和B商品分别构成单项履约义务，其控制权在交付时转移给客户。上述价格均不包含增值税，且假定不考虑相关税费影响。

分摊至 A 商品的合同价款 =6 000÷（6 000+24 000）×25 000=5 000（元）
分摊至 B 商品的合同价款 =24 000÷（6 000+24 000）×25 000=20 000（元）
甲公司的账务处理如下：
（1）交付 A 商品时：
借：合同资产　　　　　　　　　　　　　　　5 000
　　贷：主营业务收入　　　　　　　　　　　　　　　　5 000
（2）交付 B 商品时：
借：应收账款　　　　　　　　　　　　　　　25 000
　　贷：合同资产　　　　　　　　　　　　　　　　　　5 000
　　　　主营业务收入　　　　　　　　　　　　　　　　20 000

精准答疑

问题：合同资产与应收账款的区别？

解答：

维度	合同资产	应收账款
含义	企业已向客户转让商品而有权收取对价的权利，且该权利取决于时间流逝之外的其他因素	企业无条件收取合同对价的权利
权利的决定因素	该权利取决于时间流逝之外的其他因素（有条件）	无条件，企业仅仅随着时间的流逝即可收款
风险承担	除信用风险之外，还可能承担其他风险，如履约风险等	仅承担信用风险

2. 合同折扣分摊

合同折扣，是指合同中各单项履约义务所承诺商品的单独售价之和高于合同交易价格的金额。

对于合同折扣，企业应当在各单项履约义务之间按比例分摊。

有确凿证据表明合同折扣仅与合同中一项或多项（而非全部）履约义务相关的，企业应当将该合同折扣分摊至相关一项或多项履约义务。

| 典例研习·15-9 教材例题

某企业与客户签订一合同以出售 A、B、C 三种产品，给予折扣后的交易总价为 100 万元。A、B、C 各产品的单独售价分别为 40 万元、55 万元、45 万元，合计 140 万元。假设该企业经常将 B 及 C 产品合并按 60 万元价格出售，经常将 A 产品按 40 万元出售，则合同中 40 万元的折扣应全部分摊给 B 及 C 产品：

B 产品分配的交易价格 =60×（55/100）=33（万元）

C 产品分配的交易价格 =60×（45/100）=27（万元）

A 产品的交易价格 =40（万元）

（五）履行每一单项履约义务时确认收入

履约义务的特征	收入确认的方法
在某一时段内履行	企业应当在该段时间内按照履约进度确认收入，履约进度不能合理确定的除外
在某一时点履行	企业应当在客户取得相关商品控制权时点确认收入

满足下列条件之一的，属于在某一时段内履行的履约义务，否则，属于在某一时点履行的履约义务：

（1）客户在企业履约的同时即取得并消耗企业履约所带来的经济利益（边履约边受益）。

（2）客户能够控制企业履约过程中在建的商品。

（3）企业履约过程中所产出的商品具有不可替代用途，且该企业在整个合同期间内有权就累计至今已完成的履约部分收取款项（不可替代用途＋合格收款权）。

1. 在某一时段内履行的履约义务

对于在某一时段内履行的履约义务，企业应当在该段时间内按照履约进度确认收入，履约进度不能合理确定的除外。企业应当考虑商品的性质，采用产出法或投入法确定恰当的履约进度。

资产负债表日，企业按照合同的交易价格总额乘以履约进度扣除以前会计期间累计已确认的收入后的金额，确认当期收入。

当履约进度不能合理确定时，企业已经发生的成本预计能够得到补偿的，应当按照已经发生的成本金额确认收入，直到履约进度能够合理确定为止。

2. 在某一时点履行的履约义务

对于在某一时点履行的履约义务，企业应当在客户取得相关商品控制权时点确认收入。在判断客户是否已取得商品控制权时，企业应当考虑下列迹象：

（1）企业已将该商品的法定所有权转移给客户，即客户已拥有该商品的法定所有权。

（2）企业已将该商品实物转移给客户，即客户已实物占有该商品。

（3）企业已将该商品所有权上的主要风险和报酬转移给客户。

（4）客户已接受该商品。

（5）企业就该商品享有现时收款权利，即客户就该商品负有现时付款义务。
（6）其他表明客户已取得商品控制权的迹象。

| 典例研习·15-10 教材例题

2020年10月，甲公司与客户签订合同，为客户装修一栋办公楼，包括安装一部电梯，合同总金额为100万元。甲公司预计的合同总成本为80万元，其中包括电梯的采购成本30万元。

2020年12月，甲公司将电梯运达施工现场并经过客户验收，客户已取得对电梯的控制权，但是根据装修进度，预计2021年2月才会安装该电梯。截至2020年12月，甲公司累计发生成本40万元，其中包括支付给电梯供应商的采购成本30万元以及因采购电梯发生的运输和人工相关成本10万元。

假定：该装修服务（包括安装电梯）构成单项履约义务，并属于在某一时段内履行的履约义务，甲公司是主要责任人，但不参与电梯的设计和制造；甲公司采用成本法确定履约进度；上述金额均不含增值税。

本例中，截至2020年12月，甲公司发生成本40万元（包括电梯采购成本30万元以及因采购电梯发生的运输和人工等相关成本10万元），甲公司认为其已发生的成本和履约进度不成比例，因此需要对履约进度的计算作出调整，将电梯的采购成本排除在已发生成本和预计总成本之外。

在该合同中，该电梯不构成单项履约义务，其成本相对于预计总成本而言是重大的，甲公司是主要责任人，但是未参与该电梯的设计和制造，客户先取得了电梯的控制权，随后才接受与之相关的安装服务，因此，甲公司在客户取得该电梯控制权时，按照该电梯采购成本的金额确认转让电梯产生的收入。

2020年12月：
该合同的履约进度＝（40−30）÷（80−30）＝20%
应确认的收入金额＝（100−30）×20%+30=44（万元）
应确认的成本金额＝（80−30）×20%+30=40（万元）

| 典例研习·15-11 教材例题

某软件开发企业（适用增值税税率为13%）于2022年10月5日为客户定制一项软件，工期大约5个月，合同总收入为452万元（含税），至2022年12月31日已发生成本220万元（不考虑进项税额），预收账款为292.5万元。预计开发完整个软件还将发生成本80万元。2022年12月31日经专业测量师测量，软件的开发程度为60%。

2022年确认收入＝452÷（1+13%）×60%−0=240（万元）
2022年确认营业成本＝（220+80）×60%−0=180（万元）
提示：发生的成本为220万元，扣除已结转的成本180万元，余额40万元应并入年度资产负债表"存货"项目内反映。

三、合同成本（★★）

（一）合同取得成本

（1）企业为取得合同发生的增量成本、预期能够收回的，应当作为合同取得成本确认为一项资产。

增量成本，是指企业不取得合同就不会发生的成本，例如销售佣金等。

该资产摊销期限不超过一年的，可以在发生时计入当期损益（简化处理）。

（2）企业为取得合同发生的、除预期能够收回的增量成本之外的其他支出。例如，无论是否取得合同均会发生的差旅费、投标费、为准备投标资料发生的相关费用等，应当在发生时计入当期损益，除非这些支出明确由客户承担。

（3）企业因现有合同续约或发生合同变更需要支付的额外佣金，也属于为取得合同发生的增量成本。

典例研习·15-12 （教材例题改编）

甲公司是一家咨询公司，其通过竞标赢得一个新客户，为取得和该客户的合同，甲公司发生下列支出：（1）聘请外部律师进行尽职调查的支出为15 000元；（2）因投标发生的差旅费为10 000元；（3）销售人员佣金为5 000元，甲公司预期这些支出未来能够收回。此外，甲公司根据其年度销售目标、整体盈利情况及个人业绩等，向销售部门经理支付年度奖金10 000元。

斯尔解析 甲公司向销售人员支付的佣金属于为取得合同发生的增量成本，应当将其作为合同取得成本确认为一项资产。甲公司聘请外部律师进行尽职调查发生的支出、为投标发生的差旅费，无论是否取得合同都会发生，不属于增量成本，因此，应当于发生时直接计入当期损益。甲公司向销售部门经理支付的年度奖金也不是为取得合同发生的增量成本，这是因为该奖金发放与否以及发放金额还取决于其他因素（包括公司的盈利情况和个人业绩），其并不能直接归属于可识别的合同。

（二）合同履约成本

企业为履行合同发生的成本，不属于其他企业会计准则规范范围且同时满足下列条件的，应当作为合同履约成本确认为一项资产：

（1）该成本与一份当前或预期取得的合同直接相关，包括直接人工、直接材料、制造费用（或类似费用）、明确由客户承担的成本以及仅因该合同而发生的其他成本。

（2）该成本增加了企业未来用于履行履约义务的资源。

（3）该成本预期能够收回。

企业应当在下列支出发生时，将其计入当期损益：

（1）管理费用。

（2）非正常消耗的直接材料、直接人工和制造费用（或类似费用），这些支出为履行合同发生，但未反映在合同价格中。

（3）与履约义务中已履行部分相关的支出。
（4）无法在尚未履行的与已履行的履约义务之间区分的相关支出。

精准答疑

问题： 合同履约成本与主营业务成本如何区分？

解答： "合同履约成本"属于企业的一项资产，列示于资产负债表中；"主营业务成本"属于企业的一项损益，列示于利润表中。"合同履约成本"类似于工业企业的"生产成本"，某些行业不设置"生产成本"科目，例如，服务业、建筑业等，但是，企业为客户提供的服务持续不断的发生，需要通过"合同履约成本"进行归集，资产负债表日，将"合同履约成本"根据合同履约进度转入"主营业务成本"中。

（三）与合同成本有关资产的后续计量

（1）与合同成本有关的资产，应当采用与该资产相关的商品收入确认相同的基础进行摊销，计入当期损益。

借：主营业务成本
　　贷：合同履约成本/合同取得成本

（2）与合同成本有关的资产，其成本的账面价值高于企业因转让与该资产相关的商品预期能够取得的剩余对价减去为转让该相关商品估计将要发生的成本时，应当计提减值准备，并确认为资产减值损失，会计分录为：

借：资产减值损失
　　贷：合同履约成本减值准备/合同取得成本减值准备

（3）以前期间减值的因素之后发生变化，使得差额高于该资产账面价值的，应当转回原已计提的资产减值准备，并计入当期损益，但转回后的资产账面价值不应超过假定不计提减值准备情况下该资产在转回日的账面价值。

| 典例研习·15-13 教材例题

2019年1月1日，甲建筑公司与乙公司签订一项大型设备建造工程合同，根据双方合同，该工程的造价为6 300万元，工程期限为一年半，甲公司负责工程的施工及全面管理，乙公司按照第三方工程监理公司确认的工程完工量，每半年与甲公司结算一次；预计2020年6月30日竣工；预计可能发生的总成本为4 000万元。假定该建造工程整体构成单项履约义务，并属于在某一时段履行的履约义务，甲公司采用成本法确定履约进度，增值税税率为9%，不考虑其他相关因素。

2019年6月30日，工程累计实际发生成本1 500万元，甲公司与乙公司结算合同价款2 500万元，甲公司实际收到价款2 000万元。

2019年12月31日，工程累计实际发生成本3 000万元，甲公司与乙公司结算合同价款1 100万元，甲公司实际收到价款1 000万元。

2020年6月30日，工程累计实际发生成本4 100万元，乙公司与甲公司结算了合同竣工价款2 700万元，并支付剩余工程款3 300万元，上述价款均不含增值税额。

假定甲公司与乙公司结算时即发生增值税纳税义务，乙公司在实际支付工程价款的同时支付其对应的增值税款。

甲公司的账务处理：

（1）2019年1月1日至6月30日实际发生工程成本时：

借：合同履约成本　　　　　　　　　　　　　　　1 500
　　贷：原材料、应付职工薪酬等　　　　　　　　　　　　1 500

（2）2019年6月30日：

履约进度=1 500÷4 000=37.5%

合同收入=6 300×37.5%=2 362.5（万元）

借：合同结算——收入结转　　　　　　　　　　　2 362.5
　　贷：主营业务收入　　　　　　　　　　　　　　　　2 362.5

借：主营业务成本　　　　　　　　　　　　　　　1 500
　　贷：合同履约成本　　　　　　　　　　　　　　　　1 500

借：应收账款　　　　　　　　　　　　　　　　　2 725
　　贷：合同结算——价款结算　　　　　　　　　　　　2 500
　　　　应交税费——应交增值税（销项税额）　　　　　　225

借：银行存款　　　　　　　　　　　　　　　　　2 180
　　贷：应收账款　　　　　　　　　　　[2 000×（1+9%）]2 180

当日，"合同结算"科目的余额为贷方137.5万元（2 500-2 362.5），表明甲公司已经与客户结算但尚未履行履约义务的金额为137.5万元，由于甲公司预计该部分履约义务将在2019年内完成，因此，应在资产负债表中作为合同负债列示。

（3）2019年7月1日至12月31日实际发生工程成本时：

借：合同履约成本　　　　　　　　　　　　　　　1 500
　　贷：原材料、应付职工薪酬等　　　　　　　　　　　　1 500

（4）2019年12月31日：

履约进度=3 000÷4 000=75%

合同收入=6 300×75%-2 362.5=2 362.5（万元）

借：合同结算——收入结转　　　　　　　　　　　2 362.5
　　贷：主营业务收入　　　　　　　　　　　　　　　　2 362.5

借：主营业务成本　　　　　　　　　　　　　　　1 500
　　贷：合同履约成本　　　　　　　　　　　　　　　　1 500

借：应收账款 1199
　　贷：合同结算——价款结算 1100
　　　　应交税费——应交增值税（销项税额） 99
借：银行存款 1090
　　贷：应收账款 [1 000×（1+9%）]1 090

当日，"合同结算"科目的金额为借方1 125万元（2 362.5-1 100-137.5），表明甲公司已经履行履约义务但尚未与客户结算的金额为1 125万元，由于该部分金额将在2020年内结算，因此，应在资产负债表中作为合同资产列示。

（5）2020年1月1日至6月30日实际发生工程成本时：

借：合同履约成本 1100
　　贷：原材料、应付职工薪酬等 1100

（6）2020年6月30日：合同当日已竣工结算，其履约进度为100%。

合同收入=6 300-2 362.5-2 362.5=1 575（万元）

借：合同结算——收入结转 1575
　　贷：主营业务收入 1575
借：主营业务成本 1100
　　贷：合同履约成本 1100
借：应收账款 2943
　　贷：合同结算——价款结算 2700
　　　　应交税费——应交增值税（销项税额） 243
借：银行存款 3597
　　贷：应收账款 [3 300×（1+9%）]3 597

当日，"合同结算"科目的金额为0（1 125+1 575-2 700）。

精准答疑

问题：如何理解合同结算？

解答：合同结算一般针对建筑施工企业，如果建筑公司根据结算进度多收取合同价款，则属于合同负债，相反，如果根据结算进度少收取合同价款，则属于合同资产（存在质保期，不能使用应收账款）。资产负债表日，"合同结算"科目借方余额代表资产，"合同结算"科目贷方余额代表负债。合同资产和合同负债应当在资产负债表中单独列示，并按流动性分别列示为"合同资产"或"其他非流动资产"以及"合同负债"或"其他非流动负债"。同一合同下的合同资产和合同负债应当以净额列示，不同合同下的合同资产和合同负债不能互相抵销。

四、特殊交易的会计处理（★★★）

（一）附有销售退回条款的销售业务处理

（1）企业应当在客户取得相关商品控制权时，按照因向客户转让商品而预期有权收取的对价金额（即不包含预期因销售退回将退还的金额）确认收入，按照预期因销售退回将退还的金额确认负债。

借：应收账款、银行存款等
　　贷：主营业务收入
　　　　预计负债——应付退货款
　　　　应交税费——应交增值税（销项税额）

（2）按照预期将退回商品转让时的账面价值，扣除收回该商品预计发生的成本（包括退回商品的价值减损）后的余额，确认为一项资产，按照所转让商品转让时的账面价值，扣除上述资产成本的净额结转成本。

借：主营业务成本
　　应收退货成本
　　贷：库存商品

（3）每一资产负债表日，企业应当重新估计未来销售退回情况，如有变化，应当作为会计估计变更进行会计处理。

（4）退货期满时：

情形	会计分录
未退货	借：预计负债 　　贷：主营业务收入 借：主营业务成本 　　贷：应收退货成本
实际退货数量＞预计退货数量	借：预计负债 　　　主营业务收入（超过预计退货部分） 　　　应交税费——应交增值税（销项税额） 　　贷：银行存款等 借：库存商品 　　贷：应收退货成本 　　　　主营业务成本
实际退货数量＜预计退货数量	借：预计负债 　　　应交税费——应交增值税（销项税额） 　　贷：主营业务收入 　　　　银行存款等 借：库存商品 　　　主营业务成本 　　贷：应收退货成本

续表

情形	会计分录
实际退货数量 = 预计退货数量	借：预计负债 　　应交税费——应交增值税（销项税额） 　　贷：银行存款等 借：库存商品 　　贷：应收退货成本

| 典例研习·15-14 （教材例题）

零售商以每件 200 元的价格销售 50 件甲产品，收到 10 000 元的货款。按照销售合同，客户可以在 30 天内退回任何没有损坏的产品，并得到全额现金退款。每件甲产品的成本为 150 元。零售商预计会有 3 件（即 6%）甲产品被退回，而且即使估算发生后续变化，也不会导致大量收入的转回。零售商预计收回产品的成本不会太大，并认为再次出售产品时还能获得利润。假设不考虑相关税费。

(1) 将产品的控制权转移给客户时，应确认的收入 =（50-3）×200=9 400（元）。

借：银行存款　　　　　　　　　　　　　　　　10 000
　　贷：主营业务收入　　　　　　　　　　　　　　　　9 400
　　　　预计负债——应付退货款　　　　　　　　　　　　600
借：主营业务成本　　　　　　　　　　　　　　　7 050
　　应收退货成本　　　　　　　　　　　　　　　　450
　　贷：库存商品　　　　　　　　　　　　　　　　　　7 500

(2) 如果实际退回 2 件产品。

借：预计负债——应付退货款　　　　　　　　　　600
　　库存商品　　　　　　　　　　　　　　　　　300
　　主营业务成本　　　　　　　　　　　　　　　150
　　贷：应收退货成本　　　　　　　　　　　　　　　　450
　　　　主营业务收入　　　　　　　　　　　　　　　　200
　　　　银行存款　　　　　　　　　　　　　　　　　　400

提示：
①尚未确认收入的发出商品的退回。
借：库存商品
　　贷：发出商品
②资产负债表日及之前售出的商品在资产负债表日至财务会计报告批准报出日之间发生退回的，应当作为资产负债表日后事项的调整事项处理。

(二) 附有质量保证条款的销售业务处理

对于附有质量保证条款的销售，企业应当评估该质量保证是否在向客户保证所销售商品符合既定标准之外提供了一项单独的服务。

类型	解读
服务型质保	客户能够选择单独购买质量保证的，或在向客户保证所销售商品符合既定标准之外提供了一项单独的服务（额外服务），属于服务型质保，该质保构成单项履约义务，需要分配一部分交易价格，在提供质保服务的期间内确认已分配的收入
法定型质保	如果质保不向客户提供额外的商品或服务，不构成单项履约义务，该质保应当按照或有事项准则进行会计处理

典例研习·15-15　教材例题

某企业是电脑制造商和销售商，与甲公司签订了销售一批电脑的合同，合同约定：电脑销售价款 360 万元，同时提供"延长保修"服务，即从法定质保 90 天到期之后的 3 年内该企业将对任何损坏的部件进行保修或更换。该批电脑和"延长保修"服务各自的单独售价分别为 320 万元和 40 万元。该批电脑的成本为 144 万元。而且基于其自身经验，该企业估计维修在法定型质保的 90 天保修期内出现损坏的部件将花费 2 万元。

假设企业在交付电脑时全额收取款项，不考虑相关税费。该销售合同存在销售电脑和"延长保修"服务两项履约义务，分摊的交易价格分别为：销售电脑 320 万元，"延长保修"服务 40 万元。

(1) 交付电脑时：

借：银行存款　　　　　　　　　　　　　360
　　贷：主营业务收入　　　　　　　　　　　　　320
　　　　合同负债　　　　　　　　　　　　　　　40
借：主营业务成本　　　　　　　　　　　144
　　贷：库存商品　　　　　　　　　　　　　　　144
借：销售费用　　　　　　　　　　　　　2
　　贷：预计负债——产品质量保证　　　　　　　2

(2) "延长保修"分期确认收入时（可以用直线法）：

借：合同负债　　　　　　　　　　　　　40
　　贷：主营业务收入　　　　　　　　　　　　　40

(三) 多方交易主要责任人或代理人的识别与处理

企业应当根据其在向客户转让商品前是否拥有对该商品的控制权，来判断其从事交易时的身份是主要责任人还是代理人。

是否拥有控制权	结论	处理原则
拥有	主要责任人	应当按照已收或应收对价总额确认收入（总额法）
不拥有	代理人	应当按照预期有权收取的佣金或手续费的金额确认收入（净额法）

企业向客户转让商品前能够控制该商品的情形：

（1）企业自第三方取得商品或其他资产控制权后，再转让给客户。

（2）企业能够主导第三方代表本企业向客户提供服务。

（3）企业自第三方取得商品控制权后，通过提供重大的服务将该商品与其他商品整合成某组合产出转让给客户。

需要说明的是，企业在判断其在向客户转让特定商品之前是否已经拥有对该商品的控制权时，不应仅局限于合同的法律形式，而应当综合考虑所有相关事实和情况进行判断，这些事实和情况包括：

（1）企业承担向客户转让商品的主要责任。

（2）企业在转让商品之前或之后承担了该商品的存货风险。

（3）企业有权自主决定所交易商品的价格。

（4）其他相关事实和情况。

典例研习·15-16 教材例题

甲旅行社与东方航空公司协商以折扣价格购买一定数量的机票，并且无论甲旅行社能否转售，都必须对这些机票进行支付。甲旅行社自主决定向哪个旅客出售机票，并自主决定向旅客出售机票时的价格。甲旅行社协助旅客解决针对东方航空公司所提供服务的投诉。但是，东方航空公司将自行负责履行与票务相关的义务，包括对客户不满意服务的补救措施。

本例中甲旅行社是主要责任人不是代理人，因为：

（1）甲旅行社向东方航空公司购买了机票后，即取得了乘坐特定航班的权利，然后才向客户销售该项权利。

（2）甲旅行社可以自主决定以何价格、向哪个旅客出售机票，或者自行使用（如用于提供员工福利）。

（3）甲旅行社承担了所购机票带来的存货风险。

典例研习·15-17 教材例题

乙公司于10月10日委托甲商店代销A产品1000件，单位售价为1130元（含13%的增值税），单位成本为680元。次月20日收到甲商店转来的代销清单上列示已售出400件，乙公司按售价向甲商店开具增值税专用发票一张。同时按约定，乙公司确认并支付代销手续费5300元（含6%的增值税），甲商店向乙公司开具增值税专用发票一张。假设乙公司对存货采用实际成本法计价，甲商店对代销商品采用进价核算。

（1）乙公司有关的会计分录如下：

①发出该批产品时：

借：发出商品	680 000	
贷：库存商品		680 000

②次月 20 日收到代销清单时：

借：应收账款——甲商店	452 000	
贷：主营业务收入		400 000
应交税费——应交增值税（销项税额）		52 000
借：主营业务成本	272 000	
贷：发出商品		272 000
借：销售费用	5 000	
应交税费——应交增值税（进项税额）	300	
贷：应收账款——甲公司		5 300

③收到甲商店汇来的货款净额 446 700 元时：

借：银行存款	446 700	
贷：应收账款——甲商店		446 700

（2）甲商店有关的会计分录如下：

①收到产品时：

借：受托代销商品	1 000 000	
贷：受托代销商品款		1 000 000

②实际销售时：

借：银行存款	452 000	
贷：应付账款		400 000
应交税费——应交增值税（销项税额）		52 000

③收到增值税专用发票时：

借：应交税费——应交增值税（进项税额）	52 000	
贷：应付账款		52 000
借：受托代销商品款	400 000	
贷：受托代销商品		400 000

④确认代销手续费（假设适用增值税税率为 6%），支付乙企业货款时：

借：应付账款	5 300	
贷：主营业务收入		5 000
应交税费——应交增值税（销项税额）		300
借：应付账款	446 700	
贷：银行存款		446 700

（四）附有客户额外购买选择权的销售

（1）额外购买选择权的情况包括销售激励、客户奖励积分、未来购买商品的折扣券以及合同续约选择权等。

（2）对于附有客户额外购买选择权的销售，企业应当评估该选择权是否向客户提供了一项重大权利。客户虽然有额外购买商品选择权，但客户行使该选择权购买商品时的价格反映了这些商品的单独售价的，不应被视为企业向该客户提供了一项重大权利。

企业提供重大权利的，应当作为单项履约义务，将交易价格分摊至该履约义务。

在客户未来行使购买选择权取得相关商品控制权时，或者该选择权失效时，确认相应的收入。

| 典例研习·15-18 教材例题

甲公司 2018 年起设有一项授予积分计划，客户每购买 10 元商品即被授予 1 个积分，每个积分可在未来购买企业商品时按 1 元的折扣兑现。2018 年度，客户购买了 100 000 元的商品，获得可在未来购买时兑现的 10 000 个积分。客户已购买商品的单独售价为 100 000 元，每个积分的单独售价为 0.95 元。

2019 年甲公司预计共有 9 500 个积分被兑现，至年末客户兑现积分 4 500 个。

2020 年甲公司预计共有 9 700 个积分被兑现，至年末客户累计兑现积分 8 500 个。

2018 年账务处理：

分摊交易价格：

商品销售 =100 000×100 000÷（100 000+9 500）=91 324（元）

积分价格 =9 500×100 000÷（100 000+9 500）=8 676（元）

借：银行存款　　　　　　　　　　　　　　100 000
　　贷：主营业务收入　　　　　　　　　　　　　　91 324
　　　　合同负债　　　　　　　　　　　　　　　　8 676

2019 年账务处理：

积分兑现的收入 =8 676×4 500÷9 500=4 110（元）

借：合同负债　　　　　　　　　　　　　　4 110
　　贷：主营业务收入　　　　　　　　　　　　　　4 110

2020 年账务处理：

积分兑现的收入 =8 676×8 500÷9 700−4 110=3 493（元）

借：合同负债　　　　　　　　　　　　　　3 493
　　贷：主营业务收入　　　　　　　　　　　　　　3 493

合同负债的余额 =8 676−4 110−3 493=1 073（元）

（五）涉及知识产权许可的销售业务处理

企业向客户授予的知识产权，常见的包括软件和技术、影视和音乐等的版权、特许经营权以及专利权、商标权和其他版权等。

第一步：评估知识产权许可是否构成单项履约义务。

如果不构成单项履约义务，将该知识产权许可和其他商品一起作为一项履约义务进行会计处理；如果构成单项履约义务，进一步确定其是在某一时段内履行，还是在某一时点履行。

第二步：企业向客户授予知识产权许可，同时满足下列条件时，应当作为在某一时段内履行的履约义务确认收入；否则，应当作为在某一时点履行的履约义务确认相关收入。

（1）合同要求或客户能够合理预期企业将从事对该项知识产权有重大影响的活动。

（2）该活动对客户将产生有利或不利影响。

（3）该活动不会导致向客户转让某项商品。

第三步：企业向客户授予知识产权许可，并约定按客户实际销售或使用情况收取特许权使用费的，应当在下列两项孰晚的时点确认收入。

（1）客户后续销售或使用行为实际发生。

（2）企业履行相关履约义务。

> **原理详解**
>
> 此部分内容与之前介绍的某一时段内履行履约义务确认标准不同，但是，其本质是相同的，都是判断商品控制权是否转移给客户。碍于知识产权许可比较抽象，直接使用之前介绍的判断标准进行判断可能出现偏差，所以，准则对授予知识产权许可属于某一时段内履行的履约义务给出更加明确的判断标准，以避免实务工作中的误判。

| 典例研习·15-19 教材例题

甲俱乐部就其名称和队徽向客户授予许可证。客户为一家服装设计公司，有权在一年内在包括T恤、帽子、杯子和毛巾在内的各个项目上使用该俱乐部的名称和队徽。因提供许可证，俱乐部将收取固定对价120万元以及按使用队名和队徽的项目的售价5%收取特许权使用费。客户预期企业将继续参加比赛并保持队伍的竞争力。假设客户每月销售100万元，不考虑相关税费。

该授予合同只有一个履约义务，且在一年内履行。由于客户能够合理预期甲公司将继续参加比赛，甲公司的成绩将会对其品牌（包括名称和图标等）的价值产生重大影响，而该品牌价值可能会进一步影响客户产品的销量，甲公司从事的上述活动并未向客户转让任何可明确区分的商品。因此，甲公司授予的该使用权许可，属于在某一时段内履行的履约义务。合同交易价格为120万元，需要分12个月平均分摊确认；与销售量对应的5%特许权使用费，初始无法计量，不能计入交易价格，应当在乙公司的销售实际完成时确认收入。

（1）收到合同固定对价时：

借：银行存款　　　　　　　　　　　　　　120
　　贷：合同负债　　　　　　　　　　　　　　　　120

（2）月末，按实际发生的销售额计算确认的特许权使用费=100×5%=5（万元）。

借：合同负债　　　　　　　　　　　　　　10
　　应收账款　　　　　　　　　　　　　　　5
　　贷：主营业务收入　　　　　　　　　　　　　15

（六）售后回购销售业务处理

售后回购，是指企业销售商品的同时承诺或有权选择日后再将该商品购回的销售方式。

1. 企业因存在与客户的远期安排而负有回购义务或企业享有回购权利

表明客户在销售时点并未取得相关商品控制权，企业应当作为租赁交易或融资交易进行相应的会计处理。

情形	处理原则
回购价格低于原售价	视为租赁交易
回购价格不低于原售价	视为融资交易

企业到期未行使回购权利的，应当在该回购权利到期时终止确认金融负债，同时确认收入。

2. 企业负有应客户要求回购商品义务

应当在合同开始日评估客户是否具有行使该要求权的重大经济动因。

评估结果		处理原则
客户具有行使该要求权重大经济动因的	回购价格低于原售价	视为租赁交易
	回购价格不低于原售价	视为融资交易
客户不具有行使该要求权重大经济动因的	企业应当将其作为附有销售退回条款的销售交易进行会计处理	

3. 售后回购方式融资

（1）发出商品时：

借：银行存款（实际收到的金额）
　　贷：应交税费——应交增值税（销项税额）
　　　　其他应付款（差额）

借：发出商品
　　贷：库存商品

（2）回购价格与原销售价格之间的差额，应在售后回购期间内按期计提利息费用。

借：财务费用等
　　贷：其他应付款

（3）按照合同约定购回该项商品时。

借：其他应付款（回购商品等的价款）
　　应交税费——应交增值税（进项税额）
　贷：银行存款（实际支付的金额）
借：库存商品
　贷：发出商品

典例研习·15-20 （教材例题）

甲公司为增值税一般纳税人，适用增值税税率为13%。2021年5月1日，甲公司与乙公司签订协议，向乙公司销售一批商品，成本为90万元，增值税专用发票上注明销售价格为110万元，增值税税额为14.3万元。

协议规定，甲公司应在2021年9月30日将所售商品购回，回购价为120万元，另需支付增值税税款15.6元。货款已实际收付，不考虑其他相关税费。

甲公司的会计处理如下：

（1）发出商品时：

借：银行存款	124.3	
贷：其他应付款		110
应交税费——应交增值税（销项税额）		14.3
借：发出商品	90	
贷：库存商品		90

（2）由于回购价大于原售价，因而应在销售与回购期间内按期计提利息费用，计提的利息费用直接计入当期财务费用。

2021年5—9月，每月应计提的利息费用=（120-110）÷5=2（万元）。

借：财务费用	2	
贷：其他应付款		2

（3）2021年9月30日，甲公司购回5月1日销售的商品，增值税专用发票上注明的价款为120万元，增值税税额为15.6万元。

借：其他应付款	120	
应交税费——应交增值税（进项税额）	15.6	
贷：银行存款		135.6
借：库存商品	90	
贷：发出商品		90

| 典例研习·15-21 2020年单项选择题

企业采用售后回购方式销售商品时，回购价格高于原销售价格的差额，在回购期内按期分摊时应计入的会计科目是（ ）。

A. 财务费用
B. 主营业务收入
C. 销售费用
D. 主营业务成本

斯尔解析　本题考查售后回购方式融资。采用售后回购方式销售商品时，回购价格高于原售价的，应当视为融资交易，回购价格高于原销售价格的差额，在回购期内按期分摊时应计入财务费用，选项A当选。

本题答案　A

（七）客户有未行使合同权利的销售业务处理

企业向客户预收销售商品款项的，应当首先将该款项确认为负债，待履行了相关履约义务时再转为收入。

当企业预收款项无须退回，且客户可能会放弃其全部或部分合同权利时，企业预期将有权获得与客户所放弃的合同权利相关的金额的，应当按照客户行使合同权利的模式按比例将上述金额确认为收入；否则，企业只有在客户要求其履行剩余履约义务的可能性极低时，才能将上述负债的相关余额转为收入。

（八）客户支付的不可退还的初始费处理

企业在合同开始（或接近合同开始）日向客户收取的无须退回的初始费（如俱乐部的入会费等）应当计入交易价格。

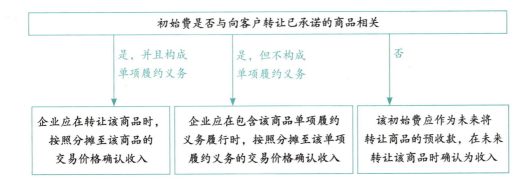

第二节 费用

一、费用概念

费用,是指企业在日常活动中发生的、会导致所有者权益减少的、与向所有者分配利润无关的经济利益的总流出。

二、期间费用（★★）

期间费用,是指企业本期发生的、不能直接或间接归入某种产品成本的、直接计入损益的各项费用。期间费用包括管理费用、销售费用和财务费用。

（一）管理费用

管理费用是指企业为组织和管理企业生产经营所发生的费用,包括企业在筹建期间发生的开办费、董事会和行政管理部门在企业的经营管理中发生的或者应由企业统一负担的公司经费（包括行政管理部门职工薪酬、物料消耗、低值易耗品摊销、办公费和差旅费、经营租赁费、折旧费等）、工会经费、董事会费、聘请中介机构费、咨询费（含顾问费）、诉讼费、业务招待费、技术转让费、无形资产摊销、矿产资源补偿费、研究费用、排污费、行政管理部门等发生的不满足资本化确认条件的固定资产日常修理费用和大修理费用等。

（二）销售费用

销售费用是指企业在销售商品和材料、提供劳务的过程中发生的各种费用。

关键词	举例
销售商品过程	保险费、包装费、展览费和广告费、商品维修费、预计产品质量保证损失、运输费、装卸费等
专设销售机构	职工薪酬、业务费、折旧费、不满足资本化条件的固定资产修理费用等

（三）财务费用

财务费用是指企业为筹集生产经营所需资金等而发生的筹资费用,包括利息支出（减利息收入）,汇兑损益以及相关的手续费、未确认融资费用摊销、分期收款销售方式下"未实现融资收益"的摊销等。

典例研习·15-22　2020年单项选择题

下列各项费用和损失,不应计入管理费用的是（　　）。

A. 行政管理部门发生的不满足资本化条件的固定资产修理费用

B. 因管理不善造成的存货盘亏损失

C. 售后服务部门的职工薪酬

D. 企业筹建期间发生的开办费

斯尔解析 本题考查管理费用的核算。行政管理部门发生的不满足资本化条件的固定资产修理费用、因管理不善造成的存货盘亏损失和企业筹建期间发生的开办费均计入管理费用，选项 ABD 不当选。售后服务部门的职工薪酬应计入销售费用，选项 C 当选。

本题答案 C

第三节 利 润

一、利润指标的计算（★）

利润是指企业在一定期间的经营成果。利润包括收入减去费用后的净额、直接计入当期利润的利得和损失等。

其中收入减去费用后的净额反映的是企业日常活动的经营业绩，直接计入当期利润的利得和损失反映的是企业非日常活动的业绩。

与利润相关的指标主要有三个：营业利润、利润总额和净利润。三者之间的关系如下：

计算	营业利润
+	营业外收入
−	营业外支出
=	利润总额
−	所得税费用
=	净利润

（一）营业利润

计算	营业收入
−	营业成本、税金及附加、销售费用、管理费用、研发费用、财务费用
+	其他收益、投资收益（−投资损失）、净敞口套期收益（−净敞口套期损失）、公允价值变动收益（−公允价值变动损失）、资产处置收益（−资产处置损失）
−	信用减值损失、资产减值损失
=	营业利润

| 典例研习·15-23 2020年单项选择题

下列各项中，将来不会影响利润总额变化的是（　　）。
A. 外币财务报表折算差额
B. 投资性房地产转换形成的其他综合收益
C. 其他权益工具投资公允价值变动
D. 权益法下可转损益的其他综合收益

斯尔解析 本题考查利润的影响因素。外币财务报表折算差额满足条件转入当期损益，影响利润总额，选项A不当选。投资性房地产转换形成的其他综合收益处置时转入当期损益，影响利润总额，选项B不当选。其他权益工具投资的公允价值变动计入其他综合收益，以后期间处置时，其他综合收益应转入留存收益，不影响利润总额，选项C当选。权益法下可转损益的其他综合收益以后期间处置时，应转入投资收益，影响利润总额，选项D不当选。

本题答案 C

（二）营业外收支

营业外收入	营业外支出
(1) 非流动资产毁损报废利得。	(1) 非流动资产毁损报废损失。
(2) 捐赠利得。	(2) 公益性捐赠支出。
(3) 盘盈利得（无法查明原因的现金溢余）。	(3) 盘亏损失（固定资产盘亏净损失）。
(4) 与企业日常活动无关的政府补助。	(4) 罚款支出。
(5) 无法支付的应付款项	(5) 非常损失（如自然灾害造成的损失）

二、政府补助（★★）

（一）政府补助的概念与特征

维度	解读
定义	企业从政府无偿取得货币性资产或非货币性资产，不包括政府作为企业所有者投入的资本
特征	来源于政府的经济资源（企业收到来源于其他方的补助，如果有确凿证据表明政府是补助的实际拨付者，其他方只是起到代收代付的作用，该项补助也属于来源于政府的经济资源）
	无偿性，不需要向政府交付商品或服务等对价
表现	政府向企业转移资产

续表

维度	解读
形式	财政拨款、财政贴息、税收返还（不包括增值税出口退税和直接减征、免征、增加计税抵扣额、抵免部分税额等）、无偿划拨非货币性资产

原理详解

出口退税是政府退还企业在国内采购环节负担的增值税进项税额，其本质是政府退回企业事先垫付的进项税额，不属于企业从政府无偿取得货币资产，所以不属于政府补助。

（二）政府补助的类型

1. 政府补助的分类

政府补助分为与资产相关的政府补助和与收益相关的政府补助。

类型	含义
与资产相关的政府补助	企业取得的、用于购建或以其他方式形成长期资产的政府补助。其中"与资产相关"，是指与购建固定资产、无形资产等长期资产相关
与收益相关的政府补助	除与资产相关的政府补助之外的政府补助。此类政府补助不是以"购买、建造或以其他方式取得长期资产"作为政策条件或使用条件

2. 计量金额

企业取得的各种政府补助为货币性资产的，应当按照收到或应收的金额计量。

政府补助为非货币性资产的，应当按照公允价值计量；公允价值不能可靠取得的，按照名义金额计量。

3. 政府补助的会计处理方法

政府补助有两种会计处理方法：总额法和净额法。

（1）总额法。

总额法是在确认政府补助时，将其全额一次或分次确认为收益，而不是作为相关资产账面价值或成本费用等的扣减。

（2）净额法。

净额法是将政府补助确认为对相关资产账面价值或者所补偿成本费用等的扣减。

企业应当根据经济业务的实质，判断某一类政府补助业务应当采用总额法还是净额法进行会计处理，通常情况下，对同类或类似政府补助业务只能选用一种方法，同时，企业对该业务应当一贯地运用该方法，不得随意变更。企业对某些补助只能采用一种方法，例如，对一般纳税人增值税即征即退只能采用总额法进行会计处理。

与企业日常活动相关的政府补助，应当按照经济业务实质，计入其他收益或冲减相关成本费用。与企业日常活动无关的政府补助，应当计入营业外收支。企业取得政策性优惠贷款贴息，且财政将贴息资金直接拨付给企业的，应当将对应的贴息冲减相关借款费用。

（三）政府补助的账务处理

1. 与资产相关的政府补助

（1）总额法。

①将政府补助全额确认为递延收益，然后在相关资产使用寿命内按合理、系统的方法分期计入损益。

取得政府补助时：

借：银行存款等

　　贷：递延收益

摊销政府补助时：

借：递延收益

　　贷：其他收益（日常活动）

　　　　营业外收入（非日常活动）

②相关资产在使用寿命结束时或结束前被处置（出售、转让、报废等），尚未分摊的递延收益余额应当一次性转入资产处置当期损益，不再予以递延。会计分录为：

借：递延收益

　　贷：其他收益等

③如果企业先取得政府补助资金再购建长期资产，则应在开始对相关资产计提折旧或摊销时开始将递延收益分期计入损益。

④如果企业先购建长期资产再取得政府补助资金，则应在相关资产剩余使用寿命内按合理、系统的方法将递延收益分期计入损益。

⑤如果对应的长期资产在持有期间发生减值损失，递延收益的摊销仍保持不变，不受减值因素的影响。

⑥对相关资产划分为持有待售类别的，先将尚未分配的递延收益余额冲减相关资产的账面价值，再按照《企业会计准则第42号——持有待售的非流动资产、处置组和终止经营》的要求进行会计处理。

（2）净额法。

企业在取得政府补助时应当按照补助资金的金额冲减相关资产的账面价值。

①如果企业先取得与资产相关的政府补助，再确认所购建的长期资产，净额法下应当将取得的政府补助先确认为递延收益，在相关资产达到预定可使用状态或预定用途时将递延收益冲减资产账面价值。

取得政府补助时：

借：银行存款等

　　贷：递延收益

购入资产的同时：

借：递延收益

　　贷：固定资产等

②如果相关长期资产投入使用后企业再取得与资产相关的政府补助，净额法下应当在取得补助时冲减相关资产的账面价值，并按照冲减后的账面价值和相关资产的剩余使用寿命计提折旧或进行摊销。

| 典例研习·15-24　2021年单项选择题

甲公司 2018 年 11 月 15 日收到购置环保设备的政府补贴款 580 万元，该补贴款用于直接冲减新购置设备实际成本。甲公司 2018 年 12 月 20 日以 820 万元价格购入一台不需要安装的环保设备，当月投入车间使用，预计可使用年限为 6 年，采用年数总和法计提折旧，预计净残值为 12 万元。2020 年 5 月甲公司出售该台设备取得价款 182 万元。假定不考虑相关税费，甲公司因出售该设备增加的营业利润为（　　）万元。

A.29.76　　　　　　　　　　B.25.76
C.0　　　　　　　　　　　　D.35.76

【斯尔解析】本题考查政府补助的核算。甲公司 2019 年计提折旧 =（820-580-12）×6/（1+2+3+4+5+6）=65.14（万元）；甲公司 2020 年计提折旧 =［（820-580-12）×5/（1+2+3+4+5+6）］×5/12=22.62（万元）；甲公司因出售该设备增加的营业利润 =182-［（820-580）-65.14-22.62］=29.76（万元），选项 A 当选。

【本题答案】A

2. 与收益相关的政府补助

对与收益相关的政府补助，企业同样可以选择采用总额法或净额法进行会计处理：选择总额法的，应当计入其他收益或营业外收入；选择净额法的，应当冲减相关成本费用或营业外支出。

（1）与收益相关的政府补助如果用于补偿企业以后期间的相关成本费用或损失，企业在取得时应当先判断企业能否满足政府补助所附条件。根据准则规定，只有满足政府补助确认条件的才能予以确认，而客观情况通常表明企业能够满足政府补助所附条件，企业应当将其确认为递延收益，并在确认相关成本费用或损失的期间，计入当期损益或冲减相关成本。

（2）与收益相关的政府补助如果用于补偿企业已发生的相关成本费用或损失的，直接计入当期损益或冲减相关成本。这类补助通常与企业已经发生的行为有关，是对企业已发生的成本费用或损失的补偿，或是对企业过去行为的奖励。

3. 综合性项目政府补助

对于同时包含与资产相关部分和与收益相关部分的政府补助，企业应当将其进行分解，区分不同部分分别进行会计处理；难以区分的，企业应当将其整体归类为与收益相关的政府补助进行会计处理。

| 典例研习·15-25 | 2019年单项选择题 |

下列关于政府补助的表述中，错误的是（　　）。

A. 政府作为所有者投入企业的资本不属于政府补助

B. 有确凿证据表明政府是无偿补助的实际拨付者，其他企业只是代收代付作用，该补助应属于政府补助

C. 与收益有关的政府补助，应当直接计入其他收益

D. 与资产有关的政府补助，应当冲减相关资产的账面价值或确认为递延收益

🔍斯尔解析　本题考查政府补助的核算。与收益相关的政府补助，应当分情况按照以下规定进行会计处理：

（1）用于补偿企业以后期间的相关成本费用或损失的，确认为递延收益，并在确认相关成本费用或损失的期间，计入当期损益或冲减相关成本。

（2）用于补偿企业已发生的相关成本费用或损失的，直接计入当期损益或冲减相关成本，选项C当选。

▲本题答案　C

4. 政府补助的退回

已确认的政府补助需要退回的，应当在需要退回的当期分情况按照以下规定进行会计处理：

（1）初始确认时冲减相关资产账面价值的，调整资产账面价值。

（2）存在相关递延收益的，冲减相关递延收益账面余额，超出部分计入当期损益。

（3）属于其他情况的，直接计入当期损益。

此外，对于属于前期差错的政府补助退回，应当作为前期差错更正进行追溯调整。

第四节　产品成本

一、产品成本项目

成本项目	含义
直接材料	构成产品实体的原材料以及有助于产品形成的主要材料和辅助材料
燃料及动力	直接用于产品生产的燃料和动力
直接人工	直接从事产品生产的工人的职工薪酬

续表

成本项目	含义
制造费用	企业为生产产品和提供劳务而发生的各项间接费用，包括企业生产部门（如生产车间）发生的水电费、固定资产折旧、无形资产摊销、管理人员的职工薪酬、劳动保护费、国家规定的有关环保费用、季节性和修理期间的停工损失、正常废品范围内的废品损失等

提示：如果企业不设置"燃料及动力"成本项目，则外购的动力计入直接材料项目中。

二、制造企业产品成本核算的一般程序

第一步：归集和分配要素费用。
第二步：归集和分配辅助生产成本。
第三步：归集和分配制造费用。
第四步：结转完工产品成本。

三、制造企业生产费用在完工产品和在产品之间的归集和分配（★★）

基本关系式：

月初在产品成本 + 本月生产费用 = 本月完工产品成本 + 月末在产品成本

方法类型	含义	具体方法
倒挤法	先确定月末在产品的成本，再计算出完工产品的成本	不计算在产品成本、在产品成本按年初数固定计算、在产品成本按其所耗用的原材料费用计算、在产品按定额成本计算
分配法	将公式前两项之和按一定比例在后两项之间进行分配	约当产量比例法、定额比例法

（一）不计算在产品成本

在产品成本为零，本月发生的产品费用，全部由其完工产品成本负担。

一般在各月末的在产品数量很小，在产品成本计算与否对完工产品成本影响不大时，为简化核算工作，可以不计算在产品成本。

（二）在产品成本按年初数固定计算

在产品成本每月都按年初数固定不变，每月月初在产品成本与月末在产品成本相等，当月发生的费用，全部由当月完工产品成本负担。

只有在年终时，才根据实际盘点的在产品数量，重新计算在产品成本。这种方法一般是在各月末在产品数量比较稳定、相差不多的情况下应用。

（三）在产品成本按其所耗用的原材料费用计算

这种方法是在产品成本按其所耗用的原材料费用计算，其他费用全部由完工产品成本负担。

当原材料费用在生产成本中占的比重大，而且原材料是在生产开始时一次性全部投入时，为了简化核算工作，可以采用这种方法，月末在产品可以只计算原材料费用，其他费用全部由完工产品负担。

（四）在产品按定额成本计算

根据月末实际结存的在产品数量和各项费用的单位定额，计算出月末在产品定额成本。再将月初在产品费用加上本月生产费用，减去按定额成本计算的月末在产品成本，即为完工产品成本。

这种方法适合在各月在产品数量变动不大、各项消耗定额比较准确、稳定的情况下采用。

计算公式：

月末在产品直接材料定额成本 = 月末在产品数量 × 单位在产品材料消耗定额 × 材料计划单价

月末在产品直接人工定额成本 = 月末在产品数量 × 单位在产品工时定额 × 单位定额工时的人工费用

月末在产品制造费用定额成本 = 月末在产品数量 × 单位在产品工时定额 × 单位定额工时的费用

月末在产品定额成本 = 月末在产品直接材料定额成本 + 月末在产品直接人工定额成本 + 月末在产品制造费用定额成本

完工产品成本 = 月初在产品成本 + 本月生产费用 − 月末在产品定额成本

典例研习·15-26 （教材例题）

某产品所耗直接材料在生产开始时一次投入，完工产品的直接材料费用定额即在产品的直接材料费用定额为 85 元；月末在产品 300 件，定额工时共计 1 650 小时，单位定额工时的直接人工定额为 4.35 元，制造费用定额为 3.48 元；月初在产品和本月生产费用累计为：直接材料费用 63 450 元，直接人工费用 15 460 元，制造费用 12 580 元。

按定额成本计算法分配如下：

（1）月末在产品定额成本：

月末在产品直接材料定额成本 = 300 × 85 = 25 500（元）

月末在产品直接人工定额成本 = 1 650 × 4.35 = 7 177.5（元）

月末在产品制造费用定额成本 = 1 650 × 3.48 = 5 742（元）

月末在产品定额成本 = 25 500 + 7 177.5 + 5 742 = 38 419.5（元）

（2）完工产品成本：

完工产品直接材料成本 = 63 450 − 25 500 = 37 950（元）

完工产品直接人工成本 = 15 460 − 7 177.5 = 8 282.5（元）

完工产品制造费用 = 12 580 − 5 742 = 6 838（元）

完工产品成本 = 37 950 + 8 282.5 + 6 838 = 53 070.5（元）

(五)约当产量比例法

将实际结存的在产品数量按其完工程度折合为大约相当的完工产品产量,称为在产品的约当产量,然后按照在产品约当产量和完工产品产量的比例分配生产费用。

它适用于在产品数量较多,各月在产品数量变动也较大,同时产品成本中各项费用的比重又相差不多的企业。

计算公式:

在产品约当产量 = 在产品数量 × 完工百分比

某项费用分配率 = 某项费用总额 ÷(完工产品产量 + 在产品约当产量)

完工产品应负担费用 = 完工产品产量 × 费用分配率

在产品应负担费用 = 在产品约当产量 × 费用分配率

其中:

直接材料的完工百分比 = 累计已投入的数量 ÷ 单位产品全部所需的数量

直接人工和制造费用的完工百分比 = 累计已发生的工时 ÷ 单位产品工时定额

典例研习·15-27 （教材例题）

某企业基本生产车间生产甲产品,本月完工 300 件,月末在产品 40 件,甲产品月初在产品成本和本期生产费用总额为 147 500 元,其中直接材料为 71 400 元,直接人工为 25 600 元,制造费用为 50 500 元。原材料在开工时一次投入,月末在产品完工程度为 50%。按约当产量比例法计算分配如下:

(1) 在产品约当产量的计算:

直接材料的约当产量 = 40 × 100% = 40(件)

直接人工和制造费用的约当产量 = 40 × 50% = 20(件)

(2) 直接材料的分配:

直接材料分配率 = 71 400 ÷（300+40）= 210

在产品应负担的直接材料费用 = 40 × 210 = 8 400(元)

完工产品应负担的直接材料费用 = 300 × 210 = 63 000(元)

(3) 直接人工的分配:

直接人工分配率 = 25 600 ÷（300+20）= 80

在产品应负担的直接人工费用 = 20 × 80 = 1 600(元)

完工产品应负担的直接人工费用 = 300 × 80 = 24 000(元)

(4) 制造费用的分配:

制造费用分配率 = 50 500 ÷（300+20）= 157.8125

在产品应负担的制造费用 = 20 × 157.8125 = 3 156.25(元)

完工产品应负担的制造费用 = 300 × 157.8125 = 47 343.75(元)

(5) 完工产品成本和在产品成本的计算：

月末在产品总成本 =8 400+1 600+3 156.25=13 156.25（元）

完工产品总成本 =63 000+24 000+47 343.75=134 343.75（元）

| 典例研习 · 15-28   2016 年单项选择题

甲公司只生产乙产品，2015 年 12 月初在产品数量为零，12 月份共投入原材料 50 000 元，直接人工和制造费用共计 30 000 元，乙产品需要经过两道加工工序，工时定额为 20 小时，其中第一道工序 12 小时，第二道工序 8 小时，原材料在产品生产时陆续投入。12 月末乙产品完工 330 件，在产品 150 件，其中第一道工序 100 件，第二道工序 50 件。甲公司完工产品和在产品生产费用采用约当产量法分配，各工序在产品完工百分比均为 50%。则甲公司 2015 年 12 月份完工产品的单位产品成本是（　　）元 / 件。

A.220
B.230
C.210
D.200

斯尔解析　本题考查产品成本计算。乙产品的约当产量 =［12×50%/（12+8）］×100+［（12+8×50%）/（12+8）］×50=70（件），则甲公司 2015 年 12 月份完工乙产品的单位成本 =（50 000+30 000）/（330+70）=200（元 / 件），选项 D 当选。

本题答案　D

（六）定额比例法

在各月在产品数量变动较大的情况下，如果各项消耗定额比较准确、稳定，完工产品和月末在产品成本可以按照定额消耗量或定额费用的比例进行分配。

采用该法分配时，直接材料一般按定额消耗量或定额费用比例分配，加工费用一般按定额工时比例分配。

计算公式：

定额比例（费用分配率）=（月初在产品实际费用 + 本月实际费用）÷［完工产品定额消耗量（定额费用）+ 月末在产品定额消耗量（定额费用）］

完工产品实际费用 = 完工产品定额消耗量（定额费用）× 费用分配率

月末在产品实际费用 = 月末在产品定额消耗量（定额费用）× 费用分配率

| 典例研习·15-29 教材例题

某种产品的月初在产品直接材料费用为3 200元,直接人工费用为500元,制造费用为300元;本月内发生的直接材料费用为8 400元,直接人工费用为1 000元,制造费用为600元。本月完工产品为400件,每件产品的材料定额消耗量为5千克,工时定额为10小时;月末在产品材料定额消耗量共计为500千克,月末在产品定额工时共计为1 000小时。按定额比例法计算分配如下:

(1) 直接材料费用的分配:

直接材料费用分配率 =(3 200+8 400)÷(400×5+500)=4.64

在产品应负担的直接材料费用 =500×4.64=2 320(元)

完工产品应负担的直接材料费用 =2 000×4.64=9 280(元)

(2) 直接人工费用的分配:

直接人工费用分配率 =(500+1 000)÷(400×10+1 000)=0.3

在产品应负担的直接人工费用 =1 000×0.3=300(元)

完工产品应负担的直接人工费用 =4 000×0.3=1 200(元)

(3) 制造费用的分配:

制造费用分配率 =(300+600)÷(400×10+1 000)=0.18

在产品应负担的制造费用 =1 000×0.18=180(元)

完工产品应负担的制造费用 =4 000×0.18=720(元)

(4) 完工产品成本和月末在产品成本的计算:

在产品总成本 =2 320+300+180=2 800(元)

完工产品总成本 =9 280+1 200+720=11 200(元)

| 典例研习·15-30 2021年单项选择题

甲企业生产W产品,生产费用采用定额比例法在完工产品和在产品之间计算分配。月初在产品直接材料费用为3 200元,直接人工费用为500元,制造费用为300元;本月内发生直接材料费用6 000元,直接人工费用625元,制造费用600元。本月完工产品为350件,每件产品的材料定额消耗量与工时定额分别为5千克和10小时;月末在产品材料定额消耗量为250千克,月末在产品定额工时为1 000小时。假定直接材料费用按定额消耗量比例分配,直接人工费用和制造费用均按工时定额比例分配,本月W完工产品的总成本为( )元。

A.9 125   B.10 500
C.9 625   D.8 500

斯尔解析 本题考查产品成本计算。

W完工产品的直接材料费用=（3 200+6 000）/（350×5+250）×（350×5）=8 050（元）

W完工产品的直接人工费用=（500+625）/（350×10+1 000）×（350×10）=875（元）

W完工产品的制造费用=（300+600）/（350×10+1 000）×（350×10）=700（元）

本月W完工产品的总成本=8 050+875+700=9 625（元），选项C当选。

本题答案 C

四、制造企业产品成本计算的基本方法

（一）品种法

品种法是以产品品种为成本计算对象计算产品成本的一种方法。这种方法，既不要求按产品批别计算成本，也不要求按生产步骤计算成本。

它适用于大量大批的单步骤生产，如发电、采掘等生产，或者管理上不要求分步计算产品成本的大量大批多步骤生产。

（二）分批法

分批法是按产品批别（或订单）计算产品成本的一种方法。由于每批或单件产品的品种、数量以及计划开工、完工时间一般都是按客户的订单确定，所以分批法又称订单法。

它适用于单件小批单步骤生产和管理上不要求分步计算成本的多步骤生产，如精密仪器和船舶制造、服装加工等生产。

（三）分步法

分步法是按产品的生产步骤计算产品成本的一种方法。它适用于大量大批多步骤生产，而且管理上要求分步计算产品成本的工业企业。如纺织、冶金、造纸及机械制造等生产。

分步法按其是否计算半成品成本又可分为逐步结转分步法和平行结转分步法。

1.逐步结转分步法

逐步结转分步法是按产品加工步骤的先后顺序，逐步计算并结转各步骤半成品成本，直至最后计算出产品成本的一种方法。它适用于各步骤半成品有独立的经济意义，管理上要求核算半成品成本的企业。

逐步结转分步法示意图：

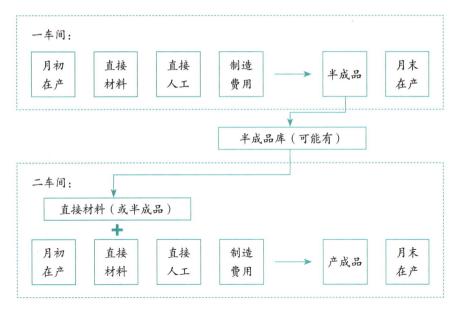

2. 平行结转分步法

平行结转分步法是指不计算各步骤的半成品成本，而只计算本步骤发出的费用和应由产成品负担的份额，将各步骤成本计算单中产成品应负担的份额平行汇总来计算产品成本的一种方法。

平行结转分步法示意图：

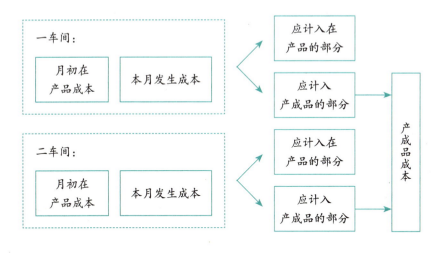

第十六章 所得税

学习提要

重要程度：重点章节

平均分值：10分

考核题型：各类题型均有涉及

本章提示：本章知识的综合性比较强，难度比较高。学习时一定要先理清所得税核算的基本原理，然后再解决具体核算的问题

第一节 所得税核算的基本原理

一、税会差异

在我国,会计的确认、计量、报告应当遵循《企业会计准则》的规定,目的在于真实、完整地反映企业的财务状况、经营成果和现金流量等,为投资者、债权人以及其他会计信息使用者提供对其决策有用的信息。

税法中,企业的应纳税所得额的确定应当遵循国家有关税收法律、法规的规定,目的在于确定一定时期内纳税人应缴纳的税额。

企业的会计核算和税收处理分别遵循不同的原则,服务于不同的目的。

税会差异主要分为两类,一类是暂时性差异,一类是永久性差异。

(一)暂时性差异

> **典例研习·16-1**
>
> (1)甲公司适用的企业所得税税率为25%,2020年,销售商品一批,实现的主营业务收入为100万元,款项尚未收到,确认主营业务成本60万元,年末对该应收账款确认了10万元的信用减值损失,不考虑增值税等其他相关因素的影响。
>
> 甲公司的账务处理:
>
> 借:应收账款　　　　　　　　　　　　100
> 　　贷:主营业务收入　　　　　　　　　　　　100
> 借:主营业务成本　　　　　　　　　　60
> 　　贷:库存商品　　　　　　　　　　　　　　60
> 借:信用减值损失　　　　　　　　　　10
> 　　贷:坏账准备　　　　　　　　　　　　　　10
>
> 甲公司2020年利润总额=100-60-10=30(万元)
>
> 甲公司2020年应纳税所得额=100-60=40(万元)
>
> 甲公司2020年应纳所得税额=40×25%=10(万元)
>
> 借:所得税费用　　　　　　　　　　　10
> 　　贷:应交税费——应交所得税　　　　　　　10

（2）如果甲公司 2021 年的利润总额为 40 万元，实际发生坏账 10 万元，不考虑其他因素。

甲公司账务处理：

借：坏账准备　　　　　　　　　　　　　　10
　　贷：应收账款　　　　　　　　　　　　　　　　　　10

甲公司 2021 年应纳税所得额 =40-10=30（万元）

甲公司 2021 年应纳所得税额 =30×25%=7.5（万元）

借：所得税费用　　　　　　　　　　　　　7.5
　　贷：应交税费——应交所得税　　　　　　　　　　　7.5

（3）2020 年末，甲公司应收账款账面价值为 90 万元，计税基础为 100 万元。

可抵扣暂时性差异 =100-90=10（万元）

2020 年末资产负债表上应确认递延所得税资产 =10×25%=2.5（万元）

借：递延所得税资产　　　　　　　　　　　2.5
　　贷：所得税费用　　　　　　　　　　　　　　　　　2.5

典例研习·16-2

（1）甲公司适用的企业所得税税率为 25%，11 月份购买乙公司股票，将其作为交易性金融资产核算，该交易性金融资产初始计量金额为 40 万元，年末公允价值为 60 万元。2020 年，甲公司实现利润总额 100 万元，假定不考虑增值税等其他相关因素的影响。

甲公司的账务处理：

借：交易性金融资产——成本　　　　　　　40
　　贷：银行存款　　　　　　　　　　　　　　　　　　40

借：交易性金融资产——公允价值变动　　　20
　　贷：公允价值变动损益　　　　　　　　　　　　　　20

甲公司 2020 年应纳税所得额 =100-20=80（万元）

甲公司 2020 年应纳所得税额 =80×25%=20（万元）

借：所得税费用　　　　　　　　　　　　　20
　　贷：应交税费——应交所得税　　　　　　　　　　　20

（2）如果甲公司 2021 年的利润总额为 100 万元，其中 1 月份将上述金融资产对外出售，售价为 60 万元，不考虑其他因素。

甲公司账务处理：

借：银行存款　　　　　　　　　　　　　　60
　　贷：交易性金融资产——成本　　　　　　　　　　　40
　　　　　　　　　　　　——公允价值变动　　　　　20

甲公司2021年应纳税所得额=100+20=120（万元）

甲公司2021年应纳所得税额=120×25%=30（万元）

借：所得税费用　　　　　　　　　　　　　　　　30

　　贷：应交税费——应交所得税　　　　　　　　　　　30

（3）2020年末，甲公司交易性金融资产账面价值为60万元，计税基础为40万元。

应纳税暂时性差异=60-40=20（万元）

2020年末资产负债表上应确认递延所得税负债=20×25%=5（万元）

借：所得税费用　　　　　　　　　　　　　　　　5

　　贷：递延所得税负债　　　　　　　　　　　　　　5

（二）永久性差异

| 典例研习·16-3

甲公司适用的企业所得税税率为25%，2020年，销售商品一批，实现的主营业务收入为100万元，款项尚未收到，确认的主营业务成本为60万元，当年发生税收滞纳金10万元（税法规定，税收滞纳金不得在计算所得税时税前扣除），假定不考虑增值税等其他相关因素的影响。

甲公司2020年利润总额=100-60-10=30（万元）

甲公司2020年应纳税所得额=100-60=40（万元）

甲公司2020年应纳所得税额=40×25%=10（万元）

借：所得税费用　　　　　　　　　　　　　　　　10

　　贷：应交税费——应交所得税　　　　　　　　　　　10

二、基本原理（★★★）

我国所得税会计采用了资产负债表债务法，要求企业从资产负债表出发，通过比较资产负债表上列示的资产、负债按照会计准则规定确定的账面价值与按照税法规定确定的计税基础，对于两者之间的差异分别应纳税暂时性差异与可抵扣暂时性差异，确认相关的递延所得税负债与递延所得税资产，并在此基础上，确定每一会计期间利润表中的所得税费用。所得税会计的一般程序见下图：

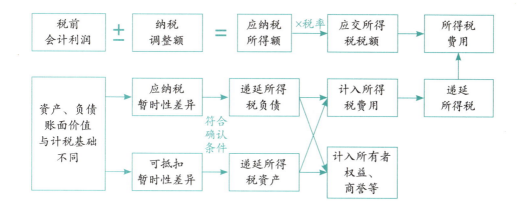

第二节　资产、负债的计税基础及暂时性差异

一、资产的计税基础（★★★）

资产的计税基础是指企业收回资产账面价值过程中，按照税收法律、法规的规定计算应纳税所得额时可以自应税经济利益中抵扣的金额，即某项资产在未来期间计税时按照税收法律、法规规定可以税前扣除的金额。

通常情况下，资产在取得时其入账价值与计税基础是相同的，后续计量过程中因企业会计准则规定与税法规定不同，可能造成账面价值与计税基础的差异。

（一）固定资产

账面价值＝实际成本－会计累计折旧－固定资产减值准备

计税基础＝实际成本－税法累计折旧

以各种方式取得的固定资产，初始确认时按照会计准则规定确认的入账价值基本上是被税法认可的，即取得时其账面价值一般等于计税基础。固定资产产生暂时性差异通常来自以下两个方面：

（1）折旧方法、折旧年限等不同产生的差异。

（2）因计提固定资产减值准备产生的差异。

| 典例研习・16-4 （教材例题）

甲公司于2016年12月以1 200万元购入一项无须安装即可投入生产使用的设备，按照该项设备的预计使用情况，甲公司估计其可使用年限为10年，按照年限平均法计提折旧，预计净残值为0。假设税收法律、法规规定的折旧年限、折旧方法及净残值与会计规定相同。2018年12月31日甲公司估计该设备的可收回金额为900万元。

该设备在2018年12月31日的账面净值＝1 200－1 200÷10×2＝960（万元）

> 因估计该设备在 2018 年 12 月 31 日的可收回金额为 900 万元，故需计提减值准备 60 万元。
>
> 该设备在 2018 年 12 月 31 日的计税基础为 960 万元。该设备的账面价值 900 万元与其计税基础 960 万元之间产生了 60 万元差额，形成了暂时性差异。

（二）无形资产

1. 初始计量

（1）对于内部研发形成的无形资产。

项目	税法规定 新	差异
不满足资本化的支出，计入当期损益	按照研究开发费用的 100% 加计扣除	永久性差异
满足资本化的支出，计入无形资产成本	按照无形资产成本的 200% 摊销	暂时性差异，但是不确认该暂时性差异的所得税影响

（2）其他方式取得的无形资产。

除内部研究开发形成的无形资产外，以其他方式取得的无形资产，初始确认时按照相关会计准则规定确定的入账价值与计税基础之间一般不存在差异。

> **| 典例研习·16-5** 教材例题
>
> 甲公司 2021 年为内部开发新技术发生研究开发支出共计 1 000 万元，其中研究阶段支出为 200 万元，开发阶段符合资本化条件前发生的支出为 200 万元，符合资本化条件后至达到预定用途前发生的支出为 600 万元。税收法律、法规规定，企业研究开发支出未形成无形资产计入当期损益的，按照研究开发费用的 100% 加计扣除；形成无形资产的，按照无形资产成本的 200% 摊销。假定该内部开发形成的无形资产在当期期末已达到预定用途（尚未开始摊销）。
>
> 甲公司 2021 年发生的该内部开发新技术发生的研究开发支出中，按照会计准则规定应予费用化的金额为 400 万元，期末所形成无形资产的账面价值为 600 万元。
>
> 按照税收法律、法规的规定可在当期税前扣除的金额为 800 万元（400+400×100%）。所形成无形资产在未来期间可予税前扣除的金额为 1 200 万元（600×200%），其计税基础为 1 200 万元。
>
> 无形资产账面价值和计税基础形成暂时性差异 600 万元，但不确认该暂时性差异的所得税影响。

2. 后续计量

无形资产在后续计量时,其账面价值与计税基础之间的差异主要存在于无形资产是否需要摊销及无形资产减值准备的提取。

(1)使用寿命不确定的无形资产:

账面价值 = 实际成本 − 无形资产减值准备

计税基础 = 实际成本 − 税法累计摊销

(2)使用寿命确定的无形资产:

账面价值 = 实际成本 − 会计累计摊销 − 无形资产减值准备

计税基础 = 实际成本 − 税法累计摊销

典例研习·16-6 〔2016 年单项选择题〕

关于内部研究开发形成的无形资产加计摊销额的会计处理,下列表述正确的是( )。

A. 属于暂时性差异,不确认递延所得税资产
B. 属于非暂时性差异,应确认递延所得税负债
C. 属于非暂时性差异,不确认递延所得税资产
D. 属于暂时性差异,应确认递延所得税资产

斯尔解析 本题考查无形资产的计税基础及暂时性差异。内部研究开发形成的无形资产加计摊销额属于暂时性差异,但不确认递延所得税资产,选项 A 当选。

本题答案 A

(三)存货、长期股权投资、应收账款

账面价值 = 账面余额 − 减值准备

计税基础 = 取得成本

(四)金融资产

1. 交易性金融资产

账面价值 = 期末公允价值

计税基础 = 取得成本

2. 其他权益工具投资

账面价值 = 期末公允价值

计税基础 = 取得成本

3. 债权投资

账面价值 = 期初摊余成本 + 本期计提利息(期初摊余成本 × 实际利率)− 本期收回本金和利息 − 本期计提的减值准备

计税基础 = 不考虑减值的摊余成本

4. 其他债权投资

账面价值 = 期末公允价值

计税基础 = 不考虑减值的摊余成本

二、负债的计税基础（★★★）

负债的计税基础，是指负债的账面价值减去未来期间计算应纳税所得额时按照税法规定可予抵扣的金额。

负债的计税基础＝负债的账面价值－未来期间按照税法规定可予税前扣除的金额

解题高手

命题角度：确定企业负债形成的暂时性差异。

确定负债形成的暂时性差异的传统方法是：先计算负债的账面价值，再计算负债的计税基础，最后比较得出暂时性差异。但负债计税基础的确定比较复杂，是很多同学理解的难点。为简化计算，在确定企业负债形成的暂时性差异时，可以不计算负债的计税基础，直接确定暂时性差异。

根据：负债的计税基础＝负债的账面价值－未来期间按照税法规定可予税前扣除的金额。

可知：负债的账面价值－负债的计税基础＝未来期间按照税法规定可予税前扣除的金额。

如果未来按照税法规定可予税前扣除的金额＝0，则不存在暂时性差异；如果未来按照税法规定可予税前扣除的金额≠0，则存在暂时性差异。

在做题时可分两步判断：

第一步：判断会计和税法对该负债的处理是否存在差异，如果不存在差异，则无须考虑暂时性差异的影响。

第二步：如果存在差异，再带入公式确定其账面价值和计税基础差异的金额，进而判断是否存在暂时性差异。

（一）预计负债

情形一：会计规定在计提时，计入当期损益。税法规定，在实际发生时允许税前扣除（例如计提产品保修费用、附销售退回条款的销售估计退货部分等）。

负债的账面价值－负债的计税基础＝负债的账面价值

此时，存在暂时性差异。

| 典例研习·16-7 | 教材例题

甲公司 2018 年因销售产品承诺提供 2 年的保修服务，在当年度利润表中确认了 100 万元的销售费用，同时确认为预计负债，当年度尚未发生任何保修支出。假设按照税收法律、法规规定，与产品售后服务相关的费用在实际发生时允许税前扣除。

甲公司该项预计负债在 2018 年 12 月 31 日资产负债表中的账面价值为 100 万元。未来期间计算应纳税所得额时按照税法规定可予扣除的金额＝100（万元）。

预计负债的账面价值－计税基础＝100（万元），产生了暂时性差异 100 万元。

情形二：会计规定在计提时，计入当期损益。税法规定，无论是否实际发生均不允许税前扣除（例如债务担保等）。

负债的账面价值 - 负债的计税基础 =0

此时，不存在暂时性差异。

> **典例研习·16-8**
>
> 2018年12月5日，甲公司因为乙公司银行借款提供担保，乙公司未如期偿还借款，而被银行提起诉讼，要求其履行担保责任；至12月31日该案件尚未结案。甲公司预计很可能履行的担保责任为1000万元。根据税法规定，企业为其他单位债务提供担保发生的损失不允许在税前扣除。
>
> **斯尔解析** 2018年12月31日，该项预计负债的账面价值为1000万元，未来期间按照税法规定可予税前扣除的金额为0。
>
> 则账面价值 - 计税基础 =0，不存在暂时性差异（实质上为永久性差异）。

（二）合同负债

一般情况：企业在收到客户预付的款项时，因不符合收入确认条件，会计上将其确认为合同负债。税法中对于收入的确认原则一般与会计规定相同，即会计上未确认收入时，计税时一般也不计入应纳税所得额，该部分经济利益在未来期间计税时可予税前扣除的金额为零，计税基础等于账面价值。

账面价值 = 计税基础

特殊情况：根据会计准则规定未满足收入确认条件而确认的合同负债，按照税法规定应计入当期应纳税所得额时（即税法规定应确认收入），即因其产生时已经计算交纳所得税，未来期间可全额税前扣除。

账面价值 - 计税基础 = 账面价值

> **典例研习·16-9** 教材例题改编
>
> 2023年12月20日自客户收到一笔合同预付款，金额为1800万元，作为合同负债核算。假设按照税收法律、法规规定，该款项应计入取得当期应纳税所得额计算缴纳企业所得税。
>
> 该合同负债在甲公司2023年12月31日资产负债表中的账面价值为1800万元。
>
> 因该款项在产生期间已经计算缴纳了企业所得税，则未来期间不再计入应纳税所得额，从而会减少未来期间的所得税税款流出。
>
> 暂时性差异 = 未来期间计算应纳税所得额时按照税法规定可予抵扣的金额 =1800（万元）

（三）应付职工薪酬

《企业会计准则第9号——职工薪酬》规定，企业为获得职工提供的服务给予的各种形式的报酬以及其他相关支出均应作为企业的成本费用，在未支付之前确认为负债。税收法律、法规规定中对于企业实际发生的真实、合理的职工薪酬允许税前扣除，但税收法律、法规规定中如果规定了税前扣除标准的，按照相关会计准则规定计入成本费用的金额超过规定标准部分，应进行纳税调整。因超过部分在发生当期不允许税前扣除，在以后期间也不允许税前扣除，即该部分差额对未来期间计税不产生影响，所产生应付职工薪酬负债的账面价值等于计税基础。

| 典例研习·16-10 教材例题

甲公司 2018 年 12 月计入成本费用的职工工资总额为 300 万元，至 2018 年 12 月 31 日尚未支付，仍体现在资产负债表中的应付职工薪酬中。假定按照税收法律、法规的规定，当期计入成本费用的 300 万元工资支出中，可予税前扣除的金额为 200 万元。

该项应付职工薪酬负债于 2018 年 12 月 31 日的账面价值为 300 万元。未来期间计算应纳税所得额时按照税法规定可予抵扣的金额 =0。

应付职工薪酬账面价值 − 计税基础 =0，因此不形成暂时性差异。

（四）其他负债

企业的其他负债项目，如应交的罚款和滞纳金等，在尚未支付之前按照会计规定确认为费用，同时作为负债反映。但税收法律、法规规定，罚款和滞纳金不能税前扣除，即该部分费用无论是在发生当期还是在以后期间均不允许税前扣除。

未来期间按照税法规定可予税前扣除的金额 =0

账面价值 − 计税基础 =0，不会产生暂时性差异。

三、暂时性差异的类型（★★★）

暂时性差异是指资产、负债的账面价值与其计税基础不同产生的差额。

由于资产、负债的账面价值与其计税基础不同，产生了在未来收回资产或清偿负债的期间内，应纳税所得额增加或减少并导致未来期间应交所得税增加或减少的情况，形成企业的资产和负债，在相关暂时性差异发生当期，在符合条件时，应当确认相关的递延所得税资产和递延所得税负债。

根据暂时性差异对未来期间应纳税所得额的影响，可分为应纳税暂时性差异和可抵扣暂时性差异。

类型	含义
应纳税暂时性差异	在确定未来收回资产或清偿负债期间的应纳税所得额时，将导致产生应纳税金额的暂时性差异
可抵扣暂时性差异	在确定未来收回资产或清偿负债期间的应纳税所得额时，将导致产生可抵扣金额的暂时性差异

资产账面价值＜资产计税基础→可抵扣暂时性差异

资产账面价值＞资产计税基础→应纳税暂时性差异

负债账面价值＞负债计税基础→可抵扣暂时性差异

负债账面价值＜负债计税基础→应纳税暂时性差异

解题高手

命题角度：给出经济业务，判断能否产生暂时性差异。

除关注资产和负债的账面价值和计税基础的差异之外，还需关注下列事项：

（1）某些交易或事项发生后按照税收法律、法规规定能够确定计税基础，但因不符合会计资产、负债确认条件而未体现为资产负债表中的资产或负债，如企业发生的符合条件的广告费和业务宣传费、职工教育经费等，其为零的账面价值与计税基础之间的差异也构成暂时性差异。

（2）按照税法规定可以结转以后年度的未弥补亏损及税款抵减，虽不是因资产、负债的账面价值与计税基础不同产生的，但与可抵扣暂时性差异具有同样的作用，均能够减少未来期间的应纳税所得额，会计处理上视同可抵扣暂时性差异，符合条件的情况下，以很可能获得用来抵扣可抵扣亏损及税款抵减的未来应纳税所得额为限，确认与其相关的递延所得税资产。

典例研习·16-11 2018年多项选择题

企业当年发生的下列交易或事项中，可能产生应纳税暂时性差异的有（　　）。

A. 购入使用寿命不确定的无形资产

B. 应交的罚款和滞纳金

C. 本期产生亏损，税法允许在以后5年内弥补

D. 年初交付管理部门使用的设备，会计上按年限平均法计提折旧，税法上按双倍余额递减法计提折旧

E. 期末以公允价值计量且其变动计入当期损益的金融负债公允价值小于其计税基础

斯尔解析 本题考查暂时性差异的核算。购入使用寿命不确定的无形资产，会计上不计提摊销，而税法上需要计提摊销，可能会导致无形资产的账面价值大于计税基础，形成应纳税暂时性差异，选项A当选。应交的罚款和滞纳金，属于永久性差异，选项B不当选。本期产生亏损，视同可抵扣暂时性差异，选项C不当选。年初交付的固定资产，会计上按照年限平均法计提折旧，比税法上按照双倍余额递减法计提的折旧少，会使得资产的账面价值比计税基础大，形成应纳税暂时性差异，选项D当选。负债的账面价值小于计税基础，形成应纳税暂时性差异，选项E当选。

本题答案 ADE

第三节 递延所得税资产及负债的确认和计量

一、递延所得税负债的确认和计量（★★★）

（一）递延所得税负债的确认

递延所得税负债产生于应纳税暂时性差异。因应纳税暂时性差异在转回期间将增加企业的应纳税所得额和应交所得税，导致企业经济利益的流出，在其发生当期，构成企业应支付税金的义务，应作为负债确认，并遵循以下原则：

（1）除所得税准则中明确规定可不确认递延所得税负债的情况以外，企业对于所有的应纳税暂时性差异均应确认相关的递延所得税负债。除与直接计入所有者权益的交易或事项以及企业合并中取得资产、负债相关的以外，在确认递延所得税负债的同时，应增加利润表中的所得税费用。

产生递延所得税负债的交易或事项的类型	对应科目
对税前会计利润或是应纳税所得额产生影响的	所得税费用
产生于直接计入所有者权益的交易或事项的	所有者权益
企业合并	商誉

> **| 典例研习·16-12** 教材例题改编
>
> 甲公司适用的企业所得税税率为25%。其持有一项成本为100万元的其他债权投资，会计期末公允价值为140万元。假设甲公司期初递延所得税资产和递延所得税负债不存在余额，且除此之外，不存在其他会计与税法之间的差异。有关账务处理如下：
> ①会计期末确认40万元（140−100）的公允价值变动：
> 借：其他债权投资　　　　　　　　　　　40
> 　　贷：其他综合收益　　　　　　　　　　　　40
> ②确认应纳税暂时性差异的影响：
> 借：其他综合收益　　　　　　　　　　　10
> 　　贷：递延所得税负债　　　　　　　　　　　10

（2）不确认递延所得税负债的特殊情形。

①商誉的初始确认。

会计规定：非同一控制下的企业合并中，企业合并成本大于合并中取得的被购买方可辨认净资产公允价值份额的差额，按照会计准则规定应确认为商誉。

商誉账面价值＝合并成本－被购买方可辨认净资产公允价值份额

税法规定：计税时作为免税合并的情况下，商誉的计税基础为零。

其账面价值与计税基础形成应纳税暂时性差异（商誉作为资产账面价值大于计税基础），准则中规定不确认与其相关的递延所得税负债。

②除企业合并以外的其他交易或事项中，如果该项交易或事项发生时既不影响会计利润，也不影响应纳税所得额，则所产生的资产、负债的初始确认金额与其计税基础不同，形成应纳税暂时性差异的，交易或事项发生时不确认相应的递延所得税负债。

③与子公司、联营企业、合营企业投资等相关的应纳税暂时性差异，一般应确认相应的递延所得税负债，但同时满足以下两个条件的除外：

一是投资企业能够控制暂时性差异转回的时间。

二是该暂时性差异在可预见的未来很可能不会转回。

> **解题高手**
>
> **命题角度**：根据经济业务判断长期股权投资产生暂时性差异是否应确认递延所得税影响。
>
> 对于采用权益法核算的长期股权投资，其计税基础与账面价值产生的有关暂时性差异是否应确认相关的所得税影响，应当考虑该项投资的持有意图：
>
> （1）在准备长期持有的情况下，对于采用权益法核算的长期股权投资账面价值与计税基础之间的差异，投资企业一般不确认相关的所得税影响。
>
> （2）在持有意图由长期持有转变为拟近期出售的情况下，因长期股权投资的账面价值与计税基础不同产生的有关暂时性差异，均应确认相关的所得税影响。

（二）递延所得税负债的计量

（1）递延所得税负债应以相关应纳税暂时性差异转回期间适用的所得税税率计量。计算公式：

递延所得税负债 = 未来应交纳的应纳税暂时性差异 × 转回期间适用的所得税税率

（2）无论应纳税暂时性差异的转回期间如何，递延所得税负债的确认不要求折现。

二、递延所得税资产的确认和计量（★★★）

（一）递延所得税资产的确认

递延所得税资产产生于可抵扣暂时性差异。资产、负债的账面价值与其计税基础不同产生可抵扣暂时性差异的，在估计未来期间能够取得足够的应纳税所得额用以利用该可抵扣暂时性差异时，应当以很可能取得用来抵扣可抵扣暂时性差异的应纳税所得额为限，确认相关的递延所得税资产。

在可抵扣暂时性差异转回的未来期间内，企业无法产生足够的应纳税所得额用以利用可抵扣暂时性差异的影响，使得与可抵扣暂时性差异相关的经济利益无法实现的，则不应确认递延所得税资产；企业有明确的证据表明其于可抵扣暂时性差异转回的未来期间能够产生足够的应纳税所得额，进而利用可抵扣暂时性差异的，则应以很可能取得的应纳税所得额为限，确认相关的递延所得税资产。

在判断企业可抵扣暂时性差异转回的未来期间是否能够产生足够的应纳税所得额时,应考虑企业在未来期间通过正常的生产经营活动能够实现的应纳税所得额,以及以前期间产生的应纳税暂时性差异在未来期间转回时将增加的应纳税所得额。

> **原理详解**
>
> 可抵扣暂时性差异将导致企业未来调减应纳税所得额,如果未来期间没有足够的应纳税所得额,则在未来期间调减应交所得税,即无法实现经济利益的流入,不符合资产定义,不应将其确认为递延所得税资产。

1. 计入科目

产生递延所得税资产的交易或事项的类型	对应科目
对税前会计利润或是应纳税所得额产生影响的	所得税费用
产生于直接计入所有者权益的交易或事项的	所有者权益
企业合并	商誉或合并当期损益

2. 对与子公司、联营企业、合营企业投资相关的可抵扣暂时性差异同时满足下列条件的,应当确认相关的递延所得税资产

一是暂时性差异在可预见的未来很可能转回。

二是未来很可能获得用来抵扣可抵扣暂时性差异的应纳税所得额。

3. 确认递延所得税资产的特殊情况

(1)对于按照税法规定可以结转以后年度的可弥补亏损和税款抵减,应视同可抵扣暂时性差异处理。在预计可利用可弥补亏损或税款抵减的未来期间内很可能取得足够的应纳税所得额时,应当以很可能取得的应纳税所得额为限,确认相应的递延所得税资产,同时减少确认当期的所得税费用。

(2)与股份支付相关的支出在按照会计准则规定确认为成本费用时,其相关的所得税影响应区别于税法的规定进行处理:

①如果税法规定与股份支付相关的支出不允许税前扣除,则不形成暂时性差异(属于永久性差异)。

②如果税法规定与股份支付相关的支出允许税前扣除,在按照会计准则规定确认成本费用的期间内,企业应当根据会计期末取得的信息估计可税前扣除的金额计算确定其计税基础及由此产生的暂时性差异,符合确认条件的情况下,应当确认相关递延所得税。

③如果预计未来期间可抵扣暂时性差异的金额超过等待期内确认的成本费用,超过部分递延所得税资产计入所有者权益。

| 典例研习·16-13

经股东大会批准，自2020年1月1日起授予100名管理人员股票期权，当被激励对象为公司连续服务满2年时，有权以每股5元的价格购买长江公司1万股股票。公司本年度确认该股票期权费用400万元。税法规定，因该股票期权在未来行权时准予税前扣除680万元。

该股票期权在未来行权时准予税前扣除680万元，等待期内确认成本费用400万元，超出部分形成的递延所得税资产应直接计入所有者权益70万元〔（680-400）×25%〕。

4. 不确认递延所得税资产的特殊情况

如果企业发生的某项交易或事项不是企业合并，并且交易发生时既不影响会计利润也不影响应纳税所得额，且该项交易中产生的资产、负债的初始确认金额与其计税基础不同，产生可抵扣暂时性差异的，准则中规定在交易或事项发生时不确认相应的递延所得税资产。

例如，内部研究开发形成无形资产的，按照无形资产成本的200%摊销。

（二）递延所得税资产的计量

1. 初始计量

企业在确认递延所得税资产时，应当以预期收回该资产期间的适用企业所得税税率为基础计算确定。无论相关的可抵扣暂时性差异转回期间如何，递延所得税资产均不要求折现。

计算公式：

递延所得税资产 = 未来可转回的可抵扣暂时性差异 × 转回期间适用的所得税税率

| 典例研习·16-14 教材例题

2023年1月1日，承租人甲公司与出租人乙公司订了为期7年的商铺租赁合同。每年的租赁付款额为45万元（不含税），在每年年末支付。甲公司无法确定租赁内含利率，其增量借款利率为5.04%。在租赁期开始日（2023年1月1日，下同），甲公司按租赁付款额的现值所确认的租赁负债为260万元，甲公司已付与该租赁相关的初始直接费用5万元。甲公司在租赁期内按照直线法对使用权资产计提折旧。

假定按照税收法律、法规的规定，该交易属于经营租赁行为，甲公司支付的初始直接费用于实际发生时一次性税前扣除，每期支付的租金允许在支付当期进行税前扣除，适用的企业所得税税率为25%。

在租赁期开始日，甲公司租赁负债的账面价值为260万元，未来期间计算应纳税所得额时按照税法规定全部可以抵扣。

甲公司使用权资产的账面价值为265万元，其中按照与租赁负债等额确认的使用权资产部分（260万元）的计税基础为0，产生应纳税暂时性差异260万元；另外初始直接费用的计税基础亦为0，产生应纳税暂时性差异5万元。

根据企业会计准则及相关规定，对于承租人在租赁期开始日初始认租赁负债并计入使用权资产的租赁交易，不适用所得税准则关于豁免初始确认递延所得税负债和递延所得税资产的规定。企业对该交易因资产和负债的初始确认所产生的应纳税暂时性差异和可抵扣暂时性差异，应当在交易发生时分别确认相应的递延所得税负债和递延所得税资产。

故在租赁期开始日，应确认递延所得税资产的金额 =260×25%=65（万元）；应确认的递延所得税负债金额 =265×25%=66.25（万元）。会计分录为：

借：递延所得税资产　　　　　　　　　　　　　65
　　所得税费用　　　　　　　　　　　　　　　1.25
　　贷：递延所得税负债　　　　　　　　　　　　　66.25

2. 后续计量

企业在确认了递延所得税资产以后，在资产负债表日，应当对递延所得税资产的账面价值进行复核。如果未来期间很可能无法取得足够的应纳税所得额用以利用可抵扣暂时性差异带来的经济利益时，应当减记递延所得税资产的账面价值。

减记的递延所得税资产，除原确认时计入所有者权益的递延所得税资产，其减记金额也应计入所有者权益外，其他的情况应增加所得税费用。

借：所得税费用等
　　贷：递延所得税资产

该减记金额可以在原已减记的范围内转回。

三、适用税率变化的影响

因税收法规的变化，导致企业在某一会计期间适用的所得税税率发生变化的，企业应对已确认的递延所得税资产和递延所得税负债按照新的税率重新计量。

典例研习·16-15　2016年多项选择题

下列关于递延所得税资产的表述中，正确的有（　　）。

A. 递延所得税资产产生于可抵扣暂时性差异
B. 当期递延所得税资产的确认应当考虑当期是否能够产生足够的应纳税所得额
C. 按照税法规定可以结转以后年度的可弥补亏损应视为可抵扣暂时性差异，不确认递延所得税资产
D. 所得税费用包括当期所得税费用和递延所得税费用
E. 递延所得税资产的计量应以预期收回该资产期间的适用企业所得税税率确定

斯尔解析　本题考查所得税费用的确认和计量。当期递延所得税资产的确认应当考虑将来是否能够产生足够的应纳税所得额，选项 B 不当选。可以结转到以后年度的可弥补亏损应视为可抵扣暂时性差异，并确认递延所得税资产，选项 C 不当选。

本题答案　ADE

| 典例研习·16-16 | 2018年单项选择题

2016年1月1日，甲公司购入股票作为以公允价值计量且其变动计入其他综合收益的金融资产核算，购买价款为1 000万元，另支付手续费及相关税费4万元，2016年12月31日该项股票公允价值为1 100万元，若甲公司适用的企业所得税税率为25%，则关于甲公司下列表述中正确的是（　　）。

A. 金融资产计税基础为996万元
B. 应确认递延所得税资产24万元
C. 应确认递延所得税负债24万元
D. 金融资产入账价值为1 000万元

斯尔解析　本题考查递延所得税资产及负债的确认和计量。金融资产的入账价值=1 000+4=1 004（万元），与计税基础相同，选项AD不当选。年末，账面价值为1 100万元，计税基础为1 004万元，形成应纳税暂时性差异额=1 100-1 004=96（万元），确认递延所得税负债=96×25%=24（万元），选项B不当选、选项C当选。

本题答案　C

第四节　所得税费用的确认和计量

在资产负债表债务法核算所得税的情况下，利润表中的所得税费用由两个部分组成：当期所得税和递延所得税。

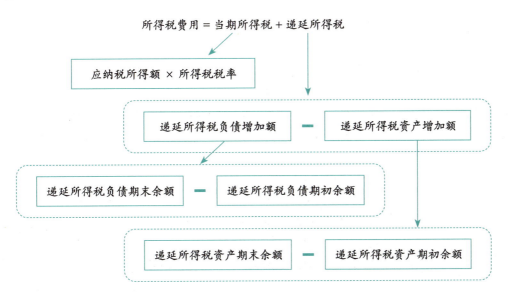

一、当期所得税

当期所得税，是指企业按照税法规定计算确定的针对当期发生的交易和事项，应交纳给税务部门的所得税金额，即当期应交所得税。

应纳税所得额＝会计利润（利润总额）＋纳税调整增加额－纳税调整减少额

应交所得税（当期所得税）＝应纳税所得额×所得税税率

二、递延所得税（★★）

递延所得税，是指按照会计准则规定应予确认的递延所得税资产和递延所得税负债在会计期末应有的金额相对于原已确认金额之间的差额，即递延所得税资产和递延所得税负债的当期发生额的综合结果，但不包括计入所有者权益的交易或事项的所得税影响。

递延所得税＝（递延所得税负债期末余额－递延所得税负债期初余额）－（递延所得税资产期末余额－递延所得税资产期初余额）

三、所得税费用（★★★）

通过如上计算确定当期所得税和递延所得税后，利润表中应予确认的所得税费用为：

所得税费用＝当期所得税＋递延所得税

| 典例研习·16-17 教材例题改编

甲公司适用的企业所得税税率为25%。2019年度利润表中利润总额为1 000万元，递延所得税资产及递延所得税负债不存在期初余额。与企业所得税核算有关交易或事项如下：

（1）2019年期末对账面余额为240万元的存货计提存货跌价准备40万元。按税法规定，存货跌价准备不允许当期税前扣除。

（2）2019年期末持有的交易性金融资产市值为600万元，其成本为400万元。按税法规定，以公允价值计量的金融资产持有期间市值变动无须计入应纳税所得额。

（3）2019年6月因未及时纳税申报，缴纳税收滞纳金10万元。

（4）2019年1月开始对一项2018年12月以600万元购入无须安装即可投入使用的固定资产采用双倍余额递减法计提折旧，使用年限为10年，净残值为0。按税法规定，应按年限平均法计提折旧。假设税法规定的该固定资产的使用年限及净残值与会计规定一致。

除上述交易或事项外，会计处理与税法规定一致。

斯尔解析

（1）当期所得税。

2019年度应纳税所得额＝1 000+40-200+10+60=910（万元）

2019年度应纳所得税＝910×25%=227.5（万元）

借：所得税费用　　　　　　　　　　　　227.5
　　贷：应交税费——应交所得税　　　　　　　　　227.5

（2）递延所得税。

①存货：

资产账面价值 =200（万元）

计税基础 =240（万元）

可抵扣暂时性差异 =40（万元）

②交易性金融资产：

资产账面价值 =600（万元）

计税基础 =400（万元）

应纳税暂时性差异 =200（万元）

③税收滞纳金：永久性差异。

④固定资产：

账面价值 =600−600×2/10=480（万元）

计税基础 =600−600÷10=540（万元）

可抵扣暂时性差异 =60（万元）

2019 年度递延所得税资产 =（40+60）×25%=25（万元）

借：递延所得税资产　　　　　　　　　　　25
　　贷：所得税费用　　　　　　　　　　　　　　25

2019 年度递延所得税负债 =200×25%=50（万元）

借：所得税费用　　　　　　　　　　　　　50
　　贷：递延所得税负债　　　　　　　　　　　　50

2019 年度递延所得税 =（50−0）−（25−0）=25（万元）

（3）所得税费用 =227.5+25=252.5（万元）。

典例研习·16-18　2020 年单项选择题

下列关于所得税会计处理的表述中，错误的是（　　）。

A. 当企业所得税税率变动时，递延所得税资产的账面余额应及时进行相应调整

B. 递延所得税费用等于期末的递延所得税资产减去期末的递延所得税负债

C. 当期应纳所得税额应以当期企业适用的企业所得税税率进行计算

D. 所得税费用包括当期所得税费用和递延所得税费用

斯尔解析　本题考查所得税费用的确认和计量。当企业所得税税率变动时，递延所得税资产的账面余额应及时进行相应调整，选项 A 不当选。递延所得税费用等于当期确认的递延所得税负债减去当期确认的递延所得税资产，同时不考虑直接计入所有者权益等特殊项目的递延所得税资产或负债，选项 B 当选。当期应纳所得税额应以当期企业适用的企业所得税税率进行计算，选项 C 不当选。所得税费用包括当期所得税费用和递延所得税费用，选项 D 不当选。

本题答案　B

典例研习在线题库

至此,财务与会计的学习已经进行了93%,继续加油呀!

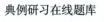 93%

第十七章 会计调整

学习提要

重要程度：次重点章节

平均分值：5分

考核题型：单项选择题、多项选择题

本章提示：本章内容的理解难度较高，但内容较少，考点相对比较固定，主要考查会计政策和会计估计变更的识别、差错更正的账务处理和资产负债表日后事项的识别，学习时可以先研究重点内容，再研究非重点内容

第一节　会计政策变更与会计估计变更

一、会计政策变更与会计估计变更的识别（★★）

（一）会计政策与会计估计的含义

指标	含义
会计政策	企业在会计确认、计量和报告中所采用的原则、基础和会计处理方法。 企业采用的会计计量基础也属于会计政策
会计估计	企业对其结果不确定的交易或事项以最近可利用的信息为基础所作的判断。 需要进行会计估计的项目通常有：坏账准备计提的比率；存货可变现净值的确定；固定资产折旧方法；固定资产的使用年限与净残值；无形资产的受益年限；收入确认中的估计等

（二）会计政策变更与会计估计变更

1. 会计政策变更和会计估计变更的概念

项目	含义
会计政策变更	企业对相同的交易或事项由原来采用的会计政策改用另一会计政策的行为，即在不同的会计期间执行不同的会计政策
会计估计变更	由于资产和负债的当前状况及预期经济利益和义务发生了变化，从而对资产或负债的账面价值或者资产的定期消耗金额进行调整。会计估计变更的依据应当真实、可靠

2. 会计政策变更的条件

满足下列条件之一的，可以变更会计政策：

（1）法律、行政法规或国家统一的会计制度等要求变更。

例如，收入、金融工具、租赁准则变化。

（2）会计政策的变更能够提供更可靠、更相关的会计信息。

例如，投资性房地产后续计量由成本模式转为公允价值模式。

3. 会计估计变更的条件

通常，企业可能由于以下两个原因而发生会计估计变更：

（1）赖以进行估计的基础发生了变化。

例如，企业某项无形资产的摊销年限原定为10年，后来发生的情况表明，该资产的使用年限已变为8年，相应调减摊销年限。

（2）取得了新的信息、积累了更多的经验。

例如，企业根据当时能够得到的信息，对应收账款每年按其余额的5%计提坏账准备。现在掌握了新的信息，判定不能收回的应收账款比例已达15%，企业改按15%的比例计提坏账准备。

提示：

①会计政策变更或会计估计变更，并不意味着以前期间的会计政策或会计估计是错误的，只是由于情况发生了变化，或者掌握了新的信息、积累了更多的经验，使得变更会计政策或变更会计估计能够更好地反映企业的财务状况、经营成果和现金流量。

②如果以前期间会计政策或会计估计的运用是错误的，则属于前期差错，应按前期差错更正的会计处理方法进行会计处理。

③难以区分某项变更为会计政策变更还是会计估计变更的，应将其作为会计估计变更处理。

解题高手

命题角度：根据经济业务判断是否属于会计政策变更或会计估计变更。

（1）会计政策变更常见事项：
①发出存货计价方法的变更。
②投资性房地产后续计量由成本模式改为公允价值模式。
③执行新收入准则将原以风险报酬转移确认收入改为以控制权转移确认收入。
④执行新金融工具准则将原来金融资产"四分类"改为"三分类"。
⑤政府补助的核算由总额法改为净额法。
⑥因执行新准则，而对原准则规定的会计处理进行变更等。

（2）会计估计变更常见事项：
①存货可变现净值的确定。
②固定资产的预计使用寿命、净残值和折旧方法。
③使用寿命有限的无形资产的预计使用寿命、净残值和摊销方法。
④可收回金额按照资产组的公允价值减去处置费用后的净额确定的，确定公允价值减去处置费用后的净额的方法；可收回金额按照资产组预计未来现金流量的现值确定的，预计未来现金流量的确定。
⑤建造合同履约进度的确定。
⑥公允价值的确定（如采用公允价值模式下的投资性房地产公允价值的确定）。

（3）下列情形，既不是会计政策变更，也不是会计估计变更：
①本期发生的交易或者事项与以前相比具有本质差别而采用新的会计政策。如：
a.长期股权投资的核算因投资份额变动导致核算方法改变。
b.自用固定资产转为投资性房地产。
c.金融工具重分类。
②对初次发生的或不重要的交易或者事项采用新的会计政策。
如低值易耗品由一次摊销法变更为分次摊销法。

| 典例研习·17-1 2021年单项选择题

下列事项中，属于会计政策变更的是（ ）。

A. 无形资产的摊销年限由 10 年变更为 8 年

B. 应收账款坏账准备的计提比例由 10% 提高至 15%

C. 因处置部分股权投资丧失对子公司的控制，导致长期股权投资的后续计量由成本法变更为权益法

D. 投资性房地产后续计量由成本模式转换为公允价值模式

斯尔解析 本题考查会计政策变更与会计估计变更的识别。无形资产的摊销年限的变更和应收账款坏账准备计提比例的变更，均属于会计估计变更，选项 AB 不当选。长期股权投资由于投资变化导致的长期股权投资核算方法改变的，既不属于会计政策变更，也不属于会计估计变更，严格地说，核算方法的转换属于新的事项，选项 C 不当选。投资性房地产后续计量由成本模式转换为公允价值模式，属于会计政策变更，选项 D 当选。

本题答案 D

二、会计政策变更与会计估计变更的账务处理（★）

事项	方法	解读
会计政策变更	追溯调整法	对某项交易或事项变更会计政策，视同该项交易或事项初次发生时即采用变更后的会计政策，并以此对财务报表相关项目进行调整的方法
会计政策变更	未来适用法	将变更后的会计政策应用于变更日及以后发生的交易或者事项的方法
会计估计变更	未来适用法	会计估计变更当年及以后期间，采用新的会计估计，不改变以前期间的会计估计，也不调整以前期间的报告结果

（一）会计政策变更的会计处理

企业根据法律、行政法规或者国家统一的会计制度等要求变更会计政策的，应当按照国家相关会计规定执行。

会计政策变更能够提供更可靠、更相关的会计信息的，在能切实可行地确定该项会计政策变更累积影响数时，应当采用追溯调整法处理，将会计政策变更累积影响数调整列报前期最早期初留存收益，其他相关项目的期初余额和列报前期披露的其他比较数据也应当一并调整。

在不能切实可行地确定该项会计政策变更累积影响数时，应当从可追溯调整的最早期间期初开始应用变更后的会计政策。

在当期期初确定会计政策变更对以前各期累积影响数不切实可行的，应当采用未来适用法处理。

1. 追溯调整法

第一步：计算会计政策变更的累积影响数。

会计政策变更的累积影响数，是指按照变更后的会计政策对以前各期追溯计算的列报前期最早期初留存收益应有金额与现有金额之间的差额。

即下列两个金额之间的差额：

（1）在变更会计政策的当期，按变更后的会计政策对以前各期追溯计算，所得到的列报前期最早期初留存收益金额。

（2）在变更会计政策当期，列报前期最早期初的留存收益金额。

会计政策变更的追溯调整不会影响以前年度应交所得税的变动，即不会涉及应交所得税的调整，但是，追溯调整时如涉及暂时性差异，应考虑递延所得税的调整，这种情况应考虑前期所得税费用的调整。

具体计算：

①根据新的会计政策重新计算受影响的前期交易或事项。

②计算两种会计政策下的差异。

③计算差异的所得税影响金额。

④确定以前各期的税后差异。

⑤计算会计政策变更的累积影响数。

第二步：进行相关的账务处理。

涉及损益的调整：直接调整留存收益，通过"利润分配——未分配利润"科目核算。

其他项目的调整：直接调整对应科目。

第三步：调整报表项目和金额。

资产负债表：期初余额。

利润表：上期金额。

所有者权益变动表：本年金额和上年金额。

第四步：披露信息。

| 典例研习·17-2 教材例题改编

甲公司 2016 年、2017 年分别以 84 万元和 120 万元的价格从股票市场购入 A、B 两种以交易为持有目的的股票（假设不考虑购入股票时发生的交易费用），购入后其市价一直高于购入成本，且采用成本与市价孰低法对购入的股票进行计量。

公司从 2018 年起对其持有以交易为目的的股票由成本与市价孰低法改为以公允价值计量，公司保存的会计资料比较齐备，可以通过会计资料追溯计算。

公司适用的所得税税率为25%，公司按净利润的10%提取法定盈余公积，按净利润的5%提取任意盈余公积。2017年公司发行在外的普通股加权平均数为3 600万股，未发行任何稀释性潜在的普通股。A股票2016年、2017年末公允价值均为98万元，B股票2017年末公允价值为132万元。

A、B股票有关成本及公允价值

单位：万元

股票	购入成本	2016年末公允价值	2017年末公允价值
A股票	84	98	98
B股票	120	—	132

第一步，计算改变以公允价值计量且其变动计入当期损益的金融资产计量方法后的累积影响数，如下表所示（单位：万元）：

时间	变更前	变更后	税前差异	所得税影响	税后差异
2016年末	84	98	14	3.5	10.5
2017年末	204	230	26	6.5	19.5

甲公司2018年12月31日的比较财务报表最早期初为2017年1月1日。

甲公司在2016年末以公允价值计量且其变动计入当期损益的金融资产按公允价值计量的账面价值为98万元，按成本与市价孰低法计量的账面价值为84万元，两者的所得税影响合计为3.5万元，两者差异的税后净影响额为10.5万元，为该公司2017年期初以公允价值计量且其变动计入当期损益的金融资产由成本与市价孰低法改为公允价值计量的累积影响数。

甲公司在2017年末以公允价值计量且其变动计入当期损益的金融资产按公允价值计量的账面价值为230万元，按成本与市价孰低法计量的账面价值为204万元，两者的所得税影响合计为6.5万元，两者差异的税后净影响额为19.5万元，其中，10.5万元是调整2017年累积影响数，9万元是调整2017年当期金额。

甲公司按照公允价值重新计量2017年末B股票账面价值，其结果为公允价值变动收益少计12万元，所得税费用少计3万元，净利润少计9万元。

第二步，编制有关项目的调整分录。

(1) 调整交易性金融资产：

借：交易性金融资产——公允价值变动　　26
　　贷：利润分配——未分配利润　　　　　　　　26

(2) 确认所得税影响：

借：利润分配——未分配利润　　6.5
　　贷：递延所得税负债　　　　　　　　6.5

(3) 提取盈余公积：

借：利润分配——未分配利润　　　　　　　2.925
　　贷：盈余公积　　　　　　　　　　(19.5×15%) 2.925

第三步，财务报表调整和重述。

(1) 资产负债表项目的调整：

调增交易性金融资产年初余额 26 万元。

调增递延所得税负债年初余额 6.5 万元。

调增盈余公积年初余额 2.925 万元。

调增未分配利润年初余额 16.575 万元。

(2) 利润表项目的调整数：

调增公允价值变动收益上期金额 12 万元。

调增所得税费用上期金额 3 万元。

调增净利润上期金额 9 万元。

调增基本每股收益上期金额 0.0025 元/股。

(3) 所有者权益变动表项目的调整：

调增会计政策变更项目中盈余公积上年年初金额 1.575 万元；未分配利润上年年初金额 8.925 万元，所有者权益合计上年年初金额 10.5 万元。

调增会计政策变更项目中盈余公积本年年初金额 1.35 万元；未分配利润本年年初金额 7.65 万元，所有者权益合计本年年初金额 9 万元。

第四步，附注说明（略）。

2. 未来适用法

该方法既不计算会计政策变更的累积影响数，也不必调整变更当年年初的留存收益，只在变更当年采用新的会计政策，并计算确定会计政策变更对当期净利润的影响数。

| 典例研习·17-3　2018年单项选择题

下列关于会计政策变更的表述中正确的是（　　）。

A. 确定累积影响数时，不需要考虑损益变化导致的递延所得税费用的变化

B. 法律、行政法规或者国家统一会计制度等要求变更会计政策的，必须采用追溯调整法

C. 采用追溯调整法计算出会计政策变更的累积影响数后，应当调整列报前期最早期初留存收益，以及会计报表其他相关项目的期初数和上年数

D. 企业采用的会计计量基础不属于会计政策

斯尔解析 本题考查会计政策变更的账务处理。确定累积影响数时，需要考虑递延所得税费用的变化，选项A不当选，选项C当选。法律、行政法规或者国家统一的会计准则等要求变更的情况下，企业应当分为以下情况进行处理：（1）法律、行政法规或者国家统一的会计准则要求改变会计政策的同时，也规定了会计政策变更的会计处理办法，企业应当按照国家相关会计规定执行；（2）法律、行政法规或者国家统一的会计准则要求改变会计政策的同时，没有规定会计政策变更会计处理方法的，企业应当采用追溯调整法进行会计处理，选项B不当选。会计政策，是指企业在会计确认、计量和报告中所采用的原则、基础和会计处理方法，企业采用的会计计量基础也属于会计政策，选项D不当选。

本题答案 C

（二）会计估计变更的会计处理

企业对会计估计变更应当采用未来适用法处理。在会计估计变更当期及以后期间，采用新的会计估计，不改变以前期间的会计估计，也不调整以前期间的报告结果。具体会计处理为：

（1）会计估计变更仅影响变更当期的，其影响数应当在变更当期予以确认。

例如，企业原按应收账款余额的5%提取坏账准备，由于企业估计不能收回的应收账款的比例已达10%，则企业改按应收账款余额的10%提取坏账准备，这类会计估计的变更，只影响变更当期。因此应于变更当期确认。

（2）会计估计变更既影响变更当期又影响未来期间的，其影响数应当在变更当期和未来期间予以确认。

例如，可计提折旧的固定资产，其有效使用年限或预计净残值的估计发生变更，通常影响变更当期及以后使用年限内各个期间的折旧费用。因此，这类会计估计的变更，应于变更当期及以后各期确认。

典例研习·17-4 （教材例题）

A公司2014年12月30日购入的一台管理用设备，原始价值为84万元，原估计使用年限为8年，预计净残值为4万元，按年限平均法计提折旧。由于技术因素以及更新办公设施的原因，已不能继续按原定使用年限计提折旧，于2019年1月1日将该设备的折旧年限改为6年，预计残值为2万元。假设税法允许按变更后的折旧额在税前扣除。

A公司的管理用设备已计提折旧4年，累计折旧为40万元，固定资产净值为44万元。2019年1月1日起，改按新的使用年限计提折旧，每年折旧费用＝（44-2）÷（6-4）＝21（万元）。

2019年12月31日，该公司编制的会计分录如下：

借：管理费用　　　　　　　　　　　　　　　21
　　贷：累计折旧　　　　　　　　　　　　　　　　21

典例研习·17-5 2021年单项选择题

甲公司2017年12月1日购入一台不需安装的管理部门用设备，原值为88 000元，预计使用年限为8年，预计净残值为6 000元，采用双倍余额递减法计提折旧。考虑到技术进步因素，甲公司2020年1月1日将该设备的尚可使用年限变更为4年，预计净残值为4 500元，并按年限平均法计提折旧。假定甲公司适用的企业所得税税率为25%，采用资产负债表债务法进行所得税核算，变更前后会计折旧方法及预计净残值均符合税法规定。上述会计估计变更增加甲公司2020年度的净利润为（　　）元。

A.0　　　　　B.3 656.25　　　　　C.843.75　　　　　D.2 531.25

【斯尔解析】本题考查会计估计变更的账务处理。2018年折旧额=88 000×2/8=22 000（元），2019年折旧额=（88 000-22 000）×2/8=16 500（元），2019年12月31日设备的账面价值=88 000-22 000-16 500=49 500（元），会计估计变更增加甲公司2020年度的利润=49 500×2/8-（49 500-4 500）/4=1 125（元），会计估计变更增加甲公司2020年度的净利润=1 125×（1-25%）=843.75（元），选项C当选。

【本题答案】C

第二节　前期差错更正

一、前期差错概述

前期差错，是指由于没有运用或错误运用下列两种信息，而对前期财务报表造成省略或错报。

（1）编报前期财务报表时预期能够取得并加以考虑的可靠信息。

（2）前期财务报告批准报出时能够取得的可靠信息。

二、前期差错的会计处理（★★）

前期差错通常包括计算错误、应用会计政策错误、疏忽或曲解事实以及舞弊产生的影响等。

企业发现前期差错时，确定前期差错累积影响数切实可行的，应当采用追溯重述法更正重要的前期差错；确定前期差错累积影响数不切实可行的，可以从可追溯重述的最早期间开始调整留存收益的期初余额，财务报表其他相关项目的期初余额也应当一并调整，也可以采用未来适用法。

企业应当在重要的前期差错发现当期的财务报表中，调整前期比较数据。企业一般采用追溯重述法对前期差错进行会计处理。

追溯重述法，是指在发现前期差错时，视同该项前期差错从未发生过，从而对财务报表的相关项目进行更正的方法。

企业应设置"以前年度损益调整"科目核算企业本年度发现的重要前期差错更正涉及调整以前年度损益的事项，以及本年度发生的调整以前年度损益的事项。

（1）企业调整增加以前年度利润或减少以前年度亏损，借记有关科目，贷记"以前年度损益调整"科目；调整减少以前年度利润或增加以前年度亏损，借记"以前年度损益调整"科目，贷记有关科目。

（2）由于以前年度损益调整增加的所得税费用，借记"以前年度损益调整"科目，贷记"应交税费——应交所得税"科目或"递延所得税资产"科目或"递延所得税负债"科目；由于以前年度损益调整减少的所得税费用，借记"应交税费——应交所得税"科目或"递延所得税资产"科目或"递延所得税负债"科目，贷记"以前年度损益调整"科目。

（3）经上述调整后，应将"以前年度损益调整"科目的余额转入"利润分配——未分配利润"科目。

借：以前年度损益调整
　　贷：利润分配——未分配利润
或作相反分录。

典例研习·17-6 教材例题

E公司于2019年12月发现，2018年漏记了一项管理用固定资产的折旧费用15万元，但在所得税申报表中扣除了该项折旧费用。此外，2018年适用所得税税率为25%，并对该项固定资产记录了3.75万元的递延所得税负债，无其他纳税调整事项。该公司按净利润的15%提取盈余公积金。

（1）前期差错的分析：

2018年少计提折旧费用15万元；多计递延所得税费用3.75万元（15×25%）；多计净利润11.25万元；多计递延所得税负债3.75万元；多计提盈余公积金1.6875万元。

（2）账务处理：

①补提折旧。

借：以前年度损益调整　　　　　　　　　　　15
　　贷：累计折旧　　　　　　　　　　　　　　　　15

②转回递延所得税负债。

借：递延所得税负债　　　　　　　　　　　3.75
　　贷：以前年度损益调整　　　　　　　　　　　3.75

③将"以前年度损益调整"科目余额转入利润分配。

借：利润分配——未分配利润　　　　　　　11.25
　　贷：以前年度损益调整　　　　　　　　　　　11.25

④调整利润分配有关数字。

借：盈余公积　　　　　　　　　　　　　　1.6875
　　贷：利润分配——未分配利润　　　　　　　　　　1.6875

| 典例研习·17-7 | 2021年单项选择题 |

甲公司2020年6月发现，某管理部门用设备在2019年12月31日的账面价值为1 500万元。当日该设备的公允价值减去处置费用后的净额为1 350万元，预计未来现金流量的现值为1 200万元，甲公司计提了资产减值准备300万元。假定甲公司企业所得税税率为25%，采用资产负债表债务法进行所得税核算，按照净利润的10%计提盈余公积。甲公司进行前期差错更正时，应调整2020年"盈余公积"报表项目年初金额为（　　）万元。

A.33.75　　　　　　　　　　　B.0
C.11.25　　　　　　　　　　　D.22.50

斯尔解析　本题考查差错更正的账务处理。资产的可收回金额应当根据资产的公允价值减去处置费用后的净额与资产预计未来现金流量的现值两者之间较高者确定。甲公司设备应计提减值准备150万元（1 500-1 350），实际计提减值准备300万元，调整前期差错更正影响2020年"盈余公积"报表项目年初金额=（300-150）×（1-25%）×10%=11.25（万元），选项C当选，选项ABD不当选。

本题答案　C

第三节　资产负债表日后事项

一、资产负债表日后事项的概述（★★）

（一）含义

资产负债表日后事项，是指资产负债表日至财务报告批准报出日之间发生的有利或不利事项。

时点	注意事项
资产负债表日	包括年度末和中期期末
财务报告批准报出日	董事会或类似机构批准财务报告报出的日期。批准报出日期至实际对外公布的日期之间发生的事项，也属于资产负债表日后事项

（二）分类

维度	调整事项	非调整事项
概念	对资产负债表日已经存在的情况提供了新的或进一步证据的事项	资产负债表日后发生的情况的事项
特点	在资产负债表日或以前已经存在，在资产负债表日后得以证实	资产负债表日并未发生或存在，完全是资产负债表日后才发生
	对按资产负债表日存在状况编制的财务报表产生了重大影响	对报表使用者理解和分析财务报告有重大影响

解题高手

命题角度：根据经济业务判断是否属于资产负债表日后调整事项或非调整事项。

（1）常见的资产负债表日后调整事项：

①资产负债表日后诉讼案件结案，法院判决证实了企业在资产负债表日已经存在现时义务。

②资产负债表日后取得确凿证据，表明某项资产在资产负债表日发生了减值或者需要调整该项资产原先确认的减值金额。

③资产负债表日后进一步确定了资产负债表日前购入资产的成本或售出资产的收入。

④资产负债表日后发现了财务报表舞弊或差错。

（2）非调整事项典型案例：

①资产负债表日后发生重大诉讼、仲裁、承诺。

②资产负债表日后资产价格、税收政策、外汇汇率发生重大变化。

③资产负债表日后因自然灾害导致资产发生重大损失。

④资产负债表日后发行股票和债券以及其他巨额举债。

⑤资产负债表日后资本公积转增资本。

⑥资产负债表日后发生巨额亏损。

⑦资产负债表日后发生企业合并或处置子公司。

⑧资产负债表日后企业利润分配方案中拟分配的，以及经审议批准宣告发放的现金股利或利润。

⑨在资产负债表日前开始协商，但在资产负债表日后达成的债务重组等。

典例研习·17-8 （2021年多项选择题）

下列资产负债表日后事项中，属于非调整事项的有（　　）。

A. 报告年度暂估入账的固定资产已办理完竣工决算手续，暂估价格与决算价格有较大差异

B. 因遭受水灾导致报告年度购入的存货发生重大损失

C. 收到退回的报告年度销售的商品

D. 法院已结案诉讼项目赔偿额与报告年度确认的预计负债有较大差异

E. 发生巨额亏损

斯尔解析　本题考查资产负债表日后事项的分类。资产负债表日后进一步确定了资产负债表日前购入资产的成本或售出资产的收入，属于资产负债表日后事项中的调整事项，选项 A 不当选。遭受水灾是在资产负债表日后发生的事项，属于资产负债表日后事项中的非调整事项，选项 B 当选。发生的销售退回属于资产负债表日后调整事项，选项 C 不当选。资产负债表日后诉讼案件结案，需要调整原先确认的与该诉讼案件相关的预计负债，属于资产负债表日后调整事项，选项 D 不当选。资产负债表日后发生巨额亏损，属于资产负债表日后非调整事项，选项 E 当选。

本题答案　BE

典例研习·17-9 （2020年多项选择题）

下列资产负债表日后事项中，属于调整事项的有（　　）。

A. 资产负债表日前开始协商，资产负债表日后达成的债务重组

B. 因自然灾害导致资产发生重大损失

C. 发现财务报表存在重要差错

D. 外汇汇率发生重大变化

E. 发现财务报表舞弊

斯尔解析　本题考查资产负债表日后事项的分类。资产负债表日后达成的债务重组、因自然灾害导致资产发生重大损失以及外汇汇率发生重大变化，完全是资产负债表日后才发生的事项，属于非调整事项，选项 ABD 不当选。发现财务报表存在重要差错和发现财务报表舞弊，属于对资产负债表日已经存在的情况提供了新的或进一步证据的事项，属于调整事项，选项 CE 当选。

本题答案　CE

二、资产负债表日后事项的会计处理（★）

（一）基本原则

（1）企业发生的资产负债表日后调整事项，应当调整资产负债表日的财务报表。

（2）企业发生的资产负债表日后非调整事项，不应当调整资产负债表日的财务报表。

（3）资产负债表日后，企业利润分配方案中拟分配的，以及经审议批准宣告发放的股利或利润，不确认为资产负债表日的负债，但应当在附注中单独披露。

（二）调整事项的账务处理

类型	处理方法
涉及损益的事项	通过"以前年度损益调整"科目核算，调整完成后，将"以前年度损益调整"科目余额转入"利润分配——未分配利润"科目
涉及利润分配调整的事项	直接在"利润分配——未分配利润"科目核算
不涉及损益以及利润分配的事项	直接调整相关科目

通过上述账务处理后，还应同时调整财务报表相关项目的数字，主要包括以下三种：

（1）资产负债表日编制的财务报表相关项目的数字。

（2）当期编制的财务报表相关项目的年初数。

（3）经过上述调整后，如果涉及财务报表附注的，还应当调整财务报表附注相关项目的数字。

典例研习·17-10 教材例题

E公司2019年4月销售给F企业一批产品，价款为46 800万元（含应向购货方收取的增值税税额），F企业2019年5月收到所购物资并验收入库。按合同规定，F企业应于收到所购货物后1个月内付款。由于F企业财务状况不佳，到2019年12月31日仍未付款。

E公司于2019年12月31日编制2019年度会计报表时，已为该项应收账款提取坏账准备2 340万元。2019年12月31日，"应收账款"科目的余额为80 000万元，"坏账准备"科目的余额为4 000万元。

E公司于2020年3月2日收到F企业通知，F企业已进行破产清算，无力偿还所欠部分货款，预计E公司可收回应收账款的40%。假定财务报告批准报出日为2020年4月30日；适用所得税税率为25%，资产负债表日计算的税前会计利润和按税法规定计算的应纳税所得额均大于0，经调整后不会发生亏损；盈余公积计提比例为15%。

（1）补提坏账准备：

46 800×60%−2 340=25 740（万元）

借：以前年度损益调整——信用减值损失　　　　25 740

　　贷：坏账准备　　　　　　　　　　　　　　　　　25 740

（2）调整所得税费用：

借：递延所得税资产　　　　　　　　（25 740×25%）6 435
　　贷：以前年度损益调整——所得税费用　　　　　　　　6 435

（3）将"以前年度损益调整"科目的余额转入利润分配：

借：利润分配——未分配利润　　　　　　　　　　19 305
　　贷：以前年度损益调整　　　　　　　（25 740×75%）19 305

（4）调整盈余公积：

借：盈余公积　　　　　　　　　　（19 305×15%）2 895.75
　　贷：利润分配——未分配利润　　　　　　　　　　2 895.75

典例研习·17-11　【2016年单项选择题】

甲公司2015年度财务报告拟于2016年4月10日对外公告。2016年2月15日，甲公司于2015年12月10日销售给乙公司的一批商品因质量问题被退货，所退商品已验收入库。该批商品售价为100万元（不含增值税），成本为80万元，年末货款尚未收到，且未计提坏账准备。甲公司所得税采用资产负债表债务法核算，适用企业所得税税率为25%，假定不考虑其他影响因素，则该项业务应调整2015年净损益的金额是（　　）万元。

A.15.0　　　　　　　　　　B.13.5
C.–15.0　　　　　　　　　D.–13.5

斯尔解析 本题考查资产负债表日后事项的账务处理。应调整2015年净损益的金额=–（100–80）×（1–25%）=–15（万元），即调减净损益15万元，选项C当选，选项ABD不当选。

本题答案 C

解题高手

命题角度：考查可能需要通过"以前年度损益调整"科目进行会计处理的经济事项。

首先，"以前年度损益调整"科目主要用于损益类事项的调整，如果不涉及损益类事项的调整，则无须通过该科目核算。

其次，"以前年度损益调整"科目主要用于对过去事项的调整，如果只是调整未来的事项，则无须使用该科目核算，例如采用未来适用法处理的会计政策变更和会计估计变更。

最后，会计政策变更采用追溯调整法处理时，对涉及损益的调整事项，直接调整留存收益，无须通过该科目核算。对于涉及损益的资产负债表日后调整事项和采用追溯重述法更正的重要前期差错，需要通过该科目核算。

典例研习·17-12 （2020年多项选择题）

下列经济事项中，可能需要通过"以前年度损益调整"科目进行会计处理的有（　　）。

A. 不涉及损益的资产负债表日后事项

B. 涉及损益的资产负债表日后调整事项

C. 不涉及损益的前期重要差错调整

D. 涉及损益的会计估计变更

E. 涉及损益的前期重要差错更正

斯尔解析 本题考查会计调整。不涉及损益的调整事项无须通过"以前年度损益调整"科目核算，选项 AC 不当选。对于会计估计变更，企业应采用未来适用法，不改变以前期间的会计估计，也不调整以前期间的报告结果，选项 D 不当选。对于涉及损益的资产负债表日后调整事项和涉及损益的前期重要差错更正，可能需要通过"以前年度损益调整"科目进行处理，选项 BE 当选。

本题答案 BE

典例研习在线题库

至此，财务与会计的学习已经进行了 96%，继续加油呀！

96%

第十八章 财务报告

学习提要

重要程度：次重点章节

平均分值：5分

考核题型：单项选择题、多项选择题

本章提示：本章内容较多，但近三年考查的重点为现金流量表的编制、所有者权益变动表的内容和附注中关于关联方交易披露的内容。学习时，可抓大放小，不建议浪费太长时间

第一节 资产负债表

一、资产负债表的格式和内容

资产负债表是反映企业在某一特定日期财务状况的会计报表。它是根据"资产＝负债＋所有者权益（股东权益）"这一会计基本等式，按照一定的分类标准和顺序，把企业在一定日期的资产、负债和所有者权益各项目予以适当排列编制而成的。

资产负债表中资产类项目金额合计与负债和所有者权益（股东权益）项目金额合计必须相等。各项资产与负债的金额一般不应相互抵销。

资产负债表的结构，一般有两种：

一种是账户式的，即报表左右对称结构，左方列资产各项目反映全部资产的分布及存在形态，一般按资产流动性大小排列，右方列负债和所有者权益（股东权益）各项目反映全部负债和所有者权益的内容及构成情况，一般按要求清偿时间先后顺序排列。

另一种是报告式的，即按上下顺序依次列资产、负债及所有者权益（股东权益）项目。我国采用账户式的资产负债表。

对于资产负债表中有关重要项目的明细资料，以及其他有助于理解和分析资产负债表的重要事项，应在报表附注中逐一列示和说明。

另外，资产负债表除了列示各项资产、负债和所有者权益（股东权益）项目的期末余额外，通常还列示这些项目的年初余额，通过对年初数与期末数的比较，可以看出各项资产、负债及所有者权益（股东权益）的变动。这种格式的资产负债表称为比较资产负债表。

资产负债表

会企 01 表

编制单位：　　　　　　　　年　月　日　　　　　　　　单位：元

资产	期末余额	上年年末余额	负债和所有者权益（或股东权益）	期末余额	上年年末余额
流动资产：			流动负债：		
货币资金			短期借款		
交易性金融资产			交易性金融负债		
衍生金融资产			衍生金融负债		
应收票据			应付票据		

续表

资产	期末余额	上年年末余额	负债和所有者权益（或股东权益）	期末余额	上年年末余额
应收账款			应付账款		
应收款项融资			预收款项		
预付款项			合同负债		
其他应收款			应付职工薪酬		
存货			应交税费		
合同资产			其他应付款		
持有待售资产			持有待售负债		
一年内到期的非流动资产			一年内到期的非流动负债		
其他流动资产			其他流动负债		
流动资产合计			流动负债合计		
非流动资产：			非流动负债：		
债权投资			长期借款		
其他债权投资			应付债券		
长期应收款			其中：优先股		
长期股权投资			永续股		
其他权益工具投资			租赁负债		
其他非流动金融资产			长期应付款		
投资性房地产			预计负债		
固定资产			递延收益		
在建工程			递延所得税负债		
生产性生物资产			其他非流动负债		
油气资产			非流动负债合计		
使用权资产			负债合计		
无形资产			所有者权益（或股东权益）：		
开发支出			实收资本（或股本）		
商誉			其他权益工具		

续表

资产	期末余额	上年年末余额	负债和所有者权益（或股东权益）	期末余额	上年年末余额
长期待摊费用			其中：优先股		
递延所得税资产			永续债		
其他非流动资产			资本公积		
非流动资产合计			减：库存股		
			其他综合收益		
			专项储备		
			盈余公积		
			未分配利润		
			所有者权益（或股东权益）合计		
资产合计			负债和所有者权益（或股东权益）总计		

二、资产负债表的编制方法（★）

（一）资产负债表"期末余额"栏的填列方法

1. 根据相关总账科目期末余额直接填列

"其他权益工具投资""递延所得税资产""短期借款""交易性金融负债""应付票据""长期待摊费用""持有待售负债""递延所得税负债""实收资本（或股本）""资本公积""其他权益工具""库存股""其他综合收益""专项储备""盈余公积"等项目。

2. 根据几个总账科目期末余额计算填列

"货币资金"项目，需根据"库存现金""银行存款""数字货币""其他货币资金"四个总账科目的期末余额的合计数填列。

"其他应付款"项目，需根据"其他应付款""应付利息""应付股利"三个总账科目余额的合计数填列。

3. 根据明细账科目余额计算填列

（1）应付账款 = "应付账款"明细科目贷方余额 + "预付账款"明细科目贷方余额。

（2）预收款项 = "预收账款"明细科目贷方余额 + "应收账款"明细科目贷方余额。

（3）"开发支出"项目，应根据"研发支出"科目中所属的"资本化支出"明细科目期末余额填列。

（4）"应收款项融资"项目，应根据"应收票据""应收账款"科目的明细科目期末余额分析填列。

（5）"交易性金融资产""其他债权投资""预计负债""应交税费""应付职工薪酬"应根据相应明细科目期末余额分析填列。

（6）"未分配利润"项目，应根据"利润分配"科目中所属的"未分配利润"明细科目期末余额填列。

（7）"一年内到期的非流动资产""一年内到期的非流动负债"项目，应根据有关非流动资产或负债项目的明细科目余额分析填列。折旧、摊销年限不足一年的固定资产、无形资产、长期待摊费用和递延收益均不转入一年内到期项目。

4. 根据总账科目和明细账科目余额分析计算填列

（1）"长期借款""应付债券""租赁负债"项目，应根据"长期借款""应付债券""租赁负债"总账科目余额扣除"长期借款""应付债券""租赁负债"科目所属的明细科目中将在资产负债表日起1年内到期，且企业不能自主地将清偿义务展期的部分后的金额计算填列。

（2）"其他非流动负债"项目，应根据有关科目的期末余额减去将于1年内（含1年）到期偿还数后的金额填列。

5. 根据有关科目余额减去其备抵科目余额后的净额填列

（1）"持有待售资产""长期股权投资""商誉"项目，应根据相关科目的期末余额填列，已计提减值准备的，还应扣减相应的减值准备。

（2）在建工程 = 在建工程期末余额 − 在建工程减值准备 + 工程物资期末余额 − 工程物资减值准备。

（3）固定资产 = 固定资产期末余额 − 累计折旧 − 固定资产减值准备 ± 固定资产清理（借方余额为加，贷方余额为减）。

（4）无形资产 = 无形资产期末余额 − 累计摊销 − 无形资产减值准备。

（5）投资性房地产 = 投资性房地产期末余额 − 投资性房地产累计折旧（摊销）− 投资性房地产减值准备（公允价值计量的，按期末余额填列）。

（6）使用权资产 = 使用权资产期末余额 − 使用权资产累计折旧 − 使用权资产减值准备。

（7）长期应收款 = 长期应收款期末余额 − 未实现融资收益 − 坏账准备。

（8）长期应付款 = 长期应付款期末余额 + 专项应付款期末余额 − 未确认融资费用。

6. 综合运用上述填列方法分析填列

（1）应收票据 = 应收票据期末余额 − 坏账准备。

（2）应收账款 = 应收账款期末余额 − 坏账准备。

（3）其他应收款 = 其他应收款期末余额 + 应收利息期末余额 + 应收股利期末余额 − 坏账准备。

（4）预付账款 = 预付账款借方余额 + 应付账款借方余额 − 坏账准备。

（5）债权投资 = 债权投资期末余额（一年以上）− 债权投资减值准备。

（6）"合同资产"和"合同负债"项目，应根据"合同资产"科目和"合同负债"科目的明细科目期末余额分析填列，同一合同下的合同资产和合同负债应当以净额列示，其中净额为借方余额的，应当根据其流动性在"合同资产"或"其他非流动资产"项目中填列，已计提减值准备的，还应减去"合同资产减值准备"科目中相应的期末余额后的金额填列，其中净额为贷方余额的，应当根据其流动性在"合同负债"或"其他非流动负债"项目中填列。

（7）存货＝材料采购＋原材料＋发出商品＋库存商品＋周转材料＋委托加工物资＋生产成本＋合同履约成本（小于一年或一个营业周期）－存货跌价准备－合同履约成本减值准备±材料成本差异＋受托代销商品－受托代销商品款。

（二）"上年年末余额"栏的填列方法

资产负债表"上年年末余额"栏内各项数字，应根据上年年末资产负债表"期末余额"栏内所列数字填列。如果上年度资产负债表规定的各个项目的名称和内容同本年度不一致，应对上年年末资产负债表各项目的名称和数字按照本年度的规定进行调整，填入本表"上年年末余额"栏内。

典例研习·18-1 2020年单项选择题

编制资产负债表时，下列根据相关总账科目期末余额直接填列的项目是（　　）。

A. 合同资产　　　　　　　　B. 持有待售资产
C. 递延收益　　　　　　　　D. 合同负债

斯尔解析 本题考查资产负债表的填列。"合同资产"和"合同负债"项目，应分别根据"合同资产""合同负债"科目的相关明细科目期末余额分析填列，同一合同下的合同资产和合同负债应当以净额列示，其中净额为借方余额的，应当根据其流动性在"合同资产"或"其他非流动资产"项目中填列，已计提减值准备的，还应减去"合同资产减值准备"科目中相应的期末余额后的金额填列；其中净额为贷方余额的，应当根据其流动性在"合同负债"或"其他非流动负债"项目中填列，选项AD不当选。"持有待售资产"项目，应根据相关科目的期末余额扣减相应的减值准备填列，选项B不当选。"递延收益"项目应根据相关总账科目余额直接填列，选项C当选。

本题答案 C

典例研习·18-2 2019年单项选择题

期末同一合同下的合同资产净额大于合同负债净额的差额，如超过一年或一个正常营业周期结转的，在资产负债表中列报为（　　）项目。

A. 其他流动资产　　　　　　B. 合同资产
C. 其他非流动资产　　　　　D. 合同负债

> **斯尔解析** 本题考查资产负债表的填制方法。同一合同下的合同资产和合同负债应当以净额列示，其中净额为借方余额的，应当根据其流动性在"合同资产"或"其他非流动资产"项目中填列，已计提减值准备的，还应减去"合同资产减值准备"科目中相应的期末余额后的金额填列，其中净额为贷方余额的，应当根据其流动性在"合同负债"或"其他非流动负债"项目中填列，因此合同资产净额大于合同负债净额的差额，期限在一年或一个正常营业周期以上的，在资产负债表中应列示为"其他非流动资产"，选项 C 当选。
>
> **本题答案** C

第二节 利润表

一、利润表的格式和内容

利润表是反映企业在一定会计期间的经营成果的会计报表。

为了使报表使用者通过比较不同期间利润的实现情况，判断企业经营成果的未来发展趋势，企业需要提供比较利润表，利润表还就各项目再分为"本期金额"和"上期金额"两栏分别填列。

利润表

会企02表

编制单位：　　　　　　　　　　年　　月　　　　　　　　　　单位：元

项目	本期金额	上期金额
一、营业收入		
减：营业成本		
税金及附加		
销售费用		
管理费用		
研发费用		
财务费用		
其中：利息费用		
利息收入		

续表

项目	本期金额	上期金额
加：其他收益		
投资收益（损失以"-"号填列）		
其中：对联营企业和合营企业的投资收益		
以摊余成本计量的金融资产终止确认收益（损失以"-"号填列）		
净敞口套期收益（损失以"-"号填列）		
公允价值变动收益（损失以"-"号填列）		
信用减值损失（损失以"-"号填列）		
资产减值损失（损失以"-"号填列）		
资产处置收益（损失以"-"号填列）		
二、营业利润（亏损以"-"号填列）		
加：营业外收入		
减：营业外支出		
三、利润总额（亏损总额以"-"号填列）		
减：所得税费用		
四、净利润（净亏损以"-"号填列）		
（一）持续经营净利润		
（二）终止经营净利润		
五、其他综合收益税后净额		
（一）不能重分类进损益的其他综合收益		
1.重新计量设定受益计划变动额		
2.权益法下不能转损益的其他综合收益		
3.其他权益工具投资公允价值变动		
4.企业自身信用风险公允价值变动		
……		
（二）将重分类进损益的其他综合收益		
1.权益法下可转损益的其他综合收益		
2.其他债权投资公允价值变动		
3.金融资产重分类计入其他综合收益的金额		

续表

项目	本期金额	上期金额
4. 其他债权投资信用减值准备		
5. 现金流量套期储备		
6. 外币财务报表折算差额		
……		
六、综合收益总额		
七、每股收益		
（一）基本每股收益		
（二）稀释每股收益		

二、利润表的编制方法

（一）本期金额

一般应根据损益类科目和所有者权益类有关科目的发生额填列。需重点关注以下两个项目：

（1）"研发费用"项目，反映企业进行研究与开发过程中发生的费用化支出，以及计入管理费用的自行开发无形资产的摊销。

需要说明的是，研发费用并不是会计科目，只是"管理费用"科目下设的一个二级明细科目。

（2）其中："利息费用"和"利息收入"项目，应根据"财务费用"科目所属的相关明细科目的发生额分析填列，且这两个项目作为"财务费用"项目的其中项以正数填列。

（二）上期金额

利润表"上期金额"栏应根据上年同期利润表"本期金额"栏内所列数字填列。如果上年同期利润表规定的项目名称和内容与本期不一致，应对上年同期利润表各项目的名称和金额按照本期的规定进行调整，填入"上期金额"栏。

| 典例研习·18-3 2019年多项选择题

下列各项中，影响企业当期营业利润的有（　　）。

A. 与企业日常活动无关的政府补助

B. 在建工程计提减值准备

C. 固定资产报废净损失

D. 出售原材料取得收入

E. 资产处置收益

🔍 **斯尔解析** 本题考查利润表的填列方法。与企业日常活动无关的政府补助，计入营业外收入，固定资产报废净损失，计入营业外支出，不影响营业利润，选项AC不当选；在建工程计提减值准备计入资产减值损失，出售原材料取得收入计入其他业务收入，处置相关资产产生的资产处置收益，均影响营业利润，选项BDE当选。

▲ **本题答案** BDE

典例研习·18-4 〔2017年单项选择题〕

甲公司2016年发生下列交易或事项：（1）出租无形资产取得租金收入200万元；（2）处置固定资产产生净收益50万元；（3）处置交易性金融资产取得收益50万元；（4）管理用机器设备发生日常维护支出30万元；（5）持有的其他债权投资公允价值下降80万元。假定上述交易或事项均不考虑相关税费，则甲公司2016年度因上述交易或事项影响营业利润的金额是（　　）万元。

A.170   B.140
C.220   D.270

🔍 **斯尔解析** 本题考查利润表的填列方法。上述业务中，除持有的其他债权投资公允价值变动计入其他综合收益，不影响营业利润外，其他各项目均影响营业利润，因此影响营业利润的金额=200+50+50-30=270（万元），选项D当选。

▲ **本题答案** D

第三节　现金流量表

一、现金流量表的编制基础（★）

现金流量表是反映企业在一定会计期间的现金和现金等价物的流入和流出的会计报表，编制基础是收付实现制。

项目	解读
现金	企业库存现金以及可以随时用于支付的存款，主要包括库存现金、银行存款、其他货币资金。 提示：不能随时用于支付的存款不属于现金，但提前通知金融企业便可支取的定期存款，应包括在现金范围内。对于数字货币，要根据有关规定判断是否属于现金及现金等价物

续表

项目	解读
现金等价物	企业持有的期限短、流动性强、易于转换为已知金额现金、价值变动风险很小的投资。"期限短"一般是指从购买日起 3 个月内到期。例如 3 个月内到期的短期债券投资等

在现金流量表中,现金及现金等价物被视为一个整体,企业现金(含现金等价物,下同)形式的转换不会产生现金的流入和流出。例如企业用现金购买 3 个月内到期的国库券,不属于现金流量。

提示:
(1)权益性投资变现的金额通常不确定,因而一般不属于现金等价物。
(2)企业应当根据具体情况,确定现金等价物的范围,一经确定不得随意变更,如改变划分标准,应视为会计政策的变更。企业确定现金等价物的原则及其变更,应在会计报表附注中披露。

| 典例研习·18-5 2019 年单项选择题

下列业务发生后将引起现金及现金等价物总额变动的是( )。
A. 赊购固定资产
B. 用银行存款购买 1 个月到期的债券
C. 用库存商品抵偿债务
D. 用银行存款清偿债务

斯尔解析 本题考查现金及现金等价物的概念。赊购固定资产和用库存商品抵偿债务,不会产生现金及现金等价物的流入和流出,选项 AC 不当选。用银行存款购买 1 个月到期的债券,属于现金和现金等价物的转换,不会引起现金及现金等价物总额变动,选项 B 不当选。用银行存款清偿债务,会导致现金减少,进而引起现金及现金等价物总额减少,选项 D 当选。

本题答案 D

二、现金流量的分类(★★)

现金流量指企业现金和现金等价物的流入和流出。
根据企业业务活动的性质和现金流量的来源,企业一定期间产生的现金流量分为三类:经营活动现金流量、投资活动现金流量和筹资活动现金流量。

类型	解读
投资活动	企业长期资产的购建和不包括在现金等价物范围内的投资及其处置活动，既包括实物资产投资，也包括非实物资产投资
筹资活动	筹资活动是指导致企业资本及债务规模和构成发生变化的活动，包括向银行借款、偿还债务等
经营活动	企业投资活动和筹资活动以外的所有交易和事项，对于工商业企业而言，经营活动主要包括销售商品、接受劳务、支付税费等

解题高手

命题角度：判断企业现金流量的类型。

第一，对于企业日常活动产生的现金流量，在判断其类型时，建议先判断其是否属于投资活动现金流量或筹资活动现金流量，如不属于上述两类现金流量，则属于经营活动现金流量。

在判断现金流量的类型时，一定要建立起"闭环"思维，例如，构建固定资产产生的现金流量属于投资活动现金流量，则出售固定资产产生的现金流量也属于投资活动现金流量；向银行借款产生的现金流量属于筹资活动现金流量，则归还银行借款产生的现金流量也属于筹资活动现金流量。

通常情况下，应付账款融资和应付票据融资产生的现金流量等属于经营活动现金流量，不属于筹资活动。

第二，对于企业日常活动之外特殊的、不经常发生的特殊项目，如自然灾害损失、保险赔款、捐赠等，应当归并到相关类别中，并单独反映。

（1）对于自然灾害损失和保险赔款，如果能够确定属于流动资产损失，应当列入经营活动产生的现金流量；属于固定资产损失，应当列入投资活动产生的现金流量；如果不能确定，则可以列入经营活动产生的现金流量。

（2）捐赠收入和支出，可以列入经营活动。

典例研习·18-6 2022年多项选择题

下列交易或事项中，属于投资活动产生的现金流量的有（　　）。

A. 处置固定资产、无形资产和其他长期资产收回的现金净额
B. 取得子公司及其他营业单位支付的现金净额
C. 吸收投资收到的现金

D. 分配股利、利润或偿付利息支付的现金

E. 收到的税费返还

斯尔解析 本题考查现金流量的分类。投资活动，是指企业长期资产的购建和不包括在现金等价物范围内的投资及其处置活动，选项 AB 当选。吸收投资收到的现金，分配股利、利润或偿付利息支付的现金属于筹资活动产生的现金流量，选项 CD 不当选。收到的税费返还属于经营活动产生的现金流量，选项 E 不当选。

本题答案 AB

三、现金流量表的编制方法（★）

编制现金流量表时，列报经营活动现金流量的方法有两种：一是直接法；二是间接法。这两种方法通常也称为编制现金流量表的方法。

类型	解读
直接法	按现金收入和现金支出的主要类别直接反映企业经营活动产生的现金流量。 在直接法下，一般是以利润表中的营业收入为起算点，调节与经营活动有关的项目的增减变动，然后计算出经营活动产生的现金流量
间接法	以净利润为起算点，调整不涉及现金的收入、费用、营业外收支等有关项目，剔除投资活动、筹资活动对现金流量的影响，据此计算出经营活动产生的现金流量。 实际上就是将按权责发生制原则确定的净利润调整为现金净流入，并剔除投资活动和筹资活动对现金流量的影响

我国相关会计准则规定企业应当采用直接法编报现金流量表，同时要求在附注中提供以净利润为基础调节到经营活动现金流量的信息。

四、现金流量表的编制（★）

现金流量表的项目主要有：经营活动产生的现金流量、投资活动产生的现金流量、筹资活动产生的现金流量、汇率变动对现金及现金等价物的影响、现金及现金等价物净增加额、期末现金及现金等价物余额等。

（一）经营活动产生现金流量的编制

项目	反映内容
销售商品、提供劳务收到的现金	（1）企业本期销售商品、提供劳务收到的现金，以及前期销售商品、提供劳务本期收到的现金（包括销售收入和应向购买者收取的增值税销项税额）。 （2）本期预收的款项。 （3）减去本期销售本期退回的商品和前期销售本期退回的商品支付的现金。 （4）企业销售材料和代购代销业务收到的现金

续表

项目	反映内容
收到的税费返还	企业收到返还的增值税、所得税、消费税、关税和教育费附加等各种税费返还款，以及企业收到的留抵退税款项
收到其他与经营活动有关的现金	企业收到的罚款收入、经营租赁收到的租金等其他与经营活动有关的现金流入，金额较大的应当单独列示
购买商品、接受劳务支付的现金	企业本期购买商品、接受劳务实际支付的现金（包括增值税进项税额），以及本期支付前期购买商品、接受劳务的未付款项和本期预付款项，减去本期发生的购货退回收到的现金
支付给职工以及为职工支付的现金	企业本期实际支付给职工的工资、奖金、各种津贴和补贴等职工薪酬，但是应由在建工程、无形资产负担的职工薪酬以及支付的离退休人员的职工薪酬除外
支付的各项税费	企业按规定支付的各项税费，包括本期发生并支付的税费，以及本期支付以前各期发生的税费和预缴的税金，如支付的增值税、消费税、所得税等，计入固定资产价值、实际支付的耕地占用税、本期退回的增值税、所得税等除外
支付其他与经营活动有关的现金	企业支付的罚款支出、差旅费、业务招待费、保险费、支付的离退休人员的职工薪酬等其他与经营活动有关的现金流出，金额较大的应当单独列示

（二）投资活动产生的现金流量的编制

项目	反映内容
收回投资收到的现金	企业出售、转让或到期收回除现金等价物以外的交易性金融资产、债权投资、其他债权投资、其他权益工具投资、长期股权投资等收到的现金，以及收回长期债权投资本金而收到的现金，但长期债权投资收回的利息除外
取得投资收益收到的现金	企业因股权性投资而分得的现金股利，从子公司、联营企业或合营企业分回利润而收到的现金，以及因债权性投资而取得的现金利息收入，但股票股利除外
处置固定资产、无形资产和其他长期资产收回的现金净额	企业出售、报废固定资产、无形资产和其他长期资产所取得的现金（包括因资产毁损而收到的保险赔偿收入），减去为处置这些资产而支付的有关费用后的净额，但现金净额为负数的除外
处置子公司及其他营业单位收到的现金净额	企业处置子公司及其他营业单位所取得的现金减去子公司或其他营业单位持有的现金和现金等价物以及相关处置费用后的净额

续表

项目	反映内容
收到其他与投资活动有关的现金	反映企业除上述各项目外,收到的其他与投资活动有关的现金流入,金额较大的应当单独列示
购建固定资产、无形资产和其他长期资产支付的现金	企业购买、建造固定资产、取得无形资产和其他长期资产所支付的现金及增值税款、支付的应由在建工程和无形资产负担的职工薪酬现金支出,但为购建固定资产而发生的借款利息资本化部分除外
投资支付的现金	企业取得的除现金等价物以外的权益性投资和债权性投资所支付的现金,以及支付的佣金、手续费等附加费用
取得子公司及其他营业单位支付的现金净额	企业购买子公司及其他营业单位购买出价中以现金支付的部分,减去子公司或其他营业单位持有的现金和现金等价物后的净额
支付其他与投资活动有关的现金	反映企业除上述各项目外,支付的其他与投资活动有关的现金流出,金额较大的应当单独列示

（三）筹资活动产生的现金流量的编制

项目	反映内容
吸收投资收到的现金	企业以发行股票等方式筹集资金实际收到的款项,减去直接支付给金融企业的佣金、手续费、宣传费、咨询费、印刷费等发行费用后的净额
取得借款收到的现金	企业举借各种短期、长期借款而收到的现金以及发行债券实际收到的款项净额（发行收入减去直接支付的佣金等发行费用后的净额）
收到其他与筹资活动有关的现金	该项目反映企业除上述各项目外,收到的其他与筹资活动有关的现金流入
偿还债务支付的现金	企业以现金偿还债务的本金
分配股利、利润或偿付利息支付的现金	企业实际支付的现金股利、支付给其他投资单位的利润或用现金支付的借款利息、债券利息
支付其他与筹资活动有关的现金	反映企业除上述各项目外,支付的其他与筹资活动有关的现金流出,包括以发行股票、债券等方式筹集资金而由企业直接支付的审计、咨询等费用,以分期付款方式购建固定资产、无形资产以后各期支付的现金等

（四）汇率变动对现金及现金等价物的影响

"汇率变动对现金及现金等价物的影响"项目,反映下列项目之间的差额:

（1）企业外币现金流量及境外子公司的现金流量折算为记账本位币时,所采用的现金流量发生日的即期汇率或按照系统合理的方法确定的，与现金流量发生日即期汇率近似的汇率折算的金额。

（2）"现金及现金等价物净增加额"中外币现金净增加额按期末汇率折算的金额。

五、现金流量表补充资料的编制（★★）

企业应当采用间接法在现金流量表附注中披露将净利润调节为经营活动现金流量的信息。

将净利润调节为经营活动现金流量的编制：

项目	调整方向
资产减值准备、信用损失准备	调增
固定资产折旧、无形资产摊销等各种折旧、折耗和摊销	调增
处置固定资产等长期资产的损失	调增（收益调减）
净敞口套期损失、公允价值变动损失、财务费用、投资损失	调增（收益调减）
递延所得税资产减少、存货的减少、经营性应收项目的减少	调增（增加时调减）
递延所得税负债增加、经营性应付项目的增加	调增（减少时调减）

> **解题高手**
>
> **命题角度：考查现金流量表补充资料中，各项目的调整方向。**
>
> 第一步：判断是否需要调整。
>
> 需要调整的项目包括：
>
> （1）影响净利润但不属于经营活动现金流量的事项项目。
>
> （2）影响经营活动现金流量但不影响净利润的事项。
>
> 第二步：判断调整方向。
>
> 可以参考以下调整思路快速判断：
>
> 资产类项目：资产增加就调减，资产减少就调增。
>
> 负债类项目：负债增加就调增，负债减少就调减。
>
> 损益类项目：利润增加的调减，利润减少的调增。

| 典例研习·18-7 2021年单项选择题

甲公司2020年度实现净利润800万元，应收账款增加75万元，存货减少50万元，应付职工薪酬减少25万元，预收账款增加30万元，计提固定资产减值准备40万元。则甲公司2020年度经营活动产生的现金流量净额为（　　）万元。

A.790　　　　　　B.820　　　　　　C.870　　　　　　D.780

🔍 斯尔解析 本题考查现金流量表的编制。2020年度经营活动产生的现金流量净额=800-75+50-25+30+40=820（万元），选项B当选。

▲本题答案 B

| 典例研习·18-8   2018年单项选择题

下列项目中，应作为现金流量表补充资料中"将净利润调节为经营活动现金流量"调增项目的是（　　）。

A. 当期发生的存货增加
B. 当期经营性应收项目的增加
C. 当期递延所得税资产减少
D. 当期确认的金融资产公允价值变动收益

🔍 斯尔解析 本题考查现金流量表的编制。当期递延所得税资产减少，对应所得税费用增加，减少净利润，但不影响经营活动现金流量，应作为调增项目处理，选项C当选。

▲本题答案 C

第四节　所有者权益变动表

（1）所有者权益变动表，是指反映构成所有者权益各组成部分当期增减变动情况的报表。

（2）所有者权益变动表应当全面反映一定时期所有者权益变动的情况，不仅包括所有者权益总量的增减变动，还包括所有者权益增减变动的重要结构性信息，特别是要反映直接计入所有者权益的利得和损失，让报表使用者准确理解所有者权益增减变动的根源。

（3）为了清楚地表明构成所有者权益的各组成部分当期的增减变动情况，所有者权益变动表应当以矩阵的形式列示。一方面列示导致所有者权益变动的交易或事项；另一方面按照所有者权益各组成部分及其总额列示交易或事项对所有者权益的影响。

（4）在所有者权益变动表上，企业至少应当单独列示的项目包括：
①综合收益总额。
②会计政策变更和前期差错更正的累积影响金额。
③所有者投入资本和向所有者分配利润等。
④提取的盈余公积。
⑤实收资本、其他权益工具、资本公积、其他综合收益、专项储备、盈余公积、未分配利润的期初和期末余额及其调节情况。

⑥盈余公积弥补亏损。

（5）企业还需提供比较所有者权益变动表，所有者权益变动表还就各项目再分为"本年金额"和"上年金额"两栏分别填列。

| 典例研习·18-9 | 2021年多项选择题

下列各项应在"所有者权益变动表"中单独列示的有（　　）。
A. 利润总额
B. 盈余公积弥补亏损
C. 稀释每股收益
D. 提取盈余公积
E. 综合收益总额

斯尔解析　本题考查所有者权益变动表的编制。在所有者权益变动表上，企业至少应当单独列示的项目包括：①综合收益总额；②会计政策变更和前期差错更正的累积影响金额；③所有者投入资本和向所有者分配利润等；④提取的盈余公积；⑤实收资本、其他权益工具、资本公积、其他综合收益、专项储备、盈余公积、未分配利润的期初和期末余额及其调节情况；⑥盈余公积弥补亏损，选项BDE当选。利润总额及每股收益应在利润表中单独列示，选项AC不当选。

▲本题答案　BDE

第五节　附　注

一、概述

附注是对资产负债表、利润表、现金流量表和所有者权益变动表等报表中列示项目的文字描述或明细资料，以及对未能在这些报表中列示项目的说明等。

财务报表附注是财务报表不可或缺的组成部分，附注相对于报表而言，同样具有重要性。

二、附注披露的内容（★）

附注中至少披露下列内容，但是，非重要项目除外。

1. 企业的基本情况

如企业注册地、组织形式、业务性质、财务报告批准报出日等。

2. 财务报表的编制基础

如会计年度、记账本位币、计量基础、现金及现金等价物的构成。

3. 遵循《企业会计准则》的声明

4. 重要会计政策和会计估计

5. 会计政策和会计估计变更以及差错更正的说明

企业应当披露采用的重要会计政策和会计估计，不重要的会计政策和会计估计可以不披露。

6. 重要报表项目的说明

7. 或有事项和承诺事项的说明

如预计负债的种类、形成原因、经济利益流出不确定性的说明等。

8. 资产负债表日后事项的说明

9. 关联方关系及其交易的说明

（1）母公司和子公司的名称。

（2）母公司和子公司的业务性质、注册地、注册资本（或实收资本、股本）及其当期发生的变化。

（3）母公司对该企业或者该企业对子公司的持股比例和表决权比例。

（4）企业与关联方发生关联交易的，该关联方关系的性质、交易类型及交易要素。

交易要素至少应当包括以下四项内容：

①交易的金额。

②未结算项目的金额、条款和条件，以及有关提供或取得担保的信息。

③未结算应收项目的坏账准备金额。

④定价政策。

（5）企业应当分别通过关联方以及交易类型披露关联方交易。

10. 此外还应披露的信息

如与持有待售、终止经营相关的信息等。

典例研习 · 18-10 2019年多项选择题

企业与关联方发生关联交易的，在财务报表中披露的交易要素至少应包括（　　）。

A. 未结算项目的金额、条款和条件，以及有关提供或取得担保的信息

B. 已结算应收项目的坏账准备金额

C. 交易的累积影响数

D. 交易的金额

E. 定价政策

斯尔解析 本题考查附注的编制。交易要素至少应当包括以下四项内容：（1）交易的金额；（2）未结算项目的金额、条款和条件，以及有关提供或取得担保的信息；（3）未结算应收项目的坏账准备金额；（4）定价政策，选项 ADE 当选。

本题答案 ADE

典例研习在线题库

至此,财务与会计的学习已经进行了99%,继续加油呀!

第十九章 企业破产清算会计

学习提要

重要程度： 非重点章节

平均分值： 2分

考核题型： 单项选择题、多项选择题

本章提示： 本章知识的理解难度较高，考试时的重要程度较低，如果时间有限，可战略性放弃。近三年考试，本章主要考查企业破产清算的账务处理，针对该内容，在考试时，可以结合核算科目的字面意思，利用排除法做题。

第一节 企业破产清算会计概述

一、破产清算业务

破产清算业务是指人民法院依照《破产法》的规定，宣告债务人破产后，由破产管理人对破产企业的资产、负债进行清理、登记，并通过资产处置、债务清偿、清缴税款、分配破产财产，了结其债权债务关系，最终由人民法院裁定破产终结，向破产企业的原登记机关申请注销原注册登记，终结其民事行为能力的法律活动。

二、破产清算的适用范围

适用于经法院宣告破产处于破产清算期间的企业法人，即破产企业。

三、企业破产清算的会计基础（★）

破产企业会计确认、计量和报告以非持续经营为前提。原因有三：

第一，传统财务会计的基本假设对破产清算会计不再适用。

假设	传统财务会计	破产清算会计
会计主体假设	会计主体是企业自身	破产管理人进入以前，企业是一个会计主体；破产管理人进入以后，破产管理人作为一个新的会计主体出现
持续经营假设	持续经营假设成立	持续经营假设不成立
会计分期假设	会计分期假设存在	会计分期假设消失

第二，破产清算会计超越了传统的财务会计一些基本原则和要求规范。

原则和要求	传统财务会计	破产清算会计
历史成本	计量资产成本的基本要求	资产的价值更注重以破产资产清算净值来计量
配比性	企业的营业收入与其对应的成本、费用相互配合，以利于正确计算和考核企业的经营成果	会计核算的目的等不再是要求正确核算企业的经营成果，而是侧重于资产的变现和债务的偿还，无须强调配比性
合理划分收益性支出与资本性支出	传统财务会计中是十分重要的	不必对支出做类似的划分

第三，会计报告的目标、种类、格式、基本内容以及报告的需要者发生较大的变化。

项目	传统财务会计	破产清算会计
会计报告的目标	着眼于企业的收益以及净资产的变化过程及结果	反映破产财产的处理情况以及债务的清偿情况
会计报告的种类	资产负债表、利润表、现金流量表、股东权益变动表等	清算资产负债表、清算损益表、清算现金流量表、债务清偿表等
会计报告的需要者	主要是企业的投资者、债权人和政府有关部门	主要是受理破产案件的人民法院、债权人以及国有资产管理部门等

四、企业破产清算的计量属性（★）

要素	计量属性	含义
资产	破产资产清算净值	在破产清算的特定环境下和规定时限内，最可能的变现价值扣除相关的处置税费后的净额。最可能的变现价值应当为公开拍卖的变现价值，另有规定的按相关规定处理
负债	破产债务清偿价值	在不考虑破产企业的实际清偿能力和折现等因素的情况下，破产企业按照相关法律规定或合同约定应当偿付的金额

| 典例研习·19-1 〔2019年多项选择题〕

下列各项中，属于企业破产清算计量属性的有（   ）。

A. 可变现净值

B. 破产债务清偿价值

C. 破产资产清算净值

D. 公允价值

E. 重置成本

【斯尔解析】本题考查企业破产清算的计量属性。破产企业在破产清算期间的资产应当以破产资产清算净值计量；在破产清算期间的负债应当以破产债务清偿价值计量，选项BC当选。

【本题答案】BC

五、企业破产清算的科目设置及核算内容（★）

破产企业的会计档案等财务资料经法院裁定由破产管理人接管的，应当在企业被法院宣告破产后，比照原有资产、负债类会计科目，根据实际情况设置相关科目，并增设相关负债类、清算净值类和清算损益类等会计科目。

1. 负债类科目设置

科目设置	核算内容
应付破产费用	核算破产企业在破产清算期间发生的《破产法》规定的各类破产费用
应付共益债务	核算破产企业在破产清算期间发生的《破产法》规定的各类共益债务

提示：破产费用，是指破产企业破产清算期间发生的《破产法》规定的各项破产费用，主要包括破产案件的诉讼费用，管理、变价和分配债务人资产的费用，管理人执行职务的费用、报酬和聘用工作人员的费用。

共益债务，是指在人民法院受理破产申请后，为全体债权人的共同利益而管理、变卖和分配破产财产而负担的债务，主要包括因管理人或者债务人请求对方当事人履行双方均未履行完毕的合同所产生的债务、债务人财产受无因管理所产生的债务、因债务人不当得利所产生的债务、为债务人继续营业而应当支付的劳动报酬和社会保险费用以及由此产生的其他债务、管理人或者相关人员执行职务致人损害所产生的债务以及债务人财产致人损害所产生的债务。

2. 清算损益类科目设置

科目设置	核算内容
资产处置净损益	核算破产企业在破产清算期间处置破产资产产生的、扣除相关处置费用后的净损益
债务清偿净损益	核算破产企业在破产清算期间清偿债务产生的净损益
破产资产和负债净值变动净损益	核算破产企业在破产清算期间按照破产资产清算净值调整资产账面价值，以及按照破产债务清偿价值调整负债账面价值产生的净损益
其他收益	核算除资产处置、债务清偿以外，在破产清算期间发生的其他收益
破产费用	核算破产企业破产清算期间发生的《破产法》规定的各项破产费用
共益债务支出	核算破产企业破产清算期间发生的《破产法》规定的共益债务相关的各项支出
其他费用	核算破产企业破产清算期间发生的除破产费用和共益债务支出之外的各项其他费用
所得税费用	核算破产企业破产清算期间发生的企业所得税费用
清算净损益	核算破产企业破产清算期间结转的上述各类清算损益科目余额

3. 清算净值类科目设置

"清算净值"科目，核算破产企业在破产报表日结转的清算损益科目余额。破产企业资产与负债的差额，也在此科目核算。

六、企业破产清算的确认、计量和账务处理（★★）

（一）企业破产清算资产、负债的确认和计量

具体情形		相关处置
破产宣告日	资产	按照破产资产清算净值对破产宣告日的资产进行初始确认计量
	负债	按照破产债务清偿价值对破产宣告日的负债进行初始确认计量
	差额	相关差额直接计入清算净值
清算期间	资产	按照破产资产清算净值进行后续计量
	负债	按照破产债务清偿价值进行后续计量
	差额	破产企业应当按照破产报表日的破产资产清算净值和破产债务清偿价值，对资产和负债的账面价值分别进行调整，差额计入清算损益
发生资产处置		破产企业应当终止确认相关被处置资产，并将处置所得金额与被处置资产的账面价值的差额扣除直接相关的处置费用后，计入清算损益
发生债务清偿		破产企业应当按照偿付金额，终止确认相应部分的负债。在偿付义务完全解除时，破产企业应当终止确认该负债的剩余账面价值，同时确认清算损益

（二）破产清算期间税费的会计核算

（1）破产清算期间发生各项费用、取得各项收益应当直接计入清算损益。

（2）在破产清算期间，破产企业按照税法规定需缴纳企业所得税的，应当计算所得税费用，并将其计入清算损益。所得税费用应当仅反映破产企业当期应缴的所得税。

（3）破产企业因盘盈、追回等方式在破产清算期间取得的资产，应当按照取得时的破产资产清算净值进行初始确认计量，初始确认计量的账面价值与取得该资产的成本之间存在差额的，该差额应当计入清算损益。

（4）破产企业在破产清算期间新承担的债务，应当按照破产债务清偿价值进行初始确认计量，并计入清算损益。

（三）具体的账务处理

1. 破产宣告日账务处理

法院宣告企业破产时，应当根据破产企业移交的科目余额表，将部分会计科目的相关余额转入新的科目，并编制新的科目余额表。

2. 破产清算期间账务处理

项目	具体情形	相关会计科目
处置破产资产	（1）破产企业收回应收票据、应收款项类债权、应收款项类投资。 （2）破产企业出售各类投资。 （3）破产企业出售存货、投资性房地产、固定资产及在建工程等实物资产。 （4）破产企业出售无形资产	资产处置净损益

续表

项目	具体情形	相关会计科目
处置破产资产	（1）破产企业的划拨土地使用权被国家收回，国家给予的补偿。 （2）通过清查、盘点等方式取得的未入账的资产。 （3）破产管理人依法追回的相关破产资产。 （4）收到的利息、股利、租金等孳息。 （5）剩余破产债务不再清偿，按其账面价值确认	其他收益
清偿债务	支付各项破产费用，主要包括破产案件的诉讼费用，管理人执行职务的费用、报酬和聘用工作人员的费用等	破产费用
	支付各类共益债务，主要包括债务人财产受无因管理所产生的债务，为债务人继续营业而应当支付的劳动报酬和社会保险费用等	共益债务支出
	（1）破产企业按照经批准的职工安置方案，支付给职工的工资、社保、补偿金等。 （2）支付所欠税款。 （3）清偿破产债务（应付账款、短期借款、长期借款、非货币资产清偿债务、债权人依法行使抵销权等）	债务清偿净损益
	（1）通过债权人申报发现的未入账债务。 （2）未履行完毕的合同	其他费用

3. 破产期间编制财务报表时账务处理

项目	处理方法	涉及的会计科目
破产资产和破产负债重新计量	所有资产项目按其于破产报表日的破产资产清算净值重新计量。 所有负债项目按其于破产报表日的破产债务清偿价值重新计量	破产资产和负债净值变动净损益
破产期间相关所得税	在编制破产清算期间的财务报表时，有已实现的应纳税所得额的，考虑可以抵扣的金额后，应当据此提存应缴所得税	所得税费用
清算损益结转	将"资产处置净损益""债务清偿净损益""破产资产和负债净值变动净损益""其他收益""破产费用""共益债务支出""其他费用""所得税费用"结转至"清算净损益"，并将其转入"清算净值"	清算净值

典例研习·19-2 2021年单项选择题

破产企业在破产清算期间收到的租金，应记入（　　）科目。

A. 资产处置净损益
B. 共益债务支出
C. 其他收益
D. 破产费用

斯尔解析 本题考查企业破产清算的账务处理。破产企业收到的利息、股利、租金等孳息，借记"现金""银行存款"等科目，贷记"其他收益"科目，选项 C 当选。

本题答案 C

典例研习·19-3 2023年多项选择题

破产企业在破产清算期间发生的下列事项中，错误的有（　　）。

A. 补缴以前年度的企业所得税税款时，记入"所得税费用"科目
B. 因盘盈取得的资产，记入"其他收益"科目
C. 处置存货的，将扣除账面价值及相关税费后的差额，记入"资产处置损益"科目
D. 收到的利息、租金、股利等孳息，记入"其他收益"科目
E. 通过债权人申报发现的未入账债务，记入"破产费用"科目

斯尔解析 本题考查企业破产清算的账务处理。所得税费用仅核算破产企业破产清算期间发生的企业所得税费用，选项 A 当选。在破产清算期间通过清查、盘点等方式取得的未入账资产，应当按照取得日的破产资产清算净值，借记相关资产科目，贷记"其他收益"科目，选项 B 不当选。破产企业出售存货，将扣除账面价值及相关税费后的差额，记入"资产处置净损益"科目，选项 C 当选。破产企业收到的利息、股利、租金等孳息，借记"银行存款"等科目，贷记"其他收益"科目，选项 D 不当选。在破产清算期间通过债权人申报发现的未入账债务，应当按照破产债务清偿价值确定计量金额，借记"其他费用"科目，贷记相关负债科目，选项 E 当选。

本题答案 ACE

第二节　企业破产清算财务报表的列报

一、企业破产清算财务报表的组成

企业经法院宣告破产的，应当按照法院或债权人会议要求的时点（包括破产宣告日、债权人会议确定的编报日、破产终结申请日等）编制清算财务报表，并由破产管理人签章。

法院宣告企业破产的,破产企业应当以破产宣告日为破产报表日编制清算资产负债表及相关附注。法院或债权人会议等要求提供清算财务报表的,破产企业应当根据其要求提供清算财务报表的时点确定破产报表日,编制清算资产负债表、清算损益表、清算现金流量表、债务清偿表及相关附注。

向法院申请裁定破产终结的,破产企业应当编制清算损益表、债务清偿表及相关附注。

二、企业破产清算财务报表的格式、内容及编制方法

(一) 清算资产负债表

清算资产负债表反映破产企业在破产报表日资产的破产资产清算净值,以及负债的破产债务清偿价值。资产项目和负债项目的差额在清算资产负债表中作为清算净值列示。

1. 清算资产负债表的格式和内容

清算资产负债表

会清01表

编制单位：　　　　　　　　　年　月　日　　　　　　　　单位：元

资产	行次	期末数	负债及清算净值	行次	期末数
货币资金			负债：		
应收票据			借款		
应收账款			应付票据		
其他应收款			应付账款		
预付款项			预收款项		
存货			其他应付款		
金融资产投资			应付债券		
长期股权投资			应付破产费用		
投资性房地产			应付共益债务		
固定资产			应付职工薪酬		
在建工程			应交税费		
无形资产			……		
……					
资产总计			负债合计		
			清算净值：		
			清算净值		
			负债及清算净值总计		

2. 编制方法

（1）本表列示的项目不区分流动和非流动。

① "应收账款"或"其他应收款"项目，应分别根据"应收账款"或"其他应收款"的科目余额填列，同时，"长期应收款"科目余额也在上述两项目中分析填列。

② "借款"项目，应根据"短期借款"和"长期借款"科目余额合计数填列。

③ "应付账款"或"其他应付款"项目，应分别根据"应付账款""其他应付款"的科目余额填列，同时，"长期应付款"科目余额也在该项目中分析填列。

④ "金融资产投资"项目，应根据"以公允价值计量且其变动计入当期损益的金融资产""以摊余成本计量的金融资产"和"以公允价值计量且其变动计入其他综合收益的金融资产"的科目余额合计数填列。

（2）本表的"清算净值"项目反映破产企业于破产报表日的清算净值。本项目应根据"清算净值"科目余额填列。

（二）清算损益表

清算损益表反映破产企业在破产清算期间发生的各项收益、费用。清算损益表至少应当单独列示反映下列信息的项目：资产处置净收益（损失）、债务清偿净收益（损失）、破产资产和负债净值变动净收益（损失）、破产费用、共益债务支出、所得税费用等。

1. 清算损益表的格式和内容

清算损益表

会清02表

编制单位：　　　　　年　月　日至　年　月　日　　　　单位：元

项目	行次	本期数	累计数
一、清算收益（清算损失以"-"号表示）			
（一）资产处置净收益（净损失以"-"号表示）			
（二）债务清偿净收益（净损失以"-"号表示）			
（三）破产资产和负债净值变动净收益（净损失以"-"号表示）			
（四）其他收益			
小计			
二、清算费用			
（一）破产费用（以"-"号表示）			
（二）共益债务支出（以"-"号表示）			
（三）其他费用（以"-"号表示）			
（四）所得税费用（以"-"号表示）			
小计			
三、清算净收益（清算净损失以"-"号表示）			

2. 编制方法

（1）本期数反映破产企业从上一破产报表日至本破产报表日期间有关项目的发生额，累计数反映破产企业从被法院宣告破产之日至本破产报表日期间有关项目的发生额。

（2）"资产处置净收益"项目，根据"资产处置净损益"科目的发生额填列。

（3）"债务清偿净收益"项目，根据"债务清偿净损益"科目的发生额填列。

（4）"破产资产和负债净值变动净收益"项目，根据"破产资产和负债净值变动净损益"科目的发生额填列。

（5）"清算净收益"项目，根据"清算净损益"科目的发生额填列。"清算净收益"项目金额应当为"清算收益"与"清算费用"之和。

（三）清算现金流量表

清算现金流量表反映破产企业在破产清算期间货币资金余额的变动情况。清算现金流量表应当采用直接法编制，至少应当单独列示反映下列信息的项目：处置资产收到的现金净额、清偿债务支付的现金、支付破产费用的现金、支付共益债务支出的现金、支付所得税的现金等。

1. 清算现金流量表的格式和内容

清算现金流量表

会清 03 表

编制单位：　　　　　　年　月　日至　年　月　日　　　　　　单位：元

项目	行次	本期数	累计数
一、期初货币资金余额			
二、清算现金流入			
（一）处置资产收到的现金净额			
（二）收到的其他现金			
清算现金流入小计			
三、清算现金流出			
（一）清偿债务支付的现金			
（二）支付破产费用的现金			
（三）支付共益债务的现金			
（四）支付所得税费用的现金			
（五）支付的其他现金			
清算现金流出小计			
四、期末货币资金余额			

2. 编制方法

本表应当根据货币资金科目的变动额分析填列。本期数反映破产企业从上一破产报表日至本破产报表日期间有关项目的发生额，累计数反映破产企业从被法院宣告破产之日至本破产报表日期间有关项目的发生额。

(四)债务清偿表

债务清偿表反映破产企业在破产清算期间发生的债务清偿情况。债务清偿表应当根据《破产法》规定的债务清偿顺序,按照各项债务的明细单独列示。债务清偿表中列示的各项债务至少应当反映其确认金额、清偿比例、实际需清偿金额、已清偿金额、尚未清偿金额等信息。

本表应按有担保的债务和普通债务分类设项。期末数为负债按照破产债务清偿价值确定的金额。经法院确认的债务金额为经债权人申报并由法院确认的金额;未经确认的债务,无须填写该金额。清偿比例为根据《破产法》的规定,当破产资产不足以清偿同一顺序的清偿要求时,按比例进行分配时所采用的比例。

(五)破产清算报表附注

破产企业应当在清算财务报表附注中披露的信息:

(1)破产资产明细信息,需区分是否用作担保,进行分别披露。

(2)破产管理人依法追回的账外资产明细信息,包括追回资产的时间、名称、破产资产清算净值等。

(3)破产管理人依法取回的质物和留置物的明细信息,包括取回资产的时间、名称、破产资产清算净值等。

(4)经法院确认以及未经法院确认的债务的明细信息,如债务项目名称以及有关金额等。

(5)应付职工薪酬的明细信息,如所欠职工的工资和医疗、伤残补助、抚恤费用,所欠的应当划入职工个人账户的基本养老保险、基本医疗保险费用,以及法律、行政法规规定应当支付给职工的补偿金。

(6)期末货币资金余额中已经提存用于向特定债权人分配或向国家缴纳税款的金额。

(7)资产处置损益的明细信息,包括资产性质、处置收入、处置费用及处置净收益。

(8)破产费用的明细信息,包括费用性质、金额等。

(9)共益债务支出的明细信息,包括具体项目、金额等。

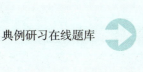

至此,财务与会计的学习已经100%完成,辛苦了,今年必过!

不要让来之不易的收获被时间偷偷带走，写下你的心得和感悟吧！

一句话总结……　　　　　　　　　　　　　　　　　　　逢考必过！